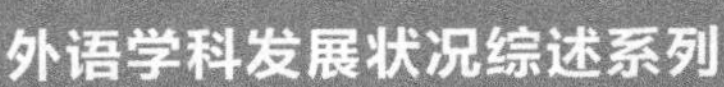

系统功能语言学
研究现状和发展趋势

DEVELOPMENTS OF
SYSTEMIC FUNCTIONAL LINGUISTICS

黄国文　辛志英 编著

外语教学与研究出版社
FOREIGN LANGUAGE TEACHING AND RESEARCH PRESS
北京 BEIJING

图书在版编目（CIP）数据

系统功能语言学研究现状和发展趋势 / 黄国文，辛志英编．— 北京 ：外语教学与研究出版社，2012.12（2023.10 重印）
（外语学科发展状况综述系列）
ISBN 978-7-5135-2663-0

Ⅰ．①系… Ⅱ．①黄… ②辛… Ⅲ．①功能（语言学）－研究 Ⅳ．①H0

中国版本图书馆 CIP 数据核字 (2012) 第 304524 号

出 版 人　王　芳
项目策划　段长城
责任编辑　毕　争　冯丹丹
封面设计　郭　子
版式设计　涂　俐
出版发行　外语教学与研究出版社
社　　址　北京市西三环北路 19 号（100089）
网　　址　https://www.fltrp.com
印　　刷　北京虎彩文化传播有限公司
开　　本　650×980　1/16
印　　张　30
版　　次　2012 年 12 月第 1 版 2023 年 10 月第 8 次印刷
书　　号　ISBN 978-7-5135-2663-0
定　　价　67.90 元

如有图书采购需求，图书内容或印刷装订等问题，侵权、盗版书籍等线索，请拨打以下电话或关注官方服务号：
客服电话：400 898 7008
官方服务号：微信搜索并关注公众号“外研社官方服务号”
外研社购书网址：https://fltrp.tmall.com

物料号：226630001

目 录

我读《系统功能语言学研究现状和发展趋势》(代序) …………………… 胡壮麟 iii

前言 …………………………………………………………… 黄国文　辛志英 xviii

第一章 绪论：解读“系统功能语言学” ……………………… 黄国文　辛志英 1

第二章 理论基础和重要概念 ……………………………………………… 张德禄 26

第三章 系统功能语言学的发展阶段 …………………………… 辛志英　黄国文 56

第四章 语调的功能——系统音系学的语调理论 ………………………… 朱珊 84

第五章 功能句法研究说略 ………………………………………………… 何伟 106

第六章 语篇语义学 …………………………………………………… 姜望琪 127

第七章 语域和语类研究综述 ………………………………………… 朱永生 183

第八章 评价理论研究在中国 ………………………………………… 王振华 210

第九章 加的夫语法说略 ……………………………………………… 何伟 239

第十章 社会符号学视角下多模态话语研究的新发展 ……… 李战子　陆丹云 260

第十一章 功能语篇分析 ……………………………………………… 曾蕾 294

第十二章 功能文体学 ……………………………………… 刘世生　宋成方 331

第十三章 功能语言学与翻译研究 …………………………………… 司显柱 359

第十四章 功能语言学与外语教学 …………………………………… 杨信彰 376

第十五章 功能语言学与汉语研究 …………………………………… 杨才英 399

第十六章 语言对比与语言类型学研究 ……………………… 辛志英 黄国文 421

第十七章 中国的研究情况 …………………………………… 王红阳 周先成 435

后记 …………………………………………………………………… 黄国文 449

我读《系统功能语言学研究现状和发展趋势》（代序）

《系统功能语言学研究现状和发展趋势》一书即将出版了。国文兄将全部书稿寄给我，给我这个老汉补课学习的机会，还授命要完成一个写序的作业。尽管我已退居二线多年，盛情难却，只能勉为其难。也许有人会说，编者让我写序是对我的尊重，可是我总感到有苦难言，因为翻阅书稿，发现我该说的话都由编者在前言和主要章节中说了。这样，我能做的就像幼儿一级一级学爬楼梯一样，一章一章往后看，边看边议。

（一）

我完全同意编者对本书书名的剖析，即它包括三个基本思想：系统功能语言学+研究现状+发展趋势，这在随后各章中都有很好的体现。其次，本论文集所讨论的问题几乎涵盖了系统功能语言学的方方面面。我要补充的是，编者能把本学派中有时看来有所不同的观点合理安排，使其各得其所，学术界需要这种包容精神。第三，各章的作者都是该研究领域的重要人物。从我的视角来看，有老一代的，也有中生代、新生代的，这说明我国系统功能语言学研究后继有人。在前言中，编者对有关术语的汉译问题作了解释，我也很感兴趣。若干年前，我们曾经干过一件傻事，就 text 和 discourse 究竟译为“篇章”、“话语”还是“语篇”的问题在饭桌上进行表决。后来发现这些术语宜在不同语境中酌情使用。又如，semiotic 究竟翻译成“符号”还是“意义”？这取决于不同的视角，不存在没有意义的符号，而意义离开符号只能存活在人的脑海中，就像马克思学说中的“商品”与“价值”是一个问题的两个方面一样。编者在这里不求统一，实属聪明之举。

（二）

在本书的绪论中，国文教授他们对“系统功能语言学”的名称进行了解读。作者首先采用的方法是对语言学研究中的两大派——形式主义和功能主义进行对比，给我们以较清楚的、客观的论述。美中不足的是没有对新兴的认知语言学作一个交待。认知语言学究竟是形式主义的，功能主义的，还是第三大派？就我看到的一些认知主义的文献而言，多数认知学家自认是功能主义的[1]。在我和朱永生教授与 Halliday 的访谈中[2]，我提过这个问题，Halliday 立刻举了他和 Matthiessen 合著的 *Construing Experience through Meaning: A Language-based Approach to Cognition*（1999）一书，表明他对认知研究的重视。在第 3 节中作者对“系统功能语法”和“系统功能语言学的区分”对我很有帮助。我 1989 年与朱永生和张德禄合作编写过《系统功能语法概论》[3]一书，2005 年我们三人和李战子又将其修订为《系统功能语言学概论》[4]。说实在的，当时只认为“转换生成语法”已改称“转换生成语言学”了，“系统功能语法”不妨也改为“系统功能语言学”。如今作者能注意到两者的差异，即“系统功能语言学”除包括传统的语法学的研究外，也包括普通语言学以及有关语言的应用、习得、认知、语境、语料库等内容。这对发展我国本土的语言理论研究很有启示意义。我国虽也试图像系统功能语言学一样，走“实践—理论—实践”的道路，但很少进入到理论的阶段，以致于在近六十年中在语言理论研究方面显得消沉，对普通语言学的研究无所贡献[5]。在本章中，作者开

---

1 胡壮麟、叶起昌，2010，《语言学理论与流派》。北京：高等教育出版社。

2 胡壮麟，2010，“An Interview with M. A. K. Halliday”后记。载黄国文、常晨光、廖海青（主编），《系统功能语言学研究群言集（第 1 辑）》。北京：高等教育出版社。

3 胡壮麟、朱永生、张德禄，1989，《系统功能语法概论》。长沙：湖南教育出版社。

4 胡壮麟、朱永生、张德禄、李战子，2005，《系统功能语言学概论》。北京：北京大学出版社。

5 胡壮麟，2011，发展中国特色的语言理论研究——纪念高名凯先生诞生 100 周年，《当代外语研究》（3）：1-9。

始谈到 Halliday 从别的学者那里受到的启发和帮助，基本上开始引入 Ruqaiya Hasan, Robin Fawcett, James Martin 和 Christian Mathiessen 四位高足。在这里，作者强调的是，尽管他们每人各有侧重，有时甚至会有观点上的不同，但他们都是试图深化或简化 Halliday 所建构的理论，并作出了应有的贡献。我想补充的是，我一直认为对一个好老师的评判标准是看他能培养出多少能超越他的学生。我感到困惑的是，这四人中哪一位的研究更有发展前途？Halliday 本人在上面提到的访谈中不愿回答这个问题，这可以理解。令人始料不及的是，国文教授自告奋勇，直说他在 11 年前就曾经大胆推测："从学术方面看，Matthiessen 无疑是 Halliday 最理想的接班人。"而且今天他还坚持这个观点，"这个猜测应该是正确的了"。可惜，国文教授自己没有向我们提供实证，也不知道他是否经常出国参加会议与 Halliday 私下有过讨论。我能说的是，在这四人中，有两人和我一样，垂垂老矣，Martin 也显露一些老相，唯 Matthiessen 最年轻。年轻就是美丽，年轻就是希望，按中国的标准最具接班的条件。

第 2 章是张德禄教授的"理论基础和重要概念"，他老马识途，引领有功，把 Halliday 的主要观点归纳为 20 个方面，相当全面。在谈到对 Halliday 产生影响的、与汉语有关的学者时，过去我们常谈罗常培和王力，这次德禄教授把伦敦大学中文教授 Welter Simon 增补进去了，有助于我们更好地了解 Halliday 的成长过程。这里我要补充一点。最近，我在写纪念高名凯先生诞辰 100 周年学术研讨会的论文[6]时，发现 Halliday 的某些观点与高先生的观点极为相近，如有关汉语"单音词及复音词"的讨论，句型的不同分类方法和转换，语法形式学和语法意义学的关系，"位"、"素"之别，语言的社会性，语法范畴的思想，社团方言的分类，历时语言学的作用，"词类"与"词类功能"的联系和区别，等等。最让我注目的是高先生关于"给"字最初被认为是动词，逐渐演变为被认为是介词的语法隐喻观。又如，高先生提到"所属"这个概念，既可以用"这本书是我的"这个句子来表示，也可以用概括化的"我的书"这个名词词组来表示。显然，这些都是语法隐喻的内容，是 Halliday 和 Martin 所说的"名词化"(nominalization)。考虑到高先生在 20 世纪 60 年代初已经去世，而 Halliday 真正出道的时间在 60 年代中后期，高先生在语言理论研究上

6 同 5。

对 Halliday 有何影响是一个值得研究的命题。这使我想起 Halliday 辅导中国留学生时，在他办公室的书架上放着好多汉语书籍。Halliday 在介绍王力先生的著作后，跟我们说“高名凯的书也要看”，这一场景我至今印象尤深。感兴趣的学者或学生不妨思考这个问题，哪怕找不到直接联系，至少能证明中国的语言理论研究还是有一定水平的。

乍看起来，第 3 章与第 2 章在系统功能语言学理论的划分阶段上有些不一致。第 2 章大致确认四个阶段：阶与范畴语法阶段、系统语法阶段、系统功能语法阶段和语言作为社会符号阶段。在第 3 章中，作者提出语言学探索模式应该至少从四个方面来描绘：普通语言学、适用语言学、社会意义学和元理论构建。作者为此作出解释，本章旨在从语言学模式的角度考察系统功能语言学在不断发展深入的过程中都解决了哪些语言问题和与语言有关的问题。这就是本章第 2 节和第 3 节的标题——“普通语言学研究”和“适用语言学研究”的用意所在。为了叙述方便起见，作者又将这两个部分按年代分成“20 世纪五六十年代”、“20 世纪七八十年代”和“20 世纪九十年代以来”三个小节。这样，作者提出了一个不同于我原来解读的模式，那就是我最初认为适用语言学是 Halliday 为了给系统功能语言学指明今后的发展方向提出的[7]，而本章的作者认为适用语言学早在 20 世纪五六十年代就出现了。有系统功能语言学就有适用语言学。但是我没有看到与“普通语言学”和“适用语言学”平行但又互相联系的“社会意义学”和“元理论构建”的论述。可是在最后的“结语”中，它们又出现了：“就语言学模式而言，系统功能语言学的普通语言学研究、元理论研究、适用语言学研究和社会意义学研究几乎是同时开始、同时进行的。”“……一个方向的开始并不意味着其他方向的终止。相反，这四个方向是一个整体中互为补充的组成部分。”希望本章作者今后在这个课题上对这两个方向作进一步深入的研究。在本章中，有一点做得很好，那就是我们过去讨论系统功能语言学时总是习惯于只引用 Halliday 的著作和观点，现在两位作者能结合这个学派众多成员的工作进行讨论，这使我们更能抓住这个学派发展的脉搏。

7 胡壮麟，2007，解读韩礼德的 Appliable Linguistics，《四川外语学院学报》(6)：1-6。载黄国文（编），2009，《功能语言学与语篇分析研究》。北京：高等教育出版社。

（三）

本书第 4-6 章主要讨论与语言研究的三个基本层次有关的问题：语义、句法、语音（音系）。

诚如第 4 章作者朱珊所言，相对于系统功能语法（SFG）在语法、语义和语篇分析方面的大量研究成果而言，系统音系学的研究成果屈指可数；而在有限的系统音系学研究中，主要的研究成果又集中在语调方面。我在这里想说明三点。第一点是我们对音系学教学的重要性认识和师资的配备不足，而这关系到语言学人才的培养。十五六年前，我在北大的一位研究生试图申请美国一所大学的奖学金。对方看了这位学生的成绩单后，立刻指出这位学生没有学过语音学和音系学的课程。显然，这不能责怪这位学生，而是我们教师没有给学生开设这样的课程。多年来，我一直为此感到内疚。第二点是本章作者给我们补了课。作者不仅就音系学知识给我们补了课，而且把本学派在音系学方面的发展梳理得很清楚，如 Martin Davies，David Brazil，J. C. Wells，Paul Tench，David Banks，Wendy L. Bowcher 等学者的工作。第三点是作者非常关注音系学教学在外语教学和语篇分析中的应用，后者包括国内学者的探讨性研究。

何伟的第 5 章“功能句法研究说略”旨在明确“功能句法”的由来、研究范围及研究状况，功能句法研究的重要思想及组织原则，功能句法范畴及关系，以及功能句法分析的表示方式等问题。阅读本章应该注意的是，首先，作者有时使用“功能句法”，有时使用“功能语法”，以强调其区别。就其内涵来说，谈的都是“词汇语法”（lexicogrammar），Halliday 把“词汇”和“语法”看做同一层面的两端。其次，作者在讨论“系统功能语法”时，平行地介绍悉尼模式和以 Fawcett，Tucker 等为代表的加的夫模式。我本人于 1980 年初读到 Fawcett 刚出版的 *Cognitive Linguistics and Social Interaction* 一书，当时重点比较了 Halliday 的三个元功能和 Fawcett 的八大功能，但回国后主要介绍了自己比较熟悉的 Halliday 的观点。本章作者对加的夫学派较系统的介绍弥补了这个空缺，令人欣喜。在本章中，作者谈到加的夫学派强调的是功能句法，我个人给作者一点小小的建议，Fawcett 在攻读博士学位时有两位导师，先是 Halliday，后为 Hudson。Hudson 是“词语法”（word grammar）的倡导者，又主张新弗斯学派与乔姆斯基生成语言学的结合，因此要了解加的夫语法，还得追本溯源。

姜望琪教授的第 6 章“语篇语义学”是一篇得力之作，有以下几个特点。整篇文章围绕 Firth，Halliday 和 Martin 展开。虽然人们公认 Halliday 是 Firth 的学生，但 Firth 究竟在哪些方面影响了 Halliday？关于这一点人们谈得很少。而本章就此作了比较完整的论述。其次，本章冠名“语篇语义学”而不是“语义学”或“功能语义学”，点明了系统功能语言学在发展过程中（直到 1992 年）树立的一个基本观点，即谈语义是离不开语境和语篇的。望琪教授也以较大篇幅介绍了 Martin 的工作，认为他是“第一个深入、全面阐述语篇语义学的系统功能语言学家”，并坦率地承认有关 Martin 的这一节才“真正进入核心问题”。我认为 Martin 的工作的重要性在于它是系统功能语言学发展的一个非常重要的方面。我们知道，Halliday 把他的专著称为《系统功能语法导论》，就在于有关语义学的研究刚刚开始，他很谦虚地不想把“语法”升格为“语言学”[8]。Martin 敢于啃这块硬骨头以完成 Halliday 未竟的事业，精神可嘉。本章中还有一个小插曲不妨多说几句。文章谈到了美国的“修辞结构理论”(rhetorical structure theory)，认为修辞结构跟小句复合体结构非常相像。早在 1991 年我获得资助去美国访学时，我曾征求 Halliday 的意见该去哪个学校，他建议我去美国加利福尼亚大学圣巴巴拉分校。Sandra Thompson 是该分校的系主任，也是“修辞结构理论”的创始者之一。而被本书编者看好的最有可能成为 Halliday 接班人的 Christian Matthiessen 原来就是 Thompson 的学生。这说明当代语言学理论流派虽然众多，但有不少是互有联系的。鉴于我国不同学者对 tenor 有不同译法，望琪教授提出的“语脉”的方案值得考虑，因为“基调”有时会和表示其体现形式的“基调”(key) 相混淆。当然我本人对“语旨”的译法有所偏爱，因为“旨”有“用意”和“目的”之意，其合成词“旨趣”、“旨要”、“旨意”、“旨在”均能表示有关人际元功能的内容。最后，我想说明的是，望琪教授对这一课题了解得如此全面透彻，观点鲜明，这得益于他扎实的功底。据我所知，他是我国改革开放后于 1981 年初在英国拿到语言学硕士学位后回国开设语言学课程的第一人。

8 Halliday, M. A. K. 1994. *An Introduction to Functional Grammar* (2nd edition). London: Arnold.

（四）

第 7-10 章是关于对语言层次扩展的内容，一是从语义、句法、语音研究到语域、语类研究和多模态话语研究，二是对词汇语法层的扩展（加的夫语法）或对人际功能的扩展（评价分析），虽然与 4-6 章稍有重复，但重点是在“扩展”一词，也就是说，容许各章作者讲得更透彻、更广泛、更深入，这是我们要把握的。除第 10 章有关多模态语言学的内容外，Martin 和 Fawcett 是中心人物，因此我对编者有点意见：我想为 Hasan 打抱不平，她的“语类结构潜势”（generic structure potential）应该有一席之地，如能请方琰教授出马将增色不少。如果我还有什么要求的话，应该还有一章专门介绍 Matthiessen 的“绘图学”（cartography），不然我们只能从 Martin 的有关章节中捡到一些有关系统语法的知识，本书就不能全面反映“系统功能语法”的发展了。

永生教授的第 7 章的亮点在于他清楚地比较了 Halliday 的语境模型和 Martin 的语境模型，指出两者的异同，更敢于对其所持的两种观点进行不偏不倚的评论，如作者在介绍了 Halliday 语境模型的主要内容和贡献后，指出 Halliday 的情景语境对文化语境的示例关系显得过于简单，情景语境因素对语义系统的制约关系尚需进一步完善，Halliday 的语境模型对语类的定位不够明确。同样，对 Martin 的语境模型，肯定了其有关语类和意识形态的观点，但 Martin 有关语域的概念需要进一步解释，关于层面的划分也需要进一步澄清。这些工作都要求作者既要掌握有关学科知识，又能实事求是地对争论亮出自己的观点。在应用语言学语类理论方面，作者也介绍了非悉尼学派的两个研究传统：一是以 Swales 和 Bhatia 为代表的“特殊用途英语”（English for specific purposes，简称 ESP），一是以 Miller 为代表的“新修辞学”（new rhetoric）。这有助于推动系统功能语言学派从其他学派汲取营养。另一个亮点是作者能预示语域和语类研究在今后十年中的发展，这在其他各章中提得没有这么明确。最后，我感到永生教授对 Hasan 在语类研究方面的工作谈得少了。

第 8 章“评价理论研究在中国”是围绕 Martin 和他所领导的研究团队展开的。振华教授明确地指出只有 Martin 的研究涵盖了赋值、立场、元语篇、言据性等与态度有关的各个方面。振华除介绍 Martin 和他所领导的研究团队的工作外，也介绍了今后的发展趋势。后一方面表现在作者认为评价意义的走势可能既不是横向的也不是纵向的，而是一种凸显的或非线性的，但 Martin 并没有深究这些问题。作为 Martin 的学生，振华能这么表态很不简单。在应用上，作者建议有关评价理论的研究领域不能仅限于英语语篇，也应该包括汉语语篇和外汉对比语篇；不仅应包括文学语篇、科技语篇、新闻语篇、教学语篇，还应包括法律语篇、医患语篇、政治语篇、历史语篇等这些常会出现权势和利害冲突的语篇。作者最后指出评价理论应用研究的终极目标应该是为人际和谐、社会和谐和民族和谐作出它应有的贡献。这一点证实了我原来的一个想法：过去人们谈论评价理论往往与批判性语篇分析 (critical discourse analysis) 挂钩，而我总觉得人们在交际中，更多的、更主要的是寻求理解、沟通、谅解，把事情办成，化被动为主动。振华虽然没有直接使用“肯定性语篇分析”(positive discourse analysis，PDA) 的词语，但他在结语中还是谈到了这方面的工作，也算意思到了。有一点不清楚的是以往“语类”(genre) 和“语域”(register) 这类术语都是可接受的，但振华在本文中使用“文类”和“文域”这样的术语，意图不明。

何伟的第 9 章难度较大。所谓难度，不是指内容，而是指编者已经让何伟在第 5 章“功能句法研究说略”中写了与悉尼学派平起平坐的加的夫学派，同样的语料要炒出两盘菜，未免太难为何伟了。不仅难为何伟，也难为我这个写序者，因为许多话前面已经说过。所幸 Fawcett 在北京科技大学讲学较长时间，何伟还是摸到 Fawcett 的较多底牌，在本章中说得更广泛、更明确，如 Fawcett 既注重研究语言中属于聚合关系的意义，也研究属于组合关系的形式；明确区分意义层和形式层；认为没有必要引入语法隐喻概念；强调语言行为者的主观能动性，最终目的是建构一个计算机语言模式，从而开发一个人机对话系统；加的夫语法的一些做法与 Chomsky 20 世纪 70 年代早期的研究方法有相似之处：比较关注语言的形式——包括句法范畴、句法关系等。从何伟的介绍看，加的夫学派在国内已形成一支庞大的研究队伍，令人侧目。此外，作者对该学派在建构上提了两个不足之处，很是到位。我在这里只说一点意见，那就是国内就 Fawcett 在计算语言学方面的研究工作最有发言权的应数与他共事多年的北京航空航天大学的林允清教授，如果能反映一些他的观点更妥。

李战子和陆丹云的第10章“社会符号学视角下多模态话语研究的新发展”给我们提供了系统功能语言学研究的一个新的发展方向。编者让李战子教授写这个题目是有道理的。战子教授去悉尼大学访学，从Martin教授那里学了评价理论，也从那里带回有关多模态语言学的研究成果。评价理论既然由振华教授写了，战子写多模态语言学是顺理成章之事，何况她早在2003年就发表了《多模式话语的社会符号学分析》[9]一文。我最初在讨论大学英语教学改革时接触到“超文本”(hypertext)的思想[10]，看到战子的文章后，认为从语言学或符号学的视角看，“多模态”更能反映这方面研究的实质。写第10章也有难度，但本章的“难”在于它的“新”和“科技含量”。我们不仅要依靠传统语言中的书面语和口语的概念，还要讨论其他各种视觉符号和听觉符号。我非常钦佩两位作者对这门新学科作了深入浅出的介绍，其内容涉及特定模态的意义构建方式和模态间的意义关系，符号资源的意义分析框架的建立，特定语类中多模态资源分配方式和该语类的多模态特征，特定生活、工作场所中多模态的体现方式和符号资源的存在和变化与社会文化现实之间的关系。读者会发现在介绍符号意义的再现时，作者在介绍叙事再现时使用的是及物性模式中的主要过程，而在介绍概念再现时使用了分类过程、分析过程和象征过程等概念。再进一步看，符号学中的“再现”、“互动”和“构图”与系统功能语言学中的“概念功能”、“人际功能”和“语篇功能”是对应的。这里，顺便谈谈我在从事多模态研究中所遇到的两个困难。第一个困难是多模态语言学对研究者的要求高，特别是语言以外的素养。例如，有一次我为了参加全国文体学会议，最初准备分析一个《春江花月夜》的多模态语篇，对如何分析其中的画面和音乐感到非常棘手，自愧在绘画和乐理知识上功底太差。另外，从事多模态研究还要求有关人员懂得操作计算机的有关技术。这方面我本人离开年轻人的帮助便会寸步难行。自己水平不行，碰到技术人员不清楚你的意图就更麻烦了。有次会议上一位技术员把音响设备关掉了，这个场面使站在讲台上的我非常尴尬。第二个困难是有关研究的幻灯片在会场上通过投影仪放映尚可，在刊物上发表由于完全依靠纸质媒介，表述时不能达意。

9 李战子，2003，多模式话语的社会符号学分析，《外语研究》(5)：1-8。

10 胡壮麟，2004，大学英语教学的个性化、协作化、模块化和超文本化——谈《教学要求》的基本理念，《外语教学与研究》(5)：345-350。

（五）

编者把第 11 章和第 12 章作为一组，介绍系统功能语言学理论在文本分析中的运用，用意很好。两篇文章的作者也都贯彻了这个意图。

曾蕾在第 11 章“功能语篇分析”中讨论了功能语篇分析的目标，即它不是“说明”（interpretive activity），而是“解释”（explanation），即我们关注的不仅是“是什么”，而且是“为什么”。具体说，语篇是怎样构建意义的，这是功能语篇分析的最终目标。当然，所有理论研究都是向着这个目标走的。作者认为目前对功能语篇分析概念的理解存在着两种看法：理论研究和应用研究，这个提法可能不够确切，因为这两种观点不是完全不同，而是在研究中各有侧重，正如本书编者在前面强调系统功能语言学可分为普通语言学和适用语言学两个侧面一样。而正因为如此，作者在谈到第二种看法时很难深入。

刘世生和宋成方的第 12 章“功能文体学”提出了较多的观点。抛开“功能语篇分析”和“功能文体学”的修饰语“功能”，我感兴趣的是“语篇分析”和“文体学”究竟有何不同，因为有时一篇文章既可以在语篇分析会议上发表，也可以在文体学会议上发表。再往上，中国有两个学会（中国英汉语篇分析研究会和中国文体学研究会）。因此，两位作者的工作可帮助我们理清这些问题。作者把 Halliday 和 Hasan 以及各家观点归纳为：语篇分析和文体学研究的对象分别是“日常语篇”（everyday texts）和“高价值语篇”（highly valued texts）；“语域”（register）理论下的语篇分析关注的是语篇类型（a text type）而不是单个的语篇（an individual text），即语言功能变体的特征，而文体学关注的是被视为具有独特性的高价值语篇，目的是揭示一个文本如何与其他文本不同；普通的语篇分析事先就可以根据话语的语域和目的来确定其主要特征，而文学语篇则不同；实用语篇一般都有其情景语境，而文学语篇的语境有一定的自立性和“互文性”；文体学家的工作还受对所研究文本的各种评论、综述以及注释本的影响；语篇分析偏重于研究语篇中信息的表达和理解，而文体分析强调研究语篇的文体风格特征及其表达效果。需要指出，上述这些比较是相对的，如“日常语篇”这个概念太泛，它是否包括科学语篇和法律语篇？又譬如说，语篇分析既可分析一个语篇类型，也可分析一个单一文本。说得具体些，我认为 Halliday 对《元朝秘史》的研究是语篇分析，而他对《继承者》的研究是文体学分析。

（六）

第 13-16 章的主题分别是翻译研究、外语教学研究、汉语研究以及语言对比与语言类型学研究，用编者的话说，这是语言学理论在其他学科中的适用性探索。至此，我的老问题又冒出来了，“适用性探索”和“应用性探索”究竟有何区别？或者说，appliable 和 applicable 二词究竟有何区别？尽管编者在前面作了多次阐述，我对这个问题还是有些迷糊。

我在悉尼大学学过翻译理论的课程，但我本人很少从事翻译实践和教学，因此对司显柱教授所写的第 13 章“功能语言学与翻译”只能以学习为主。作者对于国外学者 House，Hatim & Mason 和 Baker，以及国内学者黄国文、张美芳、王东风等所做工作的介绍对我很有帮助，特别是读到这几年来所取得的成就令人欣喜，如国内外学者建构了新的翻译理论体系和翻译质量评估模式；对翻译研究里的一些核心概念作出了新的阐释；对诸如“翻译转移”等现象作出了别开生面的描述与解释；推进了对译本质量的评估研究等。我对本章的期望是作者举例可以更具体一些，多一些。文章不能解渴之处尚有文中关于 Halliday 本人在翻译问题上的论述很少。尽管如此，作者对系统功能语言学在翻译研究中的缺陷和今后最亟待解决的问题的归纳很有见地。

杨信彰教授的第 14 章“功能语言学与外语教学”读来比较亲切易懂，因为我们首先是外语教师，有一定的感性认识和实际经验。我对信彰教授在引言中的一句话深有同感，那就是创建理论的目的是为了使用理论，“系统功能语言学把语言看做一个社会符号系统和创建意义的一种资源，重视理论和实践的辩证关系。”我在《解读韩礼德的 Appliable Linguistics》一文中说：“本文……论述适用语言学的长期目标是为了建立语言的意义发生系统，其工作机制是以社会理据来解释和描写语义发生”[11]，因此适用语言学的范围应当比本组四篇文章要宽一些，而且更具前瞻性，包括信息处理和机器翻译。不然，Halliday 为什么不在 50 年前就提出适用语言学的观点，非得拖到新世纪大加宣传？应当说，改革开放后中国外语教育的 30 年基本上是功能主义理论一统

11 同 7。

天下，如交际教学法和任务教学法。但我希望作者能引导大家关注一些实践中的问题，如我曾多次提出交际教学法的两张王牌：teach the language, not teach about the language（教语言，而不是语言知识）和 fluency over accuracy（流利度比准确性重要），但这两点在实际教学中有时帮了倒忙：前者否定了语法教学，特别是无视成人教育和幼儿教育的区别，后者没有考虑到具体语境和培养目标。又如作者在文中说 Halliday 等人认为语言教学必须具备两个特征：一个是学习者必须亲身体验所使用的语言，另一个是学习者必须有自己使用语言的机会。恰恰我国的外语教学很难保证学习者有接触英语和使用英语的语境和时间。再如，北京大学在改革开放后一度解散当时的公共英语教研室，采用 ESP 教学法，让英语教师两三人一组调入其他院系，自编适合于物理、化学或生物专业的英语教材。没几年，这些教师又调回英语系了。看得更高一些，大学英语原来有上海复旦大学牵头的文科大纲和上海交通大学牵头的理科大纲，后来听说两者走到一起了。但是针对这些教学改革实践的研究却不多见，正如作者在结语中所说："目前基于语料库、教学实验或实地调查的实证和量化研究较少。"

第 15 章由杨才英执笔的"功能语言学与汉语研究"是不可或缺的，因为它是检验作为普通语言学的系统功能语言学的一个重要方面，看它对汉语研究和汉语教学是否具有价值。在讨论这个命题时，人们往往习惯于考虑作为普通语言学的系统功能语言学能否适用于汉语研究或汉语语言学，而本章作者以大量事实证明 Halliday 早期汉语研究中的系统思想和功能思想的萌芽已经在对《元朝秘史》和《语法范畴》的研究中露头了。这对于推动和发展具有我国特色的语言理论很有启发。正如我在纪念高名凯先生诞辰一百周年的文章中所谈到的，与国外语言学界比较，国外从 20 世纪下半叶起在语言理论研究方面百花齐放，一派繁荣景象，而我国则显得消沉，整整 60 年仍停留在 20 世纪 40 年代的王力、吕叔湘和高名凯三位大家的研究上。究其原因，一方面是有较多言论不太鼓励在我国搞语言理论研究，另一方面，语言学界没有摆好汉语语言学和普通语言学的关系，总认为普通语言学的基本理论不适用于汉语研究[12]。我很高兴，杨文中谈到马庆株构建的汉语语义功能语法借鉴了系统功

12 同 5。

能语言学的思想。在这里，我认为我们应当持有包容和鼓励的态度，我们不可能要求一种新的理论十全十美，任何理论都是在不断修正、不断完善的基础上成熟的。杨文让我感到高兴的另一点是作者报道了王全智（2008）对clause complex 译名的讨论。“小句复合体”的译法最初是我使用的，后来总觉得直译味太重，改成复句。其缺点正如王文中指出的，它与传统汉语语法的复句是不能互换的。就我目前的认识，我想把它翻译为“复合小句”，望两位专家指点。通过杨文，我也了解到 Halliday & McDonald（2004）观察到汉语的语法级阶呈现出独有的特点。McDonald 是我在北京大学指导的研究生，不过他主要选修中文系的课程。回澳大利亚拿到博士学位后，先在中国中央电视台第九频道工作，后去新西兰一所大学任教。原先我以为他不搞汉语研究了，现在获悉他与 Halliday 的合作研究情况，使我兴奋不已。他们有关“汉语的最低级阶应该是词组，而不是词”的观点与朱德熙先生的观点一致。由于这是一个“本位”观的问题[13]，很有深入讨论的价值。

两位编者的第 16 章“语言对比与语言类型学研究”对我而言似曾相识，又令我感到陌生。我在加利福尼亚大学圣巴巴拉分校访学时曾听过一个学期的“语言类型学”课程，课后都要去图书馆查找各种语言的材料，比较在哪一个语法形式上有哪些语言可归为一类，如汉语和英语在“主谓宾”形式上可分为一类。因此，一种语言往往可以归入不同语法形式的类。两位作者的文章似乎没有对不同语言进行比较，而是对不同功能语法学派在理论上进行了比较。看来我得重新学习，充实自己。

（七）

第 17 章“中国的研究情况”是压轴之作，非常精彩。首先，当我们讨论系统功能语言学研究的发展时，最后要看它在中国的发展情况。其次，作者王红阳和周先成采取了与上述各章不完全相同的路子，即以统计数字为据，伴之以实例，令人心服口服。发展是有过程的，两作者把这 30 年的发展历程分为三个主要阶段，以 10 年为单位分为三个时期：1980-1989、1990-1999 和 2000-2009。统计的内容包括：论文在四大核心期刊上的发表情况，对所发论文的研

13 胡壮麟，2011，谈语法研究中的本位观，《外国语》（1）：2-8。

究主题又按 16 个子类汇总；学术专著的出版情况；论文集的出版情况。十多年前有位教授曾与 Halliday 讨论系统功能语言学的发展问题，认为在中国系统功能语言学比 Chomsky 的形式语言学更受到学术界和教育界的欢迎，看来他说对了。这位教授也曾提出可能系统功能语言学不那么抽象，不那么难学，因此受到教师们喜欢。我不知道 Halliday 当时如何应对。不过，我想本书的主编一定会说，系统功能语言学既是普通语言学，也是适用语言学，所以它受到教师和研究人员的欢迎。回到本章的内容。本章的两位作者有一节谈中国系统功能语言学研究现状带来的反思，这值得一看并展开讨论。第一点反思是“功能语言学的研究发展仅局限于 Halliday 所建构的系统功能语言学，而对于荷兰、美国、俄罗斯等其他国家的功能语法研究和传播有限，这并不利于功能语法的吸收和完善”。这个意见说到我心坎里了。当初酝酿成立学会时，我坚持把这个学会叫做“中国功能语言学研究会”，而不是“中国系统功能语言学研究会”，就是为了从其他理论中汲取营养。当时有位外国的系统功能语言学者向我提意见，我一笑了之。我觉得志英、国文教授的第 16 章实际上也希望大家考虑这个问题。第二点反思是“系统功能语言学与认知、语用、生成语法、心理语言学等其他学科的交叉研究成果较少，这方面的研究还需努力推行”。就我个人来说，我认为 20 世纪前科学研究中强调“分”的思想，把“一分为二”视为金科玉律，但到了 20 世纪末和新世纪，“合”的思想受到重视，人们为了推动学科的发展非常关注其他学科的成果[14]。在 2009 年的第 36 届国际系统功能语言学大会上，我向 Halliday 提出有关认知语言学的问题，实际上就是想听听他对学科整合的看法。第三点反思是中国系统功能语言学的研究范围局限于某些有限的主题，如衔接与连贯、纯理功能理论等。第四点反思与此类似，认为对语音和音系方面的研究很少（参见我对第 4 章的评述）。这些问题有待我们共同努力解决。第五点反思指出我们在理论修正方面还明显不足。我认为这就需要解决认识上的问题。不论是国外还是国内，都存在不同程度的“唯师命是从”的倾向，而创新者或挑战者会靠边站或被逐出师门。因此，我重复我的老观点，一个好老师应当培养出几个能超越自己的学生。第六点反思谈的是中国系统功能语言学指导本土化研究不足，至今未见有全面使用系统功能语言

14 胡壮麟，2008，闲话“整合”，《中国外语》（5）：19-23，109。

学理论完整地研究和分析汉语语言的专著。汉语界采用系统功能语言学理论相对来说较少，这是事实。其中一个原因是国内许多外语院系的学术委员会不鼓励学生研究汉语，至少北京大学是如此。另一个原因是近几年许多学术会议都想升格为国际会议，而国际会议至少要以英语作为交流语言。这样，汉语界和日、俄、法、德等非英语语种的教师和学者黯然而退。最令人啼笑皆非的是有的会议主办方拉不到赞助，经费紧张，只能邀请一两位外国学者，而有的外国学者一进入会场便要求用英语宣读和讨论论文。在这种情况下，我希望主办方能找一两位教师或研究生担任口译工作。第七点反思针对中国系统功能语言学应用研究多，理论基础研究少，这不利于培养我们本土学者，并导致在理论创新方面的薄弱。这如同我在前文中说过的，中国的大气候不支持搞理论研究。最后一点反思是我国系统功能语言学在功能语法方面研究多，系统语法方面研究少，这不利于系统功能语言学的整体传播与发展。这个意见是对的。正因为如此，我向国文教授建议，本书应当有章节专门介绍 Matthiessen 在系统语言学方面的研究。当然，犹如 Chomsky 的树形图一样，这要求采用大量的系统网络图。我与本章的主要作者红阳教授相识很早，也常有联系，但没有想到三日不见，刮目相看，她成熟了。红阳教授师从国文教授，如今她的文章在全书中压阵，单凭此点，足可以表明编者对她的工作是肯定的。

最后，感谢本书的两位编者，特别是我所熟悉的国文教授，也感谢外语教学与研究出版社，两方友情合作奉献给我们的《系统功能语言学研究现状和发展趋势》，使我们得以共同检阅我国在系统功能语言学方面的研究成果，缅怀那些在其成长道路上起到铺垫作用的学者们。通过这一老中青三代结合的写作班子的工作，我目睹了一代新人的成长，相信我国的系统功能语言学研究将取得更大进步！

俱往矣，数风流人物，还看今朝！

胡壮麟

北京大学外国语学院外国语言学与应用语言学研究所

2011 年 4 月 6 日

前 言

2009 年 7 月，第 36 届国际系统功能语言学大会（The 36th International Systemic Functional Congress, ISFC36）在北京清华大学召开，参加此次会议的有包括 M. A. K. Halliday, Ruqaiya Hasan, Robin Fawcett, Christian Matthiessen, Eija Ventola 等国际系统功能语言学界领头人物在内的代表共三百多位。他们来自世界五大洲的 22 个国家和地区，共宣读论文二百五十多篇。这是聚集中国功能语言学研究者的一次大会，也是世界系统功能语言学研究界的盛会。大会期间，外语教学与研究出版社高等英语教育出版分社常小玲社长向黄国文教授提出组织我国学者撰写《系统功能语言学研究现状和发展趋势》一书的想法，因此就有了现在这本集子。

本集所辑的文章都是围绕着“系统功能语言学研究现状和发展趋势”这个主题进行学术探讨的。组成这个主题的三个关键词分别是“系统功能语言学”、“研究现状”和“发展趋势”。这些关键词除了第一个是专门术语外，其他两个都不需作任何解释。本书的设计思路是这样的：第 1-3 章主要是对系统功能语言学的基本理论、主要概念和发展状况进行比较全面的、宏观的探讨；第 4-6 章主要讨论与语言研究的三个基本层次有关的问题：语义、句法、语音（音系）；第 7-10 章是关于对语言层次的扩展的问题，一是从语义、句法、语音到语域、语类研究和多模态话语研究方面进行的扩展，二是对词汇语法层的扩展（加的夫语法）或对人际功能的扩展（评价分析）；第 11-12 章描写的是系统功能语言学理论在文本分析中的表现（语篇分析和文体分析）；第 13-16 章是语言学理论在其他学科中的适用性探索（翻译研究、外语教学研究、汉语研究以及语言对比与语言类型学研究）；最后一章是对中国的系统功能语言学研究情况的数据统计分析。本论文集的组织思路有两条：(1) 作为普通语言学的系统功能语言学（systemic functional linguistics as a general linguistics），(2) 作为适用语言学的系统功能语言学（systemic functional linguistics as an appliable linguistics）。

系统功能语言学在中国的研究已有三十多年的历程。中国学者在这个领域默默耕耘，不断努力，已经取得了令人瞩目的成绩，也涌现了一批优秀的研究者，这从本文集所提到的研究就可看出。

这本《系统功能语言学研究现状和发展趋势》能够出版，我们首先要感谢常小玲社长的策划，还要感谢书中的每一位作者为本书撰写了有关章节。没有他们的积极支持，本书也就无法完成。最后我们要对本书的责任编辑毕争认真负责的工作态度表示深深的谢意。

黄国文 中山大学
辛志英 厦门大学
2011 年 2 月 14 日

第一章

绪论：解读“系统功能语言学”[1]

黄国文 中山大学 / 辛志英 厦门大学

1. 引言

作为“绪论”，本章的目的是试图对与系统功能语言学有关的理论、假定、概念和研究方法等阐述我们个人的理解并进行解释，所说的大多数观点应该会得到普遍的认同和接受；但有些地方是我们个人的、不成熟的猜想、推测或一家之见。在这里说出来一方面求教于大家，另一方面表明系统功能语言学的理论是在思索、讨论、争论的过程中和实践的不断检验中发展成熟的。本章的重点有两个：一是我们对系统功能语言学的认识，二是它在中国的研究情况。下面的讨论主要涉及五个方面的问题：(1) 语言学研究的两大流派；(2) 几个关键词：“系统”、“功能” 和“社会意义”；(3) 作为一个综合理论的系统功能语言学；(4) 作为适用语言学的系统功能语言学；(5) 系统功能语言学在中国的研究。

2. 语言学研究的两大流派

语言学科的研究和发展与其他学科的情况一样，都是一点一点积累起来的，经过一代又一代的学者认真钻研、不断探索、苦苦追求、不懈努力积累起来的。语言学研究的思路主要有两条：一是颠覆性的、革命性的 (revolutionary)，如 Noam Chomsky 的理论语言学就可看做对他之前两千多年的语言研究传统的颠覆；一是进化性的 (evolutionary)，如 M. A. K. Halliday 的系统功能语言学理论半个世纪来的改良和发展。

像其他学术思潮一样，“语言学”也有不同的思想和流派。关于这些语言学流派，像 Davis (1973)、Sampson (1980)、de Beaugrande (1991)、赵世开 (1989)、刘润清 (1995)、冯志伟 (1999)、刘润清、封宗信 (2003)、封宗信 (2006)、胡壮麟、叶起昌 (2010) 这些专著都作了比较全面的论述。至于“功能语言学”的流派，我国也已经出版了有关专著（如：朱永生、严世清、苗兴伟 2004；王铭玉、于鑫 2007)。但是，有必要在这里提醒大家我们多次引用的一个观点：

> 当代语言学主要有两大主流，一是形式主义 (formalism)，一是功能主义 (functionalism)。形式主义认为，语言学的中心任务是研究语法成分之间的形式关系，这种研究并不需要涉及这些成分的语义性质和语用性质。功能主义则认为，语言研究不但要研究语言的本体（如：音系、字系、词汇、语法、语义），而且还涉及语言的使用环境因素（如：情景、社会、话语、语篇），形式与意义无法截然分开。有些学者认为，就语言学研究的路径而言，只有两条，要么是形式主义路径，要么是功能主义路径，这样就“基本上排除了存在与它们完全不同的第三条道路的可能性”（徐烈炯 2002)。

至于功能主义包括哪些语言学理论，《功能语言学年度评论 (第 1 辑)》的“创刊词”是这样说的：

> 属于功能主义的语言学派很多，简单地说，只要是把形式与意义（语义、使用）联系起来或置于意义的范围内进行研究的都可以称为功能语言学派。据我们的这个理解，系统功能语言学、语用学、认知语言学、功能语法、词汇功能语法、社会语言学、话语分析、语篇分析、体裁分析、语料库语言学甚至因特网语言学等，都属于功能主义，都是功能语言学派。形式主义有公认的代表人物，功能主义没有；在功能主义的大旗下，这种情况是存在的：有些学派把别的学派的研究内容当做自己学科的一个分支，而那个学派则认为对方才是自己的一个支流。但往高一层看，它们都是属于功能主义。M. A. K. Halliday 多次说到，他的系统功能语法不是唯一的功能语法，而是很多种功能语法中的一种。（黄国文、常晨光 2010)

有了这样的认识，我们就可以这样说，系统功能语言学是功能语言学的一个分支；但是，在我国的很多出版物中，“功能语言学”也常常被用做“系统功能语言学”的代名词；另一方面，从事认知语法（语言学）、语用学等学科的学者也不认为自己是“功能语言学研究者”。但是按照徐烈炯（2002）的观点，语言学研究的路径只有两条：要么是形式主义路径，要么是功能主义路径，这样也就没有第三条完全不同的道路了。

关于语言学的研究和发展状况，不同时期有不同的特点和热点，不同的理论有不同的重点。不同的学者对同一个问题也许有完全不同的看法，同一学者在不同时期对同一问题也会有不同的学术见解。

姜望琪曾先后发表了两篇关于当代语言学发展趋势的文章（姜望琪 2003, 2010），他作出了比较大胆的结论：“形式主义和功能主义两种语言学流派各有所长，缺一不可。但是，目前这个阶段正是形式主义往下走，功能主义往上走的阶段。在这个阶段，中国的注重意义、注重语篇、注重实例分析的语言研究传统将大有作为”（姜望琪 2010：1，另参阅姜望琪 2003：12）。姜望琪还断言：“如果说 20 世纪语言学是以索绪尔（Saussure）为旗帜的，那么 21 世纪将以非索绪尔为标志。语言学将从抽象回到具体，从理性思辨走向实例分析，从研究单句扩大到篇章。一句话，从注重语言（langue）变成注重言语（parole），从注重抽象的语言系统变成注重实际的语言运用”（姜望琪 2001：15，另见姜望琪 2010：1）。虽然不是所有的人都会同意姜望琪的推断，但有一点是值得注意的，那就是，在当今的语言学研究中，意义、功能、语篇的研究越来越受到重视，越来越显得重要。

虽然姜望琪特别强调当代语言学发展中对语义、功能、语篇的研究的重要性，但他并不否定形式研究的必要性。在《再论当代语言学的发展趋势》（姜望琪 2010）中，他还是平心静气地说：

> 形式主义和功能主义两种语言学流派各有所长，缺一不可。尽管本文强调目前这个阶段语言学研究正在从注重形式转变到注重意义，从注重抽象思辨转变到注重实例分析，从注重句子成分分析转变到注重语篇分析，我丝毫没有只要后者不要前者的意思。形式和意义，理论和实例，句子和语篇是同一个统一

> 体的互相依赖、互相补充的两个侧面，不可偏废。（姜望琪 2010：11）

关于不同语言学流派、不同学术思潮的和平共处、取长补短的问题，我们多次说到，大家应该采取 Live and let live 的态度，求同存异（或者说"求异存同"），这样我们才能在愉快的气氛中讨论学术问题。

3."系统"、"功能"、"社会意义"及其译名问题

我们（如黄国文 2007a）认为，就系统功能语言学的发展进程而言，可以把它分为四个阶段：(1) 阶和范畴语法（如 Halliday 1961）；(2) 系统语法（如 Halliday 1966）；(3) 功能语法（如 Halliday 1967a, 1967b, 1968，1970）；(4) 系统功能语言学（如 Halliday 1978）。所用的名称也有些变化：Scale and Category Grammar，Systemic Grammar，Functional Grammar，Systemic Functional Grammar，Systemic Functional Linguistics。在很多场合，后面这四个术语有时会被替换使用，但它们是有差异的；严格地讲，Systemic Functional Linguistics 囊括了其他几个术语所涉及的内容。

系统功能语言学注重的是"聚合关系"（paradigmatic relation），即"选择"（choice）关系，因此"系统"是一个非常关键的概念；系统网络所表示的是意义的选择。同时，系统功能语言学也注重"功能"，尤其是"纯理功能"（元功能）。Halliday 早期在建构这个理论时，重点是句法（语法）理论（a theory of syntax/grammar），后来慢慢发展为一个语言理论。

1978 年，Halliday 出版了著名的 *Language as Social Semiotic: The Social Interpretation of Language and Meaning*。该书标志着这个理论从对语言的研究扩展到对语言与社会的相互关系的研究。这本书的标题中的 Social Semiotic 在我国一般翻译为"社会符号"。我们最近在一篇文章（黄国文 2010a）中对这个问题作了探讨，认为应该翻译为"社会意义"：

> 当 Halliday 用 semiotics 这个词时，他说的是"意义"，而不是"符号"；同理，他说 semiotic 这个词时，指的是"意义的"，而不是"符号的"。Halliday（2003: 2）明确指出，"as in all my writing, 'semiotic' means

> 'having to do with meaning (semiosis)'", "A language is a semiotic system; not in the sense of a system of signs, but a systemic resource for meaning what I have often called a meaning potential..."（Halliday 2003: 192-193）。在 Halliday 的用法中，semiotic 常常是 meaning 一词的形容词。语言系统的意义称为 semantics，它的形容词是 semantic，包括语言系统在内的"意义"是 meaning 或 semiotics；semiotic 既可用做形容词，如 a semiotic system（一个意义系统），也可用做名词，如 language as social semiotic。（黄国文 2010a：29-30）

关于 social semiotic 应该翻译为"社会符号"还是"社会意义"，目前我国的系统功能语言学者还没有统一的看法。其实，Halliday 也注意到 semiotic 在中国被翻译为"社会符号"，所以他多次谈到 semiotic 的意义和翻译问题，下面是杨炳钧（2010）的观察：

> Halliday 在做大会主题发言时说，中国国内的一些学者误解了他所讲的 semiotics 和 semantics 的含义，他用标准的汉语普通话更正说，在系统功能语法（SFG）中，semiotics 指"意义学"，不是"符号学"，而 semantics 指"语义学"。虽自从那时至今，很多学者仍未照 Halliday 的说法更改，但他在后来的一些会上也是平静地重复了这个意思。（杨炳钧 2010：183）

在这里，我们把 semiotic 翻译为"意义"，但我们也不反对有人把它译为"符号"，因为当大家的理解和出发点不完全一致时，存在差异是正常的。

4. 作为一个综合理论的系统功能语言学

我们（黄国文 2007b）在《作为普通语言学的系统功能语言学》一文中对"普通语言学"进行了界定：普通语言学的研究对象和内容是人类的语言，它是对语言的综合研究，它总结和利用各种语言的研究成果，但它的重点是从理论上研究语言的本质，探讨语言的共性和一般规律。从这一点看，普通语言学有别于与其一样属于基础研究但旨在研究具体某一种语言的"个别语言学"

(particular linguistics)，当然也有别于把语言学应用于与语言问题有关的“应用语言学”(参见黄国文 2007c)。

Coffin (2001: 94) 认为，“系统功能语言学首先是一个语言学理论”(Systemic functional linguistics is primarily a linguistic theory)，而 Richards, Platt & Platt (1992/2000: 465) 则把系统功能语言学看做“一种语言学研究方法”(an approach to linguistics developed by Halliday)。Halliday (2005: 1) 自己说它是“一种研究语言的理论方法”(one kind of theoretical approach to language)。我们多次 (如黄国文 2006a，2007b) 指出，系统功能语言学不是研究某一种语言的“个别语言学”，而是研究人类语言怎样在社会中起作用的普通语言学理论；它的研究对象包括我们经常谈到的汉语、英语、法语、德语、意大利语、西班牙语、日语、越南语、泰语等人类的语言。Halliday 说他自己是个语法学家，是个普通语言学家 (“I am a grammarian and a general linguist”，见 Halliday 2006)。

作为普通语言学理论，系统功能语言学研究语言的语用、语义、语法、词汇和音系。这点是它与语用学、认知语言学、社会语言学、语料库语言学、语篇分析等功能语言学的最大不同点，这些学科只研究语言的某一 (些) 层面。

根据 Halliday & Matthiessen (2004: 19) 的观点，系统功能语言学是“一个综合理论”(a comprehensive theory)；语言中的每个部分都是它的研究内容，语言的组成部分之间都有密切的、不可分割的关系；对语言中某一部分的研究都会涉及整个语言系统。从这一点看，系统功能语言学既研究语言的使用和语言的语义系统，又研究词汇语法系统、音系系统和字位系统。在系统功能语言学理论中，系统与系统的结合构成系统网络，而对系统和系统网络中语义特征的选择依靠的是交际的需要和意义的表达。系统功能语言学中的层次思想也非常重要。根据这个观点，语言有三个层次：语义、词汇语法和音系 (学) 或字位 (学)，它们之间的关系是体现与被体现的关系：词汇语法系统体现语义系统，而词汇语法系统又由音系系统或字位体现。从层次的角度看，音系系统或字位系统体现词汇语法系统，而词汇语法系统又体现语义系统，语义系统则体现了行为系统 (behavioural system)，即更高层次的意义系统。每个系统中都有子系统，系统中都有“选择”，所有选择都是根据意义的建构和表达作出的。

在 1985 年出版的 *An Introduction to Functional Grammar* 一书中，Halliday (1985: xv) 明确指出，建构 (体现在该书中的) 功能语法的目的是为语篇分析提供一个理论和分析框架；他认为这个框架可用来分析英语中任何口头语篇和书面语篇。根据 Halliday 的观点，语篇分析可以帮助我们揭示人们是怎样在日常生活中识解经验、表达意义的；通过语篇分析，我们可以描述和解释在特定的社会文化环境中人们是怎样运用语言来做事情的。通过分析语言和语言的使用，我们可以看到意义是怎样建构的、人与人之间的关系是怎样通过语言来建立和保持的，也可以确定语言系统和语言使用与社会结构之间的相互关系和相互作用。

我们 (黄国文 2010b) 在探讨语篇分析与系统功能语言学理论的建构之间的关系时指出，语篇分析有两种不同的作用：(1) 语篇分析可以帮助分析者揭示实际语言使用中的语篇的交际功能，也可以帮助说明为什么语篇会表达它所表达的特定的意义和实现其功能，还可以帮助我们从经验的识解和意义的表达以及语篇的交际性角度考察和评估语篇的有效性 (如成功的、不是很成功的、失败的)。这种研究在文学文本分析和文体学领域最常见，这种做法事实上是把语篇看做一个独立的成品 (artifact)、一个单独的客体。从语篇分析的角度看，我们根据特定的文化环境、情景语境和上下文语境对语言使用的合适性进行分析和评估。(2) 语篇分析的目的是要帮助我们建构语言理论体系，这时我们把语篇分析当做发现语言特点和规律的工具、途径或方法，通过对特定语篇的考察和分析，我们可以找出语言的特点、语言使用的规律，可以发现语言中同类的、相类似的和不同类的语言现象；这种做法事实上是把语篇当做语言的样本 (specimen)。这种语篇分析涉及语言形式 (包括音、词、短语、小句)，也涉及语言的功能、语篇的类型和语言的使用场合。我们还明确指出 (黄国文 2010b：4)："这两种视角不是相互排斥的，而是互补的。关于语言系统的知识可以用来解释语篇是怎样表达意义的，也可以用来评估语篇的交际价值和在实际使用中的有效性。从另一个角度看，一旦我们清楚语篇所表达的意义，那我们就可以从语言使用的角度来观察语言系统，来考察单个的语言现象与整个语言系统的关系。" 从这里的讨论可以看出，语篇分析的两个作用都是重要的。无论是对于语言理论的使用者，还是语言理论的建构者和研究者来说，语篇分析都是一个非常重要的学术活动。在 Halliday (2008a: 192) 看来，语篇分析是语言学理论本身的一个重要部分，因为根据他的观点，作为对语言的实例进行描述和分析的语篇分析本身就是语言学研究和语言理论建构的一个组成部分。

Matthiessen (2006) 在讨论语篇分析与语言学理论的建构关系时指出，建构一个理论模式通常要经过四个阶段：(1) 在特定的理论框架中对语篇进行分析（如在系统功能语言学理论框架中进行语篇分析）；(2) 根据一定数量的语篇分析，在特定的理论框架中对语言进行描述；(3) 根据已经存在的描述，从类型学角度对不同语言进行类型划分；(4) 建构语言理论模式。这四个阶段的关系如图 1 所示（见 Matthiessen 2006）：

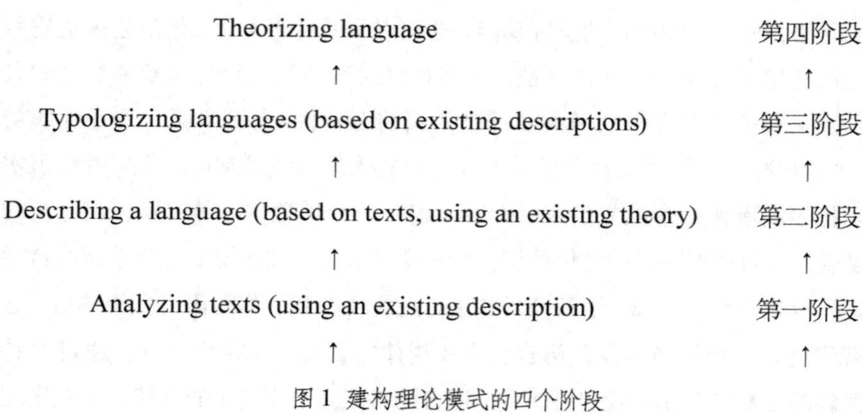

图 1 建构理论模式的四个阶段

这里的图示是采取自下而上的路径，在语言理论的建构过程中，首先从语篇分析入手，用现有的理论对语言使用和语言现象进行分析，接着对单一种类的语言（如英语、汉语）进行描述，再接着根据类型学的理论对多种语言进行分析和归类，最终基于第三阶段的研究成果建构语言学理论。我们认为，系统功能语言学理论的建构就是采用这样的思路和方法。

如上所述，Halliday 早期的研究主要在于建立一个句法（语法）理论，该模式后来慢慢发展成为一个关于语言的理论。这个理论得以建立，除了总建筑师 Halliday 外，还离不开世界各地的很多系统功能语言学研究者。Halliday 多次谈到他从别的学者那里受到的启发和帮助；除了 J. R. Firth 外，还有其他很多人（参见 Halliday 1978: 5，2003/2007: 186-190，433-441）。这里我们想简单提及作出重要贡献而且目前还活跃于系统功能语言学研究领域的几个国际学者。

首先说说 Ruqaiya Hasan。Hasan 跟随 Halliday 时间最长，她早年在英国爱丁堡大学跟随 Halliday 攻读博士学位，是 Halliday 最亲密的学术和生活伙伴。他们 1976 年出版了 *Cohesion in English* (Halliday & Hasan 1976)，这本书在功能语言学界和语篇分析界影响非常大，到目前为止，还没有另一本同类的书可以代替它。Hasan 的研究兴趣主要是在语篇分析、文体分析、语义学和社会语义变体方面。她对系统功能语言学的最大贡献是关于"语境"和"语域"的研究（如 Hasan 1995，1999，2004，2009a）。她除了与 Halliday 合著了两本著作（即 Halliday & Hasan 1976，1985）外，自己出版了好几本书，其中影响较大的有 Hasan (1984)、Hasan (1996) 和 *The Collected Works of Ruqaiya Hasan*（Hasan 2005，2009b，2011a，2011b，2012a，2012b，forthcoming）。

Fawcett 1970 年到英国伦敦大学学院跟随 Halliday 攻读博士学位，后来因 Halliday 离开伦敦大学，所以便由 Richard Hudson 继续指导他攻读学位。这两位导师在 20 世纪 70 年代给了他不同的学术影响。Halliday 给了他"系统的"（systemic）思想，而 Hudson 则给了他"生成的"（generative）的思想。Hudson 1974 年发表的一篇文章（Hudson 1974）所表达的系统、认知、生成语言观对 Fawcett 早期的学术发展影响很大。这点可以从 Fawcett 1980 年出版的 *Cognitive Linguistics and Social Interaction: Towards an Integrated Model of a Systemic Functional Grammar and the Other Components of a Communicating Mind* 一书看出。Fawcett 对系统功能语言学的最大贡献是他关于词汇语法研究模式的建构（现在被称为"加的夫语法"，the Cardiff Grammar；见 Fawcett 1980，2000，2008）和把系统功能语言学运用于语言生成的研究。有关 Fawcett 和加的夫语法的研究，可参考黄国文等（2008）。

Martin 是 20 世纪 70 年代中期到英国的埃塞克斯大学跟随 Halliday 攻读博士学位的。他毕业后又跟随 Halliday 去了澳大利亚悉尼大学。Martin 的研究主要集中在语篇语义、语域、语篇体裁和批评语篇分析上。Martin 对系统功能语言学的最大贡献是他关于"语篇语义"（discourse semantics）和"评价分析框架"（appraisal framework）（也有人称之为"评价理论"）的论述。他 1992 年出

版了 *English Text: System and Structure* (Martin 1992)，他还与 Halliday 合写了 Halliday & Martin (1993)，与 Matthiessen 和 Painter 合写了 Martin *et al*. (1997, 2010)，与 Veel 合写了 Martin & Veel (1998)，与 Rose 合写了 Martin & Rose (2003，2008)，与 White 合写了 Martin & White (2005)。

虽然 Matthiessen 对系统功能语言学的兴趣始于 20 世纪 70 年代中期，但他正式开始研究系统功能语言学是在 20 世纪 80 年代，当时他在美国南加利福尼亚大学 William Mann 主持的一个计算语篇生成项目作研究，他专门研究该项目中由 Halliday 任顾问的系统功能语言学部分。自此，他开始追随 Halliday 全力从事系统功能语言学研究。Matthiessen 对系统功能语言学的最大贡献是他继承、捍卫和发展了 Halliday 的理论体系和理论建构。他出版了 Matthiessen (1995)，并与 Halliday 合著了 Matthiessen & Halliday (1997, 2009)，Halliday & Matthiessen (1999)，Halliday & Matthiessen (2004)，与 Bateman 合著了 Matthiessen & Bateman (1991)。Matthiessen 2007 年发表的两篇论文 (Matthiessen 2007a，2007b) 显示了他宽广的学术视野和他对系统功能语言学理论建构和发展的构想。11 年前我们（黄国文 2000a：20）曾经大胆推测：“从学术方面看，Matthiessen 无疑是韩礼德最理想的接班人。”今天看来，这个猜测应该是正确的了。

我们（如黄国文 2008，见黄国文等 2008：15-16）曾指出：“与其他任何理论一样，系统功能语言学也存在需要和可以修正、改进的地方，正因为这一点，才需要一代又一代语言学者的辛勤劳动，才需要我们进行认真的学术探讨，这种活动是‘实践→认识→再实践→再认识’的认识规律的反映。”系统功能语言学研究者对该理论的基本假定、思想、原则和方法是普遍接受的，但在一些具体问题上也存在着一些分歧和争论。这点在胡壮麟等 (2005) 的《系统功能语言学概论》中辟有专门章节讨论。此外，对一些学术问题的内部分歧也是越来越引人注目，例如，Fawcett 与 Halliday 对功能句法的不同看法（如“加的夫语法”和“悉尼语法”的一些差异），Martin 与 Hasan 对 register 和 genre 的不同看法等等，这些在系统功能语言学界可以说是众所周知。

在这里，我们想强调这么一点：无论 Hasan 怎样扩展“语境论述”（属于系统功能语言学的“文化语境”部分），无论 Fawcett 怎样建构“加的夫语法”（属于系统功能语言学的“词汇语法”部分），无论 Martin 怎样拓展“评价框架”

(属于系统功能语言学的“人际意义”部分)，也无论 Matthiessen 怎样发展整个语言学理论的框架，他们都是试图深化或简化 Halliday 所建构的理论，这也是他们对系统功能语言学研究发展所作出的贡献。因此，无论他们提出哪些方面的问题，都是系统功能语言学学派的“内部的分歧”(胡壮麟等 2005：398-420)，因为他们的理论指导、理论框架、基本假定、思想、原则和方法本质上都属于系统功能语言学。他们的观点也没有“贵”与“贱”之分，正如胡壮麟等 (2005：6) 所说 :“系统功能语言学派内部不承认任何‘纯粹的’或‘不纯粹的’理论模式。”

5. 作为适用语言学的系统功能语言学

从 21 世纪初开始，Halliday 就一直在谈“适用语言学”(appliable linguistics) 问题。2006 年 3 月香港城市大学成立“韩礼德语言研究智能应用中心”，Halliday 在题为《研究意义：建立一个适用语言学》的主旨报告 (文字见 Halliday 2008a) 中对“适用语言学”作了阐述。

我们 (黄国文 2006a) 在一篇题为《作为适用语言学的系统功能语言学》的文章中试图对“适用语言学”作些个人的解读。首先，要明白为什么 Halliday 不说系统功能语言学是“应用语言学”(applied linguistics)，而说是“适用语言学”。简单地说，系统功能语言学是普通语言学，而普通语言学通常是理论语言学，而应用语言学则是与理论语言学形成对比的运用性学科。因此，把系统功能语言学看做应用语言学是不合适的。此外，系统功能语言学从开始建立时就有自己的一套独立的假定、概念和术语，而应用语言学一直试图把多个语言学流派的理论运用到实际中。无论是目标、假定还是方法上，系统功能语言学与应用语言学都有很多差异。此外，在解释 appliable linguistics 时，Halliday 特别指出，他所说的 appliable 与 applicable 不同：appliable 有特定的应用目的和范围，而 applicable 适合更宽泛的目的，appliable 在汉语中是“适用”而不是“应用”(见 Halliday，Hu & Zhu 2010: 18)。

我们 (黄国文 2006b) 在《功能语言学与应用语言学》中指出，从现有的文献可以看出，Halliday 的系统功能语言学思想对语言教育 (教学) 的影响已持续将近半个世纪。早在 1964 年，他与他人 (Halliday，McIntosh & Strevens

1964）合著的 *The Linguistic Sciences and Language Teaching*（《语言科学与语言教学》）一书就对语言教学的各种问题提出了非常精辟的论述，有很多观点今天仍然还被广泛引用。桂诗春指出，“Halliday 等人出版了《语言科学与语言教学》，这被视为第一本应用语言学教科书”，该书“继承英国 Jones 语音学派和 Firth 社会学派的传统”，“着眼于‘纯’语言理论和它的‘应用’的问题，认为语言理论的最重要的应用是在母语和外语教学领域”（桂诗春 2008：27）。同样是应用语言学研究者的 Jaworska (1998/2001) 认为，Halliday 的理论在英国的教育语言学界是特别引人注目的（particularly prominent in British educational linguistics）。胡壮麟在张德禄、苗兴伟、李学宁（2005）合著的《功能语言学与外语教学》一书的序言中指出，“系统功能语言学比较注意应用研究，特别是语言教学和外语教学”，这已经成为不争的事实；Halliday 一直认为，“一种理论的科学性要在实践中检验，其价值要看它在实际功能中所获得的解释和在实践中所起的作用，这必然包括语言教学和外语教学”（胡壮麟 2005a：1）。

Coffin (2001: 94) 认为，对 Halliday 来说，创建系统功能语言学理论的目的之一是为潜在的语言学“消费者”解决所面临的各种问题而提供一种理论（One of the main purposes for Halliday…in developing SFL has been to create a theory for solving a range of problems faced by potential “consumers” of linguistics.）。这里说的“各种问题”（a range of problems）除了语言教学等方面的问题外，还包括与语言和语言使用有关的其他所有问题。因此可以这样说，Halliday 所说的适用语言学是应该可以用来解决各种各样与语言有关的问题的。Halliday (2009) 说系统功能语言学是“一种以问题为导向的理论”：

> Systemic Functional Linguistics may be characterized as a problem-oriented theory, in the sense that it is designed to assist towards identifying and tackling problems that arise from outside itself – that is, not problems that the theory identifies for itself. Typically therefore the questions it sets out to answer are questions faced by people who are not linguists but are engaged in, or at least interested in, some activity in which language plays a key role. (Halliday 2009: 61)

自从 Halliday 提出适用语言学以来，还有很多学者都对它进行了解读（参见辛志英、黄国文 2010）。例如，胡壮麟先后在第 10 届全国功能语言学研讨会上（南昌，2007）和《解读韩礼德的 Appliable Linguistics》一文（胡壮麟 2007）中解读 Halliday 所说的“适用语言学”问题。在 2009 年召开的第 36 届国际系统功能语言学大会期间，胡壮麟当面请 Halliday 解释“适用语言学”；Halliday 说到，appliable linguistics 不是系统功能语言学理论的新名字，也不是指新的东西，而是对目前的系统功能语言学理论的一种描述（见 Halliday, Hu & Zhu 2010: 18）。

在香港城市大学“韩礼德语言研究智能应用中心”成立大会的主旨报告中，Halliday（2008b）对“适用语言学”作了全面的阐述，其中所给的定义是：

> … what I have called an ‘appliable linguistics’ – a comprehensive and theoretically powerful model of language which, precisely because it was comprehensive and powerful, would be capable of being applied to the problems, both research problems and practical problems, that are being faced all the time by the many groups of people in our modern society who are in some way or other having to engage with language. (Halliday 2008b: 7)

杨雪燕（2010：39-40）认为，Halliday 的这个定义中有三个要点：(1) 适用语言学是一种关于语言的理论模型，具有覆盖面宽、解释力强的特点。(2) 正因为具有这样的特点，该理论可以用于解决多种问题。(3) 它所适用和解决的问题可以是学术问题，也可以是实际问题，但都属于人们在社会中跟语言打交道时所遇到的问题。杨雪燕（2010：39）还说到，Halliday 所说的 an appliable linguistics 是指“一种具有适用性的语言学理论”。杨雪燕（2010）还对 Halliday 的定义中的三个要点进行了深入的阐述。

在对 Halliday 的语言学理论模式进行分析和解读后，杨雪燕（2010）认为，可以把系统功能语言学看做由三个不同却相互联系的研究区域构成：理论区域（theoretical SFL）、实践区域（practical SFL）和应用区域（applied SFL），她用图 2 来解释三个研究区域的特点以及它们之间的相互关系和相互作用。

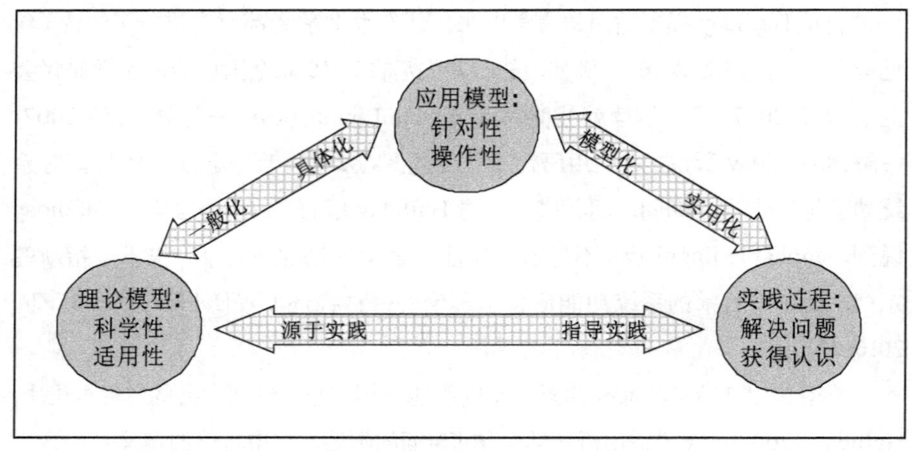

图 2 系统功能语言学的三个研究区域

对于这三个区域，杨雪燕（2010：43）是这样解释的：

> 在**理论区域**，需要做的是建立理论模型，即一整套语言认识体系，它既要有科学性又要有适用性，因为它源于实践并且旨在指导实践。在**实践区域**，需要做的是在理论指导下去解决实践领域中的具体问题，并且在解决问题的同时获得对语言活动乃至语言本身的新认识和新发现。**应用区域**则是在理论和实践之间专门架起的一座桥梁。在这里，一方面要根据具体实践领域的需要，把一般性的理论模型变成具体的应用模型，使其具有针对性和操作性，以便为今后这些领域里问题的解决提供一个实用的工具；另一方面要在实践中检验和发展理论，要把实践过程中获得的感性认识理性化、模型化，不只是为了建立具有实用性的应用模型，一旦发现新的认识同时具有一般性，还可用来补充或修正原有理论。（杨雪燕 2010：43）

在建构系统功能语言学理论过程中，Halliday 一方面注重理论体系的科学性和完整性，另一方面注重理论是否可以用于实践、用于解决实际问题。Halliday（如 2009: 61）认为，系统功能语言学是一种以问题为导向的理论，它就是用来解决人们生活中与语言使用有关的问题的，因此，在这个语言学模式中，理论和实践同等重要，不能厚此薄彼。从这一点看，我们要“淡化”

(neutralize)(理论)语言学与应用语言学之间的界限(Halliday 2009: 61)。

有了上面所有这些认识,我们就会清楚为什么 Halliday(见 Halliday, Hu & Zhu 2010: 18)说“适用语言学”是对系统功能语言学理论的一种描述,也明白为什么系统功能语言学也是一种适用语言学。

6. 系统功能语言学在中国的研究

在中国,系统功能语言学研究已经有三十多年的历史。关于它在中国的研究和发展情况以及中国学者所进行的这方面的学术活动,国内先后有一些学者发表了多篇介绍性、综述性或评论性文章,如:胡壮麟、陈冬梅(1990)、方琰(1996)、余珍萍(1997)、胡壮麟(1998, 2005b)、张德禄(1998,2006)、黄国文(2000b,2005;Huang 2002)、严世清、董宏乐、吴蔚(2002)、张德禄等(Zhang *et al.* 2005)、田贵森、王冕(2008)、王红阳、黄国文(2009)、黄国文(2009b)和王红阳(2010)等。我们在《中国的系统功能语言学研究:发展与展望》(黄国文 2009b)一文中试图对我国系统功能语言学研究在各个阶段的情况进行比较全面的描述和概括。此外,王红阳(2010)的专著《中国语境下的系统功能语言学研究》也提供了很多中国的系统功能语言学研究情况。在这里,我想简单提提我们参与的、已经出版并且还会继续出版的几本论刊(丛书):

(1)中国功能语言学研究会会刊《功能语言学与语篇分析研究》(黄国文主编,高等教育出版社,2009-),已经出版 3 辑。

(2)《功能语言学年度评论》(黄国文、常晨光主编,高等教育出版社,2010-),已经出版 3 辑。

(3)《系统功能语言学研究群言集》(黄国文、常晨光、廖海青主编,高等教育出版社,2010-),已经出版 2 辑。

(4)“功能语言学研究系列丛书”(10 卷)(总主编:黄国文、张敬源、常晨光、何伟,外语教学与研究出版社,2010-):《功能语言学通论》(黄国文、辛志英主编)、《功能语境研究》(常晨光、陈瑜敏主编)、《功能句法研究》(何伟、高生文主编)、《功能时态理论研究》(何伟著)、《批评语言学》(丁建新、廖益清主编)、《评价理论研究》(刘立华主编)、《功能文体理论研究》(戴凡、吕黛蓉主编)、《功能语言学与翻译研究》(张敬源主编)、《功能语篇分析研究》(彭漪、柴同文主编) 和《功能语言学与外语教学研究》(曾蕾、廖海青主编)。

虽然中国的系统功能语言学研究已经取得了令人瞩目的成绩，但我们要走的路还很长，我们还必须加倍努力。在《中国的系统功能语言学研究：发展与展望》(黄国文 2009b) 一文中，我们指出目前存在的一些明显问题，其中包括：(1) 介绍和应用多于原创性研究；(2) 汉语研究成绩不大；(3) 重复性研究比较明显；(4) 与国际学者的对话少。此外，对一些分析框架的介绍和应用存在明显的“集体跟风”现象。

至于中国系统功能语言学研究的发展前景，我们 (黄国文 2009b) 也提出了几点建设性的意见：(1) 追求原创性和本土化；(2) 注重跨学科的研究；(3) 重视研究方法的多元化；(4) 加强与国际学者对话。

7. 结语

作为“绪论”，本章的目的之一是陈述我们对系统功能语言学的认识和理解，同时提出我们的一些想法，二是给读者澄清一些问题，引导读者进一步阅读本书中的专门论述。在结束本章之前，我们还想特别强调：(1) 系统功能语言学是一个关于语言的理论，它既有理论语言学的描述性和解释性特点，又有应用语言学的可运用性特点；(2) 系统功能语言学是一个综合理论，是一个普通语言学理论，它的实用性在于试图解决人们在日常生活中的语言使用问题。

注释

1 本文是2010年度教育部人文社会科学研究规划基金项目“中国功能语言学研究现状分析与展望”(10YJA740034) 的部分成果。

参考文献

Coffin, C. 2001. Theoretical approaches to written language — A TESOL perspective. In A. Burns & C. Coffin (eds.). *Analysing English in a Global Context*. London: Routledge.

Davis, P. W. 1973. *Modern Theories of Language*. Englewood Cliffs, NJ: Prentice-Hall, Inc.

de Beaugrande, R. 1991. *Linguistic Theory: The Discourse of Fundamental Works*. London: Longman.

Fawcett, R. P. 1980. *Cognitive Linguistics and Social Interaction: Towards an Integrated Model of a Systemic Functional Grammar and the Other Components of a Communicating Mind*. Heidelberg: Julius Groos.

Fawcett, R. P. 2000. *A Theory of Syntax for Systemic Functional Linguistics*. Amsterdam: Benjamins.

Fawcett, R. P. 2008. *Invitation to Systemic Functional Linguistics through the Cardiff Grammar*. London: Equinox.

Halliday, M. A. K. 1961. Categories of the theory of grammar. *Word* (17): 241-292.

Halliday, M. A. K. 1966. Some notes on "deep" grammar. *Journal of Linguistics* (2): 110-118.

Halliday, M. A. K. 1967a. Notes on transitivity and theme in English, Part 1. *Journal of Linguistics* 3 (1): 37-81.

Halliday, M. A. K. 1967b. Notes on transitivity and theme in English, Part 2. *Journal of Linguistics* 3 (2): 199-244.

Halliday, M. A. K. 1968. Notes on transitivity and theme in English, Part 3. *Journal of Linguistics* 4 (2): 179-215.

Halliday, M. A. K. 1970. Language structure and language function. In J. Lyons (ed.). *New Horizons in Linguistics*. Harmondsworth: Penguin.

Halliday, M. A. K. 1978. *Language as Social Semiotic: The Social Interpretation of Language and Meaning*. London: Arnold.

Halliday, M. A. K. 1985. *An Introduction to Functional Grammar*. London: Arnold.

Halliday, M. A. K. 2003/2007. *On Language and Linguistics. The Collected Works of M. A. K. Halliday* Vol. 3 (ed. J. Webster). London: Continuum/Beijing: Peking University Press.

Halliday, M. A. K. 2005. Foreword. 见张德禄、苗兴伟、李学宁，《功能语言学与外语教学》。北京：外语教学与研究出版社。1-3。

Halliday, M. A. K. 2006. Some theoretical considerations underlying the teaching of

English in China.《英语研究（“功能语言学研究”专辑）》（4）：7-20。

Halliday, M. A. K. 2008a. *Complementarities in Language*. Beijing: The Commercial Press.

Halliday, M. A. K. 2008b. Working with meaning: Towards an appliable linguistics. In J. Webster (ed.). *Meaning in Context: Implementing Intelligent Applications of Language Studies*. London: Continuum. 7-23.

Halliday, M. A. K. 2009. Methods techniques problems. In M. A. K. Halliday & J. Webster (eds.). *The Continuum Companion to Systemic Functional Linguistics*. London: Continuum. 59-86.

Halliday, M. A. K. & R. Hasan. 1976. *Cohesion in English*. London: Longman.

Halliday, M. A. K. & R. Hasan. 1985. *Language, Context and Text: Aspects of Language in a Social-Semiotic Perspective*. Geelong, Vic: Deakin University Press.

Halliday, M. A. K., Z. L. Hu（胡壮麟）& Y. S. Zhu（朱永生）. 2010. Interviewing Professor M. A. K. Halliday by Hu Zhuanglin and Zhu Yongsheng. *Foreign Languages in China*（6）: 17-24.

Halliday, M. A. K. & J. R. Martin. 1993. *Writing Science: Literacy and Discursive Power*. London: Falmer Press.

Halliday, M. A. K. & C. M. I. M. Matthiessen. 1999. *Construing Experience through Meaning: A Language-Based Approach to Cognition*. London: Cassell.

Halliday, M. A. K. & C. M. I. M. Matthiessen. 2004. *An Introduction to Functional Grammar* (3rd edition). London: Arnold.

Halliday, M. A. K., A. McIntosh & P. Strevens. 1964. *The Linguistic Sciences and Language Teaching*. London: Longman.

Hasan, R. 1984. *Linguistics, Language and Verbal Art*. Geelong, Vic: Deakin University Press.

Hasan, R. 1995. The conception of context in text. In P. H. Fries & M. J. Gregory (eds.). *Discourse in Society: Systemic Functional Perspectives. Meaning and Choice in Language: Studies for Michael Halliday* (Advances in Discourse Processes Vol. 1.). Norwood, NJ: Ablex. 183-283.

Hasan, R. 1996. *Ways of Saying: Ways of Meaning*. London: Cassell.

Hasan, R. 1999. Speaking with reference to context. In M. Ghadessy (ed.). *Text and Context in Functional Linguistics: Systemic Perspectives*. Amsterdam: Benjamins.

Hasan, R. 2004. Analysing discursive variation. In L. Young & C. Harrison (eds.). *Systemic Functional Linguistics and Critical Discourse Analysis: Studies in Social Change*. London: Continuum. 15-52.

Hasan, R. 2005. *Language, Society and Consciousness. The Collected Works of Ruqaiya Hasan* Vol. 1 (ed. J. Webster). London: Equinox.

Hasan, R. 2009a. The place of context in a systemic functional model. In M. A. K. Halliday & J. Webster (eds.). *The Continuum Companion to Systemic Functional Linguistics*. London: Continuum.

Hasan, R. 2009b. *Semantic Variation: Meaning in Society and in Sociolinguistics. The Collected Works of Ruqaiya Hasan* Vol. 2 (ed. J. Webster). London: Equinox.

Hasan, R. 2011a. *Language and Education: Learning and Teaching in Society. The Collected Works of Ruqaiya Hasan* Vol. 3 (ed. J. Webster). London: Equinox.

Hasan, R. 2011b. *Context in the System and Process of Language. The Collected Works of Ruqaiya Hasan* Vol. 4 (ed. J. Webster). London: Equinox.

Hasan, R. 2012a. *Describing Language: Form and Function. The Collected Works of Ruqaiya Hasan* Vol. 5 (ed. J. Webster). London: Equinox.

Hasan, R. 2012b. *Unity in Discourse: Texture and Structure. The Collected Works of Ruqaiya Hasan* Vol. 6 (ed. J. Webster). London: Equinox.

Hasan, R. forthcoming. *Verbal Art: A Social Semiotic Perspective. The Collected Works of Ruqaiya Hasan* Vol. 7 (ed. J. Webster). London: Equinox.

Huang, G. W.（黄国文）2002. Hallidayan linguistics in China. *World Englishes* 21 (2): 281-290.

Hudson, R. A. 1974. Systemic generative grammar. *Linguistics* (139): 5-42.

Jaworska, E. 1998/2001. Systemic grammar. In K. Johnson & H. Johnson (eds.). *Encyclopedic Dictionary of Applied Linguistics: A Handbook for Language Teaching*. Oxford: Blackwell/Beijing: Foreign Language Teaching and Research Press.

Martin, J. R. 1992. *English Text: System and Structure*. Amsterdam: Benjamins.

Martin, J. R., C. M. I. M. Matthiessen & C. Painter. 1997. *Working with Functional*

Grammar. London: Arnold.

Martin, J. R., C. M. I. M. Matthiessen & C. Painter. 2010. *Deploying Functional Grammar*. Beijing: The Commercial Press.

Martin, J. R. & D. Rose. 2003. *Working with Discourse: Meaning beyond the Clause*. London: Continuum.

Martin, J. R. & D. Rose. 2008. *Genre Relations: Mapping Culture*. London: Equinox.

Martin, J. R. & R. Veel. 1998. *Reading Science: Critical and Functional Perspectives on Discourse of Science*. London: Routledge.

Martin, J. R. & P. R. R. White. 2005. *The Language of Evaluation: Appraisal in English*. London: Palgrave.

Matthiessen, C. M. I. M. 1995. *Lexicogrammatical Cartography: English Systems*. Tokyo: International Language Sciences Publishers.

Matthiessen, C. M. I. M. 2006. Systemic Functional Linguistics appliability: Areas of research. Keynote speech delivered at the First Symposium on Functional Linguistics and Discourse Analysis, Sun Yat-sen University, Guangzhou. Dec. 10-12, 2006.

Matthiessen, C. M. I. M. 2007a. The "architecture" of language according to systemic functional theory: Developments since the 1970. In R. Hasan, C. M. I. M. Matthiessen & J. Webster (eds.). *Continuing Discourse on Language: A Functional Perspective* Vol. 2. London: Equinox. 505-561.

Matthiessen, C. M. I. M. 2007b. Lexicogrammar in Systemic Functional Linguistics: Descriptive and theoretical developments in the "IFG" tradition since the 1970s. In R. Hasan, C. M. I. M. Matthiessen & J. Webster (eds.). *Continuing Discourse on Language: A Functional Perspective* Vol. 2. London: Equinox. 765-858.

Matthiessen, C. M. I. M. & J. A. Bateman. 1991. *Text Generation and Systemic Linguistics: Experiences from English and Japanese*. London: Pinter.

Matthiessen, C. M. I. M. & M. A. K. Halliday. 1997. *Systemic Functional Grammar: A First Step into the Theory*. http://homepage.mac.com/cmatthie/FileSharing5.html

Matthiessen, C. M. I. M. & M. A. K. Halliday. 2009. *Systemic Functional Grammar: A First Step into the Theory* (with a Chinese translation by G. W. Huang & H. Y. Wang). Beijing: Higher Education Press.

Richards, J. C., J. Platt & H. Platt. 1992/2000. *Longman Dictionary of Language Teaching & Applied Linguistics*. London: Longman/Beijing: Foreign Language Teaching and Research Press.

Sampson, G. 1980. *Schools of Linguistics: Competition and Evolution*. London: Hutchinson.

Zhang, D. L.（张德禄）, E. McDonald, Y. Fang（方琰）& G. W. Huang（黄国文）. 2005. The development of systemic functional linguistics in China. In R. Hasan, C. M. I. M. Matthiessen & J. Webster (eds.). *Continuing Discourse on Language: A Functional Perspective* Vol. 1. London: Equinox. 15-36.

常晨光、陈瑜敏（编），2011，《功能语境研究》。北京：外语教学与研究出版社。

丁建新、廖益清（编），2011，《批评语言学》。北京：外语教学与研究出版社。

方琰，1996，功能语言学在中国发展的近况，《国外语言学》(4)：22-26，40。

封宗信，2006，《现代语言学流派概论》。北京：北京大学出版社。

冯志伟，1999，《现代语言学流派》。西安：陕西人民出版社。

桂诗春，2008，大潮拍岸浪花飞。载庄智象（编），《外语教育名家谈（1978-2008)》。上海：上海外语教育出版社。24-38。

何伟，2010，《功能时态理论研究》。北京：外语教学与研究出版社。

何伟、高生文（编），2011，《功能句法研究》。北京：外语教学与研究出版社。

胡壮麟，1998，系统功能语言学活动近况。载余渭深、李红、彭宣维（编），《语言的功能 —— 系统、语用和认知》。重庆：重庆大学出版社。3-16。

胡壮麟，2005a，序言。见张德禄、苗兴伟、李学宁，《功能语言学与外语教学》。北京：外语教学与研究出版社。1-2。

胡壮麟，2005b，全国功能语言学历届研讨会（1989-2003）的见证。载黄国文、常晨光、丁建新（编），《功能语言学的理论与应用》。北京：高等教育出版社。1-9。

胡壮麟，2007，解读韩礼德的 Appliable Linguistics，《四川外语学院学报》(6)：1-6。

胡壮麟、陈冬梅，1990，系统语言学在中国的进展。载胡壮麟（编），《语言系统与功能》。北京：北京大学出版社。1-11。

胡壮麟、叶起昌，2010，《语言学理论与流派》。北京：高等教育出版社。

胡壮麟、朱永生、张德禄、李战子，2005，《系统功能语言学概论》。北京：北京大学出版社。

黄国文，2000a，韩礼德系统功能语言学40年发展述评，《外语教学与研究》（1）：15-21。

黄国文，2000b，系统功能语言学在中国20年回顾，《外语与外语教学》（5）：50-53。

黄国文，2005，我国功能语言学的昨天和今天。载黄国文、常晨光、丁建新（编）《功能语言学的理论与应用》。北京：高等教育出版社。i-vi。

黄国文，2006a，作为适用语言学的系统功能语言学，《英语研究（“语篇分析研究”专辑）》（4）：1-6。

黄国文，2006b，功能语言学与应用语言学，《外语艺术教育研究》（2）：3-10。

黄国文，2007a，系统功能语法分析的目的和原则，《外语学刊》（3）：39-45。

黄国文，2007b，作为普通语言学的系统功能语言学，《中国外语》（5）：14-19。

黄国文，2007c，个别语言学研究与研究创新，《外语学刊》（1）：35-39。

黄国文，2008，从系统功能语法到加的夫语法。载黄国文、何伟、廖楚燕（编），《系统功能语法入门——加的夫模式》。北京：北京大学出版社。2-19。

黄国文，2009a，系统功能语言学研究中的整合，《中国外语》（1）：17-23。

黄国文，2009b，中国的系统功能语言学研究：发展与展望。载庄智象（编），《中国外语教育发展战略论坛》。上海：上海外语教育出版社。583-619。

黄国文（编），2009c，《功能语言学与语篇分析研究（第1辑）》。北京：高等教育出版社。

黄国文，2010a，对“胡—朱与Halliday访谈”的解读，《中国外语》（6）：25-30。

黄国文，2010b，语篇分析与系统功能语言学理论的建构，《外语与外语教学》（5）：1-4。

黄国文（编），2010c，《功能语言学与语篇分析研究（第2辑）》。北京：高等教育出版社。

黄国文（编），2011，《功能语言学与语篇分析研究（第3辑）》。北京：高等教育出版社。

黄国文、常晨光（编），2010a，《功能语言学年度评论（第1辑）》。北京：高等教育出版社。

黄国文、常晨光（编），2010b，《功能语言学年度评论（第2辑）》。北京：高等教育出版社。

黄国文、常晨光（编），2011，《功能语言学年度评论（第 3 辑）》。北京：高等教育出版社。

黄国文、常晨光、廖海青（编），2010，《系统功能语言学研究群言集（第 1 辑）》。北京：高等教育出版社。

黄国文、常晨光、廖海青（编），2011，《系统功能语言学研究群言集（第 2 辑）》。北京：高等教育出版社。

黄国文、何伟、廖楚燕（编），2008，《系统功能语法入门——加的夫模式》。北京：北京大学出版社。

黄国文、辛志英（编），2011，《功能语言学通论》。北京：外语教学与研究出版社。

姜望琪，2001，语言学的前沿领域——语用学，《福建外语》（4）：9-15。

姜望琪，2003，当代语言学的发展趋势，《外国语言文学》（3）：12-18。

姜望琪，2010，再论当代语言学的发展趋势。载陈新仁（编），《外国语文研究》。上海：译林出版社。1-13。

刘立华（编），2010，《评价理论研究》。北京：外语教学与研究出版社。

刘润清，1995，《西方语言学流派》。北京：外语教学与研究出版社。

刘润清、封宗信，2003，《语言学理论与流派》。南京：南京师范大学出版社。

彭漪、柴同文（编），2010《功能语篇分析研究》。北京：外语教学与研究出版社。

田贵森、王冕，2008，功能语言学在中国的应用研究与发展，《北京科技大学学报（社会科学版）》（2）：98-103。

王红阳，2010，《中国语境下的系统功能语言学研究》。北京：海洋出版社。

王红阳、黄国文，2009，系统功能语言学在中国的三十年。载黄国文、常晨光（编），《功能语言学年度评论（第 1 辑）》。北京：高等教育出版社。51-91。

王铭玉、于鑫，2007，《功能语言学》。上海：上海外语教育出版社。

辛志英、黄国文，2010，系统功能语言学研究方法论，《外语研究》（5）：1-6。

徐烈炯，2002，功能主义与形式主义，《外国语》（2）：8-14。

严世清、董宏乐、吴蔚，2002，系统功能语言学理论的发展和应用 —— 第六届全国功能语言学大会略介。载朱永生（编），《世纪之交论功能》。上海：上海外语教育出版社。24-34。

杨炳钧，2010，系统功能语法的学术视野。载黄国文、常晨光、廖海青（编），

《系统功能语言学研究群言集（第1辑）》。北京：高等教育出版社。179-190。

杨雪燕，2010，对系统功能语言学的再认识，《中国外语》（6）：39-46。

余珍萍，1997，功能主义语言学在中国的研究现状和发展趋势，《山东外语教学》（1）：19-22。

曾蕾、廖海青（编），2010，《功能语言学与外语教学研究》。北京：外语教学与研究出版社。

张德禄，1998，论系统功能语言学在中国发展的内部条件，《外语与外语教学》（4）：11-13。

张德禄，2006，系统功能语言学在中国的发展，《中国外语》（2）：27-32。

张德禄、苗兴伟、李学宁，2005，《功能语言学与外语教学》。北京：外语教学与研究出版社。

张敬源（编），2010，《功能语言学与翻译研究》。北京：外语教学与研究出版社。

赵世开，1989，《美国语言学简史》。上海：上海外语教育出版社。

朱永生、严世清、苗兴伟，2004，《功能语言学导论》。上海：上海外语教育出版社。

作者简介

黄国文　中山大学外国语学院教授、博士生导师，应用语言学博士（英国爱丁堡大学），功能语言学博士（英国威尔士大学）。兼任中山大学翻译学院院长、中山大学功能语言学研究所所长、《中国外语》杂志（CSSCI来源期刊）主编。1979年起开始发表学术论文，30多年来在国内外学术刊物发表论文150多篇；编撰出版了专著8部、普通高等教育“十一五”国家级规划教材2部；编辑论文集12部。先后主持8项国家社科、省部级科研项目。社会兼职包括：国际系统功能语言学学会执行委员会主席（Chair, Executive Committee, International Systemic Functional Linguistics Association），中国功能语言学研究会会长，中国英汉语篇分析研究会会长，第二、三、四届高等学校外语专业教学指导委员会委员；此外还担任《外语教学与研究》、《当代语言学》、*Linguistics and the Human Sciences* 等18家学术杂志的编委或顾问；先后被北京外国语大学、北京师范大学、西安交通大学、北京科技大学、湘潭大学等 13 所学校聘为兼职（客座）教授。

通讯地址：广州市新港西路 135 号 中山大学外国语学院 (510275)
电子邮箱：flshgw@mail.sysu.edu.cn

辛志英 厦门大学外文学院教授，功能语言学博士（厦门大学）、博士后（中山大学）。在国内、国际语言学和语篇分析领域核心和重要刊物发表论文近 30 篇，出版学术译著 1 部，教材 1 部。在研的主要项目包括中国博士后科学基金特别资助项目 1 项，教育部人文社会科学研究青年基金项目 1 项，中国博士后科学基金面上资助项目 1 项，以第一或第二参加者身份主持省部级科研项目 5 项。主要研究方向包括功能语言学、语篇分析和语言教学。

通讯地址：厦门市思明区思明南路 422 号 厦门大学外文学院 (361005)
电子邮箱：xzy5921@126.com

第二章

理论基础和重要概念

张德禄　同济大学

1. 系统功能语言学的起源

系统功能语言学的创始人是英国学者 M. A. K. Halliday 教授。除了他自已的智慧和能力外，他也是在继承和借鉴前人的研究成果的基础上，综合和发展了前人的理论而开创了系统功能语言学这一理论。如果我们要学系统功能语言学，我们需要知道它的来源和发展历程。下面首先简单介绍一下 Halliday 本人认为对他发展系统功能语言学影响较大的一些学者。

Halliday 于 1925 年出生在英国的利兹 (Leeds)，在伦敦大学获得中文学士学位，然后在中国的北京大学和岭南大学读语言学专业的研究生，导师分别是罗常培和王力教授，后来就读于剑桥大学，并于 1955 年获得博士学位，导师就是英国著名语言学家 J. R. Firth 教授。博士毕业后他先在剑桥大学和爱丁堡大学就职，后在 1963 年到伦敦大学学院担任交际研究中心的主任。1965 年，他同时被聘为普通语言学教授，负责建立一个新的语言学系。从 1973 年到 1975 年，他成为芝加哥伊利诺伊大学的语言学教授。1976 年初，他被聘为悉尼大学新建语言学系的主任，直到他以荣休教授的身份退休为止。

Halliday 认为，对他思想影响最大的是他的导师 J. R. Firth。首先，系统功能语言学的“系统”一词就是从 Firth 那里得来的，而系统语言学也正是以此命名。Saussure 之后的许多语言学家，特别是欧洲语言学派使用的大部分语言学基本概念都是相同的。但是系统概念只有在 Firth 的理论体系中才能找到。

另外，Firth 的前辈与同代人也对他影响很大，其中包括 Hjelmslev 和 Malinowski。Hjelmslev 同 Firth 一样，对系统概念作了深入探讨，并把组合关系视为关系(relation)，把聚合关系视为相互关系(correlation)，系统是一个聚合概念，是“相互关联的层级体”(correlational hierarchy)，其底层概念是“交换”(commutation)(Hjelmslev 1961: 73-74)。系统中的功能是由整体层级构型确定的，即“过去”与“现在”和“将来”相对立，而结构功能是由整体结构构型确定的，如“修饰语”与“主词”的关系(Halliday 2007: 110)。这样语法分析就需要两个模式：系统模式和结构模式。这正是系统功能语法的基本思想。当然，Halliday在这个基础上进一步发展了系统理论，即发展了“精密阶”(scale of delicacy)和“系统网络”(system network)理论(Halliday 2007: 110-111)。

Malinowski是人类学家，但在伦敦大学学院与Firth和Halliday同事期间，对他们的理论产生了很大影响。从Malinowski那里，Firth借用了“文化语境”(context of culture)和“情景语境”(context of situation)(Malinowski 1923)，把语言看做一个“行为潜势”(behavioural potential)(Halliday 1973: 49)。Halliday在他们的基础上进一步发展了语境理论，在情景语境理论中发展了话语范围(field)、话语基调(tenor)和话语方式(mode)，并把它们与语义系统和语法系统联系起来。

在北美，对Halliday的理论产生影响的有Bloomfield和Fries。Bloomfield以描写研究著称，特别是对默诺默尼语的描写；Fries以他清楚明了的方法，以及他对语言教育的兴趣和影响而为人熟知。然而，更直接的影响来自他们的继承人。其中，Hockett考察了结构主义语言学的基础，对这些基础提出了疑问并且为以后的发展作好了准备；Harris证明了这些假设很有用处；Gleason为教师和学生提供了一套全面、系统的模式，而且发展了他的层次观点和描述理论；Pike奠定了坚实的语音学基础，发展了一套功能语法理论，并且明确地用于语言的文化情境(参见Halliday 1988)。

对Halliday的思想有深刻影响的另外两位学者是人类语言学家：Sapir和Benjamin Lee Whorf。Sapir是人类学语言学的杰出代表，而Whorf以隐型理论而著名。正如Halliday (1988)所说，Whorf“发展了Franz Boas和Sapir的观点，指出人类的语义系统并不是完全一样的，而这种无意识的语义区别正是他们各自不同文化的最典型的表现。Whorf关于隐型(cryptotype)的见解和语法模拟现实的概念尚未被人认真考虑。我认为他的这些看法会成为世界语言学的主要贡献之一”。

其次，对Halliday的理论产生影响的是三位与汉语研究相关的学者：Welter Simon，罗常培和王力。从这几位学者身上，Halliday了解了许多新颖且令人鼓舞的见解。伦敦大学中文教授Welter Simon教导他，语言学学者的含义是把语言作为研究的对象，认真对待语篇，在构建理论的过程中既要实事求是又要有想象力。在中国，罗常培教他共时的语言观以及如何考察跟印欧语系不同的一种语系；王力对他的教诲是多方面的，包括方言学的研究方法，语法的语义基础以及中国语言学史(Halliday 1988)。

此外，Sydney Lamb在系统理论和层次理论上的观点和Halliday的相同，认为系统理论与层次理论两者之间可以相互解释。Lamb在50年代末曾在剑桥语言研究中心工作，向Halliday证明了我们可以既不放弃描写语言学的研究成果和由此发展成的语言观，又能使语法表达明确并可计算。

在语言的应用和跨学科研究方面，对Halliday影响较大的是Basil Bernstein。Halliday认为，他是一位哲学家和思想家。他还是第一位把语言纳入他的解释系统里的社会理论家。从他那里，Halliday了解了语言是如何帮助实现文化模式的传递、维持和修正的。这样，语言学者就可以用他们自己的理论作出某种解释。也是从Bernstein身上，Halliday第二次意识到语言学只能是一门研究跟观念形态紧密相连的社会行为的学问(Halliday 1988)。

另外，他还提到，David Abercrombie向他提供了教学模式；Angus McIntosh展示了人文主义语言学的范围和方向；Jeffrey Ellis是第一位和他共同探索对他来说是语言学中的未知领域的学者；Jean Ure向他介绍了语域(register) 概念，并随后在教操其他语言的人学习英语的系统模式的框架中发展了这一理论；Trevor Hill最早把他引入了现在被称之为社会语言学的领域；Kenneth Albrow和他合作研究了语调和节奏。Hill和Albrow二人都精通Firth的韵律语言学，并还专门著书作了简单介绍。Peter Strevens使应用语言学形成一个强大且连贯的语言研究领域。Ian Catford不仅有比较世界各地的语言的广泛知识，而且对人类语言的产生有着不同凡响的理解。最后，在60年代，他还和一些语言教育工作者在伦敦大学学院合作开展了一个语言学与英语教学的项目，包括David Mackay和Peter Doughty。

2. 系统功能语言学的理论模式

就 Halliday 系统功能语言学理论本身的发展历程而言，大致可以分成四个阶段（黄国文 2009）：(1) 阶与范畴语法（Scale and Category Grammar）阶段；(2) 系统语法（Systemic Grammar）阶段；(3) 系统功能语法（Systemic Functional Grammar）阶段和 (4) 语言作为社会符号（Language as Social Semiotic）阶段。第一阶段以《语法理论的范畴》（Halliday 1961）为起点，该论文建构的是一个语法理论（a theory of grammar），即"阶与范畴语法"，由四个范畴、三个阶、五个层次、两种意义组成的模式构成[1]，它是系统功能语言学理论的早期雏形。

系统功能语言学的第二阶段以《"深层"语法札记》（Halliday 1966）为标志，把研究的重点转移到语言的系统上来，正如 Butler (1985: 44) 所说，这篇论文表明：原先的"阶与范畴语法"已经发展成为"系统语法"。

系统功能语言学的第三阶段的标志可以说是 Halliday 在 1967–1968 年间发表的题为《英语的及物性和主位札记》的论文。在这些论文中他首次提出元功能（metafunction）思想。Halliday 关于元功能的假说是对早些时候的系统语法（或称系统语言学）的扩展。把语言的元功能与语法功能相联系，发展了"系统功能语法"模式。

系统功能语言学的第四阶段大概是从 20 世纪 70 年代中后期开始，以 Halliday (1978) 的 *Language as Social Semiotic: The Social Interpretation of Language and Meaning* 一书为标志，把语言视为社会符号系统之一。这一阶段突出的特点是把语言和语言研究放进社会和文化的大框架中讨论。20 世纪 80 年代之后，系统功能语言学有了许多新的发展，如评价理论、批评话语分析、积极话语分析、功能文体学、多模态话语分析等，但基本上都是在这个框架下沿着这个路子走的。

因此，从系统功能语言学研究的发展进程和趋势来看，其发展是渐进性的，而不是颠覆性的，用 Matthiessen & Halliday (1997/2009) 的话说，"系统功能语言学在过去大约三十年的时间中是通过不断改进和完善一直相对稳定的框架而发展的。"这就是说，在过去 30 年中，系统功能语言学的理论框架一直是比较稳定的，但稳定中有发展、完善和改革，而不是推倒一个模式再建另一个模式。

3. 系统功能语言学的理论基础

在西方，语言学研究开始于古希腊时期。从有记载的情况看，Protagoras 和诡辩学家们（sophists）开始进行语言研究，是语言学研究的开创者。据说，Protagoras 在那时就发现了基本的言语功能：陈述、疑问、祈使和期望，为语法分析打下了基础。诡辩学家关心的是修辞，是辩论的特点和话语的结构。他们把一个语句分为两个部分：行动和行动者，这显然是功能分析。同时，话语要讲某个事，Plato 没有给它命名，而 Jowett 把它译成主语（subject），但不是形式主义的主语，而是功能术语，是现在我们所说的“主位”（theme）。

然而，从 Aristotle 开始，情况发生了变化。他从规约主义的角度出发，认为名字都是规约性或合约性的，与本质没有关系，并在此基础上发展了句子概念。句子是由其部分组成的，句子部分组合在一起形成一个判断，判断句子的真值大小。句子之间是逻辑关系，判断是肯定的还是否定的。这样，语言成分被看做纯粹的类别、一系列项目，而不是起交际作用的成分。语言不再是一个资源，而是一个规则系统。

这样，我们可以把西方语言学的这两个趋势总结为对立的几个方面。语言可以从哲学逻辑学的角度研究，也可以从描述人种学的角度研究；前者把语言学看做哲学的一个部分，把语法看做逻辑学的一个部分，后者把语言学看做人类学的一部分，把语法看做文化的一部分；前者强调类比性、规范性和规定性，把意义与真实相联系；后者强调非常规性，是描述性的，把意义与修辞功能相联系。前者把语言看做思想，后者把语言看做行动。前者把语言表现为规则，强调对句子作形式分析，为实现理想化目的而建立语法性标准；后者把语言表现为资源和选择项，强调对话语作语义解释，为实现理想化目的而建立可接受性和用法标准。从意识形态上讲，语言学哲学家倾向于成为绝对主义者，而人类语言学家倾向于成为相对主义者；语言哲学家强调语言的普遍性，而人类语言学家强调语言的变异性。

系统功能语言学是 Protagoras 和 Plato 语言学观的继承者，在长期的发展中，形成自己的语言观。系统功能语言学的语言观可以归纳为：符号的思想、系统的思想、行为的思想、功能的思想、层次的思想、语境的思想、变异的思想、盖然的思想。

第一，语言被看做一个符号系统。每个符号系统都是意义系统，语言是其中之一。其他的符号系统包括绘画、雕刻、音乐、交通信号等。语言学就是研究意义系统的科学。

第二，把语言看做符号系统是把语言作为一个资源、一套可选项，它们之间相互联系，形成一个大系统网络，所有的符号系统共同组成文化。

第三，语言作为一个符号系统不完全是静态的、抽象的，也是动态的，是一种行动方式。语言作为意义潜势体现文化，即体现行为潜势。

第四，功能的思想。系统功能语言学是从功能的角度来看语言的。首先，人们用语言做事，通过听、说、读、写完成交际任务；另一方面，最主要的是，语言是根据它的功能建构的。功能是语言的基本特征，是语言组织的基础，是语言的基本原则。

第五，层次的思想。语言是一个多层次的代码系统，包括语义层、词汇语法层和音系字系层。层次之间是体现和被体现的关系，即下一个层次由上一个体现，上一个层次体现下一个层次。

第六，语境的思想。系统功能语言学认为，一切语言活动和交际行为都发生在一定的语境中，语篇和语境密切相关，语篇受语境的制约，两者具有相互预测性。语境有两种：情景语境和文化语境。文化语境是整个语言系统的语境；情景语境是语篇的语境。

第七，变异的思想。系统语言学重视研究语言的运用，而在不同的语境中，语言会表现为不同的语言变体，所以，系统功能语言学强调语言的变异性，研究语言变异的模式和规律，如语域理论、方言理论和体裁理论等。

第八，盖然的思想。系统功能语言学不是从逻辑的角度看待语言现象，把它们分为肯定的和否定的，而是把它们视为一个连续体，从盖然的角度来看待和分析它们。

从本质上看，系统功能语言学是一种普通语言学理论，它研究语言的途径是“整体性”（holistic）方法，它研究语言的视角是“综合”（comprehensive）法。同时，它是为应用而设计的，所以它也是一个“适用语言学”（appliable linguistics）模式（黄国文 2007）。系统功能语言学研究的是语言的方方面面（包括音系、词汇、语法、语义、语用、语境），也就是说，语言中的每个组成部分都是这个理论所要研究的内容，语言中各个层次和各个部分之间都有非常密切的关系；对语言中某一层次和某一部分的讨论都会涉及整个语言系统，而对语言的研究也必须考虑社会文化等因素。

4. 基本理论及其术语

系统功能语言学的理论特点主要表现在以下 20 个方面：理论和描述，语义、语法、语音三个视角，文化语境和情景语境，社会符号学理论，语义系统，表义行为，语言功能，元功能，语篇与语篇分析，语法与系统功能语法，语法隐喻，有标记性，结构和级阶，语调，语言的互补性和复杂性，语言变体和语言变化，语言的不确定性，语言量化，语言教学、语言学习和语言发展，语言计算。

4.1 理论和描述

理论和描述是系统功能语言学理论中应该认真区分的概念。理论范畴，从本质上讲，是适用于所有语言的，如系统功能语言学的语言作为社会符号系统的理论、情景语境和文化语境理论、语域和体裁理论、功能语法和系统语法理论等都属于理论范畴，是可以用来探索所有的个体语言的。描述不是理论，但必须以理论为基础。描述的目的是理清语境化的、系统的语言体现特征（即实体，包括语音实体和书写实体）、形式（即词汇特征和语法特征）以及意义特征等。描述的方法可以是聚合的，也可以是组合的。但在系统功能语言学中，描述的重点是在聚合轴上的表现，不是把语言看做结构，而是首先看做系统；语言被描述为意义生成的资源，而不是一系列项目。与聚合描述相关的是精密连续体：一端是第一级的结构和级阶范畴，而另一端是从第二级开始的越来越精密的结构，最后成为难以区分的相似体。

4.2 三个视角

把语法范畴化可以从三个角度进行，每个角度都对应语言的一个层次。首先，语法学家可以从上到下看语法，即从语义层看语法。语义层是语言的最上层，在这个层面上，我们首先看有什么意义特征要在交际中表达，然后从这个层面看每个语法范畴体现什么意义，以及它们是如何与意义相关的。第二，语法学家可以从中间层面，即词汇语法本身来看，或者从词汇语法周围看，看词汇语法自身有什么特点。第三，语法学家从最底层，即音系和字系层看语法，看语法是如何通过声音和书写文字体现的。但在系统功能语法中，从上看是主要的视角，看语言的形式是如何体现意义的，或者某个形式特征在体现意义时有什么功能。这样，要体现的意义特征决定体现它们的词汇语法特征；词汇语法特征决定体现它们的音系特征和字系特征。形式语言学家则倾向于从词汇语法本身来研究语法，注重的是形式特征本身的特点、运作的规律和规则，但不从意义上和语境上进行解释和探讨。具体采用哪个视角还要根据语法学家的研究目的决定。

4.3 文化语境和情景语境

根据 Halliday 的理论，系统功能语言学的语境理论包括两个相互联系的范畴：文化语境和情景语境。文化语境表示整个言语社团的文化环境，是整个语言的环境，是 Halliday 所说的“行为潜势”(behavioural potential) (Halliday 1973)，它决定语言系统的意义潜势，是一系列可选择的意义系统特征。

情景语境包括话语范围、话语基调和话语方式三个变项，在从意义潜势中实际作出选择方面起十分重要的作用。

话语范围指发生了什么事，出现了什么交际活动，包括题材；这个变项决定对经验系统的选择，在词汇语法层面，体现为对及物性结构，即对过程、参与者和情景成分的选择。

话语基调是谁对谁讲话，指交际活动中参与者之间的角色关系，包括比较固定的社会角色关系，如上下级关系、师生关系、父子、母女、兄弟姐妹关系等。这个变项决定对人际系统的选择，在词汇语法层面，体现为对语气结构和情态成分的选择和对语调的选择等。

话语方式是话语在情境中的作用，即语篇和语境的关系，是语篇的符号组织方式，包括信息的传播渠道和方式；这个变项决定对体现语篇意义的语法和音系成分的选择，包括对衔接系统、主位结构和信息结构的选择，即对语篇的整个谋篇机制的选择。

Martin 在一定范围内发展了 Halliday 的理论（如 Martin 1992）。他在 Halliday 的语境理论的基础上把意识形态、体裁和语域纳入语境理论中，认为文化语境包括两个层面：意识形态和体裁，并提出了情景语境用语域概念来描述的理论框架。意识形态表示某个语言社团观察事物的立场和观点、思维方式、约定俗成的做事的方式等，而体裁则是这种约定俗成的做事方式的结构和模式，可以说是 Halliday 所说的“行为潜势”的结构和模式的潜势。语域概念则从 Halliday 的意义概念提升到一个语境概念，用来指由话语范围、话语基调和话语方式所形成的语境框架，为情景语境找到了一个合适的称谓。

4.4 社会符号学

社会符号学是符号学的一个分支。符号学的研究对象是个体符号和由符号组成的符号系统。个体符号是组成符号系统的一个成员，但也是由符号系统决定的。没有符号系统，个体符号就失去了存在的价值，就不再是符号。符号系统是一个意义系统，是产生意义和交流意义的手段。语言是产生和交流意义的系统资源，所以，语言也是个符号系统。

我们通常把现代符号学的发展归功于 Saussure 和 Pierce，但实际上，早在两千多年前（公元前 300 到公元前 400 年间），希腊的斯多葛学派（Stoic philosophers）就提出了能指（semainon）和所指（semainomenon）的概念，首次发展了符号学理论。Saussure 和 Pierce 都倾向于从个体符号的角度研究符号学。Saussure 提出了能指（signifier）和所指（signified）的对立，重点研究个体符号的特性，虽然他也提出了符号系统的概念，而 Pierce 则提出了符号（sign）、对象（object）和释者（interpretant）的符号三角理论。Halliday 提出了社会符号学理论（Halliday 1978），主张从系统的角度来研究符号学；它通过表意行为表现无限的意义潜势，同时表达经历和社会关系。语言是众多符号系统之一，同绘画、雕刻、建筑、音乐、舞蹈等符号系统一样，是体现意义从而体现社会文化的符号系统。但同时，语言又是一个特殊的符号系统，因为它有一个词汇语法系统，介于意义系统和音系系统之间，使语言成为三个层次的系统。语法结构及其成分都具有多功能性，形成 Halliday 所说的"高级意识符号系统"，形成人类意义活动的基础。以社会符号学为基础，近年来发展了多模态话语分析理论，不仅研究语言与语篇的关系，同时也研究其他符号系统与语篇的关系。

4.5 语义系统

在系统功能语言学理论中，语义系统是与其他符号系统不同的意义系统，因为它是由语法体现的，是自然语言。语义系统实际上是语言的意义潜势，它是实现人类交际目标的主要层面，体现社会文化和价值系统，以及人类在各自文化中的行为潜势。

语义系统包括三个层面：语义层、词汇语法层和音系层（字系层）；三个层次组成了整个语言系统。在上面的语义系统和下面的音系系统和字系系统之间是词汇语法系统。三个层次之间的关系是体现关系：语义层由词汇语法层体现；词汇语法层由音系层或字系层体现。

语义系统由三个功能成分组成，分别是概念功能（包括逻辑功能和经验功能）、人际功能和语篇功能。

4.6 表义行为

表义行为是从无限的意义潜势中选择出来的一个表义实例，用以反映客观现实和与他人进行交际的过程。表义行为是体现意义潜势的语言系统的实例。在 Saussure 的术语中，表义行为可以看做与语言（langue）相对的言语（parole），是语言，即意义潜势的实例化。然而，Halliday 不是像 Saussure 那样区分语言和言语，把它们看做相互对立的、不同类型的现象，而是把它们看做观察者从不同的角度对同一事物的观察，即如果语言是从远处看的言语，那么言语是从近处，即从语境看的语言。

表义行为是表义符号行为的次范畴，每个表义行为都既是对经历的表达，也是对人际关系的激发，也是在情景语境中对身份的确认行为。也就是说，它同时表达概念意义和人际意义。

语言的表义行为的功能也在儿童语言发展中得到印证。在儿童刚出生不久，在能够发出与成人语言相似的结构或词时，就开始在日常生活的不同语境中把自己的表义行为系统化，从而在第二年中期就发生了非同寻常的符号飞跃，进入成人的语言系统中，使他们自己简单的语言符号成为表达客观世界和与他人交际的无限表义资源。

4.7 语言功能

语言的功能是指人们如何使用语言和语言如何能根据用途的不同而变化。对语言功能的研究能够使我们更深刻地认识语言是如何被学习的，以及语言为什么是现在这个样子，即语言的形式是如何受到更高层次的意义和语境的制约而形成的。语言的功能可以从不同的层次来研究。儿童早期的，即第一个阶段（phase I）（Halliday 1975: 20）的语言功能包括以下几个类别：工具（instrumental）功能、调控（regulative）功能、交流（interactional）功能、个体表现（personal）功能、启发（heuristic）功能和想象（imaginative）功能（Halliday 1975: 19）。语言的功能根源可以从儿童语言的功能中明确表现出来。

工具功能是儿童用来获取他所需要的东西的功能，即他可以用语言来满足他的需要，获得他想得到的物品和服务，是“我要什么”的功能。

调控功能是儿童想控制其他人的行为的功能，即他可以用语言来让他的父母或者兄弟姐妹做某事，或者不做某事。别人可以用语言来控制他的行为，如他哭了，母亲就可以用语言来抚慰他，让他不哭。同样，他也可以用语言来让他人按他的意愿做事，是“我让你做什么你就做什么”的功能。

交流功能是儿童用来和他人交流的功能，即他可以用语言来让他的父母或者兄弟姐妹和他交流，如打招呼，看见父母来了就高兴，并发出声音等，表示“见到你很高兴”，是“我想和你交流”的功能。

个体表现功能是儿童用来表现自己的功能，是自我认识的功能，即他可以用语言来表达他自己的喜怒哀乐，表现他与环境的交流和对环境的反应，是“这里我来了”的功能。

启发功能是儿童用来探索周围的环境的功能，即他在自我认识后，就要了解和认识环境，如“那是什么？”、“为什么那样？”等，是“告诉我为什么”的功能。

想象功能是儿童用来创造自己的环境的功能，即他可以用语言来想象一个环境，并在这个环境中扮演一定的角色，是“我们假装”的功能。

在第一阶段的后期，儿童开始发展另外一种功能，即信息（informative）功能，是儿童用来向别人传递信息的功能，是“我想告诉你某事”的功能。

这些功能在儿童长到一岁半后逐步发展为成人的语言功能，称为宏观功能（macro-function）或元功能（metafunction），包括概念功能、人际功能和语篇功能。这些功能在成人语言中是同时出现的，而不是像儿童语言那样，一个语段只表达一个意义。与宏观功能相对的是微观功能（micro-function），表示体现这些元功能的语法结构成分的功能，如“行为者”、“目标”、“主语”、“限定成分”、“补语”和“补足语”等。这些功能把语法结构成分与它们体现的意义联系起来，表示这个成分在表达更高层次的功能，即元功能的作用。由于语言可以同时表达三个元功能，所以语言有多个功能结构来体现不同的功能。

4.8 元功能

语言是围绕很少一组系统组织的，系统的内部相互连接紧密，系统的外部与语法的其他部分的联系松散。这一系列系统与 Halliday 所说的概念功能部分、人际功能部分和语篇功能部分，或称元功能相对应。这三个元功能各自且相互共同起作用。小句可以同时体现从这三个元功能中选择的选项。

每一个元功能成分都要一方面体现社会文化和语境特征，同时也要产生它自己的独特结构：经验意义是表现人的自然和社会经历以及他的心理经历的意义，由过程、参与者和情景组成的及物性结构和表达概念意义的词汇体现；语篇意义是创建语篇的意义，是把概念意义和人际意义根据语境组织为一体，共同形成一个语篇的功能，由衔接、主位结构和信息结构体现；人际意义是促建社会关系的功能，表示讲话者和听话者之间的关系，包括较为固定的社会角色关系，如上下级关系和师生关系等，以及暂时的交流角色关系，如询问者—回答者关系，由主语、谓语、补语、附加语组成的语气结构、情态动词和副词组成的情态和语调等体现。

4.9 语篇与语篇分析

语法的最高研究单位是句子或小句复合体。在功能语法研究中，一般以小句为基本研究单位，而语言交际研究的基本单位是语篇。语篇与小句的区别不是大小单位的区别，而是属于不同的层次。语篇是一个意义单位，一个意义构型，而小句是一个词汇语法单位，是一个言语构型。语篇是一个主体间的事件：讲话者和听话者在一定的语境中交流的意义。

语篇不是以符合语法为标准，而是要连贯。连贯的语篇要有谋篇机制，而不是一系列零散的、没有组织的句子。谋篇机制的一个重要方面是衔接，是使连续的一系列句子整合为一个整体。根据 Halliday & Hasan (1976)，语篇的衔接机制包括四个类别：指称 (reference)、替代和省略 (substitution and ellipsis)、连接 (conjunction) 和词汇衔接 (lexical cohesion)。

指称表示在语篇某处引入的参与者或者环境成分可以作为下文的参照点。在最简单的情况下，这就意味着同一事物再次出现，如上文中的 Peter 在下文中可以用 he，him 等来指代。

省略表示一个小句，或者一个小句的一部分，或者一个动词词组或名词词组的一部分，可能会通过省略手段在下文某处得到预设，也就是说，在需要补充意义的地方将它省去，什么都不提。一种情况是结构没有填充完整，如 not I 是 I will not wake him 的省略，这种省略可谓名副其实；还有另外一种情况是将一个占位成分填充到空缺中，如 if I do 中的 do，这就是替代。

连接表示一个小句或小句复合体，或者更长的语段，会通过某些特定集合的语义关系和下文连在一起。这些关系和 Halliday (1985，1994)、Halliday & Matthiessen (2004) 所讲的小句复合体中扩展复句内小句之间的关系，包括详述、延展、增强，基本上属于同一类别。其中，最基本的范畴是那些同位和阐述、添加和变化、空间—时间、方式、起因—条件和内容等。

词汇衔接表示通过词汇在语篇中的重现把语篇中的句子和段落联系起来，形成一个整体，其体现形式可以是词汇重复；或者选择一个词，它以某种方式和前文的某个词相关，或者是语义上的，如两个词具有最广义的同义性；或者是搭配上的，如两个词具有非同一般的共现倾向。词汇衔接可以通过关键词跨语段实现，这些关键词就是对于某个特定语篇的意义特别重要的词，其另一个重要方面是与语境相匹配，以及与其他以讲话者要说的内容为基础的选项（主位选择）和与信息的流动相关的选项（已知信息与新信息）相匹配。

除了这些 Halliday & Hasan 称为非结构性的衔接之外，还有结构性衔接，如平行结构、主位结构、信息结构、对话中的相邻问答对（Halliday & Hasan 1985/1989）以及音系结构等都可以具有衔接作用（胡壮麟 1994；张德禄、刘汝山 2003）。

无论是长的还是短的，无论是什么体裁，无论是口语的还是书面语的，无论是传统的还是现代的，是文学的还是会话的，所有的语篇都是有意义的，都是从整个意义潜势网络中选择的一个意义实例。

所有的语篇都可以通过对语言的功能范畴或意义范畴的描述而进行客观的语言分析。语篇分析的基础是语法分析。通过语法分析可以发现语篇的意义是如何体现的。所以，在语篇分析中，一般要描述体现语篇意义的语法结构特点，语篇的谋篇布局和语篇的结构，语篇的情景语境和体裁等，最后得出语篇所表现的意识形态、社会和文化特点，以及参与者的交际目的等。

近二十年来，语篇分析向两个方向发展。一是以 Fairclough 等为代表的学者把语言研究作为工具来探讨语篇所表现的社会现象、权力关系和意识形态，对社会现象进行批评性分析，称为“批评话语分析”（Fairclough 1992, 2000），或者以 Martin 为代表的学者对社会现象进行建设性分析，称为“积极话语分析”（Martin 2006；Martin & Rose 2003）。二是以 Kress & van Leeuwen（1996，2001）为代表的学者把实现语篇意义的形式由语言延伸到其他符号系统，从而发展了“多模态话语分析”理论。前者的研究目标是发现语篇所体现的显性的或者隐含的权力关系、显性或者隐含的意识形态，以及显性或者隐含的社会价值等，后者是在体现意义的形式层面扩展范围，由语言扩大为所有可以体现意义的符号系统、各个不同符号系统的特点，以及不同符号系统在体现意义上的相互关系等。

4.10 语法学与系统功能语法

语言学是用语言来探讨语言，或者按 Firth 的说法，语言反过来讲自已。与用语言学研究语言平行的是用语法学研究语法。语法是有关日常生活经历的理论，是意义与表达之间的抽象的编码层次，是意义产生的资源。而语法学则是语法理论，适用于解释语法是如何构建经验理论的。它是对理论的理论化，是第二性的理论，是更概括的意义理论的一部分。语法学亦称元语法，能够使人们有意识地思考语法如何使他们无意识地表现经历。

系统功能语言学的主要组成部分是系统功能语法。Halliday 在 60 年代发展了阶与范畴语法，后来又在此基础上发展了系统功能语法。系统功能语法包括两个部分：系统语法和功能语法。系统语法把语言视为选择的过程。语言或语言的任何一部分通过在系统网络中进行选择实现意义。从这个意义上讲，系统网络中的每一个选择都要确定 (1) 由已有选择构成的环境，(2) 一组可以进行选择的选项，以及 (1) 和 (2) 共同组成的"系统"。可以对其进行概要性解读或者动态性解读："如果具有特征 a (和 b...)，那么就具有特征 x 或者 y (或者 z...)"，或者"如果选择特征 a (和 b...)，那么继续选择 x 或者 y (或者 z...)" (Halliday 1985: xxvii)。功能语法探讨语法结构如何体现意义。在功能语法中，功能结构中的每个成分都在特殊功能结构中具有一种或者多种体现意义的功能。小句是语法的基本单位，因此功能结构是在小句的基础上发展起来的。语言的概念意义由语法的及物性结构体现；语言的人际意义由语法的语气结构体现；语言的语篇意义由语法的主位结构体现。

加的夫大学的 Fawcett 等在系统功能语法，特别是 Halliday 的阶与范畴语法的基础上发展了加的夫语法。加的夫语法是一种协商性语法模式，需要上下两个层次的相互协调才能确定是否选用某个语法成分或者结构；在这个语法模式中，形式和意义都应予以考虑，语法成分的标注也是既具有功能标签，也具有类别标签，形式和意义都由潜势系统和实际体现 (Fawcett 2008: 113)，即从系统网络中选择出的意义特征促动了对形式系统的选择，从形式系统中选择的形式特征体现为语法结构。

4.11 语法隐喻

语法隐喻涉及范畴与意义之间的结合点，不仅是词汇意义，更重要的是语法意义。也就是说，范畴和意义被认为有一个典型的一致模式，称为“一致式”（congruent mode），而由于功能的变化而采用的其他模式，即意义和范畴出现非一致现象，称为“隐喻式”（metaphorical mode）。

语法隐喻可以分为两个类别：概念隐喻和人际隐喻。概念隐喻是对世界经历的特殊表达方式。例如，语法隐喻在形式上可以表现在长度上，它是性质（长短）和名词的意义范畴，即实体或称事物的结合点，即通常由形容词体现的性质在语法隐喻中由名词体现，使特性成为事物。同样，语法隐喻也可以表现在动作上，是过程（运动）和名词的意义范畴的结合点，即一般由动词词组体现的动作在隐喻形式中体现为名词词组，使动作固化和静止化。

由此可见，科学家用语法隐喻可以使世界静止不动，或者把它变成只包括事物的空间，甚至创造新的世界，即虚拟世界。所有的成人语言都具有使小句变成名词词组来表达经历的能力，它能够改变词汇语法与意义的相对应的层次关系，用另一个编码方式来使它们产生新的对应。语法的这种内在的潜力是科技话语的特点，是构建技术术语和连续的协商所必需的。

而在人际隐喻中，首先，典型的言语功能与语气类型的对应关系被改变，即一般由一种语气体现的言语功能改为由另一种来体现，成为语气隐喻，如一般用陈述句体现的提供信息的功能改由疑问语气体现。另外，由情态动词、情态副词等体现的情态，即对命题和提议的判断改由小句或者短语和词组体现，成为情态隐喻，如表达概率的 probably 和 can 可改由主句 I think 或者 it is likely 等体现。

4.12 有标记性

有标记（marked）与无标记（unmarked）的区别是指有些选项比另一些选项更常被选择，从而在量上突出出来。如果两个选项有同等的机会被选择，就无所谓有标记和无标记。除了量上的区别外，还有一个因素是简单性或经济性，即一个选项可以更简单或者表达起来更经济，从而被认为是无标记的。例如，在主位的选择上，在陈述句中无标记的主位是主语，显然这是因为在一般的陈述句中，主语一般要居于句首；同样道理，疑问句的无标记主位是疑问成分，包括特殊疑问词和语气成分中的限定成分。

就对有标记和无标记现象的观察来看，Halliday（1975）发现儿童学习语法的一般顺序是，先学无标记的选项，后学有标记的选项。另外，他还发现，汉语的语法系统中包括一个无标记的选项，它能够阻止另外的选项被选择。它不仅是要选择 A 或者 B，而且是要么选 A 或者 B，要么两个都不选。

4.13 结构和级阶

在 Halliday 的阶与范畴语法中，语法的基本范畴是单位、结构、类和系统。单位指“具有语法模式的语段”（Halliday 1961: 43）。第一，语法单位有大小之分，它们形成一个从高到低的等级，每一个等级由一个或者多个下一级的单位组成。单位所跨越的等级称为“级阶”，大单位占有较高的级阶，包括它下一级的单位，例如，句子包括小句，小句包括词组，以此类推。第二，结构是实际带有语法模式的范畴。因为模式是语言活动的模式，它实际上是“相似事件的重复”（Halliday 1961: 46）。在结构中，相似事件的关系是组合的，结构是组合关系模式的最高抽象层的特征。每个单位都表现为一系列有各种组合体的结构，唯一的理论限制是每个单位必须具有至少一个或多个位置的结构。第三，“一个单位的成员通过在上一级单位的结构中的活动得到识别”（Halliday 1961: 49），这个单位的成员统称为“类”。它“说明的是聚合关系”，与结构中的成分相联系。类是结构中成分之间的一对一关系，它在精密度上有所差别，次类是由更为精密的次一级结构产生的。最后，系统旨在说明“在一系列类似项目中为什么出现这一项目而不是另一个项目”（Halliday 1961: 52）。它说明的是在一个类系统中次类之间的关系。例如，在名词这个类中，系统说明可数名词、不可数名词和集体名词之间的选择关系。

级阶、精密度阶和说明阶说明了范畴的特点，它们都可以从高到低分为不同的等级，都具有不同的精密度，都可以和语言资料相联系。级阶显示了一种从高到低的关系，每一个层次由一个或者多个低一层的单位组成。“精密度是表示区别或详细程度的阶”（Halliday 1961: 58）。它是一个连续体，从范畴的基本等级到语法关系不能再作进一步区分的程度，也就是到语法和词汇之间最精密的领域。“说明阶是将理论框架中高度抽象的范畴与语言资料联系起来的阶”（Halliday 1961: 57）。

语言是模式化的活动，而单位是模式的承载者。级阶是组织单位的阶。当某个单位被包含在下一个级阶的单位中时，就会发生级转位。结构由一系列排列有序的成分组成。顺序是更抽象的次序概念的说明项。精密度与细节深度相关，形成一个连续体，一端是最不精密的选项，即首选选项，而另一端是无法区分的相似选项，即次选选项。

结构的类别包括结构型、韵律型和周期型。经验意义可以由独立的结构成分组成的结构体表述，包括过程、参与者和情景；人际意义更具有韵律特点，涉及语调；语篇意义则更具有周期性，形成波状体，而不是主要由结构成分组成的结构体。

4.14 语调

语调（intonation）体现语篇意义和人际意义，可以分析为三个音系系统，或更精确地说，三个系统变项：调位（tonality）、调重音（tonicity）和声调（tone）。另外还有一个变项称为韵律（rhythm）。调位是把话语组织成为调群（tone group）的语调机制，它可以确定调群的边缘；调重音是把调群组织为调核心（tonic）和调前成分（pre-tonic）的语调机制；声调是调核心的升降曲线，表示语调的类别，如升调、降调、升降调和降升调等。韵律是声调升降和轻重的规则模式，是信息传递的主要方式。

调重音在信息系统中十分重要，确定语篇内的信息单位。重音部分突出新信息，其他部分为已知信息，即那些在情景语境和语篇中可以恢复的信息，从而组成一个信息单位。

调的选择在人际意义体现上十分重要，与语气和情态相关。降调一般表示确定，与陈述句、特殊疑问句等相关；升调表示不确定，与一般疑问句相关；其他调也分别有自己的功能。

儿童在从原始语向成人语言过渡时已经学会用升调和降调系统地区分做和说（实用）的功能与学和问的功能。

4.15 语言的互补性和复杂性

互补性是语言的一个基本特性，指由两个或多个因素共同形成或者构建整体的现象，其中一个因素留下的空缺由另一个或几个来补充的现象。语言中的互补现象比比皆是。语法内部的互补性能够使我们的日常语法对同一类语言现象从多种或相互矛盾的角度进行解释。Halliday 列举的可解释为互补现象的例子包括作为时间理论的时态和体，和作为施事或致使理论的及物性和使役性。两者都不能减缩为单一的结构。

另外，语法互补性还可以由一致的日常语法模式和在教育和工作场所中出现的隐喻语法模式表现出来。常识性的日常话语以很高的语法复杂性为特点，而隐喻的或高雅的文体以很高的词汇密度为特点。

Halliday (2008: ii) 把互补性分为三个大的类别：语法和词汇的互补、系统和语篇的互补以及口语和书面语的互补。

Halliday 把词汇和语法的互补性描述为系统内部的元互补现象，词汇和语法在词汇语法层表现系统的不同方面。它们的互补性主要表现在体现概念功能上，这也是为什么在系统功能语言学中用词汇语法这个术语的原因。在体现意义上，词汇不能表达的意义由语法补充，同样，语法不能体现的意义由词汇补充。

系统和语篇的互补表现在两者实际上是从不同的角度看同一个事物。系统是潜势，是开放性的由选项组成的网络，而语篇正是从系统中选择的过程和结果。两者的互补性表现在不断在即时的活动和常用模式之间转换。这种模式是固化在系统中的，并用来理解和处理活动。

互补性还可以在口语和书面语的区别上表现出来：口语被描述为动态的和变化的，而书面语被描述为静态的和透明的。另外还有书面语和口语在功能上的互补性，两者出现在不同的语境中。

4.16 语言变体和语言变化：方言、语域和语码

从历时的角度讲，语言处在不断的变化中，而从共时的角度讲，在不同的场合不同的人用不同的语言变体。Halliday 主要区分两种语言变体：方言 (dialect) 和语域 (register)。

方言是根据使用者确定的语言变体，即属于不同的言语社团 (language community) 的人用不同的方言。言语社团指由一组认为讲同一种语言的人组

成的团体。每个个体都有自己的个体言语，而人们则倾向于根据语言和方言把自己归属于某个团体中。认为属于同一种言语社团，讲同一种方言的人所讲的语言或方言在各个层面上都有变化。一般来讲，其中一种方言要成为标准语，作为同一言语社团的讲不同方言的人交际的共同语。然而，这些人大多数讲话时继续用他们自己方言的语音，即口音，但仍可理解。

语域是根据用途确定的语言变体，即因用途不同而使用不同语域的变体。语域的不同实际上是由于语境的变化而形成的。语域可以由情景语境的三个变项来区分：话语范围——语言交际所涉及的领域（如购物、玩游戏以及医学和语言学等）；话语基调或话语风格——参与者之间的关系（如随意性的、亲密性的、恭敬的等）；话语方式——语言活动的媒体和方式（如口语或书面语）。

语码（code）则指同一语言中不同讲话者的讲话模式或习惯，是一种亚文化变体。语码理论首先是由英国教育社会学家 Basil Berstein 提出的（1971, 1973）。他在中学教学中发现，在同一所学校上学，考试不及格的大都是劳动阶层的孩子。这是为什么呢？后来，他发现两个阶层的孩子观察事物的方式不同。下层劳动阶层的孩子对内容敏感，看事物之间的边界；而中上层孩子对结构敏感，看事物之间的关系。他把前者称为“受限语码”（restricted code），把后者称为“详阐语码”（elaborated code）。

4.17 语言的不确定性

不确定性是自然语言的一个基本特性，是模糊语言学和形式逻辑要解决的课题。系统功能语言学也十分重视这个语言现象。Halliday 把语言中的不确定性归纳为以下四个类别：连续性、混合性、互补性和概率性（Halliday 2007: 399-401）。

第一，连续性表示意义的区别是连续性的，而不是边缘清晰的，如语调，从升调到降调之间形成一个连续体。这个范畴还包括术语的边缘清晰，但表达的意义是连续性的，如色谱。

第二，混合性表示不同的意义融合为一体，不能再对它们作出选择。它应该作为歧义理解，但又不是。歧义表示虽然这个表达式可以有两种意义，但只有一种意义是相关的。但在混合中，两种意义都是相关的，如在 The brake should be on 中，should 既表示“应该”，又表示“可能是”。

第三，互补性表示同一领域的意义以矛盾的或竞争性的方式表现，两者是选择关系，但又是相互补充的，如 here 和 there。

第四，概率严格地讲不是不确定的，但概率使范畴的定义具有不确定性。在系统网络中，选择的特征并没有表示概率，但它们被选择的概率是不同的。

从系统功能语言学的角度讲，语言的不确定性既是必要的又是正确的，能够使语言更加丰富，所以在语法研究中一定要进行解释。

4.18 语言量化

Halliday 认为，我们的话语是根据语法的概率进行模式化的。也就是说，系统的量化特征是语言作为符号系统的基本特征，需要纳入语法研究中。

概率与语法的选项相关。把概率性纳入语法研究中需要一个聚合语法模式，说明讲话者可选择的项目。以英语的数为例，我们可以探查单数和复数各自出现的相对概率。随着数据库语言学的发展，这样的量化问题可以进行实际的探索。

4.19 语言教学、语言学习和语言发展

Halliday 认为，语言发展涉及三个方面：学习语言、通过语言学习、学习有关语言的知识。学习语言是真正学会使用语言，用语言进行听、说、读、写，完成交际任务；通过语言学习是通过语言学习其他专业知识，学习其他的技能等；而学习有关语言的知识是学习有关语言的特点和运作规律等。

因为语言学习是学习如何表达意义，所以语言教师就要了解对该语言的意义系统的描述。

语言学习是一个丰富自己的意义潜势的过程，无论是学习母语、第二语言或者外语，学习者一定要认识语言的丰富的意义潜势。几乎所有的学习都是通过语言进行的，虽然儿童不需要知道有关语言的知识来学习语言，但教师对语言的知识了解越多，学习者的学习越有可能成功。

4.20 语言计算

几十年来，人们一直力图用计算机来处理语言，从 20 世纪 50 年代开始的机器翻译，到 60、70 年代的人工智能阶段，再到 80 年代的用计算机来研究语言。

在 50 年代，人们希望利用语言学理论来编制程序，把一种语言自动地翻译成另一种语言。在 60 年代和 70 年代的人工智能阶段，研究者企图建立分析器、问答系统和专家系统等，解决一些实际问题。在 80 年代，由于计算机技术的发展，人们开始试图用计算机作工具来进行语言研究，如测试语言描述，或者建立大语料库来进行语言研究。

最近，研究者开始把研究的重点放在语言上。它不再仅仅是计算的目标，而是成为智能计算的手段。然而，在自然语言成为计算的工具之前，需要有一种语言理论来作为实际探讨语言作为意义潜势的基础。

系统功能语言学理论为捕捉自然语言的复杂性，通过对语篇的推测来促进语料融合，为模糊推理和表达情景语境能力的研究提供了意义表达形式(Bateman & Matthiessen 1991)。

5. 结语

系统功能语言学的创始人是 Halliday，但他也是在吸取前人的理论成果，特别是他的导师 J. R. Firth 的思想的基础上发展起来的。在系统功能语言学理论的发展中，他的同代人和后来者都作出了突出的贡献。

系统功能语言学经历了一个逐步成熟和发展的过程。在他的博士论文《< 元朝秘史 > 汉译本的语言》(Halliday 1959) 中，Halliday 的系统功能语言学的思想已经处在萌芽中；在他的《语法理论的范畴》中，系统功能语言学的第一个模式已经成熟。在这个基础上，他的研究重点开始集中在系统这个范畴上，强调系统的第一性，发展了系统语法；但系统与语言的应用和交际实践是密切相关的，系统离不开功能，功能促进了系统的完善和发展，所以，他又把系统语法扩展为系统功能语法。语法是体现意义的，意义来源于语境。所以，对语言与语境和文化的研究使语言学扩大了研究范围，进入到对其他符号系统和对意识形态、体裁和语域的研究。

系统功能语言学的基础是古希腊时期的自然主义和人类学传统，继承了Protagoras和Plato的语言学观，并在长期的发展中，形成了自己的语言观，即符号的思想、系统的思想、行为的思想、功能的思想、层次的思想、语境的思想、变异的思想、盖然的思想。系统功能语言学是一种普通语言学理论，它研究语言的视角是综合（comprehensive）法。同时，它是为应用而设计的，所以它也是一个“适用语言学”（appliable linguistics）模式。系统功能语言学的这些特点由上面阐释的20个方面来表现。

注释

1 四个范畴分别是：单位（unit）、结构（structure）、类（class）和系统（system）；三个阶是级阶（rank）、说明阶（exponence）和精密阶（delicacy）；五个层次包括三个主层次：情景（situation）、形式（form）和实体（substance），和两个中介层次：语境（context）和音系学（phonology）与字系学（graphology）；两种意义是形式意义（formal meaning）和语境意义（contextual meaning）。

参考文献

Bateman, J. A. & C. M. I. M. Matthiessen. 1991. *Systemic Linguistics and Text Generation: Experiences from Japanese and English*. London and New York: Frances Pinter.

Bernstein, B. (ed.). 1971. *Class, Codes and Control Vol. 1: Theoretical Studies Towards a Sociology of Language*. London: Routledge and Kegan Paul.

Bernstein, B. (ed.). 1973. *Class, Codes and Control Vol. 2: Applied Studies Towards a Sociology of Language*. London: Routledge and Kegan Paul.

Birch, D. & M. O'Toole (eds.). 1988. *Functions of Style*. London: Pinter.

Butler, C. S. 1985. *Systemic Linguistics: Theory and Applications*. London: Batsford.

Ellis, J. M. 1993. *Language, Thought and Logic*. Evanston, IL: Northwestern University Press.

Fairclough, N. 1992. *Discourse and Social Change*. Cambridge: Polity Press.

Fairclough, N. 2000. Discourse, social theory, and social research: The discourse of welfare reform. *Journal of Sociolinguistics* 4 (2): 163-195.

Fawcett, R. P. 1988. What makes a good system network good? In J. D. Benson & W. S. Greaves (eds.). *Systemic Functional Approaches to Discourse*. Norwood, NJ: Ablex.

Fawcett, R. P. 2008. *Invitation to Systemic Functional Linguistics through the Cardiff Grammar: An Extension and Simplification of Halliday's Systemic Functional Grammar* (3rd edition). London: Equinox.

Fawcett, R. P., G. H. Tucker & Y. Q. Lin. 1993. How a systemic functional grammar works: The role of realization. In H. Horacek & M. Zock (eds.). *New Concepts in Natural Language Generation*. London: Pinter.

Fawcett, R. P. & D. J. Young (eds.). 1988. *New Developments in Systemic Linguistics Vol. 2: Theory and Application*. London and New York: Pinter.

Firth, J. R. 1957. *Papers in Linguistics 1934-1951*. London: Oxford University Press.

Ghadessy, M. (ed.). 1993. *Register Analysis: Theory and Practice*. London: Pinter.

Halliday, M. A. K. 1956. Grammatical categories in modern Chinese. *Transactions of the Philological Society* 55 (1): 177-224.

Halliday, M. A. K. 1959. *The Language* of *the Chinese Secret History of the Mongols*. (Publications of the Philological Society, XVII) Oxford: Basil Blackwell for the Society.

Halliday, M. A. K. 1961. Categories of the theory of grammar. *Word* 17 (3): 242-292.

Halliday, M. A. K. 1966. Some notes on "deep" grammar. *Journal of Linguistics* 2 (1): 57-67.

Halliday, M. A. K. 1967. *Intonation and Grammar in British English*. The Hague: Mouton (Janua Linguarum Series Practica 48).

Halliday, M. A. K. 1967/1968. Notes on transitivity and theme in English Parts 1-3. *Journal of Linguistics* 3 (1), 3 (2), 4 (2).

Halliday, M. A. K. 1969. Relevant models of language. *The State of Language* (Educational Review) 22 (1): 26-37.

Halliday, M. A. K. 1973. *Explorations in the Functions of Language*. London: Edward Arnold (Explorations in Language Study Series).

Halliday, M. A. K. 1974. *Language and Social Man* (Schools Council Programme in

Linguistics and English Teaching. Papers Series II, Vol. 3). London: Longman.

Halliday, M. A. K. 1975. *Learning How to Mean: Explorations in the Development of Language*. London: Edward Arnold.

Halliday, M. A. K. 1978. *Language as Social Semiotic: The Social Interpretation of Language and Meaning*. London: Edward Arnold.

Halliday, M. A. K. 1985. *An Introduction to Functional Grammar*. London: Arnold.

Halliday, M. A. K. 1988. 系统功能语言学的背景（赵建成摘译），《国外语言学》(3)：110-115, 126。

Halliday, M. A. K. 1991. Corpus studies and probabilistic grammar. In K. Aijmer & B. Altenberg (eds.). *English Corpus Linguistics: Studies in Honour of Jan Svartvik*. London: Longman.

Halliday, M. A. K. 1994. *An Introduction to Functional Grammar* (2nd edition). London: Arnold.

Halliday, M. A. K. 1995. Computing meanings: Some reflections on past experience and present prospects. Paper presented to the second conference of the Pacific Association of Computational Linguistics (PACLING II). University of Queensland, Brisbane.

Halliday, M. A. K. 2002-2007/2007. *The Collected Works of M. A. K. Halliday* Vols. 1-10 (ed. J. Webster). London: Continuum/Beijing: Peking University Press.

Halliday, M. A. K. 2008. *Complementarities in Language*. Beijing: The Commercial Press.

Halliday, M. A. K., J. Gibbons & H. Nicholas (eds.). 1990. *Learning, Keeping and Using Language. Selected Papers from the 8th World Congress of Applied Linguistics*. Sydney, 16-21 August 1987. Amsterdam and Philadelphia: Benjamins.

Halliday, M. A. K. & R. Hasan. 1976. *Cohesion in English*. London: Longman.

Halliday, M. A. K. & R. Hasan. 1985/1989. *Language, Context and Text: A Social Semiotic Perspective*. Geelong, Victoria: Deakin University Press.

Halliday, M. A. K. & Z. L. James. 1993. A quantitative study of polarity and primary tense in the English finite clause. In J. M. Sinclair, M. Hoey & G. Fox (eds.). *Techniques of Description: Spoken and Written Discourse* (A Festschrift for

Malcolm Coulthard). London and New York: Routledge.

Halliday, M. A. K. & J. R. Martin (eds.). 1981. *Readings in Systemic Linguistics*. London: Batsford.

Halliday, M. A. K. & J. R. Martin. 1993. *Writing Science: Literacy and Discursive Power*. London: Falmer Press.

Halliday, M. A. K. & C. M. I. M. Matthiessen. 1999. *Construing Experience through Meaning: A Language-Based Approach to Cognition*. London and New York: Cassell.

Halliday, M. A. K. & C. M. I. M. Matthiessen. 2004. *An Introduction to Functional Grammar* (3rd edition). London: Arnold.

Halliday, M. A. K., A. McIntosh & P. Strevens. 1964. *The Linguistic Sciences and Language Teaching*. London: Longmans.

Harris, Z. S. 1952. Discourse analysis. *Language* 28 (1): 1-30.

Hasan, R. (ed.). 1985. *Discourse on Discourse*. Canberra: Applied Linguistics Association of Australia.

Hasan, R. 1986. The ontogenesis of ideology: An interpretation of mother-child talk. In T. Threadgold *et al.* (eds.). *Semiotics, Ideology, Language* (Sydney Studies in Society and Culture, Vol. 3). Sydney: Sydney Association for Studies in Society and Culture.

Hasan, R. 1987. The grammarian's dream: Lexis as most delicate grammar. In M. A. K. Halliday & R. P. Fawcett (eds.). *Theory and Description Vol. 1: New Developments in Systemic Linguistics*. London: Pinter.

Hasan, R. 1996. *Ways of Saying: Way of Meaning. Selected Papers of Ruqaiya Hasan*. London: Continuum.

Hasan, R. & P. H. Fries (eds.). 1995. *On Subject and Theme: A Discourse Functional Perspective*. Amsterdam: Benjamins.

Hasan, R. & J. R. Martin (eds.). 1989. *Language Development: Learning Language, Learning Culture*. Norwood, NJ: Ablex.

Hjelmslev, L. 1961. *Prolegomena to a Theory of Language*, trans. F. J. Whitfield. Bloomington: Indiana University Press (Danish original *Omkring Sprogteoriens Grundlaeggelse*. Copenhagen: Munksgaard).

Joos, M. (ed.). 1967. *The Five Clocks*. New York: Harcourt, Brace and World.

Kress, G. & T. van Leeuwen. 1996. *Reading Images: The Grammar of Visual Design.* London: Routledge.

Kress, G. & T. van Leeuwen. 2001. *Multimodal Discourse: The Modes and Media of Contemporary Communication.* London: Arnold.

Lemke, J. L. (ed.). 1984. *Semiotics and Education*. Toronto: Victoria University (Toronto Semiotic Circle Monographs, Working Papers and Prepublications. No. 2.).

Lewis, M. M. 1951. *Infant Speech: A Study of the Beginnings of Language* (2nd edition, enlarged). London: Routledge & Kegan Paul.

Mackay, D., B. Thompson & P. Schaub. 1970. *Breakthrough to Literacy*. London: Longman.

Malinowski, B. 1923. The problem of meaning in primitive languages. Supplement I to C. K. Ogden & I. A. Richards. *The Meaning of Meaning*. London: Kegan Paul.

Malinowski, B. 1935. *The Language of Magic and Garden Vol. 2*: *Coral Gardens and Their Magic*. New York: American Book Co. Reprinted as *The Language of Magic and Gardening*. Bloomington: Indiana University Press.

Martin, J. R. 1992. *English Text: System and Structure.* Amsterdam: Benjamins.

Martin, J. R. 2006. Positive discourse analysis : Solidarity and change. *The Journal of English Studies* (4): 21-35.

Martin, J. R. & C. M. I. M. Matthiessen. 1991. Systemic typology and topology. In F. Christie (ed.). *Literacy in Social Processes.* Drawin, N. T. (Australia): Northern Territory University, Centre for Studies of Language in Education.

Martin, J. R & D. Rose. 2003. *Working with Discourse: Meaning beyond the Clause*. London: Continuum.

Martin, J. R. & J. Rothery. 1980-1981. *Writing Project: Report 1980, 1981.* Sydney: Linguistics Department, University of Sydney.

Matthiessen, C. M. I. M. 1993. Register in the round: Diversity in a unified theory of register analysis. In M. Ghadessy (ed.). *Register Analysis: Theory into Practice*. London and New York: Frances Pinter.

Matthiessen, C. M. I. M. 1995a. Fuzziness construed in language: A linguistic perspective. In *Proceedings of the International Joint Conference of the 4th IEEE International Conference on Fuzzy Systems and the 2nd International Fuzzy Engineering Symposium.* 1871-1878.

Matthiessen, C. M. I. M. 1995b. *Lexicogrammatical Cartography: English Systems.* Tokyo and Taipei: International Language Sciences Publishers.

Matthiessen, C. M. I. M. & J. A. Bateman. 1992. *Systemic Linguistics and Text Generation: Experiences from Japanese and English.* London: Pinter.

Matthiessen, C. M. I. M. & M. A. K. Halliday. 1997/2009. *Systemic Functional Grammar: A First Step into the Theory* (with a Chinese translation by G. W. Huang & H. Y. Wang). Sydney: Macquarie University/Beijing: Higher Education Press.

Mitchell, T. F. 1957. The language of buying and selling in Cyrenaica: A situational statement. *Hesperis* (26). Reprinted in T. F. Mitchell. *Principles of Firthian Linguistics*. London: Longman. 774.

Mukaøovský, J. 1977. *The Word and Verbal Art: Essays*, trans. J. Burbank & P. Steiner. New Haven, CT: Yale University Press.

O'Toole, M. 1994. *The Language of Displayed Art.* London: Leicester University Press (Pinter).

Pike, K. L. 1959. Language as particle, wave and field. *Texas Quarterly* (2).

Robins, R. H. (ed.). 1957. *Aspects of Prosodic Analysis Vol. 1: Proceedings of the University of Durham Philosophical Society 1*. Durham: Durham University Philosophical Society (series B).

Shannon, C. E. & W. Weaver. 1949/1963. *The Mathematical Theory of Communication.* Urbana: University of Illinois Press.

Sinclair, J. McH. 1972. *A Course in Spoken English: Grammar.* London: Oxford University Press.

Sinclair, J. McH. & R. M. Coulthard. 1975. *Towards an Analysis of Discourse: The English Used by Teachers and Pupils.* London: Oxford University Press.

Thibault, P. J. 1991. *Social Semiotics as Praxis: Text, Social Meaning Making and Nabokov's Ada.* Minneapolis: University of Minnesota Press.

van Leeuwen, T. 1988. Music and ideology: Towards a sociosemantics of mass media music. Working Papers 2. Sydney: Sydney Association for Studies in Society and Culture.

Whorf, B. L. 1956. *Language, Thought and Reality: Selected Essays* (ed. J. B. Carroll). Cambridge, MA and New York: MIT Press and Wiley.

Zadeh, L. 1995. Fuzzy logic and its applications. Paper presented at FUZZ-IEEE/IFES 95.

胡壮麟，1994，《语篇的衔接与连贯》。上海：上海外语教育出版社。

黄国文，2007，系统功能句法分析的目的和原则，《外语学刊》（3）：39-45。

黄国文，2009，中国的系统功能语言学研究：发展与展望。载庄智象（编），《中国外语教育发展战略论坛》。上海：上海外语教育出版社。585-619。

张德禄、刘汝山，2003，《语篇衔接与连贯的理论的发展及应用》。上海：上海外语教育出版社。

作者简介

张德禄 同济大学教授、同济大学和山东大学博士生导师，中国功能语言学研究会副会长、中国语言与符号学研究会副会长、中国文体学会副会长、中国英汉语篇分析研究会副会长；任北京师范大学、北京科技大学等十多所学校的兼职教授。主要研究方向：系统功能语言学、文体学、符号学、语篇分析和外语教学。

1984 年 4 月在澳大利亚悉尼大学研究生毕业，并获得硕士学位。1993 年晋升教授； 2000 年和 2004 年被评为青岛市拔尖人才，2002 年 1 月被聘为山东大学英语语言文学专业博士生导师。2004 年享受国务院特殊津贴。2009 年被同济大学聘请为特聘教授。

主持国家社科基金课题 1 项，教育部社科基金课题 2 项，山东省社科基金课题 1 项，山东省研究生创新计划课题 1 项，教育部世界银行贷款师范发展项目 1 项。在 *TEXT*,《当代语言学》、《外国语》、《现代外语》和《外语教学与研究》等国内外外语界、语言学界重要核心期刊上发表学术论文 128 篇，在外语教学与研究出版社、高等教育出版社、上海外语教育出版社、美国施普林格（Springer）出版社等出版专著、编译著、合著21部。获得山东省优秀科研成果二等奖4项，三等奖2项；山东省高等学校优秀社科成果一等奖3项，青岛市优秀社科成果一等奖1项，合作获得北京市优秀社科成果一等奖1项（第三位）。

通讯地址：上海市杨浦区四平路1239号 同济大学外国语学院（200092）

电子邮箱：dlzh@hotmail.com dlzhcn@yahoo.com.cn

第三章

系统功能语言学的发展阶段[1]

辛志英　厦门大学 / 黄国文　中山大学

1. 引言

本章主要梳理系统功能语言学五十多年来经历的发展阶段。

在进入正题之前，有必要说清楚两个问题。一是本章讨论的范围。在谈到系统功能语言学这个理论时，我们在文献中会看到诸如“阶和范畴语法”、“系统语法”、“功能语法”、“系统功能语法”、“系统功能语言学”和“功能语言学”等很多术语。实际上，正如黄国文（2007a）所讲到的，采用不同的术语，谈论的范围是不同的。比如，如果我们采用“系统功能语法”这个术语，那我们谈论的是“系统”和“功能”两大部分；如果我们采用“系统功能语言学”，则应该包括除了“系统功能语法”以外的更多的内容；如果把理论和应用当做一个语言学模式的两个方面的话，那它几乎涉及广义的应用语言学的方方面面，如教育研究、话语分析、多语言研究等等。我们这里讨论的范围是“系统功能语言学”作为一个语言学模式的发展阶段。

二是本章所采纳的视角。对于一个学科发展的描述，可以采取不同的角度。就系统功能语言学而言，我们可以从体现、元功能、（横、纵）组合和例示等维度（对系统功能语法）进行梳理（见 Halliday 2009: 61-62）。在这个模式下，Matthiessen（2007a，2007b，2009）的三篇文章从历时的层面分别描绘了系统功能语言学在语言理论建构、词汇语法研究和语域领域的研究。国内这方面的文章中，黄国文（2000）主要描绘了系统功能语法的发展阶段；张德禄（2004）主要从基本理论本身、跨学科研究和应用研究方面探讨了这个学科新近（20 世纪 80 年代以来）的发展情况。

文献显示，就系统功能语言学的发展状况而言，从语言学模式的角度进行考察的文章还不多见。本文旨在从语言学模式的角度考察系统功能语言学在不断深入发展的过程中，都解决了哪些语言问题和与语言有关的问题。实际上，正如 Halliday (2006) 和黄国文 (2007b) 所强调的，Halliday 把理论当做解决问题的手段并努力发展一种理论方法和一个语言学理论模式，而这个理论模式是一种普通语言学的理论，并可以与每天的活动和任务联系起来。这具体涉及以下两个方面：语言的结构组织是怎样为语言使用服务的？人们是怎样使用语言的（见 Eggins 1994/2004: 3）？同时，我们还应该看到，Halliday 继承了 Firth 的研究传统，从社会的角度探索语言问题，把语言当做社会现象。实际上，Halliday 本人总是从语言的外部来审视语言和语言学问题（见黄国文 2007a），把语言看做表达意义的诸多社会意义系统中的一个子系统（如 Halliday 1978）。在描写语言系统的同时，系统功能学者也对其他社会意义系统进行描写。另外，系统功能语言学研究还注重对元理论 (metatheory) 的构建（参见 Halliday 1996）。系统功能的元理论研究实际上是对理论范畴的研究，主要包括例示化、层次化、体现、精密度、元功能和语法隐喻等。因此，我们认为，Halliday 的语言学探索模式应该至少从四个方面来描绘：普通语言学、适用语言学、社会意义学和元理论构建。这四个方面是互为补充、相辅相成的，描写和反映了系统功能语言学作为一个语言学模式的不同侧面。

限于篇幅，我们把元理论研究纳入普通语言学的讨论，把社会意义学方面的发展纳入适用语言学的讨论中。因此，我们将主要围绕“作为普通语言学和作为适用语言学的系统功能语言学”的语言学模式，大致遵循“20 世纪五六十年代的发展、20 世纪七八十年代的发展和 20 世纪 90 年代以来的发展”这样三个阶段来展开。文章将着重探讨系统功能语言学的语言学模式的特点和特质，并以此为框架来勾勒它的发展阶段。

2. 普通语言学研究

Halliday 创建的系统功能语言学试图最终建立一个能解释“什么是语言”和“语言是怎样工作的”这样一种完整的理论体系（见黄国文 2000）。这个理论是整体功能的、自上而下的理论。Halliday (1964b) 形容自己工作的目的，就是首先对母语说话者的“语言行为”(performance)范式作宏观描述，然后沿着“精密阶”逐渐作细微深入的描写。同时，Halliday 一直非常重视语言使用与语言使用的各类环境之间的关系。从下面的讨论中我们会发现，在系统功能语言学的普通语言学研究中，词汇语法、(语篇)语义和语境是三个关键词。

2.1 20 世纪五六十年代的研究

在语言学研究领域，Halliday 是第一个把词汇语法纳入到对语言的研究当中的。实际上，系统功能语言学在 20 世纪五六十年代的研究主要围绕着构建词汇的语法的系统功能语法展开。如 Matthiessen (2007a)、黄国文 (2000, 2009) 等人所归纳的，在这 20 年中，系统功能语法的发展大致可以分成三个阶段：在第一阶段，《现代汉语的语法范畴》(Halliday 1956) 标志着 Halliday 语言理论研究的开始。在这篇文章中他建立了一个能比较好地处理语言单位之间的关系的分析框架。这个初步的理论框架为以后的系统功能理论的形成奠定了基础。基于对汉语的描写，《语法理论的范畴》(Halliday 1961) 建构了一个语法理论，即“阶和范畴语法”(Scale and Category Grammar)，它是系统功能语言学理论的雏形，是建构普通语言学理论的重要论文。Halliday 在这篇论文中认为，语言学理论应该包含一个由相关范畴组成的体系，体系中的范畴应该能解释语言材料；同时，这个理论还应该有一套把范畴和语言材料联系在一起的抽象“阶”(scales)。他指出，语言材料可以在不同的“层次”(level) 上进行解释。阶和范畴语法所描述的是语言结构的表层形式，“结构”和“系统”都是重要的概念，但是并没有具体探讨二者之间的关系。

系统功能语言学发展的第二阶段以《“深层”语法札记》(Halliday 1966) 为标志，这篇论文表明，原先的“阶和范畴语法”已经发展成为“系统语法”(Systemic Grammar)。在这篇文章中，Halliday 解决了阶与范畴，即系统与结构、聚合与组合之间的关系问题，认为系统是首要的，构成语言中基本的深层关系，而结构是系统的体现，从而把系统从结构中解放出来。

在对系统的研究中 Halliday 发现，在对个别语言(汉语和英语)的描写过程中，不同的系统形成更大的系统网络。如何解释这种现象?《英语的及物性和主位札记》(Halliday 1967/1968) 的三篇论文解决了这个问题。这三篇论文的发表也是系统功能语言学发展的第三阶段的标志。Halliday 看到系统依据语言内部的功能结成更大的系统网络，首次提出“元功能”（metafunction）思想来解释语言的内部结构，这是 Halliday 功能语义思想的重要开端。Halliday 关于元功能的假说是对原先的系统语法的扩展，因此就有了“系统功能语法”（Systemic Functional Grammar）的模式。在《语言结构和语言功能》（Language structure and langrage function）（Halliday 1970）中，Halliday 第一次比较系统地勾勒了语言的三大元功能（即概念功能、人际功能、语篇功能）。这篇论文对系统功能语言学中的“功能语法”部分的发展奠定了非常重要的基础。

在这个时期，Halliday 还着手解决语言与社会之间的关系。正如黄国文（2007b）所强调的，Halliday 的主要兴趣一直是语言使用者所创建的语篇以及语篇与语篇使用环境（包括社会文化环境）之间的关系。Halliday, McIntosh & Strevens（1964）明确地表明了语境思想，并初步构建了语境的三个要素，即“语场”（field）、“基调”（tenor）和“语式”（mode）。

综上所述，在 20 世纪五六十年代，系统功能语言学的发展主要是构建描写词汇语法的普通语言学理论，同时，Halliday 把对词汇语法的描写与功能语义联系起来，并看到了对语言使用所在的社会环境的研究的重要性。在这个时期，从词汇语法、功能语义到对语境的构想，我们看到 Halliday 的普通语言学理论框架已经搭建起来。

2.2 20 世纪七八十年代的研究

Halliday 在这个时期要解决的一个很重要的问题是如何把词汇语法、语篇语义和语境系统地联系起来，如何建立三者之间的联系体系。Halliday（1979）在《意义的模式，表达的模式》（Modes of meaning and modes of expression）中提出建立词汇语法（作为表达形式）和意义（即语义）之间“体现”关系的假设。他认为，语言的概念功能、人际功能和语篇功能三个元功能分别由及物系统、语气系统和主位—述位系统体现，而各个系统又分别由不同的词汇语法系统体现。与此同时，沿循 Halliday, McIntosh & Strevens（1964）的思想，Halliday（1978）和 Halliday & Hasan（1985）又建立了这三个元功能与语境的三个要素之间的联系的假设，即，语言的概念功能、人际功能和语篇功能三个元功能分别体现语境的语场、基调和语式三个要素。这样，Halliday 在词汇语法、语义和语境之间建立了一一对应的“体现”（realization）关系。具体而言，语境由语义来体现，语义由词汇语法来体现。这样，在他的普通语言学理论研究中，词汇语法、语篇语义和语境进一步系统地联系在一起，成为一个互动的整体。

但是，语义与词汇语法之间并不总是简单的一一对应关系，而会出现更复杂的情况，即，语义由非一致式的词汇语法形式体现（incongruent realization of semantics by lexicogrammar）。比如，某个概念意义对应的一致性的体现是一个物质过程，但也可能通过心理过程来体现，后者就是不一致的现象。针对这个问题，Halliday（1985）首次系统地提出语法隐喻（包括概念隐喻和人际隐喻）的概念，来解释非一致性问题。语法隐喻涉及两种语法活动：一种是阶上 / 下移的活动，另一种是跨越功能 / 类别的活动。因此，语法隐喻可以看做不同层次上的重组，语义重新通过词汇语法来体现。需要说明的是，正是由于有了语言的层次化，语法隐喻才得以实现。

解决了这些问题，功能语法也逐渐进入了成熟阶段。《功能语法导论》（*An Introduction to Functional Grammar*）（Halliday 1985）的出版标志着功能语法理论的整体性和系统性已经基本形成（见张德禄 2004：57）。这是第一部全面描写英语中的小句和词组 / 短语的系统功能语法专著，它为以后对英语的描写奠定了基础，也为对其他语言的描写提供了“范例”（model）（Matthiessen 2007b: 793）。

在这个时期，对于小句之上的语篇语义的研究也有很大的发展。这个时期的普通语言学研究从词汇语法“向上”扩展到对语篇语义和语境的描写，在精密度上有很大幅度的延伸。由于现有的语言理论（系统功能语法）是对小句的描写，如何解释和描写语篇层面上的意义是 Halliday 等系统功能学者要解决的问题。Halliday & Hasan（1976）在《英语的衔接》（*Cohesion in English*）中提出了衔接理论，描写英语（语篇）中体现“衔接”（cohesion）的词汇语法系统，确切地说，这部专著描写了超越小句的语法单位的、因此是非结构性的构建语篇的语言资源。这样，从语篇语法的角度看，小句语法负责构建语篇所需的结构性资源，衔接机制负责非结构性资源。因此，《英语的衔接》是系统功能语言学研究从基于小句的语法扩展到基于语篇的语法的一个重要里程碑，并为后来的语篇语义研究提供了理论基础。

随后，Halliday（1982）在《语篇语义与小句语法：语篇如何与小句相似？》（Text semantics and clause grammar: How a text is like a clause?）中进一步提出了语篇层面上的元功能的语义组织模式：语篇在结构组织上与小句相似。沿循这一思想，相当一批学者开始对语篇的语义组织结构进行描写。其中包括Hasan（1978，1984a/1996）提出并发展的"语类结构潜势"（generic structure potential）、Ventola（如1987）等提出的"流程图"（flowchart）、"伯明翰学派"（Birmingham School）对口语语篇中"语步"（discourse move）的研究（见Coulthard 1992）和Mann，Matthiessen & Thompson（1992）提出的"修辞结构理论"（rhetorical structure theory）等。需要说明的是，这些不同的描写模式之间是互为补充的关系，例如，Hasan的语类结构潜势侧重对语篇的语义结构的静态描写，而Ventola等人的流程图则更关注对语篇语义结构的动态描写。

这个时期对语境的描写使得语言与语境之间的关系更加清晰。如前文提到的，Halliday（1978）和Halliday & Hasan（1985）建立了语言三个元功能与语境的三个要素之间的对应体现关系。Hasan（如1984a/1996）着手构建"情景语境"（situation）的结构和"情景类型"（situation type），她提出的语类结构潜势把对语境描写的精密度延伸到特定情境语境中的"语类阶段"（generic stages）。

综述上文，在20世纪七八十年代的系统功能语言学普通语言学理论中，基于小句的系统功能语法已经成熟，对词汇语法的描写已经具有相当完善的系统性和整体性；同时建立了词汇语法、语篇语义和语境之间的体现关系。这样，对语言的描写从词汇语法逐渐扩展到对语篇语义的（结构）描写。而对语篇的语义研究也推动了对语境的进一步描写。

2.3 20世纪90年代以来的研究

在这个时期，对于词汇语法的描写在精密度上逐渐呈现出三个明显的趋势。一是对"词汇—语法"的描写分工，有的学者专注于对词汇的描写（如

Sinclair 1991；Tucker 1998)，有的专注于对句法的描写(如 Fawcett 2000)。实际上，这只代表了不同学者的研究兴趣而已，因为他们研究的是同一个对象。正如 Halliday (1961，2008b) 所强调的，词汇是最精密的语法，而语法是最概括化的词汇；语言只有一个词汇语法的系统网络。二是对语言的系统描写和功能描写的精密度更加深入。Matthiessen (1995) 的《词汇语法图解：英语的系统》(*Lexicogrammatical Cartography: English Systems*) 描写了英语语法的系统网络，在精密度上扩展了系统功能语法的系统思想。Halliday & Matthiessen (2004)《功能语法导论》(第三版) 比前两版 (Halliday 1985，1994) 更突出了对 (英语语言) 系统网络的描写。随着《功能语法导论》(Halliday 1985) 的再版，Halliday 对英语的小句语法的描写逐渐深入和精密。同时，其他学者对语言各个功能语义系统的描写和研究也越来越深入，如对概念功能的研究(如 Halliday & Matthiessen 1999)、人际功能的描写(如 Martin & White 2005) 和对语篇功能的描写(如 Ghadessy 1995)，以及对各个功能内部的各个系统的精密描写(详见 Matthiessen 2007b)。这样，在小句的系统网络中词汇语法的描写精密度在逐渐延伸，构成越来越细密的系统网络。三是对语言的描写从英语扩展到越来越多的不同语系的语言的描写(详见本集中辛志英、黄国文的《语言对比与语言类型学研究》)。从构建普通语言学理论的角度看，对各种语言的个别的、比较的和最终类型的描写为普通语言学理论提供了基础和佐证。实际上，在这个时期，系统功能学者已经着手构建语言的系统功能类型学(如 Caffarel，Martin & Matthiessen 2004)，朝着建立功能语义学的方向迈进(见 Halliday 2008a；胡壮麟 2007)。

接续前期的对语篇语义的研究，特别是 20 世纪 80 年代的研究，这个时期对语篇语义的研究在描写语义组织结构方面更加深入，并同语类的研究紧密联系起来，如 Christie & Martin (1997)、Eggins (1994/2004) 等人的研究；对语篇语义的结构描写往往是基于某个语类的描写。与此同时，Martin (1992)、Martin & Rose (2003) 和 Martin & White (2005) 等学者着手构建语篇语义的系统，其目的是解决小句语法与衔接理论之间的结合性问题。他们着重描写了语篇中的语义系统，特别是对人际语篇语义的描写，并认为“评价系统” (appraisal system)、“协商系统” (negotiation system) 和“参与系统”

(involvement system) 是语篇语义层面共同表达人际意义的三个系统，其中以对评价系统的描写（即评价理论，见 Martin & White 2005）最具有系统性和整体性。如果说 Halliday & Hasan (1976) 是从"自下而上"的角度构建衔接的词汇语法资源系统，Martin 等人的研究则从互补的角度，从"自上而下"的角度构建衔接的语义资源系统。因此，他们的研究是对衔接理论的扩展。

这个时期对语境的研究有突破性的拓展，主要有两个描写维度。一个是 Martin（如 1992）发展了 Halliday（如 Halliday, McIntosh & Strevens 1964）关于语境层次的观点，对语境进行"层次化"（stratification）描写；一个是 Halliday (1992a) 提出"例示化渐变群"（cline of instantiation）对语境的描写。

Martin 把语境本身看做（以语言等意义系统为表达层的）意义系统，并从这个角度把语境层次化为意识形态 (ideology)、语类 (genre) 和语域 (register) 三个层面。处于最低层面上的是语域，由语场、基调和语式组成，并分别与语言的三个元功能（经验、人际和语篇）对应。语域通过社会中意义资源使用的"目的取向"（goal orientation）形成纵横交错的系统网络，即语类结构，这就是处于中间层面上的语类所描写的内容。处于最高层面上的意识形态则表征社会中意义资源的不均衡分配。关于这三个层面，目前研究最多的是处于中间层面的语类，以 Martin 为代表的"悉尼学派"（Sydney School）的研究最为瞩目（如 Martin & Rose 2008 对语类关系的研究）。

Halliday (1992a) 则从观察者的角度，明确提出把语境看做一个例示化渐变群，一端是系统（文化语境），另一端是系统的例示（情境语境）。也就是说，文化语境是情景语境的系统终端，而情景语境则是文化语境的例示。在这个例示化渐变群的中端，是"机构"（institution）和"情境类型"（situation type）。从文化语境的一端看，机构是文化语境的一个子系统；从情境语境的一端看，情境类型是"例示类型"（instance type），是对情境的概括。同时，Halliday 用例示化渐变群把语篇与语篇背后的潜势（即语言系统）联系在一起。他认为，系统和语篇的关系是一个例示化渐变群上的两个端点，一端是语言系统，另一端是语篇。处于这个渐变群中端的是语域和"语篇类型"（text type）。从语言作为系统的一端看，语域是系统的一个子系统；从语言作为语篇的一端看，语篇类型是语篇的概括。这样，例示化渐变群把语言系统与实例结合起来、把系统与实际语言例子（即语篇）结合起来进行描述（见黄国文 2010b）。例示化渐变群这个维度在 Halliday & Matthiessen (1999) 中得到了进一步的阐释。

随后，Halliday (2002) 从“计算意义”(computing meaning) 的立场出发，构建了“例示化—层次化矩阵”(instantiation-stratification matrix)，把从层次化角度的“词汇语法—语义—语境”和例示化角度的“系统—子系统 / 例示类型—例示”联系起来。这个描写模式对于语言意义系统的计算以及最终的意义生成至关重要，为其提供了理论描写的基础和支撑。这也代表了系统功能语言学的普通语言学研究的最新描写模式。

从上面的分析可以看出，进入 20 世纪 90 年代以来，系统功能语言学对词汇语法的描写沿着精密阶进行越来越细密的研究，同时勾勒系统功能类型学的研究。对于语篇语义的研究，在对语义结构的描写之外，又增加了对语义系统的描写。在对语境的研究方面，对其层次化和例示化的理论描写不但对语境的描写更加清晰，也为其他与语言（学）相关的研究提供了理论支撑。可以说，在这个阶段，对于语境的描写有了很大的发展。从整体趋势上看，系统功能语言学从词汇语法发展到语篇语义，并向上逐渐扩展到对语境的研究。可以这样说，从普通语言学的角度看，系统功能语言学的发展轨迹起始于小句的语法，扩展到语篇的语法，现在正朝着构建语境的语法努力。

2.4 小结

本节展示了系统功能语言学的研究是怎样从句法研究向语篇研究、语境研究推进的。我们可以看出 Halliday 所建构的普通语言学理论框架是如何在解决语言构建问题过程中逐渐在精密度上不断延伸，在描写层面上不断扩展，在描写潜势上不断增加，从而最终实现对意义的描写的。同时，我们看到，系统功能语言学所研究的是语言的方方面面，语言中的每个组成部分都是这个理论所要研究的内容，而对语言中某一层次和某一部分的讨论都会涉及整个语言的系统；对语言的研究也必须考虑语境因素。所以，系统功能语言学的普通语言学模式是整体性的。同时，在这个模式中，对语言的描写和普通理论的发展是交织在一起的；在对不同语言层次的分析和描述过程中建立与语言用途相关的普遍原则。

3. 适用语言学研究

Halliday 创立的系统功能语言学从一开始就朝着“适用语言学”(appliable linguistics) 的方向努力，把理论作为解决问题的手段，目的是发展一种语言学方法和语言学模式来把语言学与日常行动和任务联系起来(如 Halliday 1996)。Halliday 同时认为，语言学有很多前沿地带学科，包括社会学、人类学、法律研究、心理学、历史学、政治学、文学、艺术和音乐、计算机科学、物理学、教育学、医学以及生物学等(见黄国文 2007b)。因此，适用性既是系统功能语言学的努力方向，也是它的一个重要特质。严格地讲，系统功能语言学是适用语言学，因此我们不能把理论与应用严格分开(见黄国文 2007a)。Halliday (如 2009：61) 本人也一再强调，我们要“淡化”(neutralize)(理论) 语言学与应用语言学之间的界限。这是因为，系统功能语言学的理论发展是和解决与语言相关的问题分不开的，是为解决问题服务的；此外，理论和应用之间是双向互动的关系：一方面，应用研究可能发现新的问题从而对理论提出新的发展要求，另一方面，理论通过解决新问题而得到丰富和完善，从而扩展描写能力，增加描写潜势。

如果说系统功能的普通语言学研究试图解决有关语言的问题，那么系统功能的适用语言学研究则主要解决与语言有关的问题。在系统功能语言学作为适用语言学的发展过程中，多语言研究、多学科研究和多意义系统研究是三个逐渐明显的趋势，并大致沿着“与语言的相关程度”由高到低逐渐扩展延伸，同时沿着研究内容的精密度向纵深细微处拓展。除了相关度和精密度，另一个重要的变量是语域(语篇类型)。随着研究的深入，涉及的语篇类型逐渐呈现多样化、交叉和交叠化的趋势。这样看来，在系统功能的适用性研究领域，这三个变量共同组成一个三维度的矩阵。在下面的讨论中我们会发现，这个矩阵是动态的、开放的，同时也是功能进化的(即，一个领域的研究建立在前期、前人研究的基础之上，同时往往会推进相关领域的研究)。

3.1 20 世纪五六十年代的研究

系统功能语言学的适用性研究与它的普通语言学发展是同时进行的。为了保证研究的科学性和可靠性，系统功能语言学的适用性研究从一开始就采取基于自然语言语料库和基于语篇（类型）的研究。实际上，Halliday 早在系统功能语法建构初期就建立了基于语料库和语篇的语法描写模式，如他的博士论文《< 元朝秘史 > 汉译本的语言》（The Language of the Chinese "Secret History of the Mongols"）（Halliday 1959）。在这之前的《现代汉语的语法范畴》（Grammatical categories in modern Chinese）（Halliday 1956）中对汉语语法的描写以他建立的小型口语语料库的分析描写为基础。在这篇文章中，Halliday 还强调了"选择"（choice）在翻译中的重要性。

在《句法与消费者》（Syntax and consumer）（Halliday 1964b）中，Halliday 在谈到语言学研究的目的和研究方向时说，语言学所使用的描述模式与语言学的研究目的和应用有关；而他采用的以语篇为基础的研究方向应当对母语和外语教学、教育研究、社会学和人类学研究以及医学的应用作出贡献。

在这个时期，系统功能语言学的应用研究主要包括计算机语言学，如 Halliday（1962），语言教学，如 Halliday，McIntosh & Strevens（1964），文体学研究，如 Halliday（1964a）、Hasan（1968），翻译研究，如 Catford（1965）和语言类型学研究，如 Ellis（1966）等。

我们看到，在他的普通语言学理论建构初期，Halliday 已经勾勒和展示了进行适用语言学研究的方法和路向，并明确指出了相关的研究领域。同时，他和其他系统功能学者已经着手进行应用研究的探索。在这个时期，应用研究主要涉及与语言最直接相关的学科；就涉及的语言而言，这个时期主要是对汉语和英语的描写；从社会意义系统的角度看，这个时期集中在对语言的研究上。

3.2 20 世纪七八十年代的研究

在这个 20 年，系统功能学者以对汉语和英语的系统功能描写为范例，逐渐扩展到对其他语言的研究。这个时期多语言的研究主要呈现出三个特点。一方面，应用系统功能语法对其他语言的不同层面进行描写，如 Prakasam（1972）对泰卢固语（Telugu）的音系系统的研究、Hudson（1973）对贝沙语（Beja）的句法和形态学的研究以及 Bateman（1988）对日语人际功能的研究等等。另一方面，Martin（1983）等学者着手对英语和其他语言进行多语言对比研究。同时，这些研究又为系统功能语言学的理论发展提供了佐证和语料。例如，Prakasam

(1972) 的研究推进了系统功能语言学对表达层面上的语音层的描写。这也反映了系统功能语言学理论研究和适用性研究互为补充的关系，二者不可分割。

在多学科研究方面，这个时期对教育语言学和文体学的研究更加深入细化，同时出现了其他与语言（学）相关的多学科研究，如儿童语言发展、计算语言学和临床语言学等。

与上一个20年相比，这个时期的系统功能适用研究的一个显著特点是在具体语境中运用语言学理论进行实际分析的实践操作研究日益增多。如果说上个20年中的适用性研究主要集中在构建系统功能语言学理论运用到不同领域的接面问题，即论证理论运用于实践的可行性，探讨如何把理论运用于实践；随着《功能语法导论》(Halliday 1985，1994) 的出版和再版，对英语语言的系统的整体性的描写为相关领域中所使用的语言的描写提供了具体可行的范例，也使得具体的实践分析研究变得更容易操作。这大大推动了系统功能适用语言学的研究。

同时，不同学科领域的研究呈现出语篇类型多样化的趋势。这在文体学的研究方面体现得尤其明显。在文体学领域，对不同语篇类型的研究大致有三个发展路向。一是对文学语篇的分析精密度加深。Halliday (1971) 率先对小说进行系统功能的分析。他通过对 William Golding 的小说 *The Inheritors*（《继承者》）中使用的及物性系统的考察，指出小说中人物及物性的选择反映了他们对客观世界的不同认知角度。这篇文章被视为运用语言学理论分析文学作品语言风格的典范。除此之外，还有 Gregory & Carroll (1978) 对诗歌的分析等。这个时期的文学语篇分析集中体现在 Halliday (1973) 和 Birth & O'Toole (1988) 等。二是对非文学语篇的扩展研究，特别是对口语语篇和日常话语的分析。这也反映了系统功能语言学的目标：要解决人们实际生活中遇到的问题。例如 Hasan (1978) 和 Ventola (1987) 对买卖活动的分析、Nesbitt & Plum (1988) 对社会学访谈的分析等。三是对学术语篇的研究，如学术论文和教材语篇等，如 Halliday (1988) 对物理科学语篇的分析。对学术语篇研究的兴起一方面受到教育语言学发展的影响（例如 Martin 1985 对教材语篇的分析），同时也体现了在系统功能适用语言学研究中的学科交融和学科交叠。从中我们还看到系统功能适用研究的深化和细化过程，也体现了这个学科强大的描写潜势和描写能力。

在学科内部，适用性研究逐渐深入到各子学科，沿着学科精密度扩展和细化。这方面教育语言学研究是典型的代表。教育语言学一直是系统功能语言学理论应用最广泛的学科（见 Matthiessen 2009: 39）。沿着精密度，适用性研究深入到母语教育、二语教育、多语教育、语言规划、教学法和语言教育环境研究等。关于这方面的接面研究，可见 Halliday (2007/2009)，具体的实践研究可见 Hasan，Matthiessen & Webster (2005)。同样，在计算语言学领域，随着计算机技术的发展，研究领域的划分也逐渐精细，包括语言计算、计算机语言学和语料库语言学等。越来越多的学者着手用计算机进行语篇分析和语篇生成，如，Fawcett（如 1981）、Mann & Matthiessen（如 1983）、Bateman（如 1988）和 Nesbitt & Plum (1988) 等。还有 Sinclair (1986) 等人从语料库出发对语言教学的研究。需要强调的是，对语言的计算机描写也是语言理论构建的重要组成部分，并与对语言的理论描写形成互补。实际上，在系统功能语言学最终实现对功能语义的描写（见 Halliday 2008a）过程中，计算机描写将扮演越来越重要的角色。

这个时期系统功能适用研究另一个重要的领域是对儿童语言发展的研究。Halliday (1975) 出版了开拓性的、同时也是奠基性的著作《学习如何表达意义：探索语言的发展》(*Learning How to Mean: Explorations in the Development of Language*)。他通过对孩童学习表达意义的个案研究发现，儿童语言的发展经历从"初语言"(protolanguage)、"过渡语言"(transition) 到"成人语言"(adult language) 三个阶段的"个体语义发生学"(ontogenesis) 模式。在这个新开拓的领域，Painter (1984) 和 Trevarthen (1987) 等人对语言的发展阶段从不同侧面进行描述（如 Trevarthen 1987 对主体间性的研究）。这部著作的出版，除了带动了对语言发展的研究，还在以下两个方面具有深远的意义。一是发展了语义发生学 (semogenesis)，即语言进化的研究。Halliday 等人对语义的个体发生学的研究不仅推动了后来从种系和语篇角度对语义发生过程的探索（如 Halliday 1988），还为语言的描写提供了历时考察的角度。研究语言发展过程实际上就是从时间的维度描写语言。二是 Halliday 从个体与社会（群体）的关系角度出发考察语言发展的过程和特点，支持并论证了 Halliday（如 1978）关于"社会人"(social man) 的观点。这种从"社会—群体"出发的认知观在 Halliday & Matthiessen (1999) 中得到进一步的阐释，并与当下流行的从个体出发的认知观形成研究视角上的互补。

这个时期的适用研究同时还向新出现的学科扩展，如临床语言学研究。在这方面有 Armstrong (1987) 对失语症病人口语语篇中“衔接和谐”(cohesive harmony，见 Hasan 1984b) 的研究。

这个时期对社会意义系统的研究已经从对语言系统的描写扩展到了对(包括语言在内的)多意义系统的研究阶段。这主要得益于两个方面的前期研究。一是 Halliday (1978) 发表的《作为社会意义的语言：从社会角度诠释语言与意义(*Laguage as Social Semiotic: The Social Interpretation of Language and Meaning*)。在这部关于社会意义学理论的著作中，Halliday 勾勒了语言作为社会意义的框架(见黄国文 2010a)。Halliday 把语言看做社会意义和社会行为，认为语言首先是一种社会意义，是整个社会意义系统中的一个子系统，因此，语言是个意义系统。系统功能语言学要研究的是作为社会意义系统的语言，即人们在社会交往中是怎样使用语言的。按照这样的构想思路，我们也可以研究人们在社会交往中是怎样使用语言及其他意义系统的。实际上，系统功能学者对多意义系统的描写探索主要是应用系统功能语言学理论对语言的描写模式，通过类比的方法对各种社会意义系统进行描写。

二是系统功能语言学对语言的描写(如 Halliday 1985 对英语语言的描写)成为对其他社会意义系统进行描写的框架和范例。如同《功能语法导论》对英语的描写和解释是普通语言学对其他语言的描写的一个“范例”(sample)，对于语言的描写和解释也是对其他的社会意义系统的解释和描写的样板。因此，我们可以这样说，对于系统功能语言学而言，语言并不是最终的研究端点，而是为研究其他社会意义系统提供了范例，为之提供可以参照的路径和方法。这样，系统功能语言学把语言和语言学研究放在社会语境的框架下，从而最终是对社会意义的研究，把意义从语言及其他社会意义系统的形式束缚中解放出来。就适用性而言，这也为后来的研究开辟了更广阔的发展和研究领域。

在 Halliday 社会意义学思想的影响下，Hodge & Kress (1988) 等人着手对适用接面进行研究，而 van Leeuwen (1985) 和 Steiner (1988) 等人也开始关注语篇中语言与其他意义系统(如音乐)之间的关系。

总体看来，这个时期的适用性研究有以下几个特点：一、研究视野从与语言直接相关的学科逐渐向外扩展；二、学科内部在精密度上不断扩展，对子学科领域与语言学的学科交叉研究不断深入；三、涉及的语篇类型越来越多样化，并涉及日常生活的各个层面；四、应用研究带动理论的发展，推动理论的描写能力的发展，拓展理论对语言和其他意义系统的描写潜势。

3.3 20 世纪 90 年代以来的研究

进入 20 世纪 90 年代以来，系统功能语言学在多语言研究方面具有以下几个明显的特点。一、以英语描写为参照和对比的个别语言研究逐渐增多，特别是专著类的个别语言描写，如对法语的描写（Caffarel 2006）、对日语的描写（Teruya 2006）、对西班牙语的描写（Lavid，Arús & Zamorano-Mansilla 2010）等等。对个别语言的研究所涵盖的语言种系越来越多，使用的自然语言语料库的规模也越来越大。需要说明的是，系统功能语言学对语言的描写虽然多数是以对英语的描写（如 Halliday 1985，1994）为参照的，但是基于语篇类型和语料库的研究保证了描写的真实性和客观性。这些研究都为对语言进行类型学描写提供了基础。二、系统功能语言类型学的描写走向深入（如 Caffarel, Martin & Matthiessen 2004）。特别是 Teruya *et al.*（2007）和 Matthiessen，Teruya & Wu（2008）等人的研究，为系统功能类型学确定了基于语篇类型的描写模式。三、在多语言研究的领域内，各个子领域之间的合作研究越来越密切。根据 Matthiessen（2009）的研究，多语言研究不但包括对不同语言的描写、比较和类型学研究，还包括翻译和第二语言教育研究等。一方面，上述领域各自的研究沿着精密度不断深入，所涉及的语篇类型越来越多。例如在翻译领域，不但包括对笔译和口译的研究，还包括对不同类型的语篇的翻译，如叙事语篇、机构语篇和学术语篇等（见 Steiner & Yallop 2001；Steiner 2005）。另一方面，这些子领域之间的合作研究逐渐增多（如 Matthiessen，Teruya & Wu 2008），为多语言的研究开辟了更广的研究空间，也为普通语言学研究提供了更多的语料和佐证。

就系统功能适用语言学研究的多学科性而言，这个时期的研究继续向新的领域扩展延伸，例如机构语言学（organizational linguistics），如 Iedema

(2003)，认识语言学 (epistemological linguistics)，如 Halliday & Matthiessen (1999)，生态语言学 (ecolinguistics)，如 Halliday (1992b) 和伦理语言学 (ethic linguistics)，如 Martin & White (2005) 等。

除了这些新兴的学科领域之外，这个时期另一个非常重要的发展方向是策略话语分析 (strategic discourse analysis)。这个领域具体包括批评话语分析和积极话语分析 (见 Matthiessen 2009: 21)，分别以 Young & Harrison (2004) 等人和 Martin (2004) 等人为代表。应该说，策略话语分析是以语篇分析者的立场为出发点的分析。它可以是对不同类型的语篇的分析。从这一点看，策略话语分析实际上增加了系统功能适用语言学的描写维度和参数，即语篇分析者的立场这个因素，从而为适用性研究提供了更大的研究空间。

同时，各学科研究的扩展和细化与普通语言学的理论发展之间的紧密联系体现得越来越明显。正如前文所谈到的，系统功能语言学的适用语言学发展和它的普通语言学理论研究是并行的。两者之间联系紧密，形成互动。我们以临床语言学的发展 (见 Armstrong 2009) 为例。从临床语言学的发展轨迹，特别是对交际障碍的研究可以看出，从对衔接理论、各元功能、语义结构、语义系统 (如评价分析) 的研究，到多层面的综合研究，这个学科的发展实际上反映和体现了普通语言学的发展历程，也论证了系统功能语言学是以解决问题为语言学研究目标的理论。也就是说，它的语言学描写模式和描写特征与它的适用性目的紧密相关 (参见 Halliday 1964b 关于语言学研究模式的论述)。

在各学科的研究深入化的同时，跨学科的研究也日益增多。例如，教育语言学与社会学和教育学之间的跨学科研究，如 Christie & Martin (2007)，临床语言学与机构语言学之间的跨学科研究，如 Iedema (2007) 等等。跨学科研究是这个时期的适用语言学研究的一个重要特点。它一方面反映了适用研究的发展趋势：学科间的联系越来越紧密，交叉研究日渐精细，共同组成错综复杂的系统网络；同时也为普通语言学理论提出了新的描写要求，促使普通语言学增加描写潜势，延伸精密度，以此来满足新出现的适用研究的要求。从这个角度看，适用研究也是理论研究，是系统功能语言学模式不可或缺的组成部分。实际上，作为适用性的语言学，系统功能语言学对语言的理论研究和适用研究是动态的、互为补充的。就语言而言，对语言任何现象的研究都意味着研究重点在例示与系统之间的变化。在研究语言的过程中，我们总是在从语篇出发的视角和从系统出发的视角之间来回转换（见辛志英、黄国文 2010）。同理，就适用性和普通语言学研究而言，我们也可以把它们看做系统功能语言学研究的两个不同视角。从适用研究的视角看，我们的研究重心是解决实际生活中与语言有关的问题；从理论研究的视角出发，我们的研究重心是解决关于语言的问题。

进入 90 年代以来，多意义系统的研究得到充分的发展，并逐渐沿着精密度延伸扩展。除了多媒体技术的发展和普及以及人们使用多种意义系统表述意义的需要等因素，对于多意义系统研究的迅速发展和 Halliday（1996）有很大的关系。在这篇文章中，Halliday 勾勒了系统类型学的框架，指出世界上存在四种系统，即物理系统（physical systems）、生物系统（biological systems）、社会系统（social systems）及意义系统（semiotic systems）。这四个系统从低级到高级按层次化组成一个系统化的系统。同时，系统越高级，具有的特质越多。具体而言，生物系统比物理系统多了"生命性"的特质；社会系统比生物系统多了"社会秩序"的特质；而意义系统比社会系统多了"意义表述"的特质。这也是为什么学者们把"意义系统"有时候也称做"社会意义系统"的原因。语言是意义系统，是人类使用的最复杂的、资源潜势无限大的高级意义系统。

目前的研究主要是对意义系统的研究，包括语言作为高级意义系统的特征、对语言区别于其他意义系统的研究、语言与其他意义系统之间的关系、对低级意义系统的个别研究和对比研究等（详见 Matthiessen 2007c；杨信彰、辛志英 2010）。另外值得注意的是 Benson & Thibault（2009）等人对低级系统的研究。Halliday & Matthiessen（1999: 606）更清晰地描写了语言与其他意义系统之间的关系。语言（口语和笔语）是人们把经验识解为意义的主要意义系统，而其他意义系统（如音乐、舞蹈、服饰、烹饪、图表、空间组织等）是依据语言为模型建立起来的。这些低级意义系统以两种方式与语言产生联系。一方面，它们是语言的转喻，是起补充作用的非言语资源，可以体现更高层次体系（比如，思想意识通过艺术形式体现，理论建构通过图形和图表体现）。另一方面，它们以隐喻的方式与语言相关联，它们以层次的、元功能的、语言的形象被识解，是依据语言这个类典型建立起来的。这样"似乎"它们也有自己的语法和语义。目前对于低级意义系统的研究还大多建立在这些意义系统与语言的隐喻关系上。

对多意义系统的研究并不是简单的应用语言的描写模式来描写其他意义系统。实际上，社会意义系统的建立以及对高级或低级系统的描写，不仅为系统功能的适用性研究提供了更大的空间，也对普通语言学研究提出了新的挑战。一方面，它要求普通语言学扩大其描写潜势，满足对多意义系统的系统网络描写以及对由多意义系统构建的语篇的语义描写等。在这方面，Bednarek & Martin (2010) 等人已经应运而起，探讨多意义语篇中的（人际）语篇语义的描写。另一方面，我们需要重新考虑语境等重要概念。对构建表述意义的多意义系统的研究要求我们对语境进行重新定义，因为那些曾经被视为语言语篇的语境资源在多意义系统研究中不再是语境，而是意义构建的资源系统。正如Hasan (2009) 所言，我们的研究正从以语言为中心的社会语言学研究逐渐扩展到以社会意义系统为研究对象的社会意义学研究。

目前适用研究的另一个发展趋势是多语言系统、多意义系统与多学科之间的交叉研究，比如，计算机对多语言系统的描写和对多意义系统的描写（如 Teich 2003），教育语言学与翻译（如 Steiner & Yallop 2001）等。Hasan, Matthiessen & Webster (2005，2007) 和 Halliday & Webster (2009) 收辑了具有代表性的关于适用性研究的最新成果，展示了系统功能语言学的普通语言学理论应用于不同的领域所进行的扩展和拓展以及所取得的成果。

3.4 小结

系统功能语言学强调社会的、意义的、功能的因素（黄国文 2010b），这个理论是个动态的、开放的、发展的体系，它适用于描述、解释语言本身和与语言有关的社会活动，它是对人类用以识解经验、表达思想、创造意义的各种意义系统的研究。从上面的分析也可以看出，系统功能语言学的适用研究逐渐扩展、逐渐细化，逐渐呈现多语言、多学科和多意义系统的研究。随着研究的发展，适用性研究呈现出越来越复杂、越来越精密化、越来越系统网络化的状况。同时，适用性研究促进了理论研究，理论在不断扩展的研究领域得到应用和验证，并用于解决各种新问题；在解决问题的同时也扩大了自身的描写潜势和解释能力。通过发展和拓展它的潜势和资源以迎合和满足适用研究和实用研究的需要。因此，系统功能语言学的研究实际上是遵循着“理论—实践—理论”的发展模式。具体语境下的实用研究是在系统功能语言学作为普通语言学理论的框架下进行的；同时，具体的研究又为理论框架提供新的体现资源，从而在精密度和描写范畴等方面推动理论的发展。从这一点看，我们可以这样认为：在系统功能语言学领域，理论就是实践，实践也是理论（见辛志英、黄国文 2010）。

4. 结语

正如上面的讨论所强调的，我们在描绘系统功能语言学的发展阶段的同时，致力于描绘一个系统功能语言学的语言学发展模式。就语言学模式而言，系统功能语言学的普通语言学研究、元理论研究、适用研究和社会意义学研究几乎是同时开始、同时进行的。这再次证明了系统功能语言学自上而下的构建模式。它作为开放的系统具有整体功能性和不断扩展的描写力和解释力。

从本质看，系统功能语言学是一个普通语言学理论，它对语言的研究采取整体性和综合性的方法。同时，它是为应用而设计的，所以它也是一个适用语言学模式。作为一个完善的、完整的语言理论，系统功能语言学一直把语言当做社会现象对其各个方面进行研究。同时，它还注重对元理论和社会意义学的构建。

在这个语言学模式中，这四个方向是同时进行的，一个方向的开始并不意味着其他方向的终止。相反，这四个方向是一个整体中互为补充的组成部分。随着系统功能语言学不断向社会意义系统网络的研究的深入，我们最终要建立 Halliday (2009: 86) 所说的“意义表述的多意义系统的构想”（a multisemiotic conception of meaning）。通过分析、描写、比较的研究过程，系统功能语言学将最终抽象出“意义”的理论，从而实现对意义的描写，建立功能语义学。

注释

1 本文是 2010 年度教育部人文社会科学研究规划基金项目“中国功能语言学现状分析与展望”（10YJA740034）的部分成果。

参考文献

Armstrong, E. M. 1987. Cohesive harmony in aphasic discourse and its significance in listener perception of coherence. In R. H. Brookshire (ed.). *Clinical Aphasiology: Conference Proceedings.* Minneapolis, MN: BRK Publishers. 210-215.

Armstrong, E. M. 2009. Clinical applications. In M. A. K. Halliday & J. Webster (eds.). *The Continuum Companion to Systemic Functional Linguistics.* London: Continuum. 143-153.

Bateman, J. A. 1988. Aspects of clause politeness in Japanese: An inquiry semantic treatment. In *Proceedings of the 26th Annual Meeting of the Association for Computational Linguistics*. Buffalo, NY: Association for Computational Linguistics. 147-154.

Bednarek, M. & J. R. Martin (eds.). 2010. *New Discourse on Language: Functional Perspective on Multimodality, Identity and Affiliation*. London: Continuum.

Benson, J. D. & P. J. Thibault. 2009. Language and other primate species. In M. A. K. Halliday & J. Webster (eds.). *The Continuum Companion to Systemic Functional Linguistics*. London: Continuum. 104-112.

Birth, D. & L. M. O'Toole (eds.). 1988. *Functions of Style*. London: Pinter.

Caffarel, A. 2006. *A Systemic Functional Grammar of French: From Grammar to Discourse*. London: Continuum.

Caffarel, A., J. R. Martin & C. M. I. M. Matthiessen (eds.). 2004. *Language Typology: A Functional Perspective*. Amsterdam: Benjamins.

Catford, J. C. 1965. *A Linguistic Theory of Translation*. London: Oxford University Press.

Christie, F. & J. R. Martin (eds.). 1997. *Genre and Institutions: Social Processes in the Workplace and School*. London: Pinter.

Christie, F. & J. R. Martin (eds.). 2007. *Language, Knowledge and Pedagogy: Functional Linguistics and Sociological Perspectives*. London: Continuum.

Coulthard, M. (ed.). 1992. *Advances in Spoken Discourse Analysis*. London: Routledge.

Eggins, S. 1994/2004. *An Introduction to Systemic Functional Linguistics*. London: Continuum.

Ellis, J. 1966. *Towards a General Comparative Linguistics*. The Hague: de Gruyter.

Fawcett, R. P. 1981. Generating a sentence in systemic functional grammar. In M. A. K. Halliday & J. R. Martin (eds.). *Readings in Systemic Linguistics*. London: Batsford. 146-183.

Fawcett, R. P. 2000. *A Theory of Syntax for Systemic Functional Linguistics*. Amsterdam: Benjamins.

Ghadessy, M. (ed.). 1995. *Thematic Development in English Texts*. London: Pinter.

Gregory, M. & S. Carroll. 1978. *Language and Situation: Language Varieties and Their Social Contexts*. London: Routledge and Kegan Paul.

Halliday, M. A. K. 1956. Grammatical categories in modern Chinese. *Transactions of the Philological Society* 55 (1): 177-224.

Halliday, M. A. K. 1959. *The Language of the Chinese* "*Secret History of the Mongols*". Oxford: Blackwell.

Halliday, M. A. K. 1961. Categories of the theory of grammar. *Word* 17 (3): 241-292.

Halliday, M. A. K. 1962. Linguistics and machine translation. *Zeitschrift für Phonetik, Sprachwissenschaft und Kommunikationsforschung, Band 15*, Heft 1/2. Berlin: Akademie Verlag.

Halliday, M. A. K. 1964a. The linguistic study of literary text. Reprinted in M. A. K. Halliday. 2002/2007. *Linguistic Studies of Text and Discourse. The Collected Works of M. A. K. Halliday* Vol. 2 (ed. J. Webster). London: Continuum/Beijing: Peking University Press.

Halliday, M. A. K. 1964b. Syntax and consumer. In C. I. J. M. Stuart (ed.). *Report of the Fifteenth Annual (First National) Round Table Meeting on Linguistics and Language*. Washington, DC: Georgetown University Press. 11-24. Reprinted in M. A. K. Halliday. 2003/2007. *On Grammar and Linguistics. The Collected Works of M. A. K. Halliday* Vol. 3 (ed. J. Webster). London: Continuum/Beijing: Peking University Press.

Halliday, M. A. K. 1966. Some notes on "deep" grammar. *Journal of Linguistics* (2): 110-118.

Halliday, M. A. K. 1967/1968. Notes on transitivity and theme in English 1-3. *Journal of Linguistics* 3(1): 37-81, 3(2): 199-244, 4(2): 179-215.

Halliday, M. A. K. 1970. Language structure and language function. In J. Lyons (ed.).

New Horizons in Linguistics. Harmondsworth: Penguin. 140-165.

Halliday, M. A. K., 1971. Linguistic function and literary style: An inquiry into the language of William Golding's *The Inheritors*. In S. Chatman (ed.). *Literary Style: A Symposium*. New York: Oxford University Press. 330-368.

Halliday, M. A. K. 1973. *Explorations in the Function of Language*. London: Arnold.

Halliday, M. A. K. 1975. *Learning How to Mean: Explorations in the Development of Language*. London: Arnold.

Halliday, M. A. K. 1978. *Language as Social Semiotic: The Social Interpretation of Language and Meaning*. London: Arnold.

Halliday, M. A. K. 1979. Modes of meaning and modes of expression: Types of grammatical structure and their determination by different semantic functions. In G. J. Allerton, E. Carney & D. Holdcroft (eds.). *Functions and Context in Linguistic Analysis: Essays Offered to William Haas*. Cambridge: Cambridge University Press. Reprinted in M. A. K. Halliday. 2002/2007. *On Grammar. The Collected Works of M. A. K. Halliday* Vol. 1 (ed. J. Webster). London: Continuum/ Beijing: Peking University Press. 196-218.

Halliday, M. A. K. 1982. Text semantics and clause grammar: How a text is like a clause? In S. Allén (ed.). *Text Processing*. Stockholm: Almqvist and Wiksell. 209-247.

Halliday, M. A. K. 1985. *An Introduction to Functional Grammar*. London: Arnold.

Halliday, M. A. K. 1988. On the language of physical science. In M. Ghadessy (ed.). *Registers of Written English: Situational Factors and Linguistic Features*. London: Pinter. 162-178.

Halliday, M. A. K. 1992a. The notion of "context" in language education. In T. Le & M. McCausland (eds.). *Interaction and Development: Proceedings of the International Conference*. Launceston: University of Tasmania.

Halliday, M. A. K. 1992b. New ways of meaning: A challenge to applied linguistics. *Journal of Applied Linguistics* (6). Greek Applied Linguistics Association.

Halliday, M. A. K. 1994. *An Introduction to Functional Grammar* (2nd edition). London: Arnold.

Halliday, M. A. K. 1996. On grammar and grammatics. In R. Hasan, C. Cloran & D.

Butt (eds.). *Functional Descriptions: Theory in Practice*. Amsterdam: Benjamins. 1-38.

Halliday, M. A. K. 2002. Computing meanings: Some reflections on past experience and present prospects. In G. W. Huang & Z. Y. Wang (eds.). *Discourse and Language Functions*. Beijing: Foreign Language Teaching and Research Press. 3-25.

Halliday, M. A. K. 2006. Some theoretical considerations underlying the teaching of English in China.《英语研究（"功能语言学研究"专辑）》(4)：7-20。

Halliday, M. A. K. 2007/2009. *Language and Education. The Collected Works of M. A. K. Halliday* Vol. 9 (ed. J. Webster). London: Continuum/Beijing: Peking University Press.

Halliday, M. A. K. 2008a. Opening address: Working with meaning: Towards an appliable linguistics. In J. Webster (ed.). *Meaning in Context: Implementing Intelligent Applications of Language Studies*. London: Continuum. 7-23.

Halliday, M. A. K. 2008b. *Complementarities in Language*. Beijing: The Commercial Press.

Halliday, M. A. K. 2009. Methods-techniques-problems. In M. A. K. Halliday & J. Webster (eds.). *The Continuum Companion to Systemic Functional Linguistics*. London: Continuum. 59-86.

Halliday, M. A. K. & R. Hasan. 1976. *Cohesion in English*. London: Longman.

Halliday, M. A. K. & R. Hasan. 1985. *Language, Context and Text: Aspects of Language in a Social-Semiotic Perspective*. Geelong, Victoria: Deakin University Press.

Halliday, M. A. K. & C. M. I. M. Matthiessen. 1999. *Construing Experience through Meaning: A Language-Based Approach to Cognition*. London: Cassell.

Halliday, M. A. K. & C. M. I. M. Matthiessen. 2004. *An Introduction to Functional Grammar* (3rd edition). London: Arnold.

Halliday, M. A. K., A. McIntosh & P. Strevens. 1964. *The Linguistic Sciences and Language Teaching*. London: Longman.

Halliday, M. A. K. & J. Webster (eds.). 2009. *The Continuum Companion to Systemic Functional Linguistics*. London: Continuum.

Hasan, R. 1968. Linguistics and the study of literature. *Etudes de Linguistique Appliquée* (5).

Hasan, R. 1978. Text in the systemic-functional model. In W. U. Dressler (ed.). *Current Trends in Textlinguistics*. Berlin: de Gruyter. 228-246.

Hasan, R. 1984a. The nursery tale as a genre. *Nottingham Linguistics Circular* (13) (eds. M. Berry, M. Stubbs & R. Carter): 71-102. Department of English, Nottingham University. Reprinted in R. Hasan 1996. *Selected Papers of Ruqaiya Hasan* (eds. D. Butt, C. Cloran & G. Williams). London: Cassell. 51-72.

Hasan, R. 1984b. Coherence and cohesive harmony. In J. Flood (ed.). *Understanding Reading Comprehension: Cognition, Language and the Structure of Prose*. Newark, Delaware: International Reading Association. 181-219.

Hasan, R. 1996. Ways of saying: Ways of meaning. In D. Butt, C. Cloran & G. Williams (eds.). *Selected Papers of Ruqaiya Hasan*. London: Cassell.

Hasan, R. 2009. The place of context in a systemic functional model. In M. A. K. Halliday & J. Webster (eds.). *The Continuum Companion to Systemic Functional Linguistics*. London: Continuum. 166-189.

Hasan, R., C. M. I. M. Matthiessen & J. Webster (eds.). 2005, 2007. *Continuing Discourse on Language: A Functional Perspective* Vols 1 and 2. London: Equinox.

Hodge, R. & G. Kress. 1988. *Social Semiotics*. Cambridge: Polity.

Hudson, R. A. 1973. An item-and-paradigm approach to Beja syntax and morphology. *Foundations of Language* (9): 504-548.

Iedema, R. 2003. *Discourse of Post-Bureaucratic Organization*. Amsterdam: Benjamins.

Iedema, R. (ed.). 2007. *The Discourse of Hospital Communication: Tracing Complexities in Contemporary Health Organizations*. London: Macmillan.

Lavid, J., J. Arús & J. R. Zamorano-Mansilla. 2010. *Systemic Functional Grammar of Spanish: A Contrastive Study with English*. London: Continuum.

Mann, W. C. & C. M. I. M. Matthiessen. 1983. Nigel: A systemic grammar for text generation. CA: USC/Information Sciences Institute (RR-83-105).

Mann, W. C., C. M. I. M. Matthiessen & S. A. Thompson. 1992. Rhetorical structure theory and text analysis. In W. C. Mann & S. A. Thompson (eds.). *Discourse Description: Diverse Linguistic Analysis of a Fund-raising Text*. Amsterdam: Benjamins.

Martin, J. R. 1983. Participant identification in English, Tagalog and Kate. *Australian Journal of Linguistics* 3 (1): 45-74.

Martin, J. R. 1985. *Factual Writing: Exploring and Challenging Social Reality*. Geelong, Victoria: Deakin University Press.

Martin, J. R. 1992. *English Text: System and Structure*. Amsterdam: Benjamins.

Martin, J. R. 2004. Positive discourse analysis: Power, solidarity and change. *Revista Canaria de Estudios Ingleses* (Special Issue on Discourse Analysis at Work: Recent Perspectives in the Study of Language and Social Practice) (49): 179-200.

Martin, J. R. & D. Rose. 2003. *Working with the Discourse: Meaning beyond the Clause*. London: Continuum.

Martin, J. R. & D. Rose. 2008. *Genre Relations: Mapping Culture*. London: Equinox.

Martin, J. R. & P. R. R. White. 2005. *The Language of Evaluation: Appraisal in English*. Houndmills: Macmillan.

Matthiessen, C. M. I. M. 1995. *Lexicogrammatical Cartography: English Systems*. Tokyo: International Language Sciences Publishers.

Matthiessen, C. M. I. M. 2007a. The "architecture" of language according to systemic functional theory: Developments since the 1970s. In R. Hasan, C. M. I. M. Matthiessen & J. Webster (eds.). *Continuing Discourse on Language: A Functional Perspective* Vol. 2. London: Equinox. 505-561.

Matthiessen, C. M. I. M. 2007b. Lexicogrammar in systemic functional linguistics: Descriptive and theoretical developments in the "IFG" tradition since the 1970s. In R. Hasan, C. M. I. M. Matthiessen & J. Webster (eds.). *Continuing Discourse on Language: A Functional Perspective* Vol. 2. London: Equinox. 765-858.

Matthiessen, C. M. I. M. 2007c. The multimodal page: A systemic functional exploration. In T. Royce & W. Bowcher (eds.). *New Directions in the Analysis of Multimodal Discourse*. Mahwah, NJ: Lawrence Erlbaum Associates. 1-62.

Matthiessen, C. M. I. M. 2009. Ideas and new directions. In M. A. K. Halliday & J. Webster (eds.). *The Continuum Companion to Systemic Functional Linguistics*.

London: Continuum. 12-58.

Matthiessen, C. M. I. M., K. Teruya & C. Z. Wu (吴灿中). 2008. Multilingual studies as a multi-dimensional space of interconnected language studies. In J. Webster (ed.). *Meaning in Context: Implementing Intelligent Applications of Language Studies*. London: Continuum. 146-220.

Nesbitt, C. & G. Plum. 1988. Probabilities in a systemic-functional grammar: The clause complex of English. In R. P. Fawcett & D. J. Young (eds.). *New Developments in Systemic Linguistics Vol. 2: Theory and Application*. London: Pinter. 6-38.

Painter, C. 1984. *Into the Mother Tongue: A Case Study of Early Language Development.* London: Pinter.

Prakasam, V. 1972. *A Systemic Treatment of Certain Aspects of Telugu Phonology*. Ph.D. Dissertaion. Toronto: University of York.

Sinclair, J. M. 1986. Basic computer processing of long texts. In G. Leech & C. Candlin (eds.). *Computers in English Language Teaching and Research.* Essex: Longman. 185-203.

Sinclair, J. M. 1991. *Corpus, Concordance, Collocation*. Oxford: Oxford University Press.

Steiner, E. 1988. The interaction of language and music as semiotic systems: The example of a folk ballad. In J. D. Benson, M. J. Cummings & W. S. Greaves (eds.). *Linguistics in a Systemic Perspective* (Current issues in linguistic theory 39). Amsterdam: Benjamins. 393-441.

Steiner, E. 2005. Hallidayan thinking and translation theory enhancing the options, broadening the range, and keeping the ground. In R. Hasan, C. M. I. M. Matthiessen & J. Webster (eds.). *Continuing Discourse on Language: A Functional Perspective* Vol. 1. London: Equinox. 481-500.

Steiner, E. & C. Yallop (eds.). 2001. *Exploring Translation and Multilingual Text Production: Beyond Content*. Berlin: de Gruyter.

Teich, E. 2003. *Cross-linguistic Variation in System and Text: A Methodology for the Investigation of Translations and Comparable Texts*. Berlin: de Gruyter.

Teruya, K. 2006. *A Systemic Functional Grammar of Japanese*. London: Continuum.

Teruya, K., E. Akerejola, T. H. Andersen, A. Caffarel, J. Lavid, C. M. I. M. Matthiessen, U. H. Petersen, P. Patpong & F. Smedegaard. 2007. Typology of MOOD: A text-based and system-based functional view. In R. Hasan, C. M. I. M. Matthiessen & J. Webster (eds.). *Continuing Discourse on Language: A Functional Perspective* Vol. 2. London: Equinox. 859-920.

Trevarthen, C. 1987. Sharing makes sense: Intersubjectivity and the making of an infant's meaning. In R. Steele & T. Threadgold (eds.). *Language Topics: Essays in Honour of Michael Halliday* Vol. 1. Amsterdam: Benjamins. 177-199.

Tucker, G. H. 1998. *The Lexicogrammar of Adjectives: A Systemic Functional Approach to Lexis*. London: Cassell.

van Leeuwen, T. 1985. Rhythmic structure of the film text. In T. A. van Dijk (ed.). *Discourse and Communication: New Approaches to the Analysis of Mass Media Discourse and Communication*. Berlin: de Gruyter.

Ventola, E. 1987. *The Structure of Social Interaction: A Systemic Approach to the Semiotics of Service Encounters*. London: Pinter.

Young, L. & C. Harrison (eds.). 2004. *Systemic Functional Linguistics and Critical Discourse Analysis: Studies in Social Change*. London: Continuum.

胡壮麟，2007，解读韩礼德的 Appliable Linguistics，《四川外语学院学报》(6)：1-6。

黄国文，2000，韩礼德系统功能语言学 40 年发展述评，《外语教学与研究》(1)：1-21。

黄国文，2007a，导读。M. A. K. Halliday. 2002/2007. *On Grammar*. *The Collected Works of M. A. K. Halliday* Vol. 1 (ed. J. Webster). London: Continuum / 北京：北京大学出版社。

黄国文，2007b，作为普通语言学的系统功能语言学，《中国外语》(5)：14-19。

黄国文，2009，中国的系统功能语言学研究：发展与展望。载庄智象（编），《中国外语教育发展战略论坛》。上海：上海外语教育出版社。585-619。

黄国文，2010a, 语篇分析与系统功能语言学理论的建构，《外语与外语教学》(5)：1-4。

黄国文，2010b, 对"胡—朱与 Halliday 访谈"的解读，《中国外语》(6)：25-30。

辛志英、黄国文，2010，系统功能语言学研究方法论，《外语研究》(5)：1-6。

杨信彰、辛志英，2010，多模态研究综述。载黄国文、常晨光（编），《功能语言学年度评论（第 1 辑）》。北京：高等教育出版社。23-34。

张德禄，2004，系统功能语言学的新发展，《当代语言学》(1)：57-65。

第四章

语调的功能——系统音系学的语调理论

朱　珊　中山大学

1. 引言

系统音系学（systemic phonology）是系统功能语法（Systemic Functional Grammar，下称 SFG）中不可或缺的组成部分，但长期以来系统音系学的研究一直处于一种不平衡的状态（见黄国文 2009；Tench 1992a）。一方面，相对于 SFG 在语法、语义和语篇分析方面的大量研究成果，系统音系学的研究成果屈指可数。目前系统音系学的专著只有 Paul Tench 主编的 *Studies in Systemic Phonology*（1992a），以及即将出版的由 Wendy L. Bowcher 和 Bradley A. Smith 主编的 *Recent Studies in Systemic Phonology (Volume I): Focus on the English Language*。另一方面，即便是在有限的系统音系学研究中，主要的研究成果又集中在语调方面。造成这种局面的原因很多，限于篇幅不便在此讨论，但从中我们可以看出语调研究在系统音系学中的核心地位。不仅如此，SFG 中最具代表性的六个核心思想——元功能的思想、系统的思想、层次的思想、功能的思想、语境的思想、近似或盖然率的思想——在系统音系学有关语调的理论中得到了充分的体现，因此本章的重点是 Halliday 有关英语语调的论述及其在语言学各领域的应用。本章第二节概述 Halliday 有关英语语调的主要理论，第三节简要介绍国际语言学界运用 Halliday 语调理论在语言学各领域的研究，第四节是对中国学者在语调功能研究方面的回顾，第五节是结语以及对未来研究的建议。

2. Halliday 的语调基本理论概述

Halliday 有关英语语调的理论主要体现在 Halliday（1963a，1963b，1967，

1970，1985，1994/2000）和 Halliday & Matthiessen (2004) 中。Halliday 将英语语调分为三个系统：调群系统 (tonality)、调核系统 (tonicity) 和调型系统 (tone)。这三个系统与信息分布、信息中心 (information focus) 以及语气系统中的基调 (key) 密切相关，下面我们将分别说明它们之间的关系。

2.1 调群系统与信息分布

调群系统决定一个话语片段所包含的调群数目以及调群的起始点，因此它与信息分布直接相关。调群的一个主要任务就是将语篇划分为一系列包含词汇语法意义的信息单位，实现信息的传递。信息分布系统中主要有两个选择项：信息的无标记分布与有标记分布。当一个信息单位与一个小句重合时，这种信息分布是无标记的。当一个信息单位对应的是其他的语法单位，如词组或词或字素，甚至是上述单位的组合，这样的信息分布被称为是有标记性的。

信息的分布是通过调群系统来实现的，一个调群就是一个信息单位。Halliday 指出调群不与任何语法单位相一致，与调群最接近的语法单位是小句。基于这一对应关系，Halliday 确立了无标记调群，即一个调群 / 信息单位对应一个小句。当一个调群对应的是低于小句的成分或一个以上的小句，换句话说，一个小句被分为几个调群或几个小句共用一个调群，这时的调群就是有标记调群。

2.1.1 无标记调群

在调群系统中，可供选择的是一个话语片段里的调群数目。如上文所述，无标记调群就是一个调群对应一个小句，此时所说的小句是指在句子结构层面上的小句，例如：

(1) // I saw John yesterday // (一个小句，一个调群 / 信息单位)

小句复合体的无标记调群就是每个小句是一个语调群，例如：

(2) // ‸ per/haps it's / easier when you're // marking / language // (两个小句，两个调群，两个信息单位)

对于级转位小句 (rank-shifted clause)，其无标记调群就是与其修饰的名词词组共用一个调群。例如：

(3) // ‸ in / fact you / end / up with a / pure / culture of / something you / didn't / start with //

2.1.2 有标记调群

有标记调群主要有两种情况，一种是一个以上的小句共用一个调群，另一种是低于小句的成分拥有一个调群。前者多见于两种小句复合体，即投射复句中的报告句 + 被报告句，和扩展复句中的结果句 + 条件句，例如：

(4) // but I / don't see / why they should lose / marks for / this //

（两个小句：报告句 + 被报告句，一个调群，一个信息单位）

(5) // ‸ if you've got / something that / grows / rapidly it / kills off the / other thing //

（两个小句：结果句 + 条件句，一个调群，一个信息单位）

后者多见于将小句的主位划分为单独的语调群。这时的主位可以是无标记的，例如：

(6) // all the / dialect forms are // marked / wrong //

（一个小句，两个调群，两个信息单位）

也可以是有标记性的，例如主位化的补语或词汇状语：

(7) // John // I saw yesterday //（一个小句，两个调群，两个信息单位）

(8) // in those circumstances // I would agree //（一个小句，两个调群，两个信息单位）

(9) // ‸ but / in A/merica they they // layer / things //（一个小句，两个调群，两个信息单位）

位于小句末尾的状语通常也会单独拥有一个调群，例如：

(10) // I saw John // yesterday //（一个小句，两个调群，两个信息单位）

(11) //$_\wedge$ they can / change / overnight / then // $_\wedge$ into / something completely / different // (一个小句，两个调群，两个信息单位)

2.1.3 调群系统与信息点（information points）

Halliday (1963b: 16-18) 将有标记调群与小句类型、句末状语、主位结构和信息点结合起来讨论，这不仅体现了他对语法与音系学相互依存关系的强调，同时也是语言学界第一次有人提出语调的信息功能："调群的选择可以看做信息点的分布"(Halliday 1963b: 17-18)。每个调群都包含一个信息点，双调型(调型 13 或 53) 的调群有两个信息点，一个主信息点后面跟着一个次信息点。Tench (1996a: 33) 高度评价无标记调群这一概念，认为"这是一个非常有用的出发点，它包含了一个很重要的观点，即语调单位、小句和信息单位在功能上的等值，将音系学与语法和语义学联系在一起"。这种功能上等值的重要性体现在语篇分析中，因为这种等值是在真实的语篇中实现的。

2.2 调核系统与信息中心

调核系统与调群系统密切相关，选择把一个话语片段分为多少个调群、各调群之间的边界在哪里，对决定该话语片段中包含的调核数目及其位置大有帮助。不过即便如此，我们仍然可以在保持调群系统不变的情况下，改变调核系统的选择。为了方便，本小节的讨论假设调群均为无标记性。

2.2.1 调核（tonic）与调核前成分（pretonic）

Halliday 把语调群分为两部分：调核与调核前成分。调核是每个调群都有的，而调核前成分不一定每个调群都有。调核系统确定调群中调核与调核前成分的位置。说话者会刻意突出信息中最重要的成分，这个被刻意突出的部分就是调核，调核总是落在一个重读音节上，称为"调核重音"(tonic syllable)。调核重音承载着音高的主要变化，调核重音或者覆盖音域的最大变化，或者紧跟在音高突变(突升或突降) 的后面出现。调核从调核重音开始一直延续到调群的末尾。调核前成分存在的条件是调核前至少有一个包含重读音节的音步，否则该调群无调核前成分。调核前成分就是一个调群中调核重音之前的部分，例如(调核用下划线表示)：

(12) // ‸ it's / Arthur // (无调核前成分)

(13) // ‸ I've / just come / back from / Germany // (调核前成分为 I've just come back from)

调核的功能是形成信息中心，说话者将调核放在调群的某个位置上，意即该信息为新信息，它可能是前文未提到的，或出人意料的，或与隐含意义相反的，等等。说话者通过调核系统的选择将所说内容与上下文内容结合在一起，显示出调核系统的语篇组织功能。

2.2.2 无标记调核与有标记调核

首先，我们确立调核系统中的无标记调核，即调核落在一个调群的最后一个实义词项(lexical item) 的重读音节上，例如：

(14) // ‸ I / very often / meet him in the / square //

(15) // did they ever / get a / hundred per/cent //

(16) // ‸ that's / why it's so / awful to / have to get / rid of it //

有标记性调核主要有两种情况：一种是调核为表示对比意义的成分，另一种是调核为前文提到过或语境中已知的成分。表示对比意义的成分可能是非最后位置的实义词项，也可能是最后位置上的非实义词项，例如：

(17) // ‸ it / may be that it's // just the / general / rule that // all the / G. C. E. / papers have to be / marked out of / two / hundred // (调核为非最后位置的实义词项)

// what / happens if you're / not // (调核为最后位置上的非实义词项)

2.3 调型系统与语气系统

Halliday 将调型分为主调型(primary tones) 和次调型(secondary tones)。主调型分为五种单调型(调型 1 至 5) 和两种双调型(调型 13 和 53)，主调型产生的对立出现在调核部分。次调型形成的对立有的出现在调核及调核前(如调型 1，2 和 4 的次调型)，有的只出现在调核前成分(调型 3 的次调型)，调型 5 和双调型没有次调型。次调型的总数为 17 种。

和以往音系学家用声学特点命名调型的方式不同（参见 O'Connor & Arnold 1961），Halliday 采用阿拉伯数字命名不同调型，目的是要强调各调型的抽象性本质：它们是不同种类的声音，其分类一方面由在即时语篇中人们听到的可辨别的语音特征决定，另一方面由它们在语法选择系统中所起的作用决定（Greaves 2007: 979）。

调型系统与语气系统中的基调（key）密切相关：说话者在调型系统中进行选择，以此实现基调在语气系统中产生的细微差别。图 1 以陈述语气（declarative mood）为例，说明选择不同调型，语气系统中的基调就会不同，由此产生的语气也会有变化。

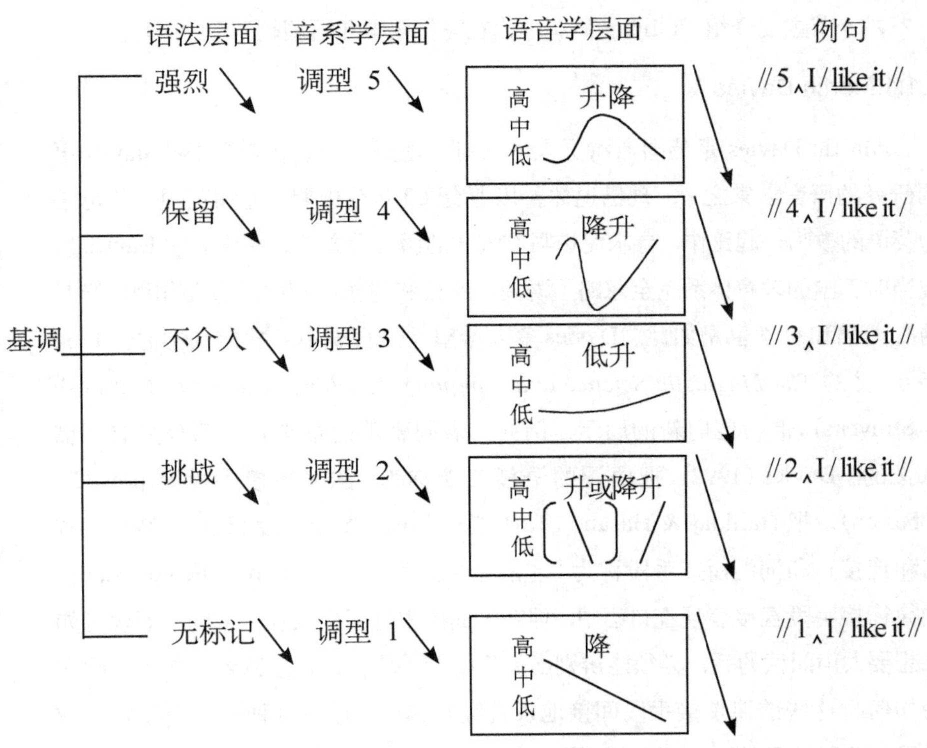

图 1　基调系统在不同语言层次的实现形式

3. 基于 Halliday 语调理论模式的研究

自从 Halliday 的语调理论框架建立以来，其影响主要体现在对英语语言更全面深入的分析，对语言教学、语篇的分析以及对其他语言的音系分析等方面。正如 Banks (2004) 所说，Halliday 语调理论的基本研究模式多年来基本没变，变化的是人们对基本概念的理解和补充，比如调核、调核重音的位置、信息中心等。由于篇幅有限，本小节只从英语教学和语篇分析两个方面回顾各国学者对 Halliday 语调理论的诠释、补充和应用。

3.1 语调与英语教学

本小节主要介绍 Halliday 语调理论在写作教学和语调教学中的应用。

3.1.1 Martin Davies

Martin Davies 是英国斯特灵大学教师，他是最早直接跟随 Halliday 作语调研究的语言学家之一，现已退休。19 世纪 60 年代中期，他和英国一些母语为英语的教师一起工作，寻求促进写作教学的语言学方法。在研究中 Davies 发现当时英国的教育体系完全忽略了语调在阅读和写作课程中的重要作用，当时的心理学和哲学也是如此。Davies 等人希望从语言学中寻找解决方法。1964 年出版的 *The Linguistic Science and Language Teaching* (Halliday, McIntosh & Strevens) 带给他们新的启示，例如：语调表现的意义有一部分是有语篇意义的。Davies (1992) 把语调的语篇功能称为“韵律衔接手段”(prosodic cohesion)，把 Halliday & Hasan (1976) 总结的语法衔接手段(照应、替代、省略和连接) 和词汇衔接手段称为“非韵律衔接手段”(non-prosodic cohesion)。韵律衔接手段直接表现在口语中，但在书面语中是间接表现出来的。朗读者如果想要大声朗读的话，必须能辨别出韵律衔接手段。这也意味着写作者必须学会如何将这些韵律衔接手段间接地表现在写作中。正是这种韵律衔接知识的学习有助于学习者从“小和尚念经——有口无心”式的朗读进步到“有意义的朗读”(Davies 1989, 1992)。

Davies (1992) 从 SFG 的角度分析诗歌《再访蟾蜍》(*Toads Revisited*) 的作者 Philip Larkin 本人朗读该诗的录音。Davies 指出该诗歌使用了大量的词汇衔接手段，如词语搭配、重复、同义词和反义词。这些词汇关系不仅在文本中清晰可辨，而且它们还形成了不易察觉的韵律衔接手段。比如说，作者之所以重复使用词汇是因为他觉得没有新信息出现；一旦有新信息，作者很自然会使用前面未使用过的词汇，这也通常是调核的位置，从而间接指明了旧信息的位置。这样一来，旧信息不仅在语法词汇层面有显示，在音系层面通过调核出现的位置也得到明示。

在该文中，Davies 还总结了在写作中体现信息结构的另一种方法：对比。写作中通过上下文创造的语境可以指示具有对比意义的调核，这种对比意义的调核具有衔接意义，因为它们起的作用和反义词是一样的。

3.1.2 J. C. Wells

J. C. Wells 是英国伦敦大学学院语音学荣休教授，在 2006 年退休之前曾担任该校语音学与语言学系主任。Wells 从教以来直到退休都在伦敦大学学院任教，多年从事语言教学，尤其是英语语音教学，退休前他一直是该校久负盛名的暑期英语语音学课程班的主管。多年的语言教学经历让他认识到语调的重要性及人们（尤其是语言学习者）对语调的忽视，因此有了《英语语调入门》(*English Intonation: An Introduction*)（2006）一书的出版。Wells (2006) 在前言中明确指出该书使用的是描述性语言研究手法，从语言教学的角度为大学水平的以英语为母语者和英语学习者而写，目的是帮助他们辨别、掌握重要的英语语调模式，同时理解这些语调模式的意义，学会怎样使用它们。

1963 年 Halliday 在伦敦大学学院建立语言学系之时，Wells 还是该校的一名助教。他旁听了 Halliday 讲授的英语语法课程，对其研究方法非常赞赏，尤其是他将语调研究与小句结构的描述相结合的方法。从 Wells (2006) 的章节安排中就可以明显看出 Halliday 语调理论对作者的影响，全书六个章节中有三章（第二、三、四章）分别用来讲述调型系统、调核系统和调群系统。第一章是简介，第五章说明调核前成分（书中称为 prenuclear）音高变化模式，次调型的语音表现形式以及落在非调核重音音节上的重音模式。第六章介绍了一些口语测试中语调考试的形式和口语分析方法。本书配备了由 Wells 本人及其他学者为书中部分例句和练习录制的光盘。

Wells (2006) 无疑为语言学习者和研究者提供了一本理解 Halliday 语调理论的良好的指导手册。

3.2 语调与语篇分析

Halliday 的语调理论被广泛应用于语篇分析中，对语篇分析研究的发展起着巨大的推动作用。本小节介绍的三位学者中 David Brazil 虽然不是研究 SFG 的，但因其受 Halliday 语调理论影响很大，我们也将其收录进来。

3.2.1 David Brazil

David Brazil (1925-1995) 生前是英国伯明翰大学英语系的教师，篇章语调 (discourse intonation) 理论的创始人。和语言学界其他学者相比，他的经历颇为曲折，早年辍学去当电工学徒 (未出师)，后来从军，二战期间在意大利服役，退伍以后才开始求学及教学生涯。44 岁第一次发表学术论文 (Brazil 1969)，47 岁获硕士学位，53 岁获博士学位，研究兴趣主要集中在英语语调上。19 世纪 70 年代，Brazil 与当时的同事 John Sinclair 和 Malcolm Coulthard 共同合作研究，创立了篇章语调理论。该理论在 20 世纪 80 年代中期和 90 年代在英语教学界 (教师培训和课堂实践) 产生巨大影响，其影响至今仍在扩大。

Brazil 从一开始就宣称自己是关注功能的："目前我很满意我关注的是功能，而且问心无愧" (Brazil 1975: 1)，从中我们可以看出 Halliday 对其理论的影响。基于 Halliday 的语调系统理论和英语语调的信息功能论述，Brazil (1975, 1992, 1997) 将 Halliday 的理论进行了较大修改，提出语调的语篇分析模式 (discourse model)，将研究焦点放在语调的交际互动上。篇章语调理论认为语调功能主要是篇章的，而不是语法的，也不是表态的。Brazil 认为语调的表态功能站不住脚是因为其无法断定态度究竟是词汇本身的含义引起的，还是语调引起的，抑或是言语行为发生的语境引起的。语调和语法之间确实有某些关联，但 Brazil 认为这种联系不是主要的："在不触及语法的条件下，我们仍可以将英语语调描述为说话者的一系列选择" (Brazil 1975: 3)。

Brazil 将语调分为调型 (tone)、基调 (key) 和调核音高 (termination) 三个系统。

3.2.1.1 调型系统

Brazil 将调型分为五种，但最重要的是降调和降升调之间的对立，因为说话者以此向听者表示所说内容是已知还是未知。用降升调说出的信息是双方均已知晓的，或协商好的，或在某一时刻双方的共同立场；而降调则表示该信息为新信息。

3.2.1.2 基调系统

此“基调”不同于 Halliday 的“基调”。在篇章语调中，基调指语调群首个重读音节的音高，可分为高、中、低三个基调。Brazil 认为这三个基调分别对应对比意义、附加意义和同等意义。

3.2.1.3 调核音高系统

调核音高指的是调核音节的音高，说话者可以选择高、中、平三种音高变化。除高基调后从不出现低调核，以及低基调后从不出现高调核之外，基调系统与调核音高系统可以用不同的方式结合在一起，表达不同的意义。

从上面的介绍我们认为，篇章语调可以看做 Halliday 语调理论的补充。

3.2.2 Paul Tench

Paul Tench 是英国加的夫大学的高级讲师，现已退休。Halliday（1967, 1970）出版发行之时，Tench 刚刚开始他的教学生涯。他首先在威尔士科技大学（1988 年并入加的夫大学）的英语系教书，后成为加的夫大学语言与交际研究中心成员，在那里他接受了沿袭自 Daniel Jones 的传统语音学训练，受益于语言学暑期研修班严格的听觉语音学训练和实用音位学练习，同时接触了 Kenneth Pike 的音系学思想以及 Halliday 级阶理论在音系学中，尤其是语调研究中的应用。这一切都为他接受 Halliday 的语调理论打下了思想基础。

Tench 的博士论文《英语话语中语调的作用》(The Roles of Intonation in English Discourse) 1990 年由德国彼得·朗 (Peter Lang) 公司出版，他主编的《音系学研究》(*Studies in Systemic Phonology*)（1992a）对系统音系学的发展起了重要作用。

Tench 对 Halliday 语调理论并非照搬照抄，而是在研究中不断完善它并提出自己的观点。在《英语的音系系统》(*The Intonation Systems of English*)(1996a) 中，Tench 总结了语调在英语语篇中的六个主要功能，除了人们熟悉的信息功能、表态功能、交际功能（即区分言语行为）及语法功能（即消除歧义）外，还有以下两个不常为人注意的功能。

1) 语类 (genre) 辨别功能。人们为什么会在拧开收音机开关的几秒钟内就能判断出所听到的节目的类型呢？Tench 认为这主要是韵律合成 (prosodic composition) 在起作用，他把特定语言活动总的声音特征称为韵律合成，它可以分为语调、声音响度、语速 (tempo)、节奏性、副语言特征和犹豫停顿。其中语调主要通过升调或降调的变化幅度大小、语调单位的相对时长和语篇结构大小来区分不同语类 (genre)。例如祷告这种语类，其特点就是调型基本没有变化，调核重音总是保持低平调，通常只有最后一句 Amen 用降调说出。

2) 音系段落划分功能。我们如果把研究范围扩大到单个语调群和单个信息以上的层面，就会发现信息并不是孤立存在的，而是互相结合在一起，成为语篇的一个组成部分。是什么因素把它们组合在一起的呢？除了语篇的主题，以及照应和连接这两个语法系统之外，Tench 认为语调起着重要的作用。通过分析，他发现新闻播报、讲故事、讲笑话等事前排练过或讲话内容已知的语类有一个共同的语调模式，即每当开始一个新话题时，第一个调群的调核前成分音高很高，随着语篇的展开，各调群的平均音高逐渐下降，当音高降到最低点即为该话题终点，通常还伴有较长的停顿时间。新话题的开始伴随着新一轮的音高变化。Tench 称这种现象为音系段落划分 (phonological paragraphing)。语调通过这种方式将语篇划分为一个个信息块，以利于听者理解。Tench 同时还建议把音系段落看成语调单位之上的音系单位。

Halliday 早期语调研究的语料都是 19 世纪 60 年代收集的；随着语言的变化，语调也随之变化。Tench (1996b，1997a，1997b) 指出，有两种新的调型已经进入了年轻一代的标准英国口音中，一种是“抬高了的升调” (raised rising tone)，另一种是常规性列举的中平调 (mid level tone)。

在《声调和信息状况》(Tone and the status of information) (1992b) 一文中，Tench 提出调型还有指示信息地位的功能。一般情况下，处于句子开头位置的调群如果选用调型 3（低升调），则说明该信息为不完整的信息；如果选用调型 4（降升调），则表明该信息为不完整的，而且后面还紧跟着有另外的信息出现；如果选用的是调型 1，则说明该信息是主要的、独立的信息。因此在 Tench 看来，与其说调型系统体现的是信息与听者之间的关系，还不如说调型系统展现的是说话者对各个信息在语篇中所处地位的评估。

3.2.3 David Banks

David Banks 出生在英国，现为法国西布列塔尼大学（Universite de Bretagne Occidentale）英语语言学教授，而且是颇有名气的诗人。Banks (2000) 作了一个有趣的研究，将美国诗人 T. S. Eliot 本人朗读的《麦琪之旅》(*The Journey of the Magi*) 的录音与英国作曲家 Benjamin Britten 根据该诗创作的声乐作品《第四颂歌》(*Canticle IV*) 作比较，发现诗人朗读录音中的重音与音乐作品中的重拍之间，而非朗读语调与音乐旋律之间，存在很强的相关性。

Banks (2004) 在《新鲜度》(Degrees of newness) 中探讨了 Halliday 语调理论中关于信息的新鲜度（newness）问题。通过分析四个朗读者朗读一篇报纸新闻报道片断时使用的调型，Banks 指出调型可以体现新闻中信息的新鲜度：调型 4 和 5 表示信息的新鲜度最高，调型 3 显示的新鲜度最低，调型 1 和 2 显示的信息新鲜度处于二者之间。

3.2.4 Wendy L. Bowcher

Wendy L. Bowcher 是澳大利亚人，现为中山大学海外特聘教授。Bowcher 在语调方面的研究主要是对澳大利亚橄榄球联赛电台体育评论员的播报所作的一系列分析（如 Bowcher 2001，2004）。

Bowcher (2001，2004) 研究了体育评论中调核音节的位置，发现调核通常落在调群的尾部，即其无标记位置。Bowcher 对此的解释是体育实况转播中提到的信息通常是不可协商的，也是没有争议的，而且解说过程中也没有什么语境原因促使评论员把已知信息放在有标记的位置（Bowcher 2004: 490）。

Bowcher (2001，2004) 比较了现场实况转播中的主位和已知信息，注意到解说员在这两个系统中的选择包含有"互补性的信息"（Bowcher 2004: 488）。Bowcher (2004) 发现，在橄榄球联赛中最有可能成为新信息的项目包括场所、目的地和控球球员。Bowcher (2004) 还总结了体育评论中主位的选择及省略现象。

Bowcher 的研究开创了应用 Halliday 语调理论研究语域的先河。

4. 系统音系学在中国的研究

如本文开头所说，SFG 研究中的不平衡现象在中国表现得尤为突出（详见黄国文 2009），特别是 SFG 研究的头 20 年间，不过这种状况近期稍有好转。如果我们以胡壮麟（1993）作为中国功能界语调研究的起点，到 2010 年为止，我们在中国知网上搜索到的有关系统功能语调研究的论文也有不少。下面我们根据论文内容，将中国学者有关系统音系学的研究从两个方面进行总结：英语语调的语篇衔接功能和英语语调教学。

4.1 英语语调的语篇衔接功能

国内外语言学界在语篇衔接研究方面对语义、词汇和句法手段关注较多，而对音系层的衔接手段研究较少。针对这种状况，胡壮麟（1993）、何安平（1995）、平洪（1999）和徐立新（2000）、朱珊（2009a，2009b）等作了一些探讨性的研究，希望引起学者们对语音和音系衔接手段的重视。

4.1.1 胡壮麟（1993）与语音系统的衔接功能

中国学者在系统音系学方面的早期研究应该首推胡壮麟发表在 1993 年《外语教学与研究》第二期上的《语音系统在英语语篇中的衔接功能》。该文讨论了在音系层面上的语篇衔接手段，例如说话人通过言语流中存在的一个个衰减单位（declination unit）将语篇串在一起；同时说话人在语调系统中对调型的选择具有语篇衔接意义，比如选择调型 3 暗示话未说完，不希望受话人插话，调型 2 意味着要求对方说话等等。因此，作者总结说，“调型的选择是使类似会话语篇正常进行的关键”（胡壮麟 1993：4）。另一方面，胡壮麟认为调型的选择也可以体现语篇特征，如说话者之间的等级关系，上级对下级多用降调，下级对上级多用调型 2（升调）或调型 3（低升调），新闻语篇中因缺乏互动而没有调型 2，因其客观报道的性质而无流露说话人个人判断或情感的调型 5 和调型 53，等等。在该文中，胡壮麟向读者介绍了 Halliday 的信息理论及其与主位—述位理论的关联，同时介绍了Chafe倡导的信息结构三分法，即已知信息、新信息及易及（accessible）信息。最后，胡壮麟谈到了语音衔接模式，包括头韵（alliteration）、半谐韵（assonance）、辅韵（consonance）、正韵（rhyme）等，以及韵律和诗词格律等，并指出："语音模式除表达语篇的主题意义从而使语篇的意义取得连贯外，对语篇衔接在形式上也有重要意义"（胡壮麟 1993：6）。

4.1.2 何安平（1995）与篇章语调

何安平可以说是国内学者中第一个谈到篇章语调（discourse intonation）的人。在她编著的《英语篇章语调》（1994）一书中，她详细介绍了英语篇章语调理论的来龙去脉、核心理论及研究方法。在《英语篇章语调的连贯机制》（何安平 1995）一文中，何安平"探讨了英语语篇的语调衔接机制以及它们与语法手段相互配合共同在表达篇章语义方面所起的重要作用"（何安平 1995：43）。在 Halliday 语调理论的三个选择系统中，何安平着重讨论调核重音的选择（tonicity）和调型（tone）组合模式如何实现语篇的衔接。一方面，调核重音的选择与话语主题密切相关。她指出，"主题的每一步深化都通过调核重音的形式表现出来"，因此，"语篇中的调核重音不但能够有重点地突出与诸话题有密切关系的语义成分，而且还能够逐步解释语义发展的不同层次"，所以，"调核重音是语篇中的语音衔接机制之一"（何安平 1995：44）。另一方面，调型的组合模式具有衔接效应。何安平列举了延续性调型组合、转换式调型组合以及上述二者的联合式。例如，依次递升的语调组合加上逐步加快的音速，在侦探小说中体现出侦探敏捷、连贯的思维，因此，"这种连续相似的语调很自然就把前后的话语内容联系起来"（何安平 1995：44）。转换式调型组合，如先升后降式调型组合，通常出现在"从句—主句"、"主位—述位"、"已知信息—未知信息"等语法结构及语义序列中，"体现出语调、语法与句法之间的协调一致"（何安平 1995：45）。延续式和转换式调型的联合会在更多的语调组之间产生衔接效应，从而实现更大范围话语段落中的语义连贯。

何安平（1995）还讨论了其他韵律特征在篇章中的衔接作用，如音律整齐的节奏排列有利于连接前后话语，使诗歌易读好记；音量和音幅的递增或递减在某些语篇，如体育解说中，也能构成篇章语音的衔接；演讲中整齐的多重复合句伴随节奏均匀的音步节拍、渐强的音量、渐高的音调、渐快的音速，持平不降的调型形成强大的气势，直到最后的高潮，突出演讲的中心话题。这样，语义的连贯和话题的突出通过语法和语音手段的完美结合得以实现。

4.1.3 平洪（1999）与语调的话语意义

平洪在《英语语调的语用理解》(1999) 一文中着重从语用学的角度讨论英语语调的话语意义 (discoursal meaning)。该文首先介绍了 Halliday 提出的语调的三个选择系统：语调组的划分 (tonality)、重音位置的确定 (tonicity) 和核心语调的选择 (tone)，重点叙述了语调所传递的交际信息，即语调的话语含义。文章接着从语用学的角度，将 Halliday 提出的语调之话语意义与语用学关联理论中的语调之语境含义结合在一起讨论，指出："语调能帮助辨别语段中的前景信息和背景信息，从而得出语段的语境含义"（平洪 1999：31)，认为这与 Halliday 的语调理论不谋而合：由语调体现的新、旧信息相互作用，不断产生新的含义，听者通过说者的语调辨别新、旧信息，由此获得说者话语的语境含义。文章最后讨论了降升调的话语意义。平洪希望学者们"充分重视英语的语调含义"，因为"虽然语调只是英语口头交际的表达手段之一，而且往往与话语的语法结构相互配合，但有时两者也会发生矛盾。如果这样，语调含义将会比语法含义更为重要"(平洪 1999：33)。

4.1.4 徐立新（2000）与语音衔接手段

徐立新 (2000) 从 Halliday 与 Hasan 的衔接理论入手，探讨了语音衔接在语篇中的重要地位，他指出："没有语音衔接的衔接理论是不完整的衔接体系，不符合语言使用情况，因此有充分理由认为语音衔接是和语法、词汇衔接同样重要的，而且在口语中可能是更重要的衔接方式，……是衔接理论中不可缺少的部分"(徐立新 2000：13)。关于语音衔接的方式，徐立新列举了元音、辅音、发音特征、重音、音高、音量 / 音强、语气、音色、叹气、停顿、音长、节奏、速度、语调等 14 种方式，并结合了英语和汉语的例子来说明各种语音衔接手段在实际语篇中的应用。最后，徐立新总结道："语音衔接是语篇构成中不可缺少的一个重要部分，在语篇研究中应给于足够的重视"（徐立新 2000：15)。

4.1.5 朱珊（2009a, 2009b）与语调的语篇功能及人际功能

朱珊（2009a，2009b）是其博士论文（2007）的两个章节，前者讨论英语语调的语篇功能，后者探讨英语语调的人际功能。朱珊（2009a）以英国广播公司（BBC）的一则新闻评论为语料，在Halliday语调理论的框架中，研究播音员如何利用语调组织语篇，使用的语音分析软件为PRAAT。该研究发现，新闻播音员在播报过程中，用停顿以及各语调群中首个重读音节的音高变化，将同一主题的语调群组合在一个音系段落（phonological paragraph）中。当开始新话题时，播音员有意识地延长停顿时间，并提高首个重读音节的音高，提示听众：新话题开始了。作者认为这体现了语调的语篇组织功能，同时也佐证了高于语调单位（tone unit）的音系单位——音系段落的存在。

朱珊（2009b）以同一语料为研究对象，探讨语调的人际功能。学者们把类似于新闻播音的朗读已备文本时使用的语调称为朗读语调（reading intonation），以区别于自然会话中使用的语调。朗读者可以选择根据自己对文本的理解诠释文本，选择恰当的语调朗读文本，将新闻稿的意思准确地传递给听众；也可以置身文本之外，简单地充当文本与听众之间的媒介，告诉听众"新闻稿就是这样说的"。朱珊（2009b）挑选了语料中三个列举语调进行分析，研究发现，播音员在朗读这三个包含有列举项的小句时使用了不同的语调模式，体现了播音员充分理解了这三个列举小句内部不同的逻辑语义关系，并选择恰当的语调将其准确地传递给听众，在语篇和听众之间扮演了积极的信息传递者的角色，这体现了语调的人际功能。

本小节介绍的研究在Halliday语调理论的推介及应用方面起到了积极作用，在中国学者中引起很大反响，有很多学者作了进一步的相关研究，如吴鼎民（1997）、陆国君、高友萍（2008）、陈明芳（2003）和田朝霞（2005）等。

4.2 语调教学

中国学者在Halliday建立的语调理论框架内，利用语音分析软件PRAAT对学生朗读的语料进行分析归纳，探讨语音教学方法的研究应该首推陈桦（2006a，2006b，2006c，2006d）。

陈桦（2006a）在Halliday语调理论框架内，从调群切分、调核位置及重音组合、音调模式三个方面对英语语调的声学体现进行了总结。调群切分的边界指征、重读音节的判断以及音调类型的判断，对于母语为非英语的研究者来说有时候很难凭听辨感知，即使有语音软件的帮助，没有经验的研究者也会感到吃力。陈桦（2006a）的研究通过实例，配以清晰的波形图、音高 / 基频（F0）曲线图和波谱图，详细介绍了如何界定语调群的边界，确定调核位置及语调类型。这不仅对不熟悉语音软件的资深语音研究者掌握现代语音研究方法提供了入门知识，也为有志于语音研究的后来者提供了一个较高的研究起点。

陈桦（2006b，2006c，2006d）以 Halliday 的语调理论为依据，分别从调群切分、调核位置的确定和调型的选择这三个方面，研究 8 名英国本族语者大学生和 45 名中国英语学习者朗读一篇英语故事的录音，旨在研究中国英语学习者的英语语调模式。

陈桦（2006b）从调群切分的边界特点、调群与句法的吻合度、调群切分的语法作用等方面分析、归纳中国英语学习者的英语语调切分模式。该研究发现，在调群切分过程中，学习者过多地依赖停顿这一时间手段，较少依赖“音高重设”（pitch reset）来进行调群切分，使语流显得不连贯。陈桦（2006b：275）认为，“过多使用停顿易导致信息被破坏，不仅降低了口语的流利度，而且直接影响信息的传达，极大降低了口语的可理解度”。另一方面，学习者可能过分依赖句法关系来切分调群，忽略了信息焦点对语调切分应有的重要作用。总之，陈桦的研究反映出“中国英语学习者对于语调单位在信息传递过程中的作用不甚明了，在利用调群强调重要信息方面意识不够强，因此极易产生误解”（陈桦 2006b：277）。

陈桦（2006c）分析了中国英语学习者如何进行调核位置的选择。研究发现，学习者在选择无标记调核和有标记调核时，与本族语者均有较大差异。学习者采用无标记调核的比例低于本族语者，有时即使采用也未能体现调群中最重要的信息，这在一定程度上影响了信息的传递。学习者采用的充当无标记调核的词汇比较松散，说明学习者对调群内重要信息的感知有较大差异。在学习者使用的有标记调核中，实义项比例也大大低于本族语者。陈桦的结论是：“在学习者的朗读中，突显音节与信息的关系体现得不够明显，有时调核并未体现信息焦点”（陈桦 2006c：38）。

陈桦（2006d）根据 Tench（1996a）的论述，将英语基本调型（primary

tone）分为降调、升调和平调三种，降调一般表示信息的完结和肯定的语气；升调表示信息的未完待续、询问和不肯定的语气；平调基本用于未完句式中。Tench 将二级音调（secondary tone）看做对基本音调进行的更细的划分，表明态度和语气。陈桦（2006d）分析同样语料中学习者调型选择的模式，研究结果发现，"学习者对基本语调掌握得较好，但体现说话者语气和态度的二级调型问题偏多；平调、降调使用过度；调型使用混乱"（陈桦 2006d：418）。

陈桦（2006b，2006c，2006d）的研究结果对英语语调的教学有很大的启示，从事英语语音教学的教师可以从中掌握英语语音教学的重点，改变以往对语调教学的忽视。

基于陈桦的上述研究，陈桦、孙欣平、张颖撰写的《英语语调意识训练的重要性、必要性及有效性》（2008）把重点放在了如何进行语调教学上。文章首先阐述了语调模式对信息传递的重要性，提出英语语调意识培养的重要性。然后，针对陈桦（2006b，2006c，2006d）提出的中国英语学习者的英语语调模式中存在的问题，指出英语语调意识训练的必要性。最后，基于一项 420 名大学新生参加的英语语调意识训练，说明英语语调意识训练对提高学习者的语调意识有明显效果。

5. 结语

中国系统功能语言学研究的三十多年间，系统音系学研究一直处于滞后状况，这种状况亟需改变。和国际学者相比，我们目前的系统音系学研究还停留在简单应用 Halliday 语调理论的阶段，很多作者只是把 Halliday 的语调理论拿过来与其他学说拼凑在一起，缺乏对 Halliday 语调理论的深入了解，真正在 SFG 的框架内研究语调的学者不多，应用 Halliday 理论研究汉语语调或汉语方言语调还是无人涉足的领域。但是我们也欣喜地发现，有一批年轻有为、掌握现代音系学分析研究手段的学者已经开始了在系统音系学领域内的探索。随着科技的发展、资讯手段的日臻完善和国际学术交流的日益频繁，假以时日，我们有理由相信，在中国系统功能学界同仁的共同努力下，中国的系统音系学研究一定会有长足的发展。

参考文献

Banks, D. 2000. Reading aloud and composing: Two ways of hearing a poem. In J. X. Cooper (ed.). *T. S. Eliot's Orchestra: Critical Essays on Poetry and Music*. New York: Garland Publishing. 245-266.

Banks, D. 2004. Degrees of newness. In D. Banks (ed.). *Text and Texture: Systemic Functional Viewpoints on the Nature and Structure of Text*. Paris: L, Harmattan. 109-124.

Bowcher, W. L. 2001. *Play-by-play Talk on Radio: An Enquiry into Some Relations between Language and Context*. Ph.D. Dissertation. Liverpool: University of Liverpool.

Bowcher, W. L. 2004. Creating informational waves: Theme and new choices in play-by-play radio sports commentary. In M. Amano (ed.). *Creation and Practical Use of Language Texts* (Proceedings of the Second International Conference for the Integrated Text Science). Nagoya University: Graduate School of Letters. 111-122.

Bowcher, W. L. & B. A. Smith (eds.). Forthcoming. *Recent Studies in Systemic Phonology Vol. I: Focus on the English Language*. London: Equinox.

Brazil, D. 1969. Kinds of English: Spoken, written, literary. *Educational Review* 22 (1): 78-92.

Brazil, D. 1975. *Discourse Intonation, Discourse Analysis Monographs 1*. University of Birmingham: English Language Research.

Brazil, D. 1992. Listening to people reading. In M. Coulthard (ed.). *Advances in Spoken Discourse Analysis*. New York: Routledge. 209-240.

Brazil, D. 1997. *The Communicative Value of Intonation in English*. Cambridge: Cambridge University Press.

Brazil, D., R. M. Coulthard & C. Johns. 1980. *Discourse Intonation and Language Teaching*. Harlow: Longman.

Davies, M. 1989. Prosodic and non-prosodic cohesion in speech and writing. Paper presented at the 15th International Systemic Congress, East Lansing, Michigan, August 1988. *Word Special Issue* 40 (1-2): 255-262.

Davies, M. 1992. Prosodic cohesion in a systemic perspective: Philip Larkin reading

Toads Revisited. In P. Tench (ed.). *Studies in Systemic Phonology*. London and New York: Pinter Publishers. 206-230.

Greaves, W. 2007. Intonation in Systemic Functional Linguistics. In R. Hasan, C. M. I. M. Matthiessen & J. Webster (eds.). *Continuing Discourse on Language: A Functional Perspective* Vol. 2. London: Equinox. 979-1025.

Halliday, M. A. K. 1963a. The tones of English. *Archivum Linguisticum* 15 (1): 1-28.

Halliday, M. A. K. 1963b. Intonation in English grammar. *Transactions of the Philosophical Society*. 143-149.

Halliday, M. A. K. 1967. *Intonation and Grammar in British English*. The Hague: Mouton.

Halliday, M. A. K. 1970. *A Course in Spoken English: Intonation*. London: Oxford University Press.

Halliday, M. A. K. 1985. *An Introduction to Functional Grammar*. London: Edward Arnold.

Halliday, M. A. K. 1994/2000. *An Introduction to Functional Grammar* (2nd edition). London: Edward Arnold/Beijing: Foreign Language Teaching and Research Press.

Halliday, M. A. K. & W. Greaves. 2008. *Intonation in the Grammar of English*. London: Equinox.

Halliday, M, A, K. & R. Hasan. 1976. Cohesion in English. London: Longman.

Halliday, M. A. K. & C. M. I. M. Matthiessen. 2004. *An Introduction to Functional Grammar* (3rd edition). London: Edward Arnold.

Halliday, M. A. K, A. McIntosh & P. Strevens. 1964. *The Linguistic Sciences and Language Teaching*. London: Longman.

O'Connor, J. D. & G. F. Arnold. 1961. *Intonation of Colloquial English*. London: Longman.

Tench, P. 1990. *The Role of Intonation in English Discourse*. Frankfurt am Main: Peter Lang.

Tench, P. (ed.). 1992a. *Studies in Systemic Phonology*. London: Pinter Publishers.

Tench, P. 1992b. Tone and the status of information. In P. Tench (ed.). *Studies in Systemic Phonology*. London: Pinter Publishers. 161-174.

Tench, P. 1996a. *The Intonation Systems of English*. London: Cassell.

Tench, P. 1996b. A new tone routine listing. *Speak Out (IATEFL)* (18): 26-32.

Tench, P. 1997a. The fall and rise of the level tone in English. *Functions of Language* 4 (1): 1-2.

Tench, P. 1997b. Intonation innovations. *IATEFL Newsletter* (140): 17-18.

Wells, J. C. 2006. *English Intonation: An Introduction*. Cambridge: Cambridge University Press.

陈桦，2006a，英语语调模式及其声学实现，《外语研究》（5）：9-18。

陈桦，2006b，中国学生英语朗读中的调群切分模式，《外语教学与研究》（5）：272-278。

陈桦，2006c，英语学习者朗读口语中的调核位置，《解放军外国语学院学报》（6）：32-38。

陈桦，2006d，中国学生朗读口语中的英语调型特点研究，《现代外语》（4）：418-425。

陈桦、孙欣平、张颖，2008，英语语调意识训练的重要性、必要性及有效性，《外语学刊》（2）：135-139。

陈明芳，2003，调核在语篇中的聚焦功能，《天津外国语学院学报》（1）：12-15。

何安平，1994，《英语篇章语调》。广州：华南理工大学出版社。

何安平，1995，英语篇章语调的连贯机制，《现代外语》（1）：43-47。

胡壮麟，1993，语音系统在英语语篇中的衔接功能，《外语教学与研究》（2）：1-8。

黄国文，2009，中国的系统功能语言学研究：发展与展望。载庄智象（编），《中国外语教育发展战略论坛》。上海：上海外语教育出版社。585-619。

陆国君、高友萍，2008，话语语调的关联与认知透析，《外语学刊》（2）：90-94。

平洪，1999，英语语调的语用理解，《外语教学》（2）：29-33。

曲明文，2006，英语语调在口头语篇中的意义，《外语教学》（3）：36-38。

田朝霞，2005，英语口语语篇中的调核位置与信息焦点，《外语与外语教学》（4）：60-64。

王露芳，2009，系统功能视角下的英语专业语调教学，《广东技术师范学院学报》（6）：138-139。

吴鼎民，1997，英语语调表义功能探微，《外语与外语教学》（3）：36-38。

徐立新，2000，篇章中的语音衔接，《解放军外国语学院学报》（4）：11-15。

朱珊，2007，英语新闻播报中语调的系统功能分析：个案研究。博士学位论文。广州：中山大学。

朱珊，2009a，从一则新闻评论的播报看英语语调的语篇功能，《外语教学》(2)：38-41。

朱珊，2009b，英语语调的人际功能在新闻播报中的体现，《北京科技大学学报(社会科学版)》(2)：113-117。

作者简介

朱　珊　中山大学外语学院讲师，博士，主要研究方向：系统功能语言学，语音学，音系学。

1991年7月毕业于湖南师范大学外语系并获学士学位，同年留校任教，1994年8月调到中山大学外国语学院英语系工作至今。1996年至1999年师从陈永培教授研究英语语音学，1999年6月获得中山大学英语语言文学硕士学位。2000年至2007年师从黄国文教授研究系统功能语言学，2009年11月获得中山大学英语语言文学博士学位。

1999年8月至2000年1月，在美国德克萨斯A & M大学英语系做访问学者；2002年7月至2002年12月在香港大学语言学系做访问学者。

通讯地址：中山大学外国语学院英语系（510275）

电子邮箱：zhushan3@yahoo.com

第五章

功能句法研究说略[1]

何　伟　北京科技大学

1. 引言

我们在“功能语言学研究系列丛书”第三卷《功能句法研究》（何伟、高生文 2011）一书的第一章“功能句法范畴的界定及其分析表示方式”中，围绕系统功能语言学的两个主要模式，对“功能句法范畴的界定”以及“功能句法分析的表示方式”两个话题进行了比较充分的探讨。我们在《国内功能句法研究综述》（何伟 2010）一文中对三十多年来国内功能学界在功能句法领域所作的研究进行了回顾。本文将在上述两篇文章研究的基础上，进一步明确“功能句法”的由来、研究范围及研究状况，功能句法研究的重要思想及组织原则，功能句法范畴及关系，以及功能句法分析的表示方式等问题，目的是向学界呈现功能句法研究领域的概貌。

2.“功能句法”的由来、研究范围及研究状况

在系统功能语言学界，学者们经常提到“系统功能语言学”、“系统功能语法”、“系统语法”、“功能语法”、“功能句法”等术语，然而这些术语对于初学者来说有扑朔迷离之感。其实，即使对于涉猎该领域多年的学者来讲，个别术语的外延也不够明确。为了说明此处提到的个别术语，即“功能句法”的由来和研究范围，我们先谈谈这几个术语之间的关系。

“系统功能语言学”和“系统功能语法”两个术语有时可以交替使用，指代大致相同的内容，即指代语言研究的四个层面——理论 (theory)、描述

(description)、分析(analysis)、应用(application)。然而严格地讲,“系统功能语言学”除涵盖对语言系统本身的理论、描述、分析和应用研究外,还涉及对语言、语言使用者、语言使用环境、社会体系等相互间关系的研究(王红阳 2008:18)。“系统功能语法”主要指对语言系统本身的研究,包括理论研究、描述概括、分析整理及应用探讨四个方面。此处有一点需要指出:在系统功能语言学内部的两个主要模式之间,“系统功能语言学”的所指应该是完全一致的,而“系统功能语法”所指的侧重点则存在差异。在以 Halliday, Matthiessen 等系统功能语言学家为代表的悉尼模式内,“系统功能语法”尽管也涉及对语言语义层次的研究,但主要还是以词汇语法层次上的语言单位为出发点,研究相关语法范畴体现了哪些语义特征(比如 Halliday 1966,1967a,1967b,1968,1970,1976,1978,1979,1985,1993,1994;Halliday & Matthiessen 2004;Matthiessen 1995,1999 等)。而那些着重对语言语义层次进行的研究(比如 Martin 1992;Ventola 1987;Christie 1990;Rothery 1990;Eggins 1990;Hasan 1987;Cloran 1994 等)经常使用“语义学”(semantics)、“语篇语义学”(discourse semantics)、“语篇体裁”(genre)等术语,很少用到“系统功能语法”、“系统语法”或“功能语法”等术语。由此可以看出,“系统功能语法”在悉尼模式内主要指对语言系统内词汇语法层次的研究。这一点可见证于 Matthiessen (2007a,2007b)对系统功能理论自 20 世纪 70 年代以来的发展的综述。在以 Fawcett、Tucker 等为代表的加的夫模式内,“系统功能语法”(见 Fawcett 2000,2008)指对整个语言系统的研究,包括语言的意义层和形式层。

“系统语法”和“功能语法”两个术语的由来应分别归功于 Halliday 的两篇重要文章。Halliday 在《“深层”语法札记》(Some Notes on “Deep” Grammar)(1966)一文中重新诠释了语言表层现象和深层内容的不同,指出“结构”(structure)是语言表层现象,结构中的成分隶属组合关系,“系统”(system)系语言深层内容,系统中的语义特征隶属聚合关系。Halliday 在文中强调,聚合关系是首要的,也就是说,系统是研究结构的基础。《“深层”语法札记》一文标志着系统功能语言学发展的第二个阶段,即“系统语法”的开始——第一个阶段是“阶与范畴语法”(Halliday 1961)。系统语法的由来表明系统功能语言学的第二个阶段重在研究语言的系统网络，即语言语义层次上的特征聚合现象。Halliday 在这之后的又一篇重要文章《系统理论》（Systemic Theory）（1993）中也着重讲了“系统”以及“系统网络”的重要性，明确了它们是关于语言语义现象的。然而，这里需要说明的是：悉尼模式内研究“系统”的代表作，即 Matthiessen 的《词汇语法图解：英语系统》（*Lexicogrammatical Cartography: English Systems*）（1995），主要是从词汇语法层次上的语法范畴来看语义特征的表达的。该书所描述的“系统”及“系统网络”属于语言的词汇语法层次，与“结构”处在同一层次。这些系统——包括概念功能语法系统、人际功能语法系统和语篇功能语法系统——用来体现更高一层次，即真正语义层次上的系统。有鉴于此，悉尼模式内的“系统语法”尽管从理论上涵盖的应该是语言的语义层次内容，然而从实际角度涉及的仍然是语言的词汇语法层次现象。

Halliday 在 1968 年发表的《英语的及物性和主位札记》（Notes on Transitivity and Theme in English）一文中提出语言有三种功能，这标志着系统功能语言学发展历程中第三个阶段——“功能语法”阶段的开始。此阶段具有里程碑意义的著作是 Halliday 的《功能语法导论》（*An Introduction to Functional Grammar*）（1985，1994）。功能语法主要研究语言系统内的词汇语法层次，包括句法（syntax）和形态学（morphology），句法和形态学之间没有明确的界限（参见 Matthiessen 2007b: 834）。

对于“系统语法”和“功能语法”，Fawcett 在加的夫模式内没有明确使用。在他看来，语法指对整个语言模式的研究。他比较喜欢使用“功能句法”指代对语言形式层次的主要研究，用“功能语义学”指代对语言意义层次的研究。

从“系统功能语言学”谈到“系统功能语法”，再从“系统语法”谈到“功能语法”，我们不由发现，“功能句法”其实一直是系统功能语言学研究中的一个核心内容。不过，由于对语言系统内部层次的划分上存在差异，“功能句法”在悉尼模式和加的夫模式中的情况也就有所不同。国内功能学者对它的理解也有所差异。悉尼模式对语言系统的层次划分基本有两种做法，一种把语言系统划分为两个层次——内容层（包括语义层和词汇语法层）和表达层（音系 / 字系层）；一种把语言系统划分为三个层次——语义层、词汇语法层和音系 / 字系层。

其实，这两种做法基本上没有本质的区别，前者只不过是采取了两次区分，而后者采取了一次性区分。从标志性文献（Halliday 1961，1966，1967a，1967b，1968，1970，1985，1994；Halliday & Matthiessen 2004 等）看，系统功能语言学中的悉尼模式主要研究的是语言的词汇语法层。Matthiessen 在回顾系统功能语言学对词汇语法层次的研究时明确指出，词汇语法包括句法和形态学（Matthiessen 2007b: 834）。那么悉尼模式对词汇语法的研究内容主要是句法，还是形态学呢？从悉尼模式具有里程碑意义的文献《功能语法导论》（Halliday 1985，1994）看，它所研究的词汇语法主要集中在句法上，比如它主要描述的是小句、词组、小句复合体等，而非词。由此可以看出，悉尼模式对词汇语法的研究主要还是围绕着句法进行的。不过，由于悉尼模式很少使用“句法”这个术语，再加上它在重视同一层次的研究视角的同时，还强调采取自上而下和自下而上的研究视角，因而很多人对其研究内容属于语言的哪个层次存有疑惑。至于悉尼模式为什么很少提及“句法”这一术语，又为什么采取自上而下和自下而上的视角研究句法，本文试作如下推断：一谈到“句法”，人们不免就想到了传统意义上那种只研究小句层次上形式成分之间组合关系的“句法”，或结构主义甚至转换生成语法中的很少涉及语义因素的句法研究。“功能句法”与其他学派“句法”的主要不同之处在于“取向”（orientation）。“功能句法”的取向是功能，是意义。也就是说，“功能句法”在研究小句的形式时，会考虑各种语境因素的制约作用，会考虑它所表达的意义，会考虑意义是如何影响形式的，也会考虑形式是如何体现意义的，而不只是关注各形式成分之间的语法关系。而其他流派的取向是形式，比如传统语法、结构语法和转换生成语法，它们对语言的研究只限于句子本身，不关心句子所处的上下文语境以及句子产出的情景语境。这样，为了突出系统功能语言学的基本原则——形式体现意义，而意义是首要的——即为了将“功能句法”与其他学派的“句法”区分开来，悉尼模式才没有使用“句法”这个术语。

悉尼模式内的功能句法侧重语篇描述，从体现的意义 / 功能角度对小句、词组等语言单位进行了解构，从逻辑语义关系角度对小句复合体进行了描述，并对因语言层次之间的紧张关系而出现的语法隐喻现象进行了诠释——这些研究的主要成果包括 Halliday（1985，1994）、Halliday & Matthiessen（2004）和

Matthiessen (1995)。自 20 世纪 70 年代以来，系统功能语言学词汇语法中的主位语法系统、语法隐喻和评价描述得到了充分的发展 (Matthiessen 2007b: 793-794)。有关主位语法系统、语法隐喻及评价描述三方面的研究情况可分别参见 Thompson (2007)、Simon-Vandenbergen, Taverniers & Ravelli (2003) 和 Hood & Martin (2007)。

与悉尼模式有所不同，加的夫模式将语言系统分为两个层次，即意义层和形式层。此模式中的形式层涵盖悉尼模式中的词汇语法层和音系层 / 字系层。加的夫模式 (Fawcett 2000，2008) 比较明确地界定了"功能句法"研究的范围，指出广义的"功能句法"实际上就是"系统功能语法"中的"功能语法"，研究范围是语言的形式层。该模式内的功能句法侧重理论生成，重点研究句法体现规则和句法结构。目前，该模式在句法研究中的主要成果表现在对小句和词组的描述上。由于强调句法成分在上一级单位中的作用，它对悉尼模式中的小句复合体的描述有不同的看法，认为英语中存在并列关系的小句复合体，不存在主从关系，即控制—依赖型小句复合体。加的夫模式的句法研究成果主要包括 Fawcett (1980，2000，2008，forthcoming)、Tucker (1998) 和黄国文 (2003) 等。

国内功能学者对"功能句法"的界定应该说是基本一致的，大都认为"功能句法"研究语言系统内的形式层。然而，国内功能学界对语言的语义层和形式层之间的区分不尽一致。有的 (如胡壮麟等 2005) 认为悉尼模式描述的及物性系统、语气系统、主位系统、信息系统等属于语言的语义层，而有的 (如黄国文 2007) 则认为它们同属于词汇语法层，是词汇语法层上的潜势，亦即形式层上的潜势。因此，国内系统功能语言学界一般认为，只有对加的夫模式的介绍和探讨属于纯句法研究，其他研究大都涉及语言的语义层次。比如说，在已召开的十一届全国功能语言学研讨会上，只有两届研讨会明确指出部分会议论文的主题是功能句法研究，其他大都属于语义层面的内容 (参见胡壮麟、陈冬梅 1990；方琰 1996；胡壮麟 1998；张德禄 1998，2006；田贵森、王冕 2008；王红阳、黄国文 2010)。

由于国内功能学界对悉尼模式的接触比较早，对其了解和研究要远远多于对加的夫模式的认识，再加上悉尼模式对功能语法中的及物性系统、语气系统、主位系统的语言层次性描述得不够明确，学界普遍认为国内功能语言学研究主要属于语义层面内容。不过，应该说，国内功能语言学理论研究基于系统功能语言学研究中的重要思想，即“意义是中心，形式用来体现意义”，主要探讨的还是形式对意义的体现。如同我们在《国内功能句法研究综述》（何伟 2010：95）一文中阐述的那样，国内功能学界在探讨纯理功能时，主要讨论的是及物性、语气、主位和信息等功能结构；在描述语篇的衔接与连贯意义时，主要探究的是各种结构性和非结构性衔接手段；在诠释语法隐喻时，主要研究的是体现手段的形式转换；在揭示语篇评价方面的人际意义时，主要依据的是各种表示态度、情感、判断和评论等意义的词汇和小句等资源；在研究语篇的多模态性时，主要考虑的是语篇意义表达的各种形式。从这些研究的焦点看，我们可以认为国内功能语言学研究主要探讨的是语言形式层上的内容，属于广义的功能句法范畴。我们在《功能句法研究》（何伟、高生文 2011）一书中对国内功能学界在功能句法领域所作的研究进行了比较全面的梳理，目的是给人们提供一个有关功能句法研究的大致框架，并用于指导人们的功能句法分析。

3. 功能句法研究的重要思想和组织原则

受 Firth (1957) 和 Hjelmslev (1943) 的影响，Halliday (2005: 228-230) 指出系统功能元语言，即系统功能元理论，有以下特点：该理论不仅是一种思维资源，而且是一种行为资源；是一个普遍理论，而不是一个个别理论；是一个内容丰富的理论，而不是一个简约理论；是一个整体论，而不是一个单维度理论；是关于众多符号系统中一个符号系统的理论，而不是一个孤立理论；是一个能变理论，而不是一个恒定不变的理论；是一个模糊理论，而不是一个认为范畴之间具有清晰界限的理论。Halliday 提出的这些元语言思想体现在系统功能语言学方方面面的研究中，反映在词汇语法层中就是词汇语法层研究的层次思想、多维方式、聚合原则和多功能观。

由于悉尼模式对词汇语法层次的研究目前主要还是围绕句法进行的，而不是围绕形态学展开的，因此本小节以及下一小节在概述悉尼模式的相关内容时，尽管在术语上秉承该模式的做法，采用的是“功能语法”或“语法”，而实际上表述的仍然是句法研究领域的相关问题。

Halliday (1961, 1969/1981, 1970, 1973, 1979, 1985, 1994) 在系统功能语言学的几个发展阶段都提到了“层级”(stratification) 的概念。该概念尽管在每个阶段的具体描述有所不同，但实质上对语言层次的划分基本一致。根据 Halliday 在《功能语法导论》(1985, 1994) 中对语言层级的描述以及 Matthiessen (2007a, 2007b) 对语言层级概念的阐释，我们可以明确地讲：系统功能语言学内部的悉尼模式认为语言有三个层次——语义、词汇语法和音系 / 字系。语言系统外对其产生影响的是情景语境，情景语境外是文化语境。语言研究的层次思想和语境思想相互辉映。系统外与系统内以及系统内各层次之间的关系是一致的：文化语境体现于情景语境，情景语境体现于语义层次，语义层次体现于词汇语法层次，词汇语法层次体现于音系层 / 字系层。语言研究的语境思想和层次思想对词汇语法层次的影响就是其研究的多维方式。

根据 Matthiessen (2007b: 788) 的阐述，系统功能语言学对符号系统的研究涉及理论、模式、描述、分析、呈现和论证六个维度，它们界定了词汇语法层次的内部组织方式和外部所处环境。具体地讲，系统功能语言学采取“三目视角”(trinocular vision) 研究词汇语法层次。Halliday (1978, 2002)、Halliday & Matthiessen (2004) 以及 Matthiessen & Halliday (1997) 提出要从三个视角研究词汇语法层次，即自上而下 (from above)、同一层次 (roundabout) 和自下而上 (from below)。“自上而下”视角指从语义层次研究词汇语法，目的是看词汇语法层次上的范畴体现了什么意义；“同一层次”视角指在词汇语法层次上研究词汇语法本身，目的是找出“措辞”(wording) 的模式；“自下而上”视角指从形态学和音系角度研究词汇语法，目的是看词汇语法层次上的范畴是由什么来体现的 (Halliday 2002: 408)。此处我们需要明确一点：Halliday 和 Matthiessen 对语言层次的描述与其他学者的观点有所不同。Matthiessen (2007b: 834) 清楚地表述了词汇语法包括句法和形态学这一观点，所以“自下而上”视角似乎应从音系 / 字系角度研究词汇语法。

系统功能语言学研究中的首要组织方式是“聚合关系”(paradigmatic relation)。尽管 Halliday 在《阶与范畴语法》(Categories of the Theory of Grammar) (1961) 一文中着重描述了语言中的“组合关系”(syntagmatic relation)，然而自 1966 年以后，他始终强调“聚合关系”是语言现象的首要组织方式，是系统功能语言学研究中所要遵循的一个基本原则。悉尼模式对语义层次的研究主要体现为对系统网络的描述，即使是对词汇语法层次的研究也首先体现为对小句语法系统网络的描述，然后才是对功能结构的描述。

系统功能语言学研究一直强调语言的多功能观。这种观点体现在词汇语法层次研究中就是语法单位的多功能观。比如悉尼模式提出，一个基本小句 (major clause) 通常同时表达三种意义——概念意义、人际意义和语篇意义，这些意义分别由不同的功能结构抑或其他词汇语法资源来体现。

上面的探讨是在悉尼模式内进行的。下面我们简要谈谈加的夫模式功能句法研究的重要思想和组织原则。加的夫模式也非常重视语言研究的层级思想。Fawcett (1980，2000，2008) 认为语言有两个层次，即意义和形式。意义层对应悉尼模式的语义层，而形式层涵盖了悉尼模式的词汇语法和音系 / 字系层。在加的夫模式里，与语言系统发生直接关系的是逻辑概念系统。从理论上讲，该模式内的逻辑概念系统对应悉尼模式的情景语境和文化语境等。与悉尼模式一样，加的夫模式认为语言系统外的逻辑概念系统体现于语言系统内的意义层，意义层体现于形式层。此处有一点需要指出：加的夫模式提出的语言系统内每一个层次上的潜势和实例之间的关系不是“体现”，而是“例示”(instantiation)，即意义层次上的语义特征系统网络由语义特征选择表达来例示，形式层次上的体现规则和潜势结构由标识丰富的功能句法结构来例示。

加的夫模式在研究语言的形式时，首先考虑形式所表达的意义，然后看形式的内部结构以及结构成分之间的关系。

加的夫模式与悉尼模式有所不同，它在强调“聚合关系”的同时，还注重“组合关系”。它认为“聚合关系”只发生在意义层次上，而“组合关系”只适用于对形式层次的描述。这与 Saussure 的语言拥有“系统”和“结构”两个方面的观点是一致的：“系统”内容由“聚合关系”组织起来，“结构”内容由“组合关系”组织起来。

加的夫模式也强调语言形式的多功能观，它提出一个基本小句可以同时表达八种意义——经验意义、逻辑关系、人际意义、极性意义、效度意义、情感意义、主位意义和信息意义。虽然加的夫模式和悉尼模式对小句所能表达意义的区分有不同的看法，但是两者不存在根本性的区别，只不过一种具体程度高一些，另一种综合程度高一些。

4. 功能句法范畴及关系

悉尼模式中的语法范畴始自 Halliday 1956 年和 1961 年发表的两篇文章。在《现代汉语语法范畴》（Grammatical Categories in Modern Chinese）（1956）和《阶与范畴语法》（Categories of the Theory of Grammar）（（1961）两文中，Halliday 提出了“单位”（unit）、“结构”（structure）、“类”（class）和“系统”（system）四个主要语法范畴以及“结构”之下的“成分”（element）——一个次级语法范畴，指出这些语法范畴之间存在包括“级阶”（rank scale）、“说明阶”（exponence scale）和“精密度阶”（delicacy scale）等三个语法关系。Halliday 在之后的研究中基本保持了对上述语法范畴和关系的描述，只是对“说明阶”进行了修饰。Halliday 自 1966 年开始用“体现”（realization）来取代“说明阶”。

“单位”是用来说明语言中具有语法模式的语段的一个范畴（Halliday 1961/1976: 60）。这是因为语言活动呈现一定的规律性，不同的语段反映出不同的模式。根据英语的情况，Halliday 提出了“句子”（sentence）、“小句”（clause）、“词组 / 短语”（group/phrase）、“词”（word）和“语素”（morpheme）五个语法单位。关于“句子”这个单位，我们将在下文结合“级阶”概念进行说明。

“结构”是用来说明连续情况下事件之间相似性的一个范畴（Halliday 1961/1976: 59）。结构是单位呈现出的规律性，即模式本身。不同的单位有不同的结构，小句、词组 / 短语等单位的结构互不相同。比如在悉尼模式中，小句有及物性结构（包括参与者角色成分、过程类型成分和环境角色成分）、语气结构（包括语气部分和剩余成分）、主述位结构（包括主位成分和述位成分）和信息结构（包括新信息成分和旧信息成分）等。

与“结构”紧密相关的一个范畴是“成分”。结构由成分构成，比如小句单位的语气结构可由成分主语（subject）、谓体（predicator）、补语（complement）和状语（adjunct）构成。

Halliday 将“类”与“单位”紧密联系起来。他（Halliday 1961/1976: 64）提出“类”系一定的单位，该单位必须结合它在上一级单位结构中的作用来界定。比如小句有简单和复合体之分，词组有名词词组、动词词组、副词词组、介词词组、连词词组、介词短语之分，等等。

“系统”用来说明在一系列类似选择项目中为什么出现这一种项目而不是另一种项目(Halliday 1961/1976: 67)。在悉尼模式中，系统有两种含义：一指词汇语法层次上一类单位的选项聚合现象；二指语义层次上的语义特征聚合现象。

上述几个范畴之间的关系以及它们与语料之间的关系在悉尼模式内由三个抽象的“阶”(scale) 来说明。它们是“级”、“说明”(后来替代为“体现”) 和“精密度”。Halliday (1961/1976: 58) 提出了“级阶”，用来说明单位等级体系——一个高一等级的单位由一个或一个以上的低一级的单位构成。他 (Halliday 1961) 明确指出，功能句法范畴理论中的单位分为五个级阶：句子、小句、词组 / 短语、词、词素。后来，这种观点变得有些模棱两可。Halliday (1985, 1994: 216) 以及 Halliday & Matthiessen (2004) 指出：小句复合体——字系系统中体现为句子——是在小句以上唯一得到承认的语法单位。如同我们在《功能句法研究》(何伟、高生文 2011) 一书中的第八章“功能句法研究：小句复合体”的前沿动态中阐述的那样，把小句复合体看做小句以上的一个语法单位这种观点由以下看法演绎而来：在句法范畴中，每一个基本单位都具有构成复合体的潜势，复合体在级阶上位于基本单位之上。相应地，单位的级阶层次上应该有：词素、词素复合体、词、词复合体、词组 / 短语、词组 / 短语复合体、小句和小句复合体等八个级阶。但事实上，在处理复合体现象时，Halliday 根据级阶层次上的完全解释性 (accountability) 原则和级转移 (rank shift) 概念，并未把它们看做与基本单位处于不同级阶层次上的单位，而是把它们当做与基本单位处于同一层次上的延伸单位。基于 Halliday 的这种处理方式，黄国文 (如 1999) 一直认为：悉尼模式句法范畴理论中的语法单位分为四个级阶：小句、词组 / 短语、词和词素。胡壮麟等 (2005：197) 指出：在级阶方面，小句复合体处在语法的最高层次——小句级。然而，也有不少学者根据 Halliday (1985, 1994: 216) 对小句复合体的解释，认为功能句法单位分为五个级阶：小句复合体、小句、词组 / 短语、词和词素。我们以为，这种看法虽然有一定的道理，但是没有兼顾到其他基本单位复合体的情况，也没有考虑到级阶层次的完全解释性原则和级转移概念。

从上所述，本文认为悉尼模式对语法单位的划分分为四个级阶：小句、词

组 / 短语、词和词素。小句由词组 / 短语构成，词组 / 短语由词构成，词组 / 短语由词素构成。Halliday 同时还指出单位等级体系中可出现自上而下的级转移，而不能出现自下而上的级转移。有关这一点，Halliday 受到了一些学者的批评，比如 Matthews (1966)、Hudson (1971) 和 Fawcett (1973/1981)。

Halliday (1961/1976: 71) 使用"说明阶"来描述理论中高度抽象的范畴与语料之间的关系。高度抽象的范畴与语料之间是一种梯级关系，高度抽象的范畴先由抽象度低一级的范畴来说明，以此类推，直至最后抽象度最低的范畴由音系层 / 字系层上的语言实体来说明。由于该概念过于宽泛，Halliday 后来使用"体现"(realization) 取代了"说明阶"(1966/1976: 90)。起初，Halliday 用"体现"这个术语指代语言层级之间的关系，也就是说，语义层由词汇语法层来体现，词汇语法层由音系层 / 字系层来体现。但后来，Halliday (1993: 4505) 指出"体现"关系也指同一层次上的聚合现象与组合现象之间的关系。也就是说，"体现"关系不仅指不同语言层级之间的关系，而且指同一语言层级内系统特征和结构表示方式之间的关系 (Halliday 1996: 29)。本来，语言系统内同一层次中潜势和实例之间的关系是"例示"(instantiation)，然而由于 Halliday 把"功能语法"中提到的主位系统、语气系统、及物性系统等看做词汇语法层次上的潜势，而非语义层次上的内容，因而实际上，Halliday 此处把同一层次之内的潜势与实例之间的"例示"关系也看成了一种"体现"关系。不过，Matthiessen (2007a: 533-540，2007b：780-787) 在阐释系统功能语言学内的"例示"关系时明确指出，"例示"指的是潜势 (系统) 和实例 (语篇) 两极之间的渐变关系。

"精密度"是用来表示范畴或语篇描述的区别或详细程度的阶 (Halliday 1961/1976: 72)。比如，它可用来表示单位类别的等级区别，首要结构和次要结构之间的区别，以及系统网络中高一级系统与低一级系统之间的区别。"精密度"在悉尼模式中有着重要的地位。它在语义系统网络、语法系统网络以及功能结构的描述中反映了由概括到具体的渐变。这一概念为系统功能语言学家对整个语言系统的描述提供了一个理论依据。

加的夫模式中的句法理论是在 Halliday 于 20 世纪六七十年代发表的论述的基础上发展而来的，与悉尼模式中的句法理论同祖同宗。不过由于加的夫模式的创始人 Fawcett (2000，2008) 认为，Halliday 在 20 世纪 80 年代以后的著述中没有再继续发展以前提出的句法理论，悉尼模式中缺少一个现代句法理论，因而 Fawcett 提出了与悉尼模式密切相关而又有所不同的一套句法理论范畴及句法关系。

在加的夫模式句法理论中，范畴包括“单位”(unit)、“类别”(class)、“成分”(element) 和“形式项”(item)。单位包括“小句”(clause)、“词组”(group) 和“字符串”(cluster)。和悉尼模式后来的描述一样，小句是最高层次的语法单位。除了简单小句本身一个类别外，与悉尼模式不同的是，加的夫模式所描述的小句复合体只限于并列关系类型，悉尼模式内的主从关系类型小句复合体在加的夫模式内是简单小句。加的夫模式把悉尼模式内主从关系类型小句复合体中的扩展、延伸、增强关系小句以及被投射小句看做简单小句中的状语、补语或其他成分。也就是说类似的小句是“非级阶”小句(non-ranking clause)，而不是“级阶”小句(ranking clause)。在加的夫模式内，词组包括“名词词组”(nominal group)、“介词词组”(prepositional group)、“性质词组”(quality group) 和“数量词组”(quantity group)。这里的“介词词组”相当于悉尼模式中的“介词短语”，“性质词组”涵盖悉尼模式中隶属于“名词词组”的“形容词词组”的一部分和部分“副词词组”，用以描述事物或情形的性质，“数量词组”涵盖悉尼模式中部分“形容词词组”、部分“副词词组”、“连词词组”和“介词词组”，用以描述事物或情形的量(包括程度、次级关系等)。加的夫模式中没有“动词词组”，相关成分都被提到了小句层次上，直接充当小句成分。加的夫模式内的“字符串”是“名词词组”的一个次级单位，用来描述一些复杂意义，包括“属格字符串”(genitive cluster)、“人类专有名字字符串”(human proper name cluster) 等。加的夫模式中的“形式项”包括“词”(word) 和“词素”(morpheme)。

在加的夫模式句法理论中，范畴之间存在三种关系——“组成”(componence)、“填充”(filling) 和“说明”(exponence)。加的夫模式弱化了悉尼模式中的“级阶”概念，没有提及上下级单位之间的构成关系，而是提出了语法单位由成分直接组成，成分又由下一级单位填充或由形式项直接说明。Fawcett (2000，2008) 认为，小句这一最高语法单位中的多种成分由形式项直接说明，绝大多数情况下只有主语、补语和状语三个成分由下一级单位填充。

5. 功能句法分析的表示方式

在悉尼模式中，小句体现的多种功能由多种不同的功能结构来表达：经验功能由小句的及物性结构来表达；人际功能由小句的语气结构来表达；语篇功能由小句的主述位结构，同时由小句的信息结构来表达。这些不同的结构最后又重合为一个结构，构成一种形式。悉尼模式对小句功能结构的这种描述用图表来表示就是由多个盒子组成的框形图：由于小句同时表达几种不同的意义，表现小句功能结构的框形图也就有多行——比如对小句 We will meet Prof. Williams in the conference this morning 的分析，见下图：

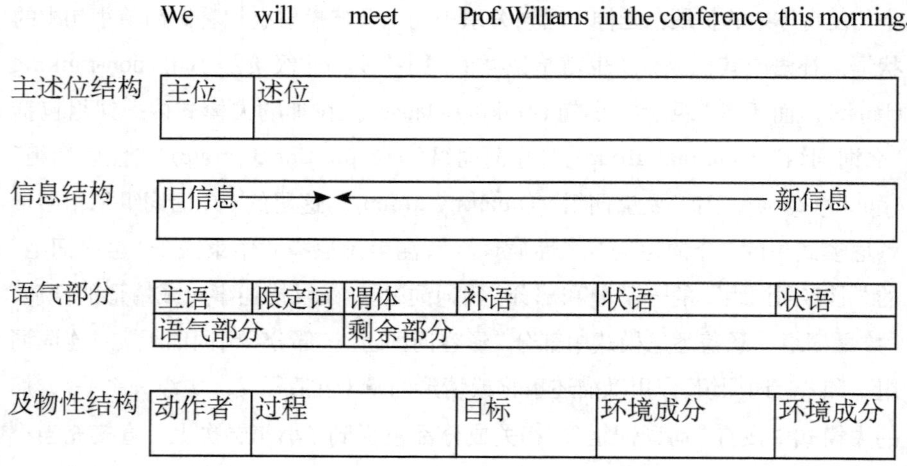

图 1 悉尼模式对小句功能结构的框形图表示方式

悉尼模式对一个简单小句比较全面的分析一般有五行，如图 1 所示。此处我们需要指出三点：一是悉尼模式对语气结构的分析在精密度上一般分为首要层次结构（structure of the primary degree of delicacy）和次要层次结构（structure of the secondary degree of delicacy）；二是悉尼模式对简单小句体现的概念功能中的逻辑功能没有作句法分析；三是框形图示中没有单独的一行或几行来表示情态意义、衔接及连贯意义的体现形式。

对于一些存在语法隐喻现象的小句，悉尼模式有可能提供六行以上的分析，比如对小句 The new year found them in another country 的描述就增加了一行一致形式的分析：

	The new year	found	them	in another country.
及物性结构分析 1：(语法隐喻形式)	感知者	心理过程：感知	现象	环境成分：地点

	They	visited	another country	in the new year.
及物性结构分析 2：(一致形式)	动作者	物质过程	目标：地点	环境成分：时间

图 2-3　小句的语法隐喻及一致形式分析

如同我们在《功能句法分析的表示方式》（何伟 2009）一文中阐述的那样，这种具有多行平行的框形图可以很清楚地表示小句的多功能性，有益于语篇分析者对语篇中小句功能的理解。换言之，从语篇描述的角度来说，这种框形图易于人们理解和接受。然而，事实上，小句中并不存在多个独立的功能结构。Halliday（1994: 179）明确指出经验意义、人际意义和语篇意义等其实并不是由多个独立的功能结构来体现的，这些结构要最终重合在一起，构成一个小句结构来体现多种意义。不过，悉尼模式没有对小句功能结构的重合作出明确的说明。

加的夫模式在句法分析中所使用的表示方式与悉尼模式不同。加的夫模式认为，尽管一个小句同时表达多种意义，但这多种意义是由同一个结构来表达的，只不过是不同的意义有可能是由不同的结构成分或它们之间的不同组合来表达的。因此，加的夫模式采用的是树形分析图，比如图 4 中对小句 Ann will play the piano this morning 的分析。

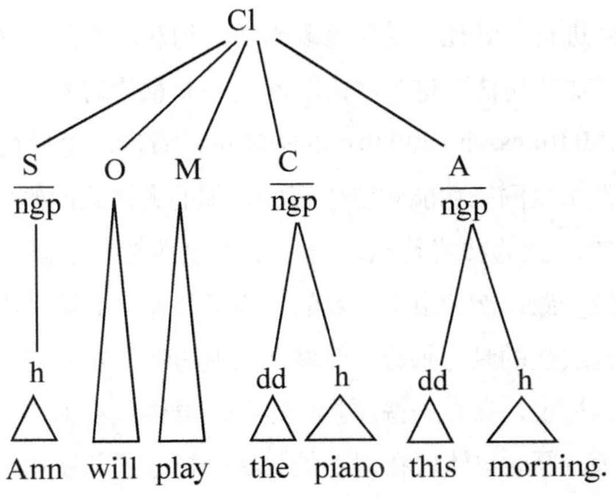

图 4　加的夫模式中的句法分析

加的夫模式创始人Fawcett称这种分析图为“二维分支性图表”，二维指的是意义 / 功能和形式。这种表示法清楚地体现了句法范畴之间的关系。比如在上述小句句法中，小句单位由主语 (S)、操作词 (O)、主要动词 (M)、补语 (C) 和状语 (A) 等五个成分组成，其中主语、补语和状语三个成分由词组单位填充，词组单位再由相应的成分组成，这些词组的成分又由形式项说明。小句中的操作词和主要动词直接由形式项说明。

加的夫模式采用树形图表示句法范畴以及句法关系，其目的是要说明小句的多功能性是由一个结构形式来体现的。这种树形分析图解决了结构之间的重合问题，确切地讲，它解决了成分之间的重合问题，强调了理论生成中小句结构的单一性和生成过程的一次性。

可以说，悉尼模式和加的夫模式的句法分析表示方式各有特点，前者注重语篇的描述性，易于人们理解和接受，而后者强调理论的生成性，比较符合自然语言生成的实际情况。国内功能学者在分析语篇时大多采用悉尼模式中的框形图，只有在明确提出在加的夫模式内作句法分析时才会采用树形图。

6. 结语

本文基本围绕系统功能语言学内部的两个主要模式——悉尼模式和加的夫模式，对“功能句法”术语的由来、功能句法的研究范围及研究状况、功能句法研究的重要思想及组织原则、功能句法范畴及关系以及功能句法分析的表示方式等几个方面进行了概述，以期呈现出功能句法研究的一个大致情况。悉尼模式很少使用“功能句法”这个术语，但这并非意味着它所研究的内容无关于功能句法。从Matthiessen (2007b) 的阐述可以看出，悉尼模式对词汇语法层次的研究内容大都是围绕功能句法进行的。加的夫模式明确指出其主要研究内容为语言形式层次上的功能句法。两种模式在功能句法研究的重要思想及组织原则方面比较一致，然而由于二者的建构目的有所不同，二者也就在某些方面，比如对语言层次的具体划分、对聚合原则的强调以及对语言单位多功能观下功能的具体描述上，存在一些差异。这些差异体现在对功能句法范畴的界定及关系的描述上，同时也体现在对功能句法分析方式的使用上。尽管两种模式在功能句法研究的各个方面有所不同，但两者是同祖同宗的，加的夫模式是在

Halliday 早期研究的基础上发展而来的。我们认为，在系统功能语言学今后的研究中，目前各个领域研究中存在的不同观点，包括功能句法领域的不同看法，都将会相得益彰，共同推动该学派向纵深发展。

注释

1 本文系 2009 年度中央高校基础科研业务费项目“自然语言理解的计算机模式研究”（编号为 FRF-TP-09-025B）和 2009 年度教育部人文社科规划基金项目“功能句法结构的计算机模式研究”（编号为 09YJZH007）的部分研究成果。

参考文献

Christie, F. 1990. *Curriculum Genres in Early Childhood Education: A Case Study in Writing Development*. Ph.D. Dissertation. Sydney: University of Sydney.

Cloran, C. 1994. *Rhetorical Units and Decontextualization: An Enquiry into Some Relations of Context, Meaning and Grammar*. University of Nottingham: Monographs in Systemic Linguistics Number 6.

Eggins, S. 1990. *Conversational Structure: A Systemic Functional Analysis of Interpersonal and Logical Meaning in Multiparty Sustained Talk*. Ph.D. Dissertation. Sydney: University of Sydney.

Fawcett, R. P. 1973/1981. Generating a sentence in systemic functional grammar. Mimeo. University College London. Reprinted in M. A. K. Halliday & J. R. Martin (eds.). 1981. *Readings in Systemic Linguistics*. London: Batsford. 146-183.

Fawcett, R. P. 1980. *Cognitive Linguistics and Social Interaction*. Exeter and Heidelberg: University of Exeter and Julius Groos.

Fawcett, R. P. 2000. *A Theory of Syntax for Systemic Functional Linguistics* (Current Issues in Linguistics Theory 206). Amsterdam: Benjamins.

Fawcett, R. P. 2008. *Invitation to Systemic Functional Linguistics through the Cardiff Grammar: An Extension and Simplification of Halliday's Systemic Functional Grammar* (3rd edition). London: Equinox.

Fawcett, R. P. Forthcoming. *The Functional Syntax Handbook: Analyzing English at the Level of Form*. London: Equinox.

Firth, J. R. 1957. *Papers in Linguistics 1934-1951*. London: Oxford University Press.

Halliday, M. A. K. 1956. Grammatical categories in modern Chinese. *Transactions of the Philological Society* 55(1): 177-224.

Halliday, M. A. K. 1961/1976. Categories of the theory of grammar. *Word* (17): 241-292. Reprinted as Bobbs-Merrill Reprint Series No. Language-36, and in part in M. A. K. Halliday 1976. *System and Function in Language: Selected Papers by M. A. K. Halliday* (ed. G. Kress). London: Oxford University Press. 84-87.

Halliday, M. A. K. 1966. Some notes on "deep" grammar. *Journal of Linguistics* 2 (1): 110-118.

Halliday, M. A. K. 1967a. Notes on transitivity and theme in English, Parts 1. *Journal of Linguistics* 3 (1): 37-81.

Halliday, M. A. K. 1967b. Notes on transitivity and theme in English, Parts 2. *Journal of Linguistics* 3 (2): 199-244.

Halliday, M. A. K. 1968. Notes on transitivity and theme in English, Parts 3. *Journal of Linguistics* 4 (2): 179-215.

Halliday, M. A. K. 1969/1981. Options and functions in the English clause. *Brno Papers in Linguistics* (8) 81-8. Reprinted in F. W. Householder (ed.). 1972. *Syntactic Theory 1: Structuralist*. Harmondsworth: Penguin. 248-257. And in M. A. K. Halliday & J. R. Martin (eds.). 1981. *Readings in Systemic Linguistics*. London: Batsford. 138-145.

Halliday, M. A. K. 1970. Language structure and language function. In J. Lyons (ed.). *New Horizons in Linguistics*. Harmondsworth: Penguin. 140-165.

Halliday, M. A. K. 1973. *Explorations in the Functions of Language*. London: Arnold.

Halliday, M. A. K. 1976. *System and Function in Language: Selected Papers by M. A. K. Halliday* (ed. G. Kress). London: Oxford University Press.

Halliday, M. A. K. 1978. *Language as Social Semiotic: The Social Interpretation of Language and Meaning*. London: Arnold.

Halliday, M. A. K. 1979. Modes of meaning and modes of expression: Types of grammatical structure and their determination by different semantic functions. In D. J. Allerton, E. Carney & D. Holdcrogt (eds.). *Function and Context in*

Linguistic Analysis: A Festschrift for William Haas. Cambridge: Cambridge University Press. 57-79.

Halliday, M. A. K. 1985. *An Introduction to Functional Grammar*. London: Arnold.

Halliday, M. A. K. 1993. Systemic theory. In R. E. Asher (ed.-in-chief), *Encyclopaedia of Languages and Linguistics*. Oxford: Pergamon Press. 4505-4508.

Halliday, M. A. K. 1994. *An Introduction to Functional Grammar* (2nd edition). London: Arnold.

Halliday, M. A. K. 1996. On grammar and grammatics. In R. Hasan, C. Cloran & D. Butt (eds.). *Functional Descriptions: Theory into Practice*. Amsterdam: Benjamins. 1-38.

Halliday, M. A. K. 2002. *On Grammar. The Collected Works of M. A. K. Halliday* Vol. 1 (ed. J. Webster). London: Continuum.

Halliday, M. A. K. 2005. *Computational and Quantitative Studies. The Collected Works of M. A. K. Halliday* Vol. 6 (ed. J. Webster). London: Continuum.

Halliday, M. A. K. & J. R. Martin (eds.). 1981. *Readings in Systemic Linguistics*. London: Batsford.

Halliday, M. A. K. & C. M. I. M. Matthiessen. 1999. *Construing Experience through Meaning: A Language-based Approach to Cognition*. London: Cassell.

Halliday, M. A. K. & C. M. I. M. Matthiessen. 2004. *An Introduction to Functional Grammar* (3rd edition). London: Arnold.

Hasan, R. 1987. Offers in the making: A systemic functional approach. Manuscript.

Hjelmslev, L. 1943. *Omkring sprogteoriens grundlaeggelse*. KØbenhavn: Akademisk Forlag. English translation by F. J. Whitfield. 1953/1961. *Prolegomena to a Theory of Language*. Madison: University of Wisconsin Press.

Hood, S. & J. R. Martin. 2007. Invoking attitude: The play of graduation in appraising discourse. In R. Hasan, C. M. I. M. Matthiessen & J. Webster (eds.). *Continuing Discourse on Language: A Functional Perspective* Vol. 2. London: Equinox. 739-764.

Hudson, R. A. 1971. *English Complex Sentences: An Introduction to Systemic Grammar*. Amsterdam: North Holland.

Martin, J. R. 1992. *English Text: System and Structure*. Amsterdam: Benjamins.

Matthews, P. H. 1966. The concept of rank in neo-Firthian linguistics. *Journal of Linguistics* 2 (1): 101-109.

Matthiessen, C. M. I. M. 1995. *Lexicogrammatical Cartography: English Systems*. Tokyo: International Language Sciences Publishers.

Matthiessen, C. M. I. M. 1999. The system of TRANSITIVITY: An exploratory study of text-based profiles. *Functions of Language* 6 (1): 1-51.

Matthiessen, C. M. I. M. 2007a. The architecture of language according to systemic functional theory: Developments since the 1970s. In R. Hasan, C. M. I. M. Matthiessen & J. Webster (eds.). *Continuing Discourse on Language: A Functional Perspective* Vol. 2. London: Equinox. 505-561.

Matthiessen, C. M. I. M. 2007b. Lexicogrammar in systemic functional linguistics: Descriptive and theoretical developments in the IFG tradition since the 1970s. In R. Hasan, C. M. I M. Matthiessen & J. Webster (eds.) *Continuing Discourse on Language: A Functional Perspective* Vol. 2. London: Equinox. 765-864.

Matthiessen, C. M. I. M. & M. A. K. Halliday. 1997. Systemic Functional Grammar: A first step into the theory. http://minerva.Ling.mq.edu.au/resource/VirtualLibrary/Publications/sfg_firststep/SFG%20intro%20New.html (accessed 05/06/2001).

Rothery, J. 1990. *Story Writing in Primary School: Assessing Narrative Type Genres*. Ph.D. Dissertation. Sydney: University of Sydney.

Simon-Vandenbergen, A. M., M. Taverniers & L. Ravelli (eds.). 2003. *Grammatical Metaphor: Views from Systemic Functional Linguistics*. Amsterdam/Philadelphia: Benjamins.

Thompson, J. 2007. Unfolding Theme: The development of clausal and textual perspectives on Theme. In R. Hasan, C. M. I. M. Matthiessen & J. Webster (eds.). *Continuing Discourse on Language: A Functional Perspective* Vol. 2. London: Equinox. 671-696.

Tucker, G. H. 1998. *The Lexicogrammar of Adjectives: A Systemic Functional Approach to Lexis*. London: Cassell.

Ventola, E. 1987. *The Structure of Social Interaction: A Systemic Approach to the Semiotics of Service Encounters*. London: Pinter.

方琰，1996，功能语言学在中国发展的近况，《国外语言学》（4）：22-26，40。

何伟，2009，功能句法分析的表示方式，《外国语文》（2）：108-114。

何伟，2010，国内功能句法研究综述。载黄国文、常晨光（编），《功能语言学年度评论（第 1 辑）》。北京：高等教育出版社。92-114。

何伟，2011，功能句法范畴的界定及其分析表示方式。载何伟、高生文（编），《功能句法研究》。北京：外语教学与研究出版社。

何伟、高生文（编），2011，《功能句法研究》。北京：外语教学与研究出版社。

胡壮麟，1998，系统功能语言学活动近况。载余渭深、李红、彭宣维（编），《语言的功能——系统、语用和认知》。重庆：重庆大学出版社。3-16。

胡壮麟、陈冬梅，1990，系统功能语言学在中国的进展。载胡壮麟（编），《语言系统与功能》。北京：北京大学出版社。1-11。

胡壮麟、朱永生、张德禄、李战子，2005，《系统功能语言学概论》。北京：北京大学出版社。

黄国文，1999，《英语语言问题研究》。广州：中山大学出版社。

黄国文，2003，《英语语法结构的功能分析——强势主位篇》。太原：山西教育出版社。

黄国文，2007，系统功能句法分析的目的和原则，《外语学刊》（3）：39-45。

田贵森、王冕，2008，功能语言学在中国的应用研究与发展，《北京科技大学学报（社会科学版）》（2）：98-103。

王红阳，2008，从加的夫语法看“语法”与“语言学”的关系，《北京科技大学学报（社会科学版）》（1）：117-121，134。

王红阳、黄国文，2010，系统功能语言学在中国的三十年。载黄国文、常晨光（编），《功能语言学年度评论（第 1 辑）》。北京：高等教育出版社。51-91。

张德禄，1998，论系统功能语言学在中国发展的内部条件，《外语与外语教学》（4）：11-13。

张德禄，2006，系统功能语言学在中国的发展，《中国外语》（2）：27-32。

作者简介

何　伟　北京科技大学教授，《北京科技大学学报（社科版）》语言学栏目编辑，中国功能语言学研究会以及中国英汉语篇分析研究会副秘书长。

主要研究方向：系统功能语言学、语篇分析、句法和翻译。

2003 年 6 月在中山大学博士毕业，获得博士学位；2006 年在英国加的夫大学进行访学研究；2007 年 5 月在北京师范大学完成博士后研究工作，获得博士后研究证书。2004 年晋升为副教授，2008 年破格晋升为教授；2009 年被评为北京市优秀教师；2009 年入选为教育部新世纪优秀人才。

主持国家社科基金课题 1 项，教育部新世纪优秀人才支持计划课题 1 项，中央高校基础科研业务费优秀人才培养课题 1 项；参与国家社科基金课题 1 项，教育部人文社科基金课题 1 项。在《外语教学与研究》、《外语学刊》、《外语与外语教学》、《外语教学》、《解放军外国语学院学报》、《外语研究》、《外国语文》等国内外语类核心期刊及其他刊物上发表学术论文 30 多篇，在外语教学与研究出版社、高等教育出版社、北京大学出版社、山西教育出版社等出版专著、合著、编著、译著、教材等 30 多部。其中编著的多种图书获省部级奖项。

通讯地址：北京市海淀区学院路 30 号 北京科技大学外国语学院(100083)

电子邮箱： francesweihe@yahoo.com.cn。

第六章

语篇语义学

姜望琪　北京大学

1.“语篇语义学”的术语意义

系统功能语言学家是从1992年开始正式在书面文献中使用“语篇语义学”这个术语的。在此之前，Halliday曾经把词汇语法层上面的那个层次简单地称做“语义学”。例如，他在《功能语法导论》第一版的“绪论”里说，“语言的平面，或层次，即从意义到表达的编码过程中的不同阶段，是语义学、语法、音系学”（Halliday 1985: xiv）。“语义学跟语法的关系是实现关系：措辞‘实现’，或编码意义。措辞又接着被声音或书写‘实现’”（Halliday 1985: xx）。但是，他在1991年在苏州举行的中国系统功能语法研讨会上的发言《系统语法与“语言科学”这个概念》中对这一说法有所改动。在1992年正式发表的该文中，Halliday说，“实现过程也把一个平面（层次）的范畴跟其他平面的范畴联系起来。因此，词汇语法平面的范畴‘向上’跟语篇语义学相连，‘向下’跟音系学相连”（Halliday 1992/2003: 210）。这说明他是在“语义学”的意义上使用“语篇语义学”的。

相对而言，Martin对语篇语义学的讨论要深入一些。他从1979年开始在悉尼大学讲授自己对语篇语义学的认识，1992年他把有关讲稿整理出版，定名为《英语篇章——系统与结构》（Martin 1992: xiii）。这是系统功能语言学家关于语篇语义学的第一部专著。该书的第一章名为“语篇语义学——一个关于三层分节的建议”，介绍了语篇语义学这个概念的缘起及其主要内容。Martin指出，“就像《英语的衔接》一样，《英语篇章》也运用系统功能语法理论来探讨篇章结构问题，并且开发了以篇章为中心（而不是以小句为中心）的新的分析方法，作为对语法的补充。《英语的衔接》把语法跟衔接分成两部分（分别作为结构性或非结构性意义资源），《英语篇章》却有另一种分工——以层次分类，分成语法跟语义学（分别作为小句取向或篇章取向的意义资源）。这样一种语义学以篇章意义为中心，而不是以小句意义为中心，所以，我们称之为语篇语义学”(Martin 1992: 1)。这说明，在 Martin 看来，“语篇语义学”中的“语篇”一词不是可有可无的。它是必需的，是有特殊意义的。但是，它到底有什么特殊意义，要等到第 4 节再详细讨论。下一节，我们先从 Firth 讲起。

2. Firth——语篇语义学的先驱

Halliday 的系统功能语法是在 Firth 的思想基础上发展起来的，语篇语义学这个概念最终也同样可以追溯到 Firth，虽然他并没有用过这个术语。

2.1 Firth 的语义思想

Firth 跟同时代其他语言学家的最大区别是他强调语义、语境和篇章研究的重要性，并且就这些概念提出了独到的见解[1]。这一节我们先介绍他的语义思想。

当 Bloomfield 在大西洋彼岸悲观地宣称“关于意义的陈述是语言研究的薄弱环节，而且在人类知识大大超越现有水平以前将永远如此”(Bloomfield 1933: 140）的时候，Firth 却在大不列颠执着地主张“意义研究是人类学术活动的永久关注。……描写语言学主要关心的是对意义作出陈述”(Firth 1951a /1957b: 190)。在他自己编的论文集的“前言”里，他再次强调：“普通语言学这门学科的最终目标是借助辅助技术对语言系统以及各种具体语言的意义作出多方位的陈述”(Firth 1957b: xi)。

不过，更加重要的是 Firth 对“意义”的解释与当时的主流语言学家不同。早在 1930 年，Firth 就指出：“句子—词的‘意义’几乎总是取决于所意识到的情景。不熟悉小孩子习性和行为模式的陌生人听不懂 [他发出的][2] 声音，家长却总能听懂，如果他们能看见孩子在干什么的话”(Firth 1930: 39)。“在基本言语环境中，‘意义’既是说话人发出的‘声音’的特性，也是情景语境中的人物、物体、事件的特性。两者一样重要”（Firth 1930: 43）。换言之，他认为要理解一个人的话语，不仅仅要明白他所用的词语，而且要联系他说话时的情景。后者跟前者一样重要，一样不可或缺。

Wittgenstein 主张“不要寻找词汇的意义，要寻找它的用法”（转引自 Lyons 1968: 410）；“就我们使用‘意义’这个词的大多数[3]情况（虽然不是全部情况）来说，它可以这样界定：一个词的意义就是它在语言中的用法”（Wittgenstein 1953: 20）。Firth 也采用这个“意义就是用法”的观点，提出“每一个单词用在一个新的语境时，就是一个新的单词”（Firth 1951a/1957b: 190）。“意义”这个词本身也是这样，用在不同的语境时会有不同的意义。Ogden & Richards（1923:186）曾在《意义的意义》一书中罗列了 16 大类“著名意义研究者提出的有代表性的主要定义”，加上次类则共有 22 种。

但是，Firth 不同意 Ogden & Richards 把意义看成词汇跟其指称对象之间的关系在大脑中的反映。他不赞成把心理跟身体、思想跟词汇对立起来。他要研究整个人，强调“在跟别人交往时思想跟行为是一个整体”。他主张把意义看成情景语境中的情景关系。“彻底的情景技术不强调历史过程中的项目之间的关系，也不强调心理过程中的关系。它只强调实际可见的语境中的项目之间的相互关系。……因而，所谓的记忆语境、因果语境是跟可见的语境相连的”（Firth 1935/1957b: 19）。

Firth 把“意义”和“功能”用作同义词。“每一项功能都可以被界定为某个语言形式或成分在某种语境中的用法。换言之，意义可以被看成语境关系复合体。语音学、语法、词典学、语义学都在各自的合适语境中处理该复合体中自己的那一部分”（Firth 1935/1957b: 19）。

接着，他又明确地把意义分化成五种主要功能：语音功能、词汇功能、形态功能、句法功能、语义功能。Firth 承认“没有形态学就没有语义学”（Firth 1935/1957b: 19），所以他讨论语音形式、词汇形式、句法形式的语义功能，但是他认为它们跟语义学还是不一样的。他说，

形态功能、句法功能解释了语法语境中意义在语法层面理解时的其他组成部分。“I have not seen your father’s pen, but I have read the book of your uncle's gardener."就像语法书里的很多句子一样，只出现在语法层面。从语义学角度看，这是无稽之谈。

> 下面这个句子为语音学、形态学、句法学提供了非常令人满意的语境，但是没有为语义学提供语境："My doctor's great-grand-father will be singeing the cat's wings"。在语音学里，我们经常使用无稽之谈，大多数语法学家也使用无稽之谈。甚至人类学家 Sapir 都用"The farmer kills the ducking"这样的例子；Jespersen 用"A dancing woman charms，A charming woman dances"等；……。
>
> ……
>
> 在这样界定的语义学里，最核心的概念是情景语境。这种语境包括人类参与者，他们所说的话以及正在发生的事。语音学家可以找到他的语音语境，语法学家和词典学家也可以找到他们各自的语境。如果你愿意把一般文化背景带进来，你也有参与者的经验语境。每个人走到哪儿，都会把他的文化、他的大部分社会现实带到哪儿。但是，即使在语音学家、语法学家、词典学家都做完他们的工作以后，仍然有更多的整合工作要做。那就是在语义学研究中把他们所有的工作都利用起来。我称之为"语义学"的研究正是这种情景的经验的研究。(Firth 1935/1957b: 24)

在文章末尾，他提出，在这五种功能中，语音功能是次要的，其他四种是主要的。而词汇功能、形态功能、句法功能是改组后的语法系统，语义功能则是整个话语在情景语境，或典型情景语境中的功能（Firth 1935/1957b: 33）。

Firth 坚持，"一个词的完整意义总是包括语境的。离开完整语境，就不可能有严肃的意义研究"（Firth 1935/1957b: 7）。他点名批评 Bloomfield 混淆了"形式语法"与"语境意义"。他认为，"在 Bloomfield 看来，语义学是对意义的研究，而对意义的研究就是对语法的研究。这是最要不得的看法。这种看法把形式语法跟语境意义混淆了，而这恰恰就是所有语言学家（个别最明智的例外）的失误之处"（Firth 1935/1957b: 15）。他强调，"我们必须把现代语义学跟纯粹形式的位置性的其他种类的语法描写区分开来，以保证语义研究能够不受服务于其他目的的范畴的掩蔽，能够按照社会学方法对意义的语境方面进行彻底的研究”(Firth 1935/1957b: 16)。

2.2 Firth 的语境思想

从上文可以看出，Firth 的语义思想跟他的语境思想是密切相关的。他的语境思想受到 Malinowski 的影响，所以我们先简单介绍一下后者的语境思想。

1923 年，Malinowski 应邀为 Ogden & Richards 的《意义的意义》一书写了一个附录，题为《原始语言的意义问题》。在该文中，他根据自己在南太平洋特罗布里恩群岛实地考察时的经历，提出“语言本质上植根于一个民族的文化现实、部落生活和习性。如果不经常提及言语交际的这些更广阔的语境，就没有办法解释语言”(Malinowski 1923: 305)。

> ……在原始语言里，每一个单词的意义都在很大程度上取决于语境。这一点已毋庸特别强调。像 wood, paddle, place 这样的词必须重新意译，才能显示这些词在其语境中向本族人传递的真正的意义。而且，同样清楚的是，we arrive near the village (of our destination)（直译为 we paddle in place）这个表达式的意义是把它置于整个说话语境后才确定的。同时，它又是在被置于情景语境之后才能被理解的，如果我有权杜撰这个说法的话。情景语境这个说法一方面表示语境这个概念要扩大，另一方面表示说话时的情景是绝对不能忽略的，不能认为是跟语言表达式无关的。(Malinowski 1923: 306)

Firth 接受并发展了情景语境这个概念。在 1930 年的书里，他强调，“对人们所说的、所听到的话的研究，以及对他们说话时的情景语境和经验的研究，是语音学的正当领域”(Firth 1930: 15)。

在 1934 年的《描写语法的注音原则》里，他讨论了英语 s 这样的音可能出现的语境。他注意到，bs, ds, gs 这样的辅音丛只出现在特殊情况下。前一个词的尾辅音 d 后面可能是下一个词的起始辅音 s，前一个词的尾辅音 t 后面可能是下一个词的起始辅音 z，但是 ds，或 tz 很少作为结尾辅音丛出现。然后，他指出，“这里讲到的语境化不仅仅包括辨认音位可能出现的语音语境，而且包括通过确定各个音位的词汇、语法功能进一步认定音位”(Firth 1934/1957b: 5)。他主张，“语法的分支应该是语音学、形态学、句法学、词汇学，而语义学可能需要独立成卷，配有例证性篇章”（Firth 1934/1957b: 5-6），并肯定地说，“语义学必须像我理解的那样独立出来。也就是说，话语、习惯用语的语境化要跟技术性的形式化的语法区分开来”（Firth 1934/1957b: 6）。

从 2.1 节的引文可以看出，Firth 在 1935 年的《语义学的技术》一文中已开始分析情景语境这个概念。他认为，“这种语境包括人类参与者，他们所说的话，以及正在发生的事”（Firth 1935/1957b: 27）。

在 1950 年的《个性与社会上的语言》一文中，Firth 再次指出，“伦敦学派技术中的一个关键概念是情景语境”（Firth 1950/1957b: 181）。同时，他开始比较详细地讨论这个概念。他说，

> Malinowski 的情景语境是可以被单独考虑的社会过程的一部分。其中的言语事件占据中心的位置，左右整个局面，例如，负责操练的军官在操场上说的话“*Stand at—ease!*”对 Malinowski 来说，情景语境就是现实世界中的一系列有序事件。
>
> 我的看法过去是，现在仍然是，“情景语境”最好被作为一个合适的图式建构 [schematic construct] 应用于语言事件。这是一组相互关联的范畴，跟语法范畴不在一个层面，但是同样是抽象的。一个语言作品的情景语境会把下列范畴联系起来：
>
> A. 参与者的相关特征：人物、个性。
> (i) 参与者的语言行为。
> (ii) 参与者的非语言行为。
> B. 相关物体。
> C. 语言行为的效果。（Firth 1950/1957b: 182）

他解释说，这种语境在某种程度上很像语言教科书。它们向学习者提供火车站的照片，告诉他们坐火车旅行时应该用什么词、什么句子等。虽然这种概

述很简单、粗糙，但是跟语法规则一样，它是以有关人员在有关社会里的重复性行为为基础的。他举例说，如果他告诉你下面这句话是伦敦土话，你就有可能为这句话提供一个典型的情景语境。你知道这场会话至少有几个参与者？它可能发生在什么地方？是不是在酒吧？Bert 是不是在外面？是不是在扔飞镖？有哪些相关的物体？这句话有什么效果？等等。

'Ahng gunna gi' wun fer Ber'.'

(I'm going to get one for Bert.) (Firth 1950/1957b: 182)

他认为，这些问题的答案是很明显的："被称为'情景语境'的图式建构的方便之处也同样很明显"(Firth 1950/1957b: 182)，因为它确定了语言交际的社会部分。然后他接着说，

> 情景语境是社会层面分析的一个方便的抽象，是一套用来陈述意义的技术基础。关于意义的陈述不可能通过一个层面的一次分析、一次冲刺完成。经过第一次抽象，并在运用上述情景语境里的范畴系统对说话的社会过程作了处理以后，描写语言学就会接下来用一种方法 [分解语言]，就像把各种波长混杂的光线分解成光谱一样。
>
> 在这个时刻，语言学对说话人的语言过程的处理是写下一个可以称为句子的东西。句法学技术关心的是句子中的词的 [组合] 过程。音系学技术讨论词和句子中发生的音位过程和音韵过程。语音学家把所有这些跟话语过程、话语特征联系起来。句子也必须跟情景语境中的过程有关系。因此，描写语言学是一套技术。语言事件的意义可以通过这些技术像光谱一样被分解成各种专业的陈述。(Firth 1950/1957b: 183)

这些论述跟我们上一节引述过的 Firth 关于"意义是语境关系复合体"的观点是一致的。这就是说，语音形式、词汇形式、句法形式虽然也都有各自的语义功能，但是它们跟语义学不在同一个层面。在语义学层面，意义是由情景

语境中的参与者、他们的语言行为和非语言行为以及相关物体、语言行为的效果等因素决定的。在1957年发表的《1930至1955年间语言理论纲要》一文中，Firth进一步阐述了这一观点。他指出，

> 在这种理论里，重要的是要记住情景语境作为相互连接的一组语言、非语言范畴是抽象的，而这种情景语境的个例是被经验证实的。根据这种理论，情景语境不仅仅是一个场景、背景或“词语”的“后台幕布”。在更新跟事例的联系时，注意焦点的篇章被认为是语境的必要组成部分。人们会注意它跟其他关于语境的陈述中的有关部分之间的联系。
>
> Malinowski把情景语境看做一种行为矩阵。语言在其中具备意义，而且常常是一种“创造性”意义。在我们的理论里，情景语境却是一个图式建构，特别应用于社会过程的典型“重复事件”。同时，它也确保篇章肯定是一种通常用法，临时的、个人的、特殊的性质不会成为注意的焦点。
>
> ……
>
> 为了用语言学术语来表达关于意义的陈述，我们首先把语言事件作为经验的内在部分，把它们看做整体性的、重复性的、相互连接的。然后，我们应用由一些内部一致的范畴框架组成的理论图式（各范畴都有专业名称，而且这些专业术语、表达式都有各自的场景）。这种意义上的“意义”将在一系列互相兼容的层面得到处理。有时候按从大到小的顺序，从情景语境开始，经过搭配、句法学（包括连用[4]），到音系学、语音学，甚至包括实验语音学，有时候则倒过来。(Firth 1957a/1988: 93)

最后这句话再次把他的意义理论跟语境理论结合了起来。他强调各个语言层面的研究都是为研究意义服务的，语音、词汇、形态、句法、情景语境都具有语义功能。研究顺序可以从最大的单位（即情景语境）开始，也可以从最小的单位（即语音）开始。

Firth承认，在现阶段我们还没有确切的标准，还不能为情景语境作出严格的分类。但是，他坚持语言分析应该揭示各种成分之间的内部关系。而情景语境里的成分则会建立下列这样的内部关系：

A. 参与者：人物、个性以及他们的相关特征

(i) 参与者的语言行为。

(ii) 参与者的非语言行为。

B. 相关物体。

C. 非语言、非人物的事件。

D. 语言行为的效果。(Firth 1957a/1988 : 94)

这跟他 1950 年的论述大致相仿。不同的是，他认为这种关于情景语境的描述还可以跟更一般的理论框架联系起来。例如，(a) 参与者所在社会的经济、宗教及其他社会结构；(b) 语言活动的类型，如，独白、齐喊、叙述、朗诵、解释、阐述等等；(c) 交流中的人物，如，有几个参与者，他们的年龄、性别，既是说者又是听者，或者既是读者又是作者，或者单纯是读者、作者的背景；(d) 具体的言语功能，如操练口令和命令、各种具体的指令和控制技术、社交性奉承、祝愿、诅咒、赞扬和责备、掩饰和欺骗、社会压力和限制、各种语言性契约、应酬交际等等 (Firth 1957a/1988: 95)。

然后，他提出，如果结合上述框架以列表方式来表述情景语境，那么，它可以有下列 10 项内容：

(i) 情景语境的类型；(ii) 言语功能的类型；(iii) 涉及的语言篇章和语言机制；(iv) 该篇章所属的限制性语言；(v) 该篇章的句法特性（连用）；(vi) 该篇章和机制的其他语言特点，包括文体和节律；(vii) 搭配特点；(viii) 创造性效果或实际结果；(ix) 扩展的搭配；(x) 为上文或下文情景提供顺序联系的记忆性提示。(Firth 1957a/1988: 95)。

2.3 Firth 的篇章思想

上一节的论述已涉及了一部分 Firth 的篇章思想。例如，他认为，篇章是语境的必要组成部分 (Firth 1957a/1988: 93)。其实，早在 1934 年他主张语义学需要独立的时候，就提到过要有"例证性篇章" (Firth 1934/1957b: 5-6)。换言之，他当时隐约意识到语义学要以篇章为语料。

1951年在《意义的各种方式》里，Firth再次讲到关于意义的陈述不可能一次完成时，对一年前的类似的话稍微作了一些改动。他把"经过第一次抽象，并在运用上述情景语境里的范畴系统对说话的社会过程作了处理以后"改成了"通过恰当地抽取一段'篇章'，或（对听者来说）一部分说话的社会过程，（对读者来说）一部分写作的社会过程，从而进行了第一次抽象以后"（Firth 1951a/1957b: 192）。这说明篇章的概念已在逐渐成形。

在同一篇文章里，Firth提出了"搭配意义"（meaning by collocation）的概念（Firth 1951a/1957b: 194）。他用下列例句说明"ass的一个意义来自它的习惯性搭配，它经常紧跟在you silly，或者其他称呼语、人称指称语后面。即使你说'An ass has been frightfully mauled at the Zoo'，一个可能的回应也会是'What on earth was he doing?'"。

(i) An ass like Bagson might easily to that.

(ii) He is an ass.

(iii) You silly ass!

(iv) Don't be an ass! （Firth 1951a/1957b: 195）

这些例子给人的感觉是，Firth的搭配意义可能局限于句子范围。其实不然，在接下来的讨论中，他引用了大量的诗歌、信件，把他1934年要提供"例证性篇章"的话付诸实施。

在1951年的另一篇文章《普通语言学与描写语法》里，他也讲到了"篇章"。

> 这种一元论要求所有的语言"篇章"都归属于某种情景语境中的参与者。逻辑学家常常认为词汇和命题本身就似乎有"意义"，跟情景语境中的参与者无关。说话人和听话人似乎是不必要的。我认为，声音不应该跟它们在其中发挥作用的社会复合体完全分开。因此，现代口语中的所有篇章都应该被认为具有"话语的意味"，都应该跟某种一般化的情景语境中的典型参与者挂钩。（Firth 1951b/1957b: 226）

不过，“篇章”概念表现得最清楚的是他 1957 年发表的《1930 至 1955 年间语言理论纲要》。该文一共 12 个小节，有 7 个小节讨论的是篇章，或跟篇章有密切的关系。

第一节，Firth 主要介绍了他的一元论观点。就像该节中注释 16 表明的，他认为心智与身体，语言与思想，词汇与观念，能指与所指，表达式与内容，甚至说话与行为，人与世界，都是不可分的，都是一个整体（Firth 1957a/1988: 89-90）。这是他的语言观的基石，情景语境、篇章思想都是从这一点派生出来的。上述“篇章归属于某种情景语境的参与者”的引语也印证了这一点。

从第二节开始，他就直接强调“篇章”的重要性。第二节的第一句话是，“在按照上述理论处理经验矩阵中的语言时，恰当地记录下来的实用语言篇章是注意的焦点”（Firth 1957a/1988: 90）。他接着说，这种理论还要求建立两种关系。第一种是篇章内部的关系。它本身又分成两种子关系：(a) 各个层面的结构成分之间的组合关系，如，语法结构成分连用时的关系，音系结构成分之间的关系；(b) 一个系统内可以互换的单位或项目间的聚合关系。第二种是篇章跟情景之间的关系。它也有两种子关系：(a) 情景语境内部篇章跟非语言成分、整个实际的或创造性结果之间的关系；(b) 篇章的各个部分跟情景中的人物、事件、物体等之间的关系。

第三节的第一句话是，“这种层次分析理论的基本假设是，任何篇章都可以被看做情景语境的一个成分”（Firth 1957a/1988: 92）。然后，他深入讨论了情景语境的内容。

在第四节，Firth 还是从篇章入手。开首是，“把篇章作为一个成分置于情景语境之中有助于对意义作出陈述，因为语境是为了辨认用法而设立的”（Firth 1957a/1988: 96）。然后，他引用了我们 2.2 节引用过的 Wittgenstein 关于“意义就是用法”的论述，重复了关于“ass 的一个意义来自它的习惯性搭配”的观点，详细讨论了搭配意义。

第五节、第六节讨论了连用。他认为，“语法层面的意义是从词类、句类或类似范畴以及这些范畴连用时的相互关系的角度来陈述的”（Firth 1957a/1988: 98）。他指出连用跟搭配不同。连用指的不是词与词之间的关系，而是语法范畴之间的关系。例如，从连用的角度来看，“I watched him”中的连用关系不是这些具体词之间的关系，而是第一人称单数主格代词、及物动词的过去式、第三人称单数宾格代词之间的关系。

第七节讨论了结构和系统这两个概念。他把区分结构和系统看做音系学、语法学分析的第一条原则。结构是横向的，系统是纵向的。语法分析就是为篇章建立结构和系统。他不同意有些语言学家从词素出发的分析方法。他认为，我们必须首先注意组成篇章的更大的成分，如：段落、句子、小句、短语、单词。在处理这些更大的单位时，不仅要涉及形式，也要涉及意义，而且要涉及情景语境。要完整地描述语言语境（即，语言篇章及其成分），就必须涉及情景语境中的非语言成分（Firth 1957a/1988: 102–103）。

在最后的小结中，Firth 又多次提到“篇章”。他重复了“实用语言篇章是注意的焦点”，“区分结构和系统是第一条原则”等观点，并明确指出，“关于结构和系统的陈述可以说提供了篇章的解剖学、生理学”（Firth 1957a/1988: 114）。他还说，“篇章的意义是通过分散在互相兼容的一系列层面的分析得到的，从情景语境开始，经过搭配、句法（包括连用）到音系学、语音学”（Firth 1957a/1988: 115）。

2.4 小结

如前所述，Firth 从一开始就重视意义研究。在研究意义的过程中，他注意到了情景语境对意义的影响。在研究情景语境的过程中，他又注意到了篇章的重要性。他把篇章看成情景语境的必要成分，认为这是语言学家要注意的焦点。了解了这些，就能帮助我们理解系统功能语法理论的出现不是偶然的，更能理解为什么它最终发展成了语篇语义学。

3. Halliday 的语篇衔接理论

Halliday 的研究领域、理论建树众多，从汉语到英语，从语法到语音，从语义到衔接，从社会语言学到文体学，从儿童语言到语言教学，从计算语言学到定量研究，从科技语言到隐喻。当代语言学的重要课题几乎没有他不涉及的。由于本章的性质，我们只在此重点讨论他的语篇衔接理论。

3.1 篇章研究在 Halliday 理论中的位置

Halliday 继承了 Firth 重视篇章研究的传统。他的博士论文《〈元朝秘史〉汉译本的语言》就是以篇章为语料的。在 2001 年发表的《论语篇的语法基础》里，他回忆说，当时没有语篇分析这个学科。大多数人都在研究音系学、形态学、句法学，即使把篇章用做语料时，目的也是描写语言系统，而不是篇章本身。但是，Firth 与众不同，他把“情景语境……中……的典型篇章”看做语言学家研究的正当疆域（Firth 1968: 13，转引自 Halliday 2001/2006: 346）。一般情况下，篇章分析被看做文学研究。只有当文学跟语言学结合的时候，篇章分析才被看做语言学研究，就像布拉格学派那样。其实，Halliday 自己的研究跟布拉格学派一样，也是把文学跟语言学结合，把语法研究跟篇章分析结合的。

在 1961 年发表的《语法理论的范畴》里，他提出，普通语言学理论的一部分是关于语言是如何运作的。描写语言学的方法就是从这里派生出来的。相关的理论包括一组互相有联系的范畴（它们是用来解释语料的）和一组抽象阶次（它们把上述范畴跟语料联系起来，也把这些范畴互相联系起来）。要解释的语料是可见的语言事件，可以是口头的，也可以是书面的。这种语料作为语言学描写的材料时就是“篇章”（Halliday 1961/2002a: 38）。他在注释里明确说，这就是 Firth 所用的篇章（Halliday 1961/2002a: 73 注 6）。

他认为，现代语言学有两种主要的描写方法：篇章的和非篇章的（非篇章的也可以被称为“例证性的”（exemplificatory））。转换生成语法是当时新出现的第三种描写方法。有人提出，转换生成语法可以取代前两种方法。Halliday 不同意这种看法。他认为这些不同的方法都有各自的地位。有人因为篇章描写方法中的一些不足而否认其价值，他认为这是不可取的。篇章描写特别适合于“文体学”——文学作品的语言学研究（Halliday 1961/2002a: 37）。他还说，跟随 Firth 的语言学家历来比较重视篇章描写（Halliday 1961/2002a: 73 注 3）。

1994 年，Halliday 明确地说，系统功能语法“把篇章而不是句子作为描写对象”（Halliday 1994a: 4505）。即使他的以小句为中心的《功能语法导论》也是专为做篇章分析的人写的（Halliday 1985: x），是“从语篇语义学角度介绍英语语法”（Halliday 1994b: xi）。2004 年的第三版则不仅再次重申“用语法来分析篇章”（Halliday & Matthiessen 2004: ix）的宗旨，而且大大增加了语篇分析的实例。他和 Matthiessen 认为，“这是逐渐充实语法与语篇语义学之间的关系的一个步骤”（Halliday & Matthiessen 2004: x）。正是这种对篇章研究、语篇分析的一贯重视引导 Halliday 逐渐形成并最终提出了他的衔接理论。

3.2 衔接理论的雏形

在为 Jonathan Webster 主编的《Halliday 文集》所写的“导言”里，Halliday 说，“在 20 世纪 60 年代，要发表篇章分析的文章几乎是不可能的。那时，对一个语言学家的最严重的侮蔑就是说他 / 她是‘语料取向的’”（Halliday 2002a: 9-10）。

不过，Halliday 仍然成功地在 20 世纪 60 年代初期发表了几篇篇章分析的文章。其中，《文学篇章的语言学研究》（The linguistic study of literary texts）是他 1962 年在国际语言学家大会上的发言，1964 年正式发表。《文学研究中的描写语言学》（Descriptive linguistics in literary studies）也是 1964 年发表的。在《Halliday 文集》第二卷里，这两篇文章合成了一篇，统称为《文学篇章的语言学研究》。

文章一开始，Halliday 就引用 Jakobson 的话——“坚持把诗学跟语言学分开的做法，只有在语言学的领域受到不正当限制时才说得通”，强调“语言学的任务之一就是描写篇章”（Halliday 1964/2002b: 5）。而且，他提出“如果要描写篇章，就一定要正确地描写；也就是说，要用语言学领域里发展起来的理论和方法来描写，语言学的任务就是要揭示语言是如何运作的”（Halliday 1964/2002b: 19）。他把这种按照语言学理论和方法来分析文学作品的做法称为“语言学文体学”（linguistic stylistics）（Halliday 1964/2002b: 5）。

然而，Halliday 认识到，“尽管我们坚持文体学研究要采用非文学描写那样的方法和范畴，我们也必须承认，文体学研究可能需要对这些描写范畴进行新的组合，以便揭示这种篇章的特殊性能。这可能包括把不同层次的范畴和项目，以及分散在一个层次不同部分的范畴和项目，集中到一起。衔接就是这样一种把不同语法、词汇特性组合到一起的一个例证”（Halliday 1964/2002b: 6）。接着，他第一次把衔接所包括的主要范畴表述如下：

A. 语法性

1. 结构性（句子结构中的小句）

(a) 依赖关系

(b) 连接关系

2. 非结构性

(a) 回指

(i) 指别词语和修饰词语

(ii) 代词

(b) 替代

(i) 动词性

(ii) 名词性

B. 词汇性

1. 词语重复

2. 同词汇集词语的使用 (Halliday 1964/2002b: 6-7)

从上述介绍我们可以看出，衔接理论是为描写篇章而提出来的，尽管它当时重点关注的是文学篇章。其次，当时的衔接理论是全面的，既包括语法范畴，也包括词汇范畴；既包括结构范畴，也包括非结构范畴。

Halliday 解释说，这里提到的语法范畴是从现代英语语法中抽取出来的。他在《语法理论范畴》里曾对这些范畴作过简要介绍。换言之，它们主要是“单位”、“结构”、“类别”、“系统”（unit，structure，class，system）这四个范畴（参见 Halliday 1961/2002a: 41）。关于这些范畴，特别是其中的结构，跟衔接之间的具体关系，他有如下说明：

衔接当然是一种横组合关系。作为一种语法关系，它是部分地由结构说明的。结构是指一个级阶的一个或多个项目组成上一个级阶的项目的顺序排列：在英语里，就是指句子如何由小句组成，小句如何由词组组成，词组如何由单词组成，单词如何由词素组成。因此，所有的结构广义地说都是衔接性的。不过，那些较小的单位在不同篇章之间很少有一致的变异。一个比较详尽的衔接研究当然至少要包括小句结构或词组结构中的关系，如同位关系，**级阶转移**，但是结构衔接首先可以被局限于句子结构中的小句之间的关系。这些关系可以有多种形式，在文学篇章中，最有意义的是**依赖关系**和**连接关系**。简单地说，这两种关系就是传统的“主从”和“并列”，其中主从关系包括非限定性关系从句，不包括限定性关系从句。

不过，结构并不是在语法层面起作用的唯一的衔接因素。有些语法范畴，它们的表现形式跟篇章中的其他项目是衔接的，而它们跟这些项目之间并没有任何固定的结构关系，事实上它们之间根本就不需要任何结构关系。其中主要是名词词组、副词词组中的回指项目：指别词语、修饰词语、副词。最常用的是 the, this, that, 代词所有格 , such, so, there, then，以及（人称）代词。……其次是替代成分（因为它们在书面英语里没有回指成分常见，所以重要性差一点）：动词词组里作为词汇项目的 do，名词词组里作为中心语的 one，如 he might have *done*，a long *one*。

词汇衔接最清楚的形式是同一个词语，或可能属于同一个词汇集的有纵聚合关系的词语，在邻近句子里两次或多次出现。例如，在 Leslie Stephen 的一篇文字里，有一段的最后一句是 I took leave, and turned to the ascent of the peak，下一段的第一句是 The climb is perfectly easy。因此，新段落的第一个词汇项目 climb 跟 ascent 衔接；下文出现的 mountain, summit 跟 peak 衔接。(Halliday 1964/2002b: 7-8)

他归纳说，上述三类（即同属语法范畴的结构范畴和非结构范畴，加上词汇范畴）是现代书面英语的主要衔接类型（Halliday 1964/2002b: 8）[5]。这再次说明，Halliday 的衔接理论在开始阶段包括语法结构部分，是一个全面的、完整的理论。

3.3《英语的衔接》

1976 年，Halliday 和 Hasan 合作出版了《英语的衔接》，标志着他们的衔接理论进入了成熟阶段。经过十几年的研究，他们对衔接的性质、衔接在语言系统中的位置及其主要类型有了更深入、更细致的理解。他们在“序言”中指出，“语言系统中一个相对来说被人忽略的方面是构建篇章的资源，那些专门把所说的或所写的跟其语义环境联系起来的意义。这些资源中的主要部分就是衔接”(Halliday & Hasan 1976: vii)。这说明他们要做的是填补空白的工作。在Chomsky的“句子语法”正处于巅峰的背景下，Halliday和Hasan的衔接理论对“篇章语法”的发展起到的重要推动作用是显而易见的。

3.3.1 衔接的性质

衔接到底是一种什么性质的现象？在衔接理论的初创时期，Halliday对这个问题没有明确的认识，因此除了提出衔接跟篇章研究有关以外，他没有详尽论述。到了1976年的《英语的衔接》，情形就完全不同了。该书一共八章，却有两章讨论衔接的性质：第一章界定衔接，说明衔接跟篇章构建之间的关系；第七章深入探讨衔接的意义。

在该书中，两位作者是这样界定衔接的：

> 衔接这个概念是个语义概念，它指的是存在篇章内部的能界定其篇章地位的意义关系。
>
> 当语篇中的某个元素的**解读**依赖于另一个元素的解读时，就产生了衔接。所谓一个元素**预设**另一个元素，是指不借助后者，就不能有效地解码前者。发生这种情况时，衔接关系就建立起来了。预设者和被预设者这两个元素至少因此而被潜在地整合成一个篇章。
>
> 这是另一种处理衔接纽带的方法。回到[1：1][6]这个例子，them这个词的解读预设另一个元素的存在。这个要求由上一句的six cooking apples满足了。这种预设以及预设的消解为这两个句子提供了衔接，同时构建了篇章。(Halliday & Hasan 1976: 4)

Halliday 和 Hasan 指出，“衔接一方面是通过语法，另一方面是通过词汇表达的”(Halliday & Hasan 1976: 5)。因此，衔接可以分为“语法衔接”和“词汇衔接”两大类。上一节介绍过，Halliday1964 年时的衔接理论雏形包括“语法范畴”和“词汇范畴”两大类。但是，它们跟 1976 年的“语法衔接”和“词汇衔接”并不完全一样。在 1976 年这本书里，两位作者对衔接的类型作了更细致的分析。衔接被分成了“照应”、“替代”、“省略”、“连接”、“词汇衔接”五类。前四类被称为“语法衔接”，后一类则是“词汇衔接”。按照 Halliday 1964 年时的术语，这种“语法衔接”只相当于当初的“语法范畴中的非结构范畴”，并不包括“语法范畴中的结构范畴”。而且，Halliday 和 Hasan 说，“语法衔接”和“词汇衔接”这个区分实际上是个程度问题，不必太看重。他们强调：

> 当我们谈论衔接是“语法性还是词汇性”时，我们并没有暗示这是一种纯粹形式的关系，不涉及意义。衔接是一种意义关系。但是，跟语义系统所有成分一样，衔接也是通过词汇语法系统实现的；语法衔接跟词汇衔接的区分是根据它们的实现方式确定的。有些形式的衔接是通过语法实现的，有些则是通过词汇实现的。(Halliday & Hasan 1976: 6)

然后，他们又讲到了衔接跟结构的关系。Halliday 和 Hasan 申明，“我们已经指出，篇章不是结构单位；在我们所用的意义上，衔接也不是一种结构关系”(Halliday & Hasan 1976: 6)。但是，他们承认结构是一种联合关系。句子或小句的不同部分很明显是互相衔接的。在这个意义上，结构也是一种表达篇章组织 (texture) 的方法。

> 如果每一个篇章都只有一个句子，我们就没必要为解释篇章的衔接性而超越结构范畴：这种衔接性可以被简单地解释为句子结构的功能。……但是，大多数篇章都大大超出单个句子的局限。
>
> 换言之，篇章一般都超出通常所理解的结构关系的范围。但是，篇章是衔接的，因此篇章内的衔接，即篇章组织，依赖结构以外的东西。有一些专

门的组篇关系，从成分结构角度没法解释；它们是篇章这种单位的属性，不是句子或小句那样的结构单位的属性。我们所用的**衔接**这个术语就专指这些非结构性的组篇关系。如我们所说，它们是语义关系，篇章是一个语义单位。(Halliday & Hasan 1976: 7)

这段话明确显示 Halliday 的衔接概念比十多年前缩小了，语法的结构部分已不再属于衔接。而且他们使用了“组篇关系”(text-forming relations) 这个概念，衔接只是众多组篇关系中的一种。在第七章，他们在讲到衔接的意义时又说，

> 衔接的一般意义体现于篇章这个概念。通过提供“篇章组织”，衔接对构建篇章起到了促进作用。
>
> 衔接是构建篇章的必要（虽然不是充足）条件。负责构建篇章的是语言系统的**篇章**成分，或称组篇成分，衔接是其中的一部分。……
>
> ……语义系统的篇章（或组篇）功能对衔接的意义这个问题提供了最一般的回答。篇章成分构建篇章，以区别于非篇章，这就是篇章成分的意义。在篇章成分内部，衔接对构建篇章具有特别的作用。衔接表达了篇章中的一个部分跟另一个部分之间存在的连续性。要强调的是，连续性并不是篇章组织的全部。一个语篇的不同分段之间在信息结构、主位模式等意义上的组织也是篇章组织的一部分，其重要性并不比分段之间的连续性小。但是，连续性提供了另一种必需的元素，它使语篇具有作为篇章的生命力。(Halliday & Hasan 1976: 298–299)

3.3.2 衔接在语言系统中的位置

上一节的最后一部分已涉及这个问题。不过，把这个问题说得更清楚的是下述表格 (表 1)。

表 1

概念成分		人际成分	篇章成分		
经验成分	逻辑成分		（结构性）		（非结构性）
按照级阶： 小句： 及物性 动词词组： 时态 名词词组： 性质 副词词组： 环境	所有级阶： 并列和主从关系（条件、附加、引用）	按照级阶： 小句： 语气，情态动词 词组： 人称 名词词组： 态度 副词词组： 评论	按照级阶： 小句： 主位 动词词组： 语态 名词词组： 指别 副词词组： 连接	跨级阶： 信息单位： 信息分布， 信息焦点	**衔接** 照应 替代 省略 连接 词汇衔接

（Halliday & Hasan 1976: 29）

换言之，在韩礼德的理论里，语言系统有三个成分：概念成分（本身又分成经验成分和逻辑成分）、人际成分、篇章成分。概念成分是语言系统中负责表达"内容"的部分。其中的经验成分比较直接地跟人的经验有关，既包括在外部世界中的经验，也包括内心活动；逻辑成分则涉及抽象的逻辑关系，跟人类经验没有直接的关系。人际成分跟语言的社会功能有关，说话人运用这个功能跟别人建立联系。篇章成分又可称为"组篇成分"。它包括用来构建篇章的所有语言资源，既使篇章内部衔接，也使它跟外部情景语境衔接。

> 篇章成分的操作有一部分跟其他两个成分一样，也是通过与语法中的特定级阶相联系的系统进行的。例如，每个小句都要在**主位**系统里选择，这种选择传递了说话人对小句作为消息的组织安排，它是通过正常的小句结构机制表达的。但是，篇章成分还包括了在系统的层级组织以外得以实现的意义模式。其中一个是**信息**结构。它独立于句子、小句之类结构体之外，在**已知信息、新信息**基础上把篇章组织成信息单位：即，说话人认为听话人可复原的信息（已知信息）和他认为不能复原的信息（新信息）。篇章意义的这个方面在英

语里是通过语调实现的，信息单位被表达为**调群**。

篇章成分的其余部分就是涉及衔接的部分。衔接跟信息结构是紧密相连的，事实上两者有一点是重叠的。但是，信息结构是一种结构形式。在这里整个篇章被分解成不同的元素，每个元素都在整个构型 [configuration] 里承担一项功能——篇章里的一切都在“已知信息—新信息”这个框架里有某种地位。另一方面，衔接是把篇章里的一个元素跟另一个元素联系起来的一种潜能，不管这个元素在什么地方（这并不隐含篇章里的一切都跟衔接有关）。信息单位是一种结构单位，尽管它跨越语法的结构单位或成分的层级体系（句子、小句等“级阶”）；但是，没有一种结构单位是由衔接关系界定的。

因此，衔接是语言系统的组篇成分的一部分。它是把那些结构上互不相联的元素（通过解读时一个对另一个的依赖）联系起来的手段。构成衔接潜能的资源是语言的整个意义潜能的一部分。它有一种催化作用，没有衔接，语义系统的其余部分就根本不可能被有效地激活。(Halliday & Hasan 1976: 27–28)

把语言系统分成概念成分、人际成分、篇章成分这种思想，是 Halliday 在 1968 年《英语的及物性和主位札记》（第三部分）中首次提出来的。他在这篇长文的最后讨论了语法的构成部分。他从语言功能入手，提到了 Bühler, Malinowski 对语言功能的分类。然后，他说，“似乎有可能把英语语法分成四个部分，分别代表语言作为一个交际系统需要承担的四种功能：经验成分、逻辑成分、语篇成分和言语功能成分或人际成分”(Halliday 1968: 207–208)。他解释说，经验成分也可以被称为“内容”成分，如果这样不会让人想起形式跟内容之间的对立的话（这种对立跟现在的上下文无关）。“经验”这个术语表明，这种基础功能不是被看做“现实”或“外部世界”的表达，而是经验模式的表达；这部分语言系统赋予一段话语的内容来自参与该言语情景的人员所共享的经验。

经验成分跟 Bühler 的表征 (representational) 功能、Daneš (1964: 226) 的“语义结构”有密切的关系。但是，这两者都包括逻辑功能，尽管语言的逻辑结构在语言哲学里经常跟经验成分是分开研究的，相反的情形却不成立：经验成分常常是包括逻辑成分的，即使在“逻辑”这个术语被用做两者的覆盖词的时候，如 Sweet（1891: 6，10-11）。“语义”、“表征”、“逻辑”这三个术语指的是这个统一功能的三个方面：“语义”表示它在整个语言系统中的位置，“表征”强调了它跟语言外因素的关系，而“逻辑”则暗示一种独立于句法的基础结构，大概只能跟“语法”对立，就像“意义”跟“形式”对立一样（Sweet 1891）。但是，在语法层面，有一些特性容易把逻辑成分分离出来，虽然不那么明显，如在它的结构实现层面：大多数并列和主从结构都表达逻辑意义。逻辑成分为“和”、“或”、否定、蕴含这一类普遍关系提供语言表达式；而且它可能也是小句的主谓结构的基础，尽管这也可能派生于另一个源头（参见下文）。

同时，语言系统还包括其他两个不为人熟知的功能，即语篇功能和人际功能。前者满足了每一种语言都应该有能力构建篇章的基本要求。一种语言的说话人有能力辨认篇章；他区分杂乱堆砌的句子跟构成语篇的句子的能力来自语言的内在篇章组织以及他对这种组织的认识。因此，这种语篇功能的一个方面就是“句子以上的语法”，这个领域经常被称为“语篇结构”，它涉及说话人所拥有的把一个句子跟其他句子联系起来的选项。但是，语言的语篇功能还体现了有可能把所说的话组成一个交际结构的手段，这涉及句子以下的语法。……

第四个成分涉及人际关系或“言语功能”关系的表达。语篇成分已经隐含存在一个听话人，或一个交际者，因为大部分以口语为媒介的语篇都有一个以上的参与者，尽管叙事文和大多数形式的独白也被看成篇章。但是，在语言的人际功能里，听话人是一个始终都不可或缺的元素。除了陈述、问题和回答、命令、感叹这些已被描写得很充分的言语功能以外，人际成分还包括对消息的可能性、关联程度等方面的“说话人评论”，以及说话人态度（如确认、保留、反驳）等选项。这些选项为交际情景中的说话人所能承担的语言角色提供了表达手段。（Halliday 1968: 209-210）

在小句层面上，语言的这些成分，或功能，是由不同的系统体现的。经验功能由及物性（transitivity）系统体现，语篇功能由主位（theme）系统和信息（information）系统体现，人际功能由语气（mood）系统体现。至于逻辑结构，Halliday 认为，在英语里是可以忽略不计的，因为英语的主语、谓语完全可以从情态结构中派生出来（Halliday 1968: 210-212）。在这篇长文中，衔接的位置已被明确地定在语篇部分之中。用上文的措辞来说，就是属于"句子以上的语法"。

1970 年，Halliday 在《语言结构与语言功能》中对某些措辞作了改动。第一个语言功能改成了"概念功能"（ideational），经验功能和逻辑功能被看成了概念功能的下属功能。第二个功能是人际功能。第三个功能改成了"篇章功能"（textual）（Halliday 1970: 143）。Halliday & Hasan（1976）关于衔接在语言系统中的位置的表格就是以这个修改后的语言三功能为基础的。

1985 年，Halliday 出版了他最重要的著作——《功能语法导论》，详细阐述了他的语法理论。衔接再次被定位于语法的篇章部分，它与篇章部分其他分支的关系如下：

(A) 结构性

1 主位结构：主位、述位

2 信息结构和焦点：已知信息、新信息

(B) 衔接性

1 照应

2 省略和替代

3 连接

4 词汇衔接（Halliday 1985: 334）

如上文指出的，跟衔接理论的雏形比较，成熟的衔接理论已经把"语法"，或称"结构性部分"，排除在外了。这是为什么？语法与衔接到底是什么关系？下一节我们从篇章与语法的关系的角度来讨论这个问题。

3.4 篇章与语法的关系

标题中所谓的"语法"，实际上是"句子语法"，用 Halliday 的术语来说，就是“小句语法”。在语言学界，句子是最大的语法单位或结构单位，这曾经是一种共识。在这个意义上，所谓“语法”就是“句法”，所谓“结构”主要就是“句子结构”。Halliday 生活在这种学术氛围中，也自然而然地接受了这种观点。唯一的不同是，他认为，“句子”（sentence）是一个书写单位，“小句”（clause）才是真正的语法单位。所以，他不用前者，而用后者。

早在 Halliday 刚开始讲授汉语的时候，他就意识到“小句是语法的行动中心”。他的阶和范畴语法主要是从这个简单的认识起步的（Halliday 2005: xv）。1967 年、1968 年发表的《英语的及物性与主位札记》讨论了及物性、主位、语气等概念，这种讨论也都是以小句为出发点的（Halliday 1967a: 38，1967b: 199，1968: 179），虽然该语法研究本是为语篇分析服务的，是为语篇分析的需要而展开的（Halliday 2005: xxix）。

1985 年的《功能语法导论》在以小句为中心这一点上可能是最明显的。该书分成“小句”和“小句以上、以下、以远”两大部分。第一大部分除了介绍基本概念的前两章，就是“作为消息的小句”（clause as message）、“作为交流的小句”（clause as exchange）、“作为表征的小句”（clause as representation）这三大章。第二大部分虽然不再讲小句本身，但仍然以它为中心，围绕它展开。要特别提一下的是，虽然第九章讲的是衔接与语篇，它是作为语法的一部分来讲的，而在衔接理论的雏形里，语法范畴则是衔接的一部分。

尽管如此，Halliday 的小句情结并没有影响他的篇章热情。在他的语言研究里，小句语法跟篇章衔接是并行不悖的。上文提到，就连他的《功能语法导论》都是为研究篇章分析的人写的。在该书的“绪论”里，Halliday 专门有一个小节讨论语法跟篇章的关系。他指出，

> 二十年前，当语言学的主流是所谓“句法时代”的时候，我们有必要反对语法，要指出语法并不是语言研究的一切，我们有可能在不讲一点语法的情况下理解语言的许多性质和功能。……
>
> 但是，现在却有必要持相反的观点，有必要坚持语法在语言研究中的重要性。如果我现在像一个语法的倡导者，那不是因为我改变了对这个问题的

看法，而是因为问题变了。当前的热点是语篇分析，或称“篇章语言学”；而且还有人认为进行语篇分析可以不需要语法——甚至好像语篇分析是语法的替代物。不过，这只是一种幻觉。如果不以语法为基础，语篇分析就根本不是分析，而只是关于篇章的一笔流水账：你将不得不求助于一些非语言学的约定，或离开语法就可以得到的无关紧要的语言特性，如每个句子的单词数量（其客观性都常常是不可靠的）；要不然这种研究就只能是私人性的，不同解释的好坏没有多大的差别。

篇章是一个语义单位，不是语法单位。但是意义要通过措辞来体现，没有关于措辞的理论——也就是没有语法——就没有办法说清楚你对篇章的解读。因此，目前对语篇分析的兴趣事实上就是提供了一个语法占据中心位置的语境。

这种兴趣也指明了所需语法的类型。为了给篇章的意义和有效性提供有价值的见解，语篇语法应该是功能性的、语义性的，其语法范畴应该被解释为语义模式的体现。否则这种语法就是朝内的，而不是朝外的。它用明确的形式术语来解释篇章，却不提供把篇章跟其情景、文化环境中的非语言世界联系起来的基础。(Halliday 1985: xvi-xvii)

在 20 世纪 80 年代初期，Halliday 专门讨论过篇章语义学与小句语法的关系。例如：1980 年他在第七届加拿大和美国语言学联合会论坛上提交论文《篇章语义学与小句语法——一些体现模式》（此文 1981 年正式发表），1982 年他发表了《篇章在哪些方面像小句？》。这两篇文章在 2002 年被收录于《Halliday 文集》第一卷时合并成了一篇，题为《篇章语义学与小句语法——篇章在哪些方面像小句？》。

在这篇文章中，Halliday 承认，他曾经在多种场合强调篇章跟小句是不一样的，但是他现在要说它们是一样的。他认为，“一旦我们确定篇章跟小句的性质是不一样的，一个是词汇语法性的（一种措辞建构），另一个是语义性的（一种意义建构），我们就可以接下去说，在一些重要的、有意思的方面两者也是相似的。但这种相似是类推性的；这是一种比喻性的相似，不是小句跟单词之间那种相似”(Halliday 1981/2002a: 221)。在这个意义上，他说“小句可以作为篇章的一种隐喻”（Halliday 1981/2002a: 222）。篇章跟小句一样，也有结构、连贯性、功能、动态发展和文体个性（structure, coherence, function, development, character）这些特性。他总结了两者之间在这些方面的如下异同：

表 2

总　结		
	篇章	小句
结构：	语境诱导的语义功能的构型	语义性语法功能的构型
连　贯性：	通过衔接获得 (i) 衔接和谐：依靠（语义）及物性功能的连锁联系 (ii) 连接关系：不同消息或篇章的较大组成部分之间	通过结构获得 (i) 依靠（语法）及物性功能的名称（事物）联系 (ii) 连接关系：作为主要或次要过程的小句的组成部分之间
功能：	具有“功能人脉”[7]（作为篇章的修辞功能）	具有“言语功能”（作为言语行为的修辞功能）
动态发展：	具有“信息流动”： {场地 ----------------> 要点}	具有“信息结构”： {主位 -----------> 焦点 / 新信息}
文体个性：	一般：选择“偏好的”过程类型作为消息类型 具体：把一个或多个系统前景化	一般：选择过程类型 具体：把一个或多个系统的选择前景化

（Halliday 1981/2002a: 235）[8]

不过，Halliday 认为，“如果从小句的功能解读入手，我们就可能把小句跟篇章之间的关系研究得更加彻底”（Halliday 1981/2002a: 235）。

语言的功能理论最初来自语言学外，结果这些理论只是关于篇章的理论——它们跟系统没有关系。根据这种理论，任何一个篇章都可以被赋予一

> 个特定的功能。换言之，篇章是专门，至少是主要，服务于某项交际目标的。用这种方式描写的单位可以是一个很小的篇章，实现为一个小句（这时候的功能是“话段（utterance）的功能”）；它也可以是一个比较大的篇章，构成一个可辨认的符号事件。(Halliday 1981/2002a: 236)

这时，Halliday 再次提到了 Malinowski 和 Bühler 区分的语言功能。在他看来，语言学家之所以对这些功能感兴趣，是因为这些功能不仅仅是篇章的功能，它们同时也是语言系统的功能。语言和篇章是同一个东西，语言系统是通过构建篇章来服务于人类意图的一种手段。然后，他解释了自己的概念功能、人际功能、篇章功能跟 Malinowski 和 Bühler 各自的功能之间的关系。最后，他说，

> ……而小句则是所有这三个语义功能的综合实现。它有一个以及物性（也就是用以构成关于真实世界的意义的过程、参与者、环境因素）为基础的，包括把可命名物体分成各种类型的命名系统的概念部分。它有一个由语气、情态、人称、语调，以及所有成为有意义选项的态度动机组成的人际部分。它还有一个篇章部分，有“功能句法观”（主位系统和提供信息的系统），以及照应、省略、连接这些衔接资源。这三个部分都对小句的整体构成作出贡献。我们所谓的小句是这三种功能语义过程的共同产物。(Halliday 1981/2002a: 237)

在详细讨论了这三种功能在小句层面的体现以后，Halliday 回到了篇章。他说：“既然我们所谓的概念功能、人际功能、篇章功能是语义系统的组成部分，既然篇章是一个语义单位，那么这些成分自然也会出现在篇章里，就像它们出现在词汇语法实体（篇章就是由这些措辞体现的）里一样。因此，在这个意义上小句跟篇章肯定是相像的：它也起源于同一个语义潜势”（Halliday 1981/2002a: 241）。接着，他讨论了概念功能、人际功能、篇章功能在篇章层面的体现。他的结论是“小句是一个微观世界的篇章。它自己就是一个‘语篇世界’，篇章的符号特征以缩小的比例重新出现在小句中”（Halliday 1981/2002a: 246）。

换言之，当 Halliday 强调篇章跟小句的相同之处，把小句看成是微观篇章时，他并不是真的要说两者是完全一样、毫无差别的。他是在承认两者有质的

区别的情况下指出它们的相同之处，以论证两者可以用同样的方法来研究——都可以从概念功能、人际功能、篇章功能角度来研究。他的出发点是篇章，强调的是要像研究篇章那样来研究小句，而不是倒过来，从小句出发，像研究小句一样来研究篇章。

在这个意义上，我们认为 Halliday 上文的论证顺序有问题。他先讨论了语言的功能，然后讨论了体现在小句层面的功能，最后才讨论体现在篇章层面的功能，似乎体现在篇章层面的功能是以体现在小句层面的功能为媒介的。我们的看法恰恰相反。我们认为语言的功能首先会在篇章的层面得到体现，然后才在小句的层面得到体现。Halliday 的论证顺序反映了他的小句中心论，反映了当时语言学界"句子语法"占主导地位的学术氛围，尽管 Halliday 自己在文章中承认语篇分析已成为研究的热点。这种论证顺序同时反映了当时的语言学研究仍然是以语法为中心的，尽管 Firth 一直在强调语义研究，Halliday 自己也一直在试图把语法研究跟语义研究结合起来。

3.5 小结

综上所述，Halliday 全面继承了 Firth 的关于语义、语境、篇章的思想，并在此基础上提出了系统功能语法理论、功能主义文体学、衔接理论、语法隐喻理论等。这些研究，特别是其中的语篇衔接理论，为语篇语义学的正式推出铺平了道路。换言之，语篇语义学在系统功能语法基础上的出现，是水到渠成、瓜熟蒂落的必然。

4. Martin 的语篇语义学思想

Martin 是第一个深入、全面阐述语篇语义学的系统功能语言学家。在某种意义上，前几节的讨论是引言性质的，是为这一节作铺垫，这一节才真正进入核心问题。

4.1《英语篇章》

如前所述，Martin 在 1992 年出版的《英语篇章》中第一次全面、系统地阐述了他的语篇语义学思想，因此，我们的介绍也从这本书开始。

4.1.1 为什么提出语篇语义学？

Martin 把《英语篇章》第一章命名为《语篇语义学——一个关于三层分节（triple articulation）的建议》。这说明他的语篇语义学是作为对语言进行三层分节的一种建议提出来的。众所周知，André Martinet 曾经提出，人类语言是双层分节的。第一层是词汇层面，这个层面的语言单位（单词、词素）是有意义的。第二层是语音层面，这个层面的语言单位（语音）孤立地看是没有意义的。Martin 沿用 Louis Hjelmslev 的叫法，把第一层叫做“内容形式”（content form），第二层叫做“表达形式”（expression form）。他还把“内容形式”叫做“语法”，“表达形式”叫做“音系学”。但是，他认为建立在这种分节理论基础上的语言理论是有缺陷的。“各种系统功能语法尽管已经相当复杂，它们仍然会失去动能”（Martin 1992: 16）。

首先，这种只有一个内容层面的语言理论无法概括由不同语法结构实现的相同的语义内涵。例如，按照 Halliday（1985）的观点，下列三个句子分别属于三种经验过程：行为过程、心理过程、关系过程。但是，它们的语义内涵是一样的这一点却没有得到反映。

Ford is smiling because Trillian arrived.

It pleased Ford that Trillian has arrived.

Ford is happy that Trillian has arrived.（Martin 1992: 16）

其次，语法隐喻要求多层次解读。不仅要解读其字面意义，而且要解读其隐喻意义。Halliday 认为这种多层次编码的结构是书面语言演变的结果。Martin 提出，如果除了语法以外，还有一个语义层次，那么隐喻解读就可以由语义层次承担。

第三，现有语言理论只承认句子（小句复合体）为最大语法单位，没法解释篇章模式。Halliday 和 Hasan 提出了衔接理论，以补充小句语法的不足。语法负责构建篇章所需的结构性资源，衔接理论负责非结构性资源。Martin 认为，语法与衔接理论之间的这种分工只具有描写正当性，不具有理论正当性。

它不能反映结构性资源与非结构性资源之间的连续性。

因此，Martin 建议把内容平面一分为二，除了词汇语法，还设立一个语篇语义学。语篇语义学比词汇语法更抽象，处理的语言单位更大。这种三层分节可以图示如下：

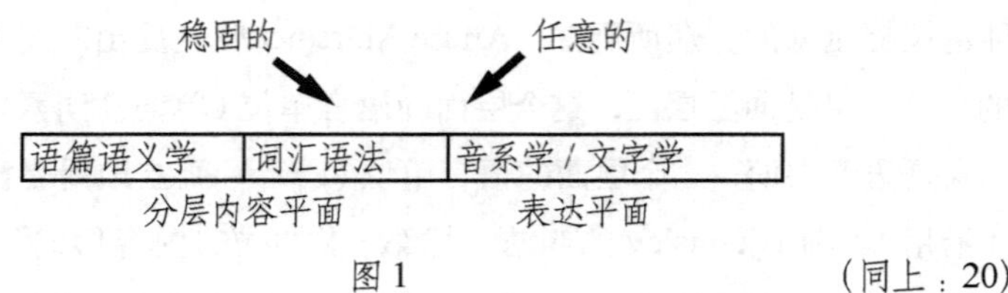

图 1 （同上：20）

4.1.2 语篇结构

3.4 节提到，Halliday 和 Hasan 把衔接手段看做非结构性资源。Martin 认为，从语篇语义学的角度看，衔接手段建立的联系也是"结构性"的，虽然这种结构跟语法结构很明显不一样。例如，在 There was a robot 这个句子之后，下一个句子可以是下列三个中的一个。

It looked bored.

The android looked bored.

This model looked bored. (Martin 1992: 23)

前一个句子的 a robot 引入一个参与者，后一个句子的 it，或 the android，或 this model 则分别假设该语篇中已经存在一个参与者。Halliday 和 Hasan 把这种引入参与者跟假设参与者的词语之间的关系称之为"衔接纽带"。这种关系是互相依赖的关系（inter-dependency），不是语法中的组成关系（constituency）。

再如，在下列句子中，robot 跟 android（或 model）之间也形成衔接纽带。这种关系不依靠指称同一性，它们依靠的是所用词语之间的涵义关系——上下义关系。android 是 robot 的下义词，model 又是 robot 的上义词。

I'm a little tired of this **robot**, but I'd love to try that **android**.

I'm not pleased with this **robot**, but that **model** looks fine. (Martin 1992: 24)

Martin 把上述两种处于衔接纽带中的词语之间的关系称为“同变”(covariate) 结构，以区别于语法中的“多变”(mutlivariate)、“单变”(univariate) 结构[9]。他认为，这种“同变”结构是语篇语义学用以构建篇章的主要结构，虽然它有时也用“多变”、“单变”结构。“同变”结构中有项目假设其他项目者被称为“指称者”(phoric)，没有假设信息的则称为“预期者”(expectant)。他用下图显示了语法结构跟语篇结构的异同。

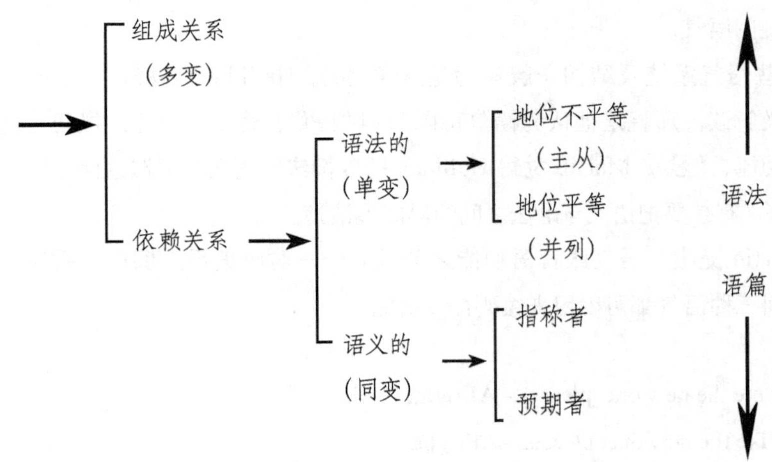

Halliday (1994b: 215-6) 曾经提出，实现逻辑元功能的结构跟实现经验、人际、篇章这三种元功能的结构不一样。前者属于单变结构，后者属于多变结构。Martin 进一步指出，处于衔接纽带中的词语之间的关系既不是单变结构，也不是多变结构，而是同变结构。同变结构是语篇语义学用于构建篇章的主要资源。

4.1.3 语篇系统

语篇系统是语篇语义学的主要内容。在该书中，Martin 提出了四个语篇系统：协商(negotiation)、识别(identification)、连接(conjunction)、概念(ideation)。下面逐一介绍。

（一）协商系统

协商是一个人际系统，在这个系统内语篇被看做参与者之间的对话。Halliday（1976，1985）提出，实现人际意义的语法系统是语气。其中最主要的是直陈语气和祈使语气，直陈语气本身又分成陈述语气和疑问语气。

从结构上说，这些语气在英语里是通过主语的有无，通过主语与限定语（finite）的相对位置实现的。有主语的句子表达的是直陈语气，没有主语的是祈使语气。主语位于限定语之前的句子表达的是陈述语气，限定语位于主语之前的是疑问语气。

这些语气系统及结构一般认为是形式性的。Halliday（1985）却对语气进行了语义解读，那就是他认为语气可以承担"提供、命令、叙述、提问"这四种言语功能。但是，Martin 觉得 Halliday 的分析法把语义和语法这两个层次混在一起了，有必要把语义与语法之间的界限说清楚。

Martin 提出，语气跟言语功能之间没有一一对应关系。例如，祈使、陈述、疑问三种语气都可以用来编码命令功能。

Get me the new one, please. – Allright, I will.

I'd like the new one, please. – Allright.

Can I have the new one, please? – Allright. (Martin 1992: 33)

因此，他认为，语气跟言语功能属于两个层次。前者属于语法，后者属于语篇语义学。而且把言语功能分成七种相邻语对（adjacency pairs）[10]：

1) Call [attending: calling/initiating], 呼叫
   Response to Call [attending: calling/responding to];
2) Greeting [attending: greeting/initiating], 问候
   Response to Greeting [attending: greeting/responding to];
3) Exclamation [negotiating: reacting/initiating], 感叹
   Response to Exclamation [negotiating: reacting/ responding to];
4) Offer [negotiating: exchanging: giving/goods & services//initiating], 提供
   Acknowledge Offer [negotiating: exchanging: giving/goods & services//

responding to];

5) Command [negotiating: exchanging: demanding/ goods & services// initiating], 命令

Response Offer to Command [negotiating: exchanging: demanding/goods & services// responding to];

6) Statement [negotiating: exchanging: giving/ information//initiating], 叙述

Acknowledge Statement [negotiating: exchanging: giving/information// responding to];

7) Question [negotiating: exchanging: demanding/ information//initiating], 提问

Response Statement to Question [negotiating: exchanging: demanding/ information// responding to]

这些相邻语对背后的系统如下：

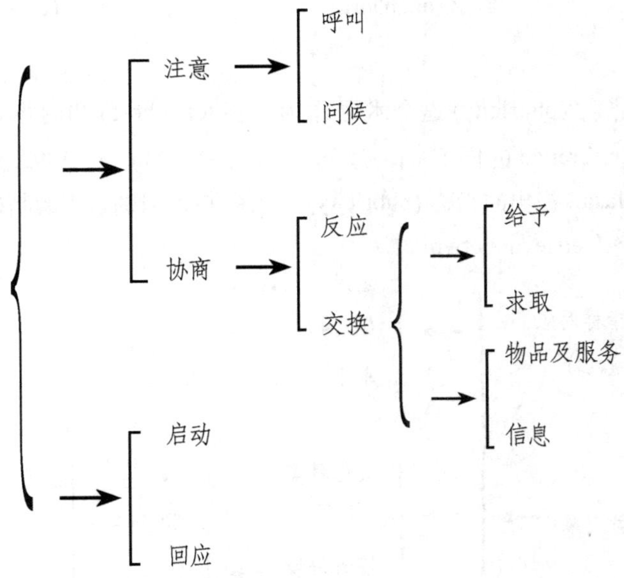

图3

(Martin 1992: 44)

（二）识别系统

所谓识别，是对语篇参与者的识别。识别系统讨论一个语篇用什么方法引进人物、方位、物件，特别是在下文如何再次指涉他们。换言之，这是一个追踪参与者的系统，实施的是篇章元功能。

Halliday & Hasan（1976）认为有必要引入一个表示情景指称的术语——外指 (exophora)，或外指指称 (exophoric reference)，并把它跟其他有关术语的关系表述如下：

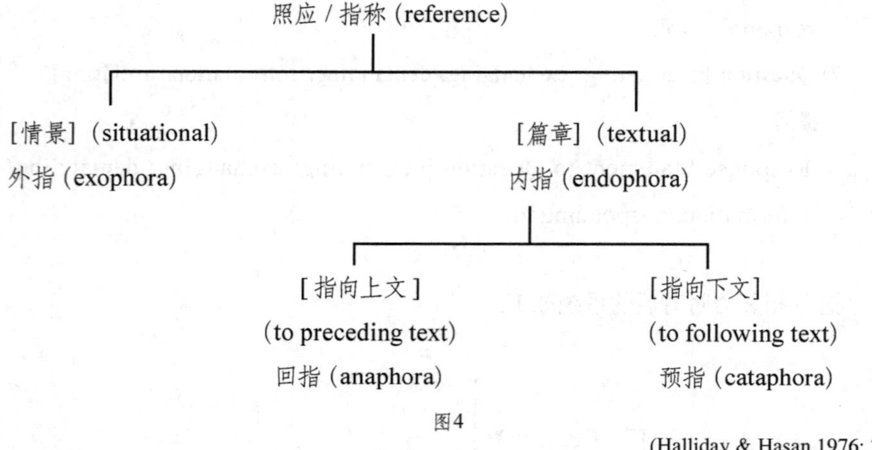

图4

(Halliday & Hasan 1976: 33)

随后，指称 (phoricity) 这个术语作为外指 (exophora) 和内指 (endophora) 的总称，即 reference 的同义词，逐渐流行开来。Martin（1992: 98-127）把 Halliday 和 Hasan 提出的指称 (phoricity) 作为参与者识别系统的基础，建立了一个复取网络 (retrieval network)。

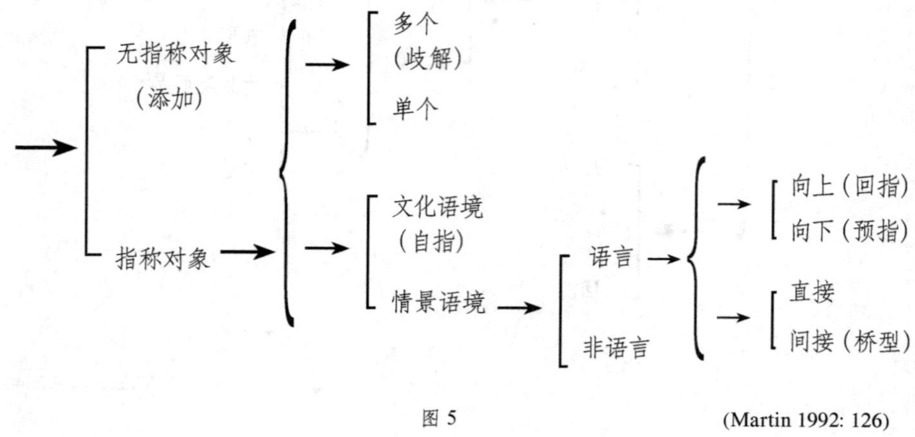

图 5

(Martin 1992: 126)

有时候，指称词语的指称对象无法从语境中复取，说话人就不得不改用指称词语，使听话人有能力识别参与者，如(1)。这就是复取网络中的“无指称对象(添加)”。有时候，一个指称词语有多个可能的指称对象，该词语就是有歧义的，如(2) 的 it。

（1） John hadn't seen a beagle...

-- Who?

-- My husband, John.

Anyway, so he went and looked at one...

（2） The boy put his hat and coat on; it was black.

从结构上讲，参与者识别系统属于同变结构。Martin 把这些同变结构称为“指称链”(reference chains)，跟 Hasan 的“身份链”(identity chains) 很接近。最简单的指称链由两个词项组成，一个假设词项，一个被假设词项[12]。在较长的篇章里，指称链可以延长。在这种情况下，假设项本身也可以被其他项目假设。这样的指称链很像 Hartford 层次论学者的“参与者系列”(participant lines)。例如，下列左侧的小短文可以分析出一个如右侧所示的参与者系列。

There was a frog in a jar	a frog
	↑
and it escaped;	it
	↑
the boy saw it was missing	it
	↑
and went to find it.	it
	↑
In the end he found the frog in a pond.	the frog

图 6

(Martin 1992: 141)

（三）连接系统

连接系统关注不同消息之间的逻辑语义关系，实施的是逻辑元功能。

Halliday & Hasan (1976) 把小句复合体之间的逻辑语义关系概括为四大类：添加(additive)、转折(adversative)、因果(causal) 和时间(temporal)。同时，他们区分外在(external) 关系和内在(internal) 关系。在《功能语法导论》中，Halliday 把小句复合体内部的逻辑语义关系沿用到小句复合体之间，把连接关系分成详述（elaboration）、延伸（extension）、增强（enhancement）三大类；同位（apposition）、澄清（clarification）、添加（addition）、转折（adversative）、变异（variation）、时空（spatio-temporal）、方式（manner）、因果—条件（causal-conditional）、内容（matter）九中类；以及解释（expository）等 43 小类。

Martin 不喜欢 Halliday 1985 年对连接关系的重新分类。他（1992）提出了跟 Halliday & Hasan（1976）很接近的添加（additive）、比较（comparative）、时间（temporal）和因果（consequential）四种连接关系。

同时，Martin 特别看重外在 / 内在关系之间的区分，把它作为根本区分（Martin 1992: 178）。他说，外在 / 内在关系之间的区分在他的理论里占有中心地位，这是他的分类不同于 Halliday（1985）的主要原因（Martin 1992: 182）。他认为，Halliday & Hasan（1976）把添加、转折、因果、时间关系之间的区分作为第一区分（Martin 1992: 171），而 Halliday（1985）不注重外在 / 内在关系之间的区分（Martin 1992: 182）。因为 Halliday 的重点是小句复合体跟语法其他部分之间的关系，不是小句复合体跟衔接和篇章结构之间的关系（Martin 1992: 182）。

在 Martin 看来，内在关系体现的是论证过程，是提供论据的顺序，或者说，它构筑符号（semiosis）的过程；外在关系体现的是现实世界事物发展的顺序。因此，他又把内在关系叫做“修辞关系”，外在关系叫做“经验关系”（Martin 1992: 178-180）。

从结构角度说，连接系统采用的是同变结构。不同消息之间的依赖性可能已被语法化，也可能没有被语法化；一个依赖性消息本身也可以被其他消息依赖（Martin 1992: 234）。

修辞结构理论（rhetorical structure theory，见 Mann & Thompson 1987）认为修辞结构跟小句复合体结构非常相像。例如，大多数修辞结构关系像主从句，有一个核心部分（nucleus），一个辅助部分（satellite）。因此，下面这三句话之间的关系，他们分析成图 7 状，而 Martin 却认为应该如图 8。

a. Peter Moskowitz has been with KUGB longer than any other staff member.
b. He volunteered to work at the station as a classical music announcer.
c. That was in 1970.

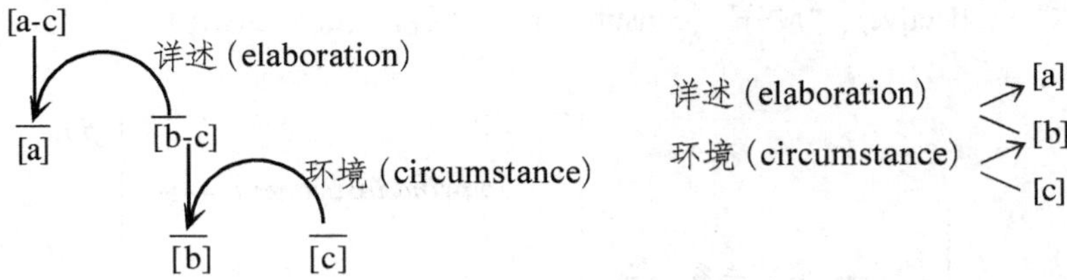

图 7　　　　图 8

换言之，这些成分之间没有主次之分 (Martin 1992: 252)。

(四) 概念系统

概念系统专注于词汇项目之间的经验关系，如上下义关系、反义关系、同义关系等。前面三个语篇系统的出发点都是语法项目：协商系统是从语气系统出发的，参与者识别系统是从名词短语出发的，连接系统是从小句复合体出发的，概念系统却是从词汇出发的。

概念系统实施的是经验元功能。在某种意义上，这是对 Halliday 和 Hasan 的"实义词衔接"的发展，特别是其中的搭配关系。所不同的是，Martin 从语场的角度入手。他把 Halliday 的语场概念修改为"朝向某个机制性大目标的一些活动序列集合"，并把这些活动序列细分如下：

i. 行动、人物、方位、物件、性质的分类关系

ii. 行动跟人物、方位、物件、性质之间的构型，人物、方位、物件跟性质之间的构型

iii. 上述构型的活动序列 (Martin 1992: 292)

如果用网球这个语场做例子，上述概念系统的细化就是：

i. 分类——局—盘—比赛之间的部分 / 整体关系

ii. 构型——"施事 + 过程 + 中介"结构：运动员—发—球

iii. 活动序列——运动员发球—对方回击—运动员飞击 (Martin 1992: 293)

分类关系 (taxonomies) 根据不同的分类原则又分成两大类。根据再分类原则 (subclassification) 的称为"涵义关系" (superordination) [13]，根据部分 / 整体关系原则的称为"组成关系" (composition)。涵义关系又进一步分为"类别" (classification)、"对立" (contrast)、"相似" (similarity)；组成关系则进一步分为

"集体"(collective)、"成分"(constitution)、"原料"(consistency)[14]。

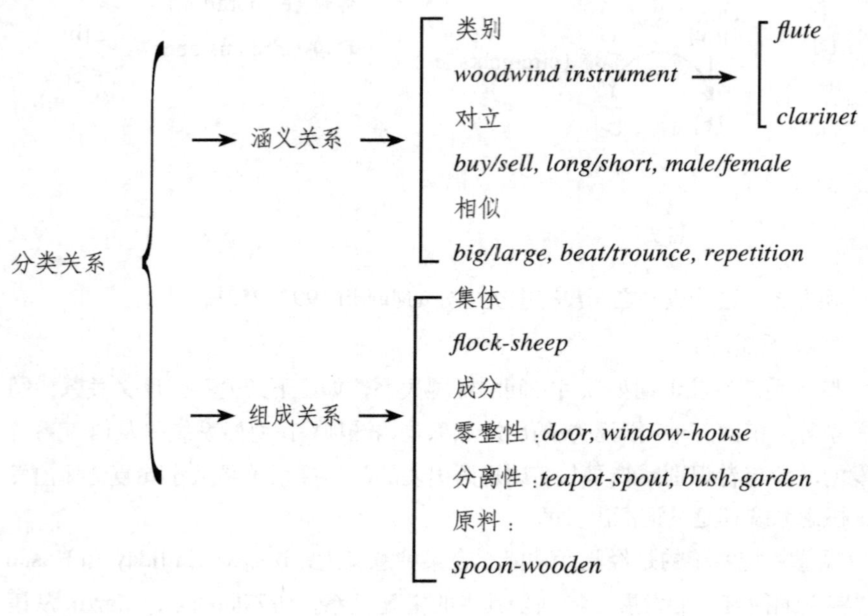

图 9 (参见 Martin 1992: 307)

构型(configurations) 又称为"核心构型"(nuclear configurations)。它显示了在经验元功能层面哪种组合(如,是"过程 + 范围",还是"过程 + 中介")更具有核心价值。Martin (1992: 317) 借用了 Halliday (1985) 的详述(elaboration)、延伸(extension)、增强(enhancement) 三大逻辑语义关系,从小句、名词词组、动词词组三个角度总结了如下表 3 所示的构型。

表 3

详述	**延伸**	**增强**
过程 = 范围 take shot (take a shot)	过程 + 中介 + 范围:实体 shoot deer (shoot the deer)	过程 × 环境 shoot field (shoot in the field)

(待续)

（续表）

分类语 = 事物 parking lot (a parking lot)	性质语 + 事物 new car (a new car)	事物 × 限制语 car park (the car in the park)
事件 = 小品词 shoot up (shoot up)	事件 + 事件 try shoot (try to shoot)	事件 × 副词 shoot carefully (shoot carefully)

如上表所示，Martin 认为“过程 + 范围”比“过程 + 中介”更具有核心价值。在加入了关系过程小句 (relational clauses) 之后，他只从延伸和增强的角度划分核心构型如下。

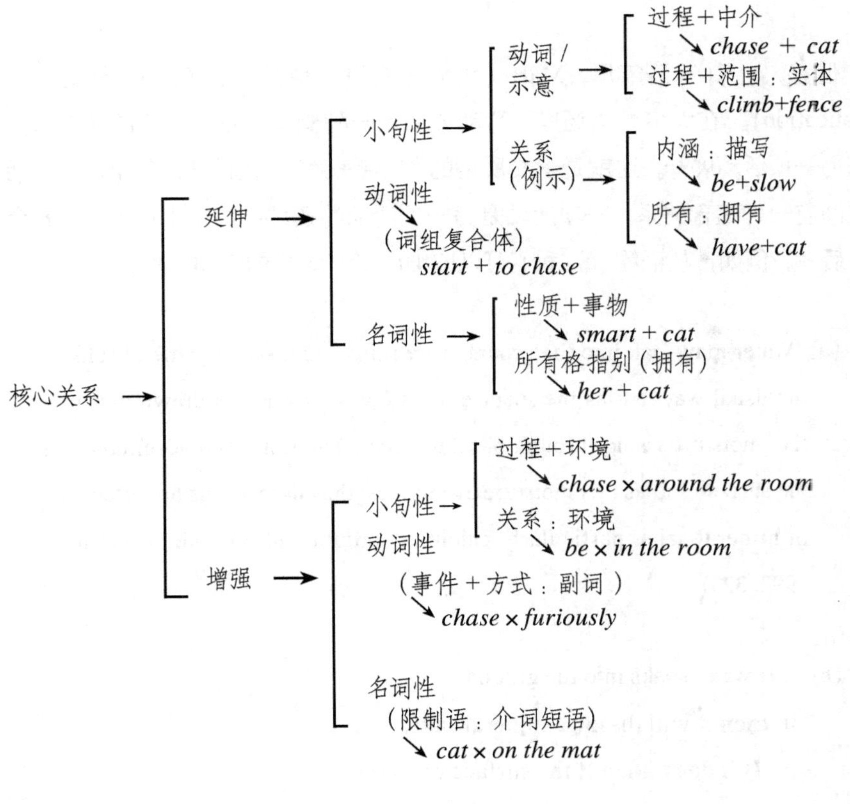

图 10　　（同上：320）

活动序列是一种期待关系(expectancy)。在一个特定语场内，上述核心构型会不断地按序列出现。网球赛中的得分就是由一系列击球动作构成的。其典型活动序列如下：

运动员 + 发球
对手 + 回击
运动员 + 飞击
对手 + 吊高球
运动员 + 扣杀
对手 + 救起
运动员 + 扣杀
对手 + 失误 (Martin 1992: 321)

但是，在科学语篇里，Martin 认为还有另一种活动关系——蕴涵关系(implication)。在大多数语场里，活动关系是一种概率关系，一项活动有可能跟随另一项活动展开。这就是上文所谓的“期待关系”。在科学语篇里，不同活动之间有一种蕴含关系，一项活动是另一项活动的条件；如果出现前者，就会出现后者。例如，从语篇(a)我们可以归纳出(b)这样的活动序列。

(a) Water may soak into the ground after rains and dissolve mineral salts in the usual way, but as the surface dries out, this water is drawn upwards like moisture rising through blotting paper. The salts then accumulate in the surface soil as this moisture evaporates; thus desert soils are often rich in mineral salts, particularly calcium, sodium and potassium. (Martin 1992: 323)

(b) i. **If** water soaks into the ground
ii. **then** it will dissolve mineral salts.
iii. **If** it does, **then if** the surface dries out

iv. **then** the water is drawn upwards.

v. **If** it is, **then if** the water evaporates

vi. **then** salts accumulate in the surface soil. (Martin 1992: 324)

因此，Martin 认为活动序列有两种类型：期待型、蕴涵型。

4.1.4 语篇系统与词汇语法之间的互动

Martin 在《英语篇章》开始时建议对语言进行三层分节，把内容层面一分为二，分成词汇语法与语篇语义学。临近结束时，他讨论了这两个内容层面之间的互动。对应于词汇语法中的及物性角色（transitivity roles）、主位（theme）、新信息（new）、主语（subject），Martin 提出了与之互动的四种概念：衔接和谐（cohesive harmony）、展开方式（method of development）、阐述要点（point）和语气责任（modal responsibility）。

衔接和谐最早是 Hasan 提出来的，其目的是衡量一个篇章的连贯程度。Martin 认为，从一个角度说，最连贯的篇章是不断重复同一事件的篇章。但是，这种篇章是乏而无味的。因此，真正的衔接和谐不能只考虑构成成分，还要考虑连接方式和协商方式。更重要的是，衔接和谐只是语篇分析者关心的一个方面，他们还关心篇章的有效性等。展开方式这个概念对应于词汇语法的主位概念。Danes 曾经提出过一个“超级主位”（hyper-theme）的概念，Martin 把它扩展成“用于预见后续句子中的词汇串、词汇链以及主位选择之间的互动模式的一个或几个介绍性句子”（Martin 1992: 437）。然后，他又在此基础上把用于预见超级主位的一个或几个句子称为“宏观主位”（macro-theme）。这样，他就在小句、段落、篇章三个层级分别建立了主位。

跟超级主位、宏观主位相仿，Martin 还提出了超级新信息、宏观新信息这两个概念。他认为传统作文法倡导的“引言、正文、结论”三段论是合理的。用系统功能语法的术语，引言就是宏观主位，结论就是宏观新信息。所谓阐述要点，就是由超级新信息逐渐积累，进入宏观新信息的内容。

语气责任对应于词汇语法中的主语。Halliday 认为英语小句的主语就是语气部分负责实施剩余部分所表达的行为的成分。Martin 把这个概念应用到语篇语义学。例如，下文的题目显示作者认为警察是责任人，但是，警长却在有关的句子中用“枪”(gun) 做主语，把责任推到了枪身上。

'Uptight' police kill man in raid

…

Superintendent Harding: A struggle took place and the officer was reacting to keep the peace and stop himself or other being hurt. The gun then discharged.

… (Martin 1992: 488)

4.1.5 语境

在最后一章，Martin 结合语域 (register)、语类 (genre) 和意识形态 (ideology) 讨论了语境问题。

Halliday 把语域看成一种随用途变化的语言变体。他认为说话人采用何种语域取决于情景语境，而情景语境又可以分化成三个因素：语场 (field of discourse)、语脉 (tenor of discourse) 和语式 (mode of discourse)。他不怎么讨论语类，偶尔提到时似乎把它作为语域的一个小类。

Hasan 对语类作过深入的研究。她认为，一个篇章的语类不是由语场、语脉、语式各自单独决定的，而是由它们合作决定的，并把决定一个篇章语类的语场、语脉、语式的具体值的汇合称为“语境构型”(contextual configuration)，如 parent praising child in speech, employer blaming employee in writing (Halliday & Hasan 1985/1989: 55-56)。

Martin 的看法跟 Halliday 和 Hasan 有些不一样。他认为语域跟语类应该彻底分开。他把语域看成由语境变量——语场、语脉、语式构成的符号系统。而语类是比语域更抽象的系统，它跟语场、语脉、语式没有直接的联系。例如，体育比赛的现场报道跟报纸上事后的报道虽然语场相同，它们却因为报道的顺序不一样 (现场报道从头开始，报纸报道却从结果开始) 而属于不同的语类 (Martin 1992: 502-506)。

同时，Martin 认为语言资源在不同社会团体中的分布是不均匀的。不同的阶级、种族、性别、年龄的人群拥有不同的语言权力。为此，他建议在语域之上再设立一个符号系统——意识形态。换言之，他的语境包括三层：语域、语类、意识形态。如果把语言自己的三个层面也包括进来，语言与语境的关系如下：

图11 (Martin 1992: 496)

4.2 语篇语义学与评价系统

自从2000年以来，Martin提出的评价系统越来越受到人们的重视，得到了越来越多的研究。这一小节讨论这两者之间的关系。

4.2.1 评价系统

Martin第一次在书面文献中正式讨论评价系统是在2000年。这一年，Susan Hunston和Geoffrey Thompson主编了《篇章中的评估——作者站位及语篇构建》，收录了Martin的《交换以外——英语评价系统》一文。2003年，Martin和Rose合作出版了《研究语篇——小句之上的意义》，再次介绍了评价系统。

评价是一个人际意义系统。人们用评价资源跟别人协商社会关系——通过告诉听众和读者自己对某些人和物的感觉（即，自己的态度）协调人与人之间的关系。所以，评价首先涉及的是态度问题：一个人对所发生的事件、别人的所作所为以及周围的物体采取什么态度。其次是有关态度的强烈程度，是高、中还是低。第三是有关态度的源头。有的态度不一定是说话人自己的，他可能只是转述别人的态度而已。这三个方面分别被正式命名为“态度”（attitude）、“级差”（graduation）和“介入”（engagement）。

态度子系统又可以被进一步细分成三个小系统。表达感情的称为“情感”（affect），评估人物品格（简称“人品”）的称为“判断”（judgement），评估物体价值（简称“物值”）的称为“鉴赏”（appreciation）。例如，下列句子中的黑体词语都是表达感情的：

1) I was **torn to pieces**.

2) I can’t explain the **pain** and **bitterness** in me....

3) We were **ecstatic**.

4) He became very quiet. **Withdrawn**. Sometimes he would just **press his face into his hands** and **shake uncontrollably**. I realized he was drinking too much.

（参照 Martin & Rose 2003: 25-27，例句稍有改动。）

从感情的内容角度来看，它们可以分成“正面”（positive）和“负面”（negative）两类。例 1、2、4 里的 torn to pieces, pain, bitterness, withdrawn, press his face into his hands, shake uncontrollably 表达的感情是负面的，例 3 里的 ecstatic 是正面的。

从表达感情的方式角度看，它们可以分成“直接”（direct）和“隐含”（implicit）两类。所谓直接表达，就是用情感名称直接表达，如 torn to pieces, pain, bitterness, ecstatic。不过，说话人也可以通过描写身体行为来直接表达感情，如 withdrawn, press his face into his hands, shake uncontrollably。所谓隐含表达，是指离开上下文就不清楚所表达的到底是什么情感这种情况，如上述例句中的划线词语 very quiet, drinking too much。他们承认隐含表达有时候很难跟描写身体行为的直接表达分清楚。

判断同样可以有正面、负面，直接、隐含之分，但是它还可以分成“私德”（personal）和“公德”（moral）两类。有关私德的正面判断称为“赞美”（admire），负面判断称为“批评”（criticize）；有关公德的正面判断称为“表扬”（praise），负面判断称为“谴责”（condemn）。下列例 5、6、7、8 涉及的是私德；其中 5、6 属于赞美，7、8 属于批评；5、7 是直接判断，6、8 是隐含判断。例 9、10、11、12 涉及的是公德；9、10 属于表扬，11、12 属于谴责；9、

11 是直接判断，10、12 则是隐含判断。

5) [he was] A bubbly, vivacious man who beamed out wild energy. Sharply intelligent.（私德、赞美、直接）

6) He was working in a top security structure.（私德、赞美、隐含）

7) What's wrong with him? ... I can't handle the man anymore!（私德、批评、直接）

8) I can't explain the pain and bitterness in me when I saw what was left of that beautiful, big, strong person.（私德、批评、隐含）

9) ...at least their leaders have the guts to stand by their vultures, to recognize their sacrifices...（公德、表扬、直接）

10) I envy and respect the people of the struggle...（公德、表扬、隐含）

11) Our leaders are too holy and innocent. And faceless.（公德、谴责、直接）

12) ... 'those at the top' were again targeting the next 'permanent removal from society'... （公德、 谴责、 隐含）

（参照 Martin & Rose 2003: 30，例句稍有改动。）

鉴赏是对物体价值的判断，既包括有形物体，也包括抽象物体。例如，a beautiful relationship, a very sensitive issue, healing of breaches, redressing of imbalances 是正面鉴赏，而 my unsuccessful marriages, a frivolous question, broken relationships, the community he or she has injured 则是负面鉴赏。

Martin 和 Rose 承认，判断跟鉴赏，或者说评估对象到底是"人品"还是"物值"，有时候很难区分。例如，一篇评论 Stevie Ray Vaughan 的光盘《德克萨斯水灾》（Texas Flood）的文章里有这么一句话"And the newly included bonus numbers (...) illuminate the **raw soul and passion** that propelled his **artistry** even when he was under the spell of drug addiction." 如果把它看做对 Vaughan 的吉他演奏而不是对人品的评估，那么它是鉴赏；如果把它看做对 Vaughan 的能力（作为他的品格的一部分，就像把吸毒看做品格的一部

分）的评估，那么它是判断。因此，他们强调要看语境，不能光看用了什么词语（Martin & Rose 2003: 36）。

在这一章的最后一节，他们又进一步讨论了态度子系统的一些细节问题。他们提出，情感可以从下列六个方面进行分类：

1）感情是正面的，还是负面的。
2）是一时的情绪宣泄，还是一种长期的心理状态或倾向。如，是 the boy **laughed**，还是 the boy **liked** the present/the boy felt **happy**。
3）是针对某个特定外在因素的，还是一般的心情，没有任何针对性。如，是 the boy **liked** the teacher/the teacher **pleased** the boy，还是 the boy was **happy**。
4）感情的强烈程度（低、中、高）。如，是 the boy liked the present，还是 the boy loved the present，还是 the boy **adored** the present。
5）有主观意图，还是单纯的被动反应；或者说，激发因素是非真实的，还是真实的。如，是 the boy **wanted** the present，还是 the boy **liked** the present。
6）是安全 / 不安全，满意 / 不满意，还是幸福 / 不幸福。如，是 the boy was **confident/anxious**，还是 the boy was **absorbed/fed up**，还是 the boy was **happy/sad**。

关于判断，他们说它可以被看成有关建议（proposal）的感情的体制化（the institutionalization of feeling），是关于人们应该（或不应该）怎么做的规范。同时，他们引入了两个新的术语：社会敬重（social esteem）和社会约束（social sanction）。社会敬重涉及赞美和批评，一般没有法律意义。如果有人在这方面碰到困难，他需要咨询心理医生。社会约束涉及表扬和谴责，而且往往带有法律意义。如果有人在这方面碰到困难，他需要咨询律师。社会敬重是从规范（normality）、才干（capacity）、韧性（tenacity）三个角度对人的品格及行为作出判断，判断一个人的行为是否符合常规，是否有才干，是否坚强。社会约束则是从诚实（veracity）和妥当（propriety）两个角度对人的品格及行为作出判断。判断一个人是否坦诚，行为是否妥当。他们还用“轻微的”（venial）和“严重的”（mortal）分别为社会敬重和社会约束作注解。

而鉴赏则可以被看成有关命题(proposition)的感情的体制化，是关于怎么为产品和表现(products and performances)估值的规范。这个小系统有三个变量：反应(reaction)、构成(composition)、估值(valuation)。反应又可以分为两类：评估对象吸引我们注意力的程度(反应：影响)，以及它对我们情绪的影响(反应：质量)。构成则涉及我们对评估对象的均衡性(构成：平衡)和细节(构成：复杂性)的感知。估值涉及我们对评估对象的社会意义的估算。

级差子系统，如上文所说，涉及态度的强烈程度。这个子系统也有两个小系统："语势"(force)和"聚焦"(focus)。语势主要由两类词语表达。一类是强化语(intensifier)，如 very, extremely, quite。比较词语，如 best, better, more, too 也可以归于这一类。另一类称作"态度词语"(attitudinal lexis)。这一类跟前一类的区别是：它们不是修饰性的，它们本身就有意义内容，如上文用过的例子中的 vivacious, torn to pieces, ecstatic, frivolous 等。聚焦是对经验性范畴的锐化(sharpen)和柔化(soften)，把本来没有级差的范畴变得具备级差。例如，**real** policemen 中的 real 使得 policeman 这个职业具备了等级性，类似的词语还有 kind of, sort of。像 real 这样的词语把聚焦锐化了，而像 kind of, sort of 这样的词语则把聚焦柔化了。同样，**exactly** three years, with our **own** eyes, the **very** first time, **precisely** this point 中的黑体词锐化了聚焦，而 **about** three years, not **quite** my first love, a **part-time** blues fan 中的黑体词则柔化了聚焦。

介入子系统涉及态度的源头——所提到的评价来自什么人。一般情况下，说话人所提到的评价来自他自己，如 It was the beginning of a beautiful relationship。但是，说话人有时也会引用别人的话，如 Then he says he and three of our friends have been promoted. "We're moving to a special unit. Now, now my darling. We are real policemen." Martin 和 Rose 借用俄罗斯语言学家 Bakhtin 理论中的术语"单声"(monogloss)和"多声"(heterogloss)分别为这两种源头命名。

4.2.2 整体与部分的关系

Martin 在 2000 年的文章里说，对人际语篇语义学的探索一般都是以语法为基础的，1992 年的《英语篇章》(31 至 91 页，461 至 498 页)阐述了这样一种探索。该文则从互补的角度讨论以“评估”词汇为基础的另一种探索（Martin 2000: 143）。这说明评价系统从一开始就是与语篇语义学密切相关的。

在 2003 年的《研究语篇》的“序言”中，Martin 和 Rose 说，该书以《英语篇章》为出发点，进一步研究语篇语义学（Martin & Rose 2003: xi）。该书跟前书的区别是，语篇系统的数目增加了。评价作为第一个语篇系统被介绍给读者。这样做的目的是为了“突出语篇（不管是口头的，还是书面的）的互动本质——协商性”（Martin & Rose 2003: 22）。

2005 年，Martin 和 White 合作撰写了《评估语言——英语评价系统》，全面、系统地介绍了他们的评价理论，特别是详细地阐述了《研究语篇》中没有深入展开的级差子系统和介入子系统。跟《英语篇章》和《研究语篇》的另一个重要的不同之处是，这本书明确讲到了语篇语义学与评价系统的关系。

他们在第一章介绍了评价系统在系统功能语法里的位置。在讲到语篇语义学时，他们把评价系统作为语篇语义学的五个语篇系统之一。他们说，“这个层次涉及语篇组织的各个方面，包括篇章是如何引入人物、方位、物体，在引入以后又是如何追踪的（识别系统）；事件、状态是如何按时间、因果、对比、类似等关系互相连接的（连接系统）；参与者是如何根据部分整体关系、大小类关系互相联系的（概念系统）；话轮是如何组织成交换的（交换物品、服务、或信息）（协商系统）；以及评估是如何确立、放大、指向目标、归属源头的（评价系统）”（Martin & White 2005: 9）。

然后，他们阐述了把评价系统置于语篇语义学之内的三个理由。首先，态度意义的表达往往不受小句这样的语法单位的局限，而是散见于语篇的不同部分。如 Stevie Ray Vaughan 的一个粉丝在网上如此表达他对 Stevie Ray 的光盘的狂热：

13) Awesome! Awesome! Awesome! Awesome! It's very worth buying. Oh did I say that it's awesome! Thank you. Stevie Ray! (Martin & White 2005: 10)

其次，同样一种态度可以通过多种语法结构表达，如例 14)。因此，我们需要跳出小句语法的藩篱，以概括这些不同结构所表达的共同意义。

14) an <u>interesting</u> contrast in styles — adjective (Epithet)

the contrast in styles <u>interested</u> me — verb (Process)

<u>interestingly</u>, there's a contrast in styles — adverb (Comment Adjunct)

(Martin & White 2005: 10)

第三，还有语法隐喻的问题，其中的措词跟意义之间没有一致关系。例如，14）中涉及的态度意义还可以被表达为物体。

15) the contrast in styles is of considerable <u>interest</u> （Martin & White 2005: 10）

其实，14）中的表达式本身也可以被看做语法隐喻，contrast 本身就是一种名物化，它可以被拆解为 different：

16) His overall appearance, his stage presence, even his playing style are quite different in the two shows. （Martin & White 2005: 10）

细心的读者会发现这三个理由就是 Martin 在《英语篇章》中阐述的他之所以要提出语篇语义学的三个理由（参见 4.1.1 节）。这说明，提出语篇语义学跟把评价系统置于语篇语义学之内是出于同样的目的。要特别指出的是，在《英语篇章》里，Martin 还说，解决语法结构跟语义内涵不一致（即不同的语法结构表达相同的意义）的一个办法是把内容平面分成两部分，设立一个由不同过程实现的"态度网络"（attitude network）（Martin 1992: 16）。换言之，语篇语义学这个概念在提出之初就跟评价系统的核心概念——态度子系统有内在联系，尽管当时评价系统这个概念还没有正式成形。

其实，"态度"这个术语，据笔者查证，在《英语篇章》里至少出现了 10 次。特别是在 46 页和 586 页两次跟 modulation 等词并列使用，有一次还跟 modulation 一样全部用大写字母拼写。至于评价系统的另一个重要概念，态度子系统的最重要小系统——情感（affect）则因为 Poynton 从 1985 年就开始正式使用而在书中有专门一个小节加以论述，并且多处提到。

在《评估语言》的第一章里，Martin 和 White 还说，"……我们可以把评价系统作为一个人际系统置于语篇语义学层面。在这个层面，它跟其他两个系统一起表达人际意义——协商系统和参与系统（involvement）。协商跟评价是互补的，它专注于语篇的互动方面、言语功能、交换结构（如 Martin 1992 所阐述的那样）。……参与跟评价也是互补的，它用来协商人脉关系，特别是团结一致关系（solidarity）的不可分级的资源。上文讲到 Poynton 的研究时介绍过的称呼语属于这个领域，也包括诅咒语（及有关委婉语）、感叹语（下文第二章讨论态度时会提到）。……在这个领域，我们还没有做很多工作，也不打算提出一个穷尽性的资源名目。我们的目的只是要表明，可以用来协商团体身份并跟评价系统和协商系统合作以便实现语脉关系的资源有很多很多"（Martin & White 2005: 33-34）。

2007 年，Martin 和 Rose 修订出版了《研究语篇》的第二版。新版的最大变动是增加了一章——协商系统。这样一来，《英语篇章》中讨论过的语篇系统在《研究语篇》中都有了进一步的阐述，《研究语篇》名副其实地成了《英语篇章》的续作。评价系统、协商系统、参与系统是语篇语义学层面共同表达人际意义的三个系统这个命题也得到了落实。

4.2.3 小结

本节通过检查 Martin 及其同事 1992 年以来的四部著述——《英语篇章》、《交换以外》、《研究语篇》、《评估语言》中的有关论述，论证了语篇语义学与评价系统之间的关系。它们构成一个完整的有机整体，代表了语篇语义学研究的三个阶段。《英语篇章》是第一个阶段，代表了 Martin 此前十几年在语篇语义学领域的研究成果。它是从 Halliday 的小句语法到语篇语义学的过渡。其中的核心概念，特别是协商、识别、连接、概念这四个语篇系统都是在 Halliday 的基础上发展起来的。虽然评价系统此时还没有正式成形，有关态度、情感等评价系统的重要概念在该书中已初露端倪。随着 20 世纪 90 年代语篇语义学研究的深入，评价系统的重要性逐渐变得明显起来。因此，Martin 在 2000 年的《交换以外》中作了介绍。2003 年的《研究语篇》又明确把评价系统算做一个语篇系统。这是语篇语义学研究的第二个阶段，Martin 开始提出明显具备自己特色的语言学理论——评价理论。而 2005 年的《评估语言》则表明评价理论已经成熟，它已经成为语篇语义学研究的新阶段的旗帜。

4.3 总结

Martin 的语篇语义学思想的核心是要跳出句子语法的藩篱，研究语篇的意义。在这个意义上，“语篇语义学”这个术语中的两个部分“语篇”和“语义学”都是重要的。既不能把它简化成“语篇学”，没有“语义”；更不能把它简化成“语义学”，没有“语篇”。这就是“语篇语义学”的全部意义。

注释

1 Firth 对语音学、音系学也有独到的研究，因为跟本章无关，我们在此略而不提。

2 方括号内的字是引者所加，下同。

3 原文为斜体，下同。

4 英文是 colligation，确切含义我们将在 2.4 节解释。

5 在注释里，他提到还有音系衔接 (Halliday 1964/2002b: 22)。

6 即，Wash and core six cooking apples. Put them into a fireproof dish.

7 “人脉”是笔者建议的 tenor 的译名。这个术语早年一般译为“语旨”。朱永生 (1997) 建议改为“基调”。他援引了《柯林斯精选英语词典》的释义：the tenor of something is the general meaning or mood that it expresses，并认为没有一个语言学家把 tenor 定义为讲话的大意，因此正确的汉译应该是“基调”，表示“讲话的基本态度”。这个建议有两个问题。首先，Halliday 明确说，他的 tenor 表示 the role relationships among the participants，并不是 mood (“基本态度”)。其次，退一步说，即使有可能把这里的 tenor 解释成 mood，汉语的“基调”也不是其合适的译名。一般情况下，“基调”是 key 的译名，跟语调、口气有关。笔者认为，近年汉语界出现的新词“人脉”跟 tenor 在这里的意思很接近，不妨借用。跟“语场”、“语式”连用时，可以译作“语脉”，意为“用语言表示的人脉”。

8 框线是引者后加的。

9 “单变结构”是只有一个（可重复多次）变量的结构，如 Ford thought

Marvin wanted Zaphod to tell Trillian that... 中一再重复的宾语从句这种结构。“多变结构”则有多个变量，而且每个变量只使用一次，如 Ford bored Marvin。“同变结构”中的项目之间具有语义依赖性（这种关系可能已被语法化，也可能没有被语法化），其中的依赖项本身又可以成为被依赖项，如在说了 There was a robot. The android looked bored 之后，可以接下去说 And it stopped working。其中 the android 的解读依赖于 robot，而 it 的解读又依赖于 the android。

10 Halliday（1994b: 95）除了“提供、命令、叙述、提问”四种主要言语功能以外，也提到了“感叹、呼叫、问候、警告”四种次要功能。

11 “自指”是“自明指称”的缩写。其英文是 homophora，Halliday（1994b: 314, 393）的解释是 self-specifying, self-defining。

12 Halliday & Hasan（1976: 4）曾提出，当一个元素预设另一个元素，即不借助后者就不能有效地解码前者时，衔接关系就建立起来了。Martin 觉得“预设”这个概念一般理解为甲句子为假时，乙句子仍为真这种句子之间的关系，所以改用了“假设”（presumption）这个概念（Martin 1992: 101）。

13 从字面看，superordination 应该译为“上义关系”，但是实际上 Martin 用这个词概括的是人们一般所谓的“涵义关系”（sense），即，上下义、反义、同义。

14 Martin 对 consistency 的解释是“[It] has to do with the meaning ‘composed/consists in/be made up of’ and relates material to the object it constitutes”（Martin 1992: 306），所以此处译为“原料”。

参考文献

Bloomfield, L. 1933. *Language*. New York: Henry Holt.

Firth, J. R. 1930. *Speech*. London: Ernest Benn Limited.

Firth, J. R. 1934. The principles of phonetic notation in descriptive grammar. Reprinted in J. R. Firth. 1957b. *Papers in Linguistics, 1934-1951*. London: Oxford University Press.

Firth, J. R. 1935. The technique of semantics. Reprinted in J. R. Firth. 1957b. *Papers in Linguistics, 1934-1951*. London: Oxford University Press.

Firth, J. R. 1950. Personality and language in society. Reprinted in J. R. Firth. 1957b. *Papers in Linguistics, 1934-1951*. London: Oxford University Press.

Firth, J. R. 1951a. Modes of meaning. Reprinted in Firth, J. R. 1957b. *Papers in Linguistics, 1934-1951*. London: Oxford University Press.

Firth, J. R. 1951b. General linguistics and descriptive grammar. Reprinted in J. R. Firth. 1957b. *Papers in Linguistics, 1934-1951*. London: Oxford University Press.

Firth, J. R. 1957a. A synopsis of linguistic theory, 1930-1955. Reprinted in 刘润清等（编），1988，《现代语言学名著选读》。北京：测绘出版社。

Firth, J. R. 1957b. *Papers in Linguistics, 1934-1951*. London: Oxford University Press.

Halliday, M. A. K. 1961. Categories of the theory of grammar. *Word* 17 (3): 241-292. Reprinted in M. A. K. Halliday. 2002a. *On Grammar. The Collected Works of M. A. K. Halliday* Vol. 1 (ed. J. Webster). London: Continuum.

Halliday, M. A. K. 1964. The linguistic study of literary texts. In *Proceedings of the Ninth International Congress of Linguists*. Reprinted in M. A. K. Halliday. 2002b. *Linguistic Studies of Text and Discourse. The Collected Works of M. A. K. Halliday* Vol. 2 (ed. J. Webster). London: Continuum.

Halliday, M. A. K. 1967a. Notes on transitivity and theme in English. Part 1. *Journal of Linguistics* 3 (1): 37-81. Reprinted in M. A. K. Halliday. 2005. *Studies in English Language. The Collected Works of M. A. K. Halliday* Vol. 7 (ed. J. Webster). London: Continuum.

Halliday, M. A. K. 1967b. Notes on transitivity and theme in English. Part 2. *Journal of Linguistics* 3 (2): 199-244. Reprinted in M. A. K. Halliday. 2005. *Studies in English Language. The Collected Works of M. A. K. Halliday* Vol. 7 (ed. J. Webster). London: Continuum.

Halliday, M. A. K. 1968. Notes on transitivity and theme in English. Part 3. *Journal of Linguistics* 4 (2): 179-215. Reprinted in M. A. K. Halliday. 2005. *Studies in English Language. The Collected Works of M. A. K. Halliday* Vol. 7 (ed. J. Webster). London: Continuum.

Halliday, M. A. K. 1970. Language structure and language function. In J. Lyons (ed.). *New Horizons in Linguistics*. Harmondsworth: Penguin Books. 140-165.

Halliday, M. A. K. 1981. Text semantics and clause grammar. The Seventh LACUS Forum 1980. Reprinted in M. A. K. Halliday. 2002a. *On Grammar. The Collected Works of M. A. K. Halliday* Vol. 1 (ed. J. Webster). London: Continuum.

Halliday, M. A. K. 1985. *An Introduction to Functional Grammar.* London: Edward Arnold.

Halliday, M. A. K. 1992. Systemic grammar and the concept of a "science of language". *Journal of Foreign Languages* (2). Reprinted in M. A. K. Halliday. 2003. *On Grammar and Linguistics. The Collected Works of M. A. K. Halliday* Vol. 3 (ed. J. Webster). London: Continuum.

Halliday, M. A. K. 1994a. Systemic theory. In R. E. Asher (ed.). *The Encyclopedia of Language and Linguistics* Vol. 8. Oxford: Pergamon. Reprinted in M. A. K. Halliday. 2003. *On Grammar and Linguistics. The Collected Works of M. A. K. Halliday* Vol. 3 (ed. J. Webster). London: Continuum.

Halliday, M. A. K. 1994b. *An Introduction to Functional Grammar* (2nd edition). London: Edward Arnold.

Halliday, M. A. K. 2001. On the grammatical foundations of discourse. In S. Z. Ren, W. Guthrie & J. W. R. Fong (eds.). *Grammar and Discourse: Proceedings of the International Conference on Discourse Analysis.* Reprinted in M. A. K. Halliday. 2006. *Studies in Chinese Language. The Collected Works of M. A. K. Halliday* Vol. 8 (ed. J. Webster). London: Continuum.

Halliday, M. A. K. 2005, *Studies in English Language. The Collected Works of M. A. K. Halliday* Vol.7 (ed. J. Webster). London: Continuum.

Halliday, M. A. K. & R. Hasan. 1976. *Cohesion in English.* London: Longman.

Halliday, M. A. K. & R. Hasan. 1985. *Language, Context, and Text: Aspects of Language in a Social-Semiotic Perspective.* Geelong, Vic.: Deakin University Press. Reprinted by Oxford University Press. 1989.

Halliday, M. A. K. & C. M. I. M. Matthiessen. 2004. *An Introduction to Functional Grammar* (3rd edition). London: Edward Arnold.

Lyons, J. 1968. *An Introduction to Theoretical Linguistics.* Cambridge: Cambridge University Press.

Malinowski, B. 1923. The problem of meaning in primitive languages. In C. K. Ogden & I. A. Richards. *The Meaning of Meaning: A Study of the Influence of Language upon Thought and of the Science of Symbolism*. London: Routledge and Kegan Paul.

Mann, W. C. & S. A. Thompson. 1987. Rhetorical structure theory: A theory of text organization. In L. Polanyi (ed.). *The Structure of Discourse*. Norwood, NJ: Ablex.

Martin, J. R. 1992. *English Text: System and Structure*. Amsterdam: John Benjamins.

Martin, J. R. 2000. Beyond exchange: APPRAISAL systems in English. In S. Hunston & G. Thompson (eds.). *Evaluation in Text: Authorial Stance and the Construction of Discourse*. Oxford: Oxford University Press.

Martin, J. R. & D. Rose. 2003. *Working with Discourse: Meaning beyond the Clause*. London: Continuum.

Martin, J. R. & D. Rose. 2007. *Working with Discourse: Meaning beyond the Clause* (2nd edition). London: Continuum.

Martin, J. R. & P. R. R. White. 2005. *The Language of Evaluation: Appraisal in English*. New York: Palgrave Macmillan.

Ogden, C. K. & I. A. Richards. 1923. *The Meaning of Meaning: A Study of the Influence of Language upon Thought and of Science of Symbolism.* London: Routledge and Kegan Paul.

Wittgenstein, L. 1953. *Philosophical Investigations,* trans. G. E. M. Anscome. Oxford: Basil Blackwell.

朱永生，1997，话语基调的含义与主要内容，《外国语》（1）：26-31。

作者简介

姜望琪　北京大学教授、博士生导师。主要研究方向：系统功能语法、语用学、英汉对比及翻译。1980 年 9 月在英国利兹大学获语言学硕士。1989 年任北京大学副教授，2001 年晋升教授。已出版《语用学——理论及应用》、《当代语用学》，参与主编《语言学教程》等，并发表论文数十篇。

通讯地址：北京大学外国语学院语言所

电子邮箱：jgwgq@pku.edu.cn

第七章

语域和语类研究综述

朱永生　复旦大学

1. 引言

语域（register）和语类（genre）是两个与语境紧密相关的领域。

语域是语言的功能变体（functional variety of language），受情景语境（context of situation）中话语范围（field of discourse）、话语基调（tenor of discourse）和话语方式（mode of discourse）三大要素的支配，也可以说是受语言使用的影响。

语类是人类社会文化活动方式在语言中的体现，受文化语境（context of culture）的支配。

自20世纪下半叶以来，系统功能语言学派为了阐释语言的内部工作机制，提出了各种与语域和语类紧密相关的语境理论（如Halliday 1978；Gregory 1967；Ure & Ellis 1977；Fawcett 1980；Martin 1985，1992等）。在这些理论中，Halliday和Martin的语境模型影响最大。前者以其对语境变量与语言纯理功能的耦合关系（hook-up relationship）的研究而产生广泛的影响，后者则因其对文化语境所作的进一步切分和对话语宏观结构（schematic structure）所作的解释而受到广泛的关注。

在这里，我们将对系统功能语言学派在语境理论方面所作的研究进行综述，重点论述Halliday和Martin的语境模型，并就Hasan等其他语言学家以及中国学者所作的贡献进行评论，最后对未来的发展趋势进行展望。

2. 系统功能语言学派对语境思想的贡献

2.1 前人的贡献

语境思想始于人类学家 B. Malinowski。他分别于 1923 年和 1935 年提出了“情景语境”（context of situation）和“文化语境”（context of culture）的概念。

Firth（1950，1957）是最早接受 Malinowski 语境思想的语言学家，并把语境概念引入语言学，使它成为语言学研究的重要内容之一。值得后人铭记的是，Firth 对语境因素进行了归纳，把它们分成以下三种类型：

1. 参加者的有关特征：任务，性格
   （a）参与者的言语活动；
   （b）参与者的非言语活动；
2. 相关事物；
3. 言语活动产生的影响。

Firth 所作的这种分类，是语境研究史上的首次尝试，因而具有十分重要的开拓意义和深远的历史意义。令人遗憾的是，在其有生之年，Firth 没有时间和精力去研究语境因素和语义结构之间的对应关系，从而进一步完善他的语境理论。他的未竟事业是由他的学生 Halliday 继承并发展的。

然而，在我们回顾 Halliday 对语境研究所作的贡献之前，必须提及 Jakobson 这位并不属于系统功能语言学派的语言学大家，因为他在 1960 年题为《语言学与诗学》（Linguistics and poetics）的著名文章中曾经对语境因素与语言功能之间的对应关系进行了探讨。Jakobson 把语境因素总结为以下六种：说话者（addresser）、受话者（addressee）、上下文（context）、信息（message）、代码（code）和接触（contact）。他指出，这六个语境因素分别支配着语言中的六个不同功能：情感功能（emotive function）、意动功能（conative function）、指代功能（referential function）、诗歌功能（poetic function）、元语言功能（metalingual function）和寒暄功能（phatic function）。不难看出，Jakobson 在这篇文章以及后来的论著中虽然没有谈及语境因素对语义结构的支配关系，但他已经把 Firth 所作的研究向前推进了一大步。

2.2 Halliday 的语境模型与 Martin 的语境模型

2.2.1 Halliday 的语境模型

受导师 Firth 的影响，Halliday 很早就开始重视对语境的研究，并把语域看做研究的重点。他于 1964 年在《语言的使用者与使用》(The users and uses of language) 这篇文章中第一次从 Reid (1956) 那里接过了语域这个术语，并于 1978 年建立了下面这个最初的语境模型：

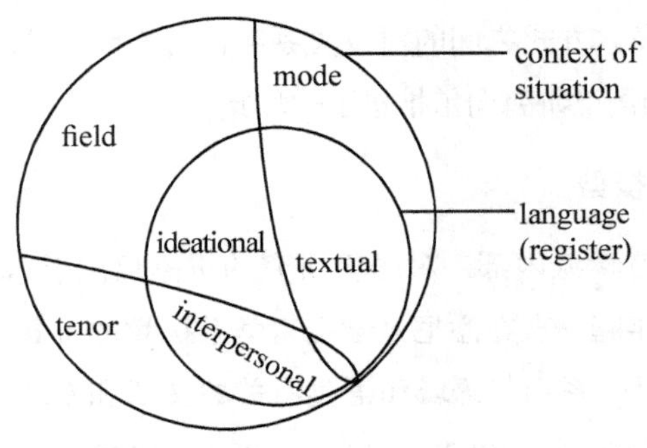

图 1　Language and social context　(Halliday 1978)

这个模型包含了三个变量："范围"(field)、"方式"(mode) 和"基调"(tenor)。范围指的是话语活动的话题和场合等因素，有技术性 (technical) 和非技术性 (non-technical) 之分；方式指的是语言交际的渠道，有口头交际、书面交际以及后来出现的电子交际等；基调指的是讲话者与受话者之间的人际关系，即 Gregory & Carroll (1978) 所说的"个人基调"(personal tenor)。

这个模型还有两点值得注意。第一，Halliday 认为，文化语境和情境语境属于同一层次的概念，因此它们之间存在示例关系 (instantiation) 而非体现关系 (realization)。换言之，情境语境是文化语境的缩影，不同类型的情境语境反映了文化语境的不同方面。第二，Halliday 把语言系统分成语义层、词汇语法层和语音层三个层次。他认为，相邻层次之间的体现关系是自然的 (natural)，两者之间的关系是语义层激发 (activate) 词汇语法层、词汇语法层解释 (construe) 语义层的辩证关系。而语境层与语义层之间的关系与语义层和词汇语法层之间的关系一样，也是有动因的辩证关系。具体地说，语境变量话语范围所激发的是语义系统中的概念功能，话语基调所激发的是人际功能，而话语方式所激发的是语篇功能。

需要指出的是，在后来的研究（如 Halliday 1978，1985，1990，1994；Halliday & Hasan 1985）中，Halliday 发现，概念功能、人际功能和语篇功能都有各自的语义表达方式。具体地说，概念功能是由及物性（transitivity）和语态（voice）体现的，人际功能是由语气（mood）和情态（modality）体现的，语篇功能是由主位结构（thematic structure）、信息结构（information structure）和衔接手段（cohesive devices）体现的。这就把外界的语境因素与抽象的语义功能和具体的语言表达方式之间的对应关系交代得一清二楚，从而把 Firth 和 Jakobson 当年所作的语境研究向前推进了一大步。

2.2.2 Martin 的语境模型

在系统功能语言学派内部，对语境研究的贡献仅次于 Halliday 的是出生于加拿大、自 1975 年起一直在悉尼大学语言学系执教的 J. R. Martin。在过去的 25 年中，他发表了一系列与语域和语类有关的文章和专著（如 Martin 1983，1984，1985，1992，1993a，1993b，1997a, 1997b, 1999, 2000, 2001a, 2001b, 2006，2007，2009；Martin & Rothery 1980，1986；Christie, Martin & Rothery 1989；Christie & Martin 1997，2007；Cranny-Francis & Martin 1993，1994，1995；Eggins & Martin 1997；Martin & Plum 1997；Martin & Rose 2003，2008；Martin，Zappavigna & Dwyer 2009）。

Martin 首先接触的是 Gregory 的语境理论。Gregory & Caroll（1978）认为语境由三个变量组成，除了“范围”（field）和“方式”（mode）之外，还有“基调”（tenor）。“基调”既包括上面提到的“个人基调”，还包括没有被 Halliday 采纳的“功能基调”（functional tenor），即话语目的。Martin 试图折衷 Halliday 和 Gregory 的观点，建立一个能更好地服务于教学的语境模型。这就涉及如何为“功能基调”定位的问题。最初，Martin & Rothery（1980）把它看做由范围、基调和方式所体现的变量，属于语篇的“社会目的”（social purpose）。这一语境变量关系到语篇的整体组织，它和语篇宏观结构（schematic structure）的关系如同其他语境变量和语言纯理功能之间的关系一样。为了避免和“个人基调”（即 Halliday 所说的 tenor）混淆，Martin 使用了“语类”（genre）来重新命名这个语境变量，同时也赋予它更为广泛的意义：“语言用以体现文化的、分阶段实施的、有目的的社会过程”（Martin & Rothery 1986: 243）。Martin 还用“语域”（register）这一术语取代 Halliday 的“情景语境”，以涵盖话语范围、话语基调和话语方式这三个语境变量。

Martin（1992: 507）认为，在“语类”之上有一个更高的、更抽象的层面——“意识形态”（ideology）。所谓“意识形态”，就是指“构成一种文化的编码倾向系统”，这个系统可以使语类、语域、语言中的自由选项按照阶层、性别、年龄、种族有倾向性地展示给语言使用者。它关系到符号系统的进化和话语权力的重新分配。

Martin 于 1992 年提出的语境模型可以用图 2 直观地表示：

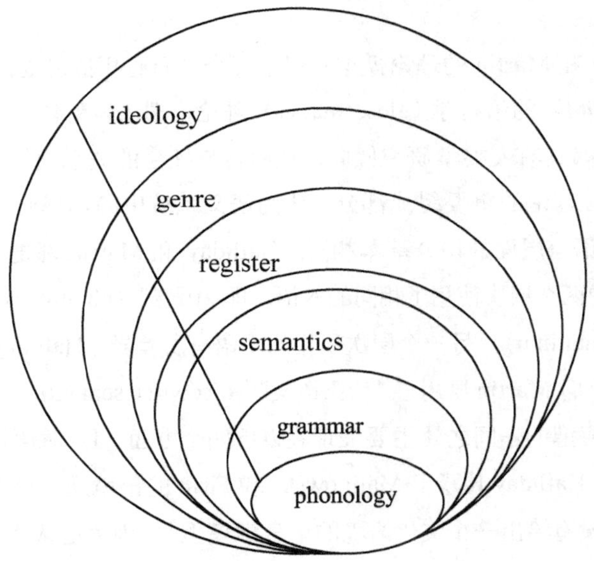

图 2　Language and its semiotic environment　(Martin 1992: 496)

2.2.3 两个模型的对比

Martin 的语境模型和 Halliday 的语境模型既有相似之处，又有不同之处。在这里，我们将对其相同之处和不同之处进行客观的论述。为了直观起见，我们首先用图表的形式把这两个模型的各层面作一下对比：

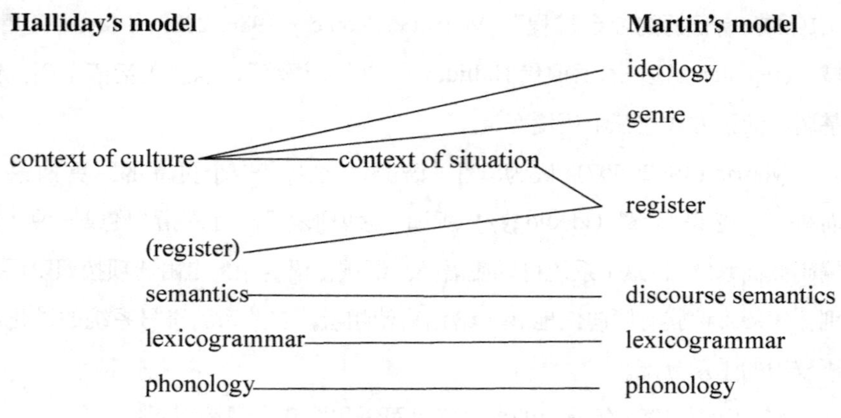

图 3 Halliday 和 Martin 语境模型对比

Halliday 和 Martin 的理论模型在以下三个方面有相似之处：1）都借鉴了 Hjelmslev（1961）的语符学（glossematics）理论，把语言看做一个多层次的符号系统；2）都具有人类学研究倾向，从语言与社会的关系出发研究语言，把语境作为语言理论的重要组成部分，认为语义系统中的选择受到社会结构的控制；3）对语言层面的切分基本相同。Halliday 和 Martin 都把语言切分为三个层次，其中两个层次使用了相同的术语，即“语音”（phonology）和“词汇语法”（lexicogrammar），另一个层次所用的术语有所差异，Halliday 用了“语义”（semantics），而 Martin 则用了“话语语义”（discourse semantics）。

这两个模型的不同之处主要表现在以下四个方面：1）对语境层面的切分不完全相同。Halliday 传承了 Malinowski 和 Firth 的语境观，没有对语境进行层面切分，“没有给出一个文化语境的语言学模型”，因为他认为“这样的东西尚不存在”（Halliday 1985: 47）。Martin 则把语境切分为三个交际层面：语域、语类和意识形态。在他的语境模型中，语域、语类和意识形态不像 Halliday 模型中的文化语境和情景语境处在一条横轴上，而是处于一条纵轴上，即它们有上下之分，属于不同的层面。这三个层面中直接与语言发生关系的是语域。2）对语境各层面的内部切分不同。Halliday 对语境层面的两种表现形式，即文化语境和情景语境都没有作进一步的切分。他把构成情景语境的诸因素理论化为三个变量，即话语范围、话语基调和话语方式。这三个语境变量没有层次之分，而是如同三棱柱的三个面，有机地结合成一个整体。而 Martin 则根据 Hjelmslev 的语符学原理对各层面以两分法作了切分。他把每一个层面都看做一个由内容层面和表达层面构成的符号系统。3）层面之间的关系不同。在 Halliday 的模型中存在两种关系。一种关系是在同一层面上文化语境和情景语境之间的“示例关系”，另一种关系则存在于相邻的上下两个层面之间，即情景语境与语义系统之间、语义系统与词汇—语法系统之间、词汇—语法系统和语音系统之间的“体现关系”(Halliday 1978: 39-46)。Martin (1992) 根据 Hjelmslev 的语符学理论，认为下一层面是上一层面的表达层面，即语言是语域的表达层面，语域是语类的表达层面，语类是意识形态的表达层面。语言内部的三个层次也分为两个层面，“话语语义”和“词汇—语法”两个层次构成内容层面，“语音”层单独构成表达层面。4）出发点不尽相同。Halliday 在其语言理论中引入语境这一层面，其根本出发点在于从语言外部，即社会结构来诠释语言这个本身并非封闭、自足的系统。对于语义功能和语义结构的选择，Halliday 都从情景语境和文化语境中找到了解释。在作这些解释时，Halliday 主要以小句作为分析单位。虽然他对跨句的衔接关系作了系统、深入的研究 (Halliday & Hasan 1976)，但很少涉及整个语篇的结构。而 Martin 的着眼点在于语篇的宏观结构。他讨论语言的概念功能、人际功能、语篇功能时更多的是以语篇为基本单位，这体现在他把语言的语义系统命名为“话语语义”，与 Halliday 的“社会语义”相区别。他从语境中抽象出“目的”(purpose) 这一概念，并把它提升为语类层面，其根本目标就是用它来解释语篇的宏观结构。在 Martin (1992) 看来，语类就是统管语域各因素之间关系的网络，该网络把各种语篇类型联系起来，而这种联系工作却是任何一个语域因素都难以独立胜任的。概言之，如果说 Halliday 的着眼点主要在于语言的系统，那么 Martin 的着眼点则主要在于语言使用的过程。

Martin 在语域和语类这两个问题上提出了与 Halliday 不同的观点，遭到了 Hasan (1995) 的严厉批评。朱永生、徐玉臣 (2005) 曾就此发表文章表达了自己的看法。

2.2.4 对 Halliday 语境模型的评论

Halliday 语境模型的主要贡献就是把情景语境的各种构成因素理论化为话

语范围、话语基调和话语方式三个变量。这个理论概括克服了其他语言学派的语境观因语境因素过于琐碎、难以取舍所造成的困难，因而比较系统地解释了语境对语义选择的制约作用。然而，这个语境模型仍存在一些值得进一步深入探讨的问题。

第一，情景语境对文化语境的示例关系显得过于简单。对于情景语境如何体现文化语境这个问题，该模型没有详细阐述。我们认为，三个变量之间不是彼此孤立的，它们的取值是相互影响的。

第二，情景语境因素对语义系统的制约关系尚需进一步完善。Halliday 的理论模式对这种关系的描述是：话语范围决定概念功能，话语基调决定人际功能，话语方式决定语篇功能。但在我们看来，这并没有充分反映情景语境对语义结构选择的影响，语境因素与语义结构之间不是单纯的一一对应关系，而是一种多元对应关系。这种关系需要更加深入而系统的论证。

第三，Halliday 的语境模型对语类的定位不够明确。一方面，他（Halliday 1978: 62）指出，"话语方式大致包括 Hymes 所说的渠道（channel）、基调和语类"，认为语类是话语方式的一个构成因素，属于语言外的；另一方面，他又把语类从语境概念中分离出来，从传统的修辞学角度把它看做按形式对话语进行分类的概念，因而属于语言内的。这两种不同的含义应该得到统一。

2.2.5 对 Martin 语境模型的评论

Martin 在语境模型建构方面所作的贡献主要表现在以下两个方面。

首先，他把 Halliday 的语境模型中没有得到充分论证的文化语境概念具体化为两个层面，即语类和意识形态，并对这两个层面，尤其是对语类，作了进一步探讨，从而给文化语境这一原先比较空泛的概念增加了具体的内容。

其次，他从人类语言学角度界定语类概念，把它看做社会交际活动类型，并把交际的各个阶段与语篇的宏观结构成分联系起来，从理论上更加有力地解释了语篇宏观结构的生成规律。

然而 Martin 的语境模型并不完善，在以下几个方面值得商榷。

第一，语域的概念需要进一步解释。Martin（1992）表示，他借用了 Halliday 的语域概念，并拓展其外延，使之涵盖 Halliday 的情景语境概念。但他（Martin 1999: 29）又表示，"在 Halliday 使用'情景语境'这一术语的地方，我们使用语域"，"这种差异仅仅是术语上的"。这样，Martin 似乎完全把语域等同于 Halliday 的情景语境概念，这显然与他最初给语域所作的界定相左。我们认为，用"语域"专指 Halliday 的情景语境概念是欠妥的，因为作为系统功能语言学中的一个确立已久的术语，语域已有自己特定的含义，如果用它指别的东西，尤其是另一个已有确定名称的东西，不仅没有必要，而且必然会引起术语运用上的混乱和误导。再者，正如 Hasan（1995）所批评的那样，用"语域"这个术语统称 Halliday 所说的语域和情景语境，在理论上没有充足的理由。语域本来是指语言的功能变体，它与情景语境既有密切的联系，又有区别。语域本身属于语言，而情景语境则是语言外的。如果把两者合并起来，根据 Hjelmslev 的语符理论，就等于承认两者的一致（conformal）关系，即它们的构成成分之间存在着一一对应的关系，而这种关系的效度是值得怀疑的。

第二，关于层面划分也有需要进一步澄清的问题。Martin 的语境模型初步建立时，从意识形态到语言每一个层面本身都是一个符号系统，其中的表达层面又分别构成一个符号系统。这样整体的符号系统，按照 Hjelmslev 的定义，已不再是一个内包式符号，而应该是一个元符号（metasemiotic）；严格地说，只有语域才真正是一个内包式符号，因为只有它的"表达层面"是由一个外延式符号（语言）的表达层面和内容层面构成的。为此，Martin 受到 Hasan（1995）的批驳。作为对 Hasan 的回应，Martin（1999）对他的语境模型作了调整。他把语域和语类共同作为内容层面，把语言作为表达层面，建构起一个单一的内包式符号，如下图所示。

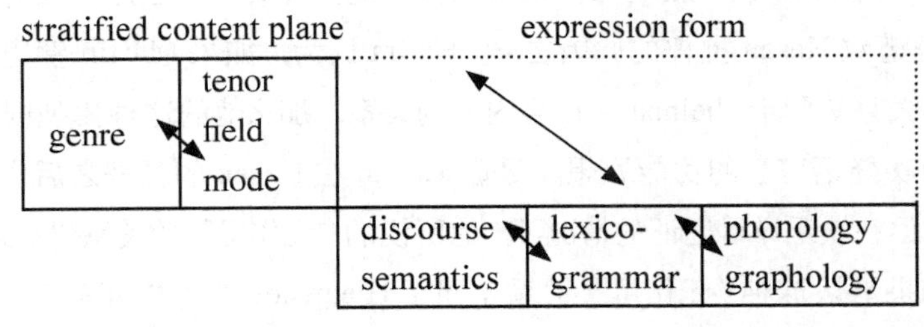

图 4　Connotative semiotic　(Martin 1999: 40)

这个图示虽然解决了内包式符号的概念问题，但是，意识形态这一层面应放在什么位置？是否应该纳入内容层面？它与语类和语域的关系如何？这些问题需要得到解释。此外，构成内容层面内部结构的语域和语类这两个层次之间是什么关系？如果还是内容与表达之间的关系，那么这种新的模型与原来的模型就没有差异；如果不是，它们之间又是什么关系？这些问题也需要得到进一步的阐述。

第三，各层面之间的关系有待进一步讨论。Hasan (1995) 对 Martin 语境各层面之间的模糊关系作了尖锐的批评，对此我们表示赞同。最初，Martin 把相邻的上下两层面之间的关系界定为内容和表达之间的关系，对这种关系的性质，他在后来的补充说明中认定为"元作用于"的性质。对这种关系，我们存有几点疑问。

(1) 内容层面和表达层面是借用 Hjelmslev 语符学中的概念。Hjelmslev 将一个符号切分为内容和表达两个层面，每一个层面又被切分为两个层次，即"意义"(purport) 和"形式"(form)。这两个层次之间的关系是任意的，而内容和表达两个层面之间的关系性质是"一致的"(solidary)，这种一致的关系实质上也是任意的。Hjelmslev 的这种观点是对 Saussure (1966) 符号观的继承和发展。如单词 ring 所代表的现实世界属于内容层面的意义层，单词 ring 本身为内容层面的形式层，其音序序列属于表达层面的意义层，这个序列所表示的发音为表达层面的形式层。值得指出的是，Martin 在借用这一对术语时，没有对它们之间的关系作详细的解释，再加上他同时借用了 Hjelmslev 的"符号"、"外延式符号"和"内包式符号"等概念，客观上使人认为他所讨论的符号概念基本等同于 Hjelmslev 所说的符号，两者在符号的内部关系上也是一致的。这种效果正是遭致 Hasan 批评的原因之一。Hasan 认为，如果 Martin 模型中各层面之间的关系等同于 Hjelmslev 符号内部的关系，那么他的这种模型则完全偏离了系统功能语言学的功能思想。尽管 Martin 在 Hasan 的批评之后作了简单的说明，但在缺乏详尽论证的情况下，他所说的"元作用"的关系仍令人怀疑。再者，如果承认这种"元作用"关系不同于 Hjelmslev 符号内部关系，Martin 的符号结构则不同于 Hjelmslev 的符号结构，这就会影响 Martin 的"内包式符号"语境模型的内部效度，因为这种"元作用"关系与语符学理论没有任何关系。

(2) 对意识形态层面如何"元作用于"语类层面，Martin 的理论缺乏有力的论证。在他的模型中，意识形态层面的研究还很薄弱，这直接影响到对该层面与下一层面之间的关系的描述。只有当意识形态层面有了较为充分的描写，它与语类层面之间的关系才能真正建立起来。

(3) 关于语类和语篇宏观结构的关系，一方面，Martin 认为“语篇结构是在语类层面上生成的”，另一方面，他又表示，“语类的选择决定与语篇结构的具体成分相关的话语范围、话语基调、话语方式的选择”（Martin 1992: 505）。究竟是语类直接决定语篇的宏观结构，还是需要通过语域的选择起作用，这个问题也讲得不够清楚。

2.3 其他语言学家的贡献

在语域与语类这两个方面，Hasan 所作的研究有着很重的分量。她除了和 Halliday 于 1985 年合著过《语言、语境与语篇：社会符号视角中的语言面面观》（*Language, Context, and Text: Aspects of Language in a Social-semiotic Perspective*）以外，还于 1985 年单独出版了专著《语言学、语言与语言艺术》（*Linguistics, Language and Verbal Arts*），并从 20 世纪 70 年代起，发表了许多论文，其中包括《语码、语域与社会方言》（Code, register and social dialect）（1973）、《说话方式：表义方式》（Ways of saying: Ways of meaning）（1984）、《语篇中的语境概念》（The conception of context in text）（1995）、《识读能力、日常交谈和社会》（Literacy, everyday talk and society）（1996）和《根据语境说话》（Speaking with reference to context）（1999）等。

Hasan 的主要贡献包括两个方面：1）在语域方面，从多个角度出发，通过使用多种语料，探讨了语篇与语境之间的紧密联系，印证和支持了 Halliday 有关语境因素与语义结构之间的对应关系；2）在语类方面，提出了“语类结构潜势”（generic structure potential）理论，并通过对买卖对话（service encounter）等真实话语的分析，发现了语境因素对语类结构完整性和适合性的支配作用，从理论和实践两个方面丰富了 Halliday 的语境思想。

除了 Hasan 以外，Gregory，Ventola，以 Martin 为代表的悉尼学派（Sydney School），Swales 和 Bhatia 等人也在这个领域作出了自己的贡献。

Gregory 早在 1967 年就发表了题为《语言变体区分面面观》（Aspects

of varieties differentiation）的论文，分析了如何识别不同语言变体的方法。1978 年，他又和 Caroll 合作出版了语域研究方面的重要著作《语言与情景：社会语境中的语言变体》（*Language and Situation: Language Varieties in Their Social Context*），提出了“话语范围”（field of discourse）、“话语基调”（tenor of discourse）和“话语方式”（mode of discourse）的概念，这与 Halliday 提出“话语范围”（field of discourse）、“话语风格”（style of discourse）和“话语方式”（mode of discourse）三大概念几乎同步，而且 Halliday (1978) 不久便放弃了“话语风格”这个含义模糊的术语，接受了他的三分法。令人遗憾的是，Gregory 后来在语域研究方面并没有提出过有实质性的新见解。

Ventola 的贡献主要表现在语类研究上。从 20 世纪 80 年代初她就开始发表文章，研究语类结构与社会文化之间的紧密联系。她的主要成果有论文《语类动力学》（The dynamics of genre）（1983a），《市场买卖活动图式结构对比》（Contrasting schematic structures in service encounters）（1983b），《语篇的语类特征和语域特征及其体现方式》（Generic and register qualities of texts and their realization）（1995），以及专著《社会互动的结构：以系统语言学的方法研究市场买卖活动中的符号学》（*The Structure of Social Interaction: A Systemic Approach to the Semiotics of Service Encounters*）（1987）等。

以 Martin 为代表的悉尼学派从 20 世纪 80 年代起就把语境理论，尤其是语类理论，应用于语言教学。他们最初关心的是小学，然后是中学和大学阶段移民、土著和劳动人民家庭的子女在学习写作过程中的需求，强调的是语类的语言结构和符号结构，并把这种研究看做系统功能语言学中语言与社会语境模型的一个组成部分。主要成果有 Cope & Kalantzis (1993)、Christie & Martin (1997)、Eggins & Martin (1997)、Feez (1998)、Hood (2010)、Martin & Rose (2008) 和 Unsworth (2000)。

在应用语言学语类理论方面，除了悉尼学派，还有两个研究传统：一是以 Swales 和 Bhatia 为代表的“特殊用途英语”（English for specific purposes，简称 ESP），一是以 Miller 为代表的“新修辞学”（new rhetoric）。

ESP 关心的是大学阶段以非英语为母语的学生学习学术性话语的需要，强调的是语类的交际目的以及相关的语言特征。具有代表性的成果有（Swales

1990，1998，2004）、Bhatia（1993，2004，2007）和 Hyland（2004）等。

新修辞学关心的是人们如何使用语类以实现特定语境中的特定目的，强调的是人们如何通过语类实施社会行为并体现语言使用者之间的相互关系。主要成果有 Miller（1984），Bazerman（1988），Berkenkotter & Huckin（1995），Freedman & Medway（1994a，1994b），Coe，Lingard & Teslenko（2002），Bazerman & Russell（2002）和 Bazerman，Bonini & Figueiredo（2009）。

上述两种研究传统在中国得到了积极的响应，被广泛应用于英语教学，主要成果有：秦秀白（1997，2000）、韩金龙、秦秀白（2000）、韩金龙（2001）、陈平（1993）、李森（2002）、李科（2003）、李瑞芳（2004）、李红梅（2005）、温植胜（2005）和鞠玉梅（2004）等。

有关悉尼学派、特殊用途英语和新修辞学这三个传统的区分，可参阅 Hyon（1996），Christie（2008），Hyland（2000，2002，2003，2004，2007），Yunick（1997）和 Grabe & Kaplan（1996）。有关上述三种研究对教学的应用价值，可参阅 Johns（2002）。有关语类研究对二语写作教学的实际作用，可参阅 Hyland（2004）。

2.4 我国语言学界的贡献

近三十多年来，针对语域和语类这两方面，我国语言学界无论是在理论评介还是实际应用上，都取得了可喜的成绩。

评介方面的成果有：胡壮麟、朱永生、张德禄合著的《系统功能语法概论》（1989）、胡壮麟、朱永生、张德禄、李战子合著的《系统功能语言学概论》（2005）、朱永生、严世清合著的《系统功能语言学多维思考》（2001）、朱永生的《语境动态研究》（2005）、胡壮麟的 Differences in mode（1984）、《九十年代的语篇分析》（1992）、《语境研究的多元化》（2002）、《系统语言学的语类研究》（2004a）、朱永生、徐玉臣合作的《Halliday 和 Martin 语境模型的对比》（2005）、徐玉臣（2006）的《“语境——纯理功能耦合假说”的多维关系研究》、张德禄的《语域理论简介》（1987）、《论语域的预测能力》（1990a）、《语类研究框架研究》（2002b）和《语类研究概览》（2002c）、张德禄与马磊合作的《论实用文体语类结构潜势》（2002）、杨信彰的《系统功能语言学与教育语篇分析》

(2007) 和《多模态语篇分析与系统功能语言学》(2009)、辛斌的《体裁互文性的社会语用分析》(2002)、于晖的《语篇体裁结构潜势及其应用》(2001) 和《语篇体裁分析：学术论文摘要的符号学意义》(2003) 等。这些成果最大的特点就是在客观介绍的基础上提出作者自己的见解。虽然不一定成熟，但体现了拒绝盲从的创新精神。缺点是深度不够，系统性不足。

应用方面的成果有：胡壮麟的《现代汉语言语类型及其修辞功能》(1990)、《可证性，新闻报道和论辩语体》(1994)、《汉语的可证性和语篇分析》(1995)、《乔姆斯基语篇劝说力剖析》(1997a)、《开发电子邮件的研究功能》(1997b)、《语篇分析在教学中的应用》(2001)、《超文本小说——一种基于电子技术的新文学体裁》(2004b)、《意义的多模态构建——对一次 PPT 演示竞赛的语篇分析》(2006a)、《博客——一种新的网络交流形式》(2006b) 和《PowerPoint——工具，语篇，语类，文体》(2007)、方琰的《Hasan 的"语体结构潜势"理论及其对语篇分析的贡献》(1995)、《浅谈语类》(1998) 和《语篇语类研究》(2002)、方琰与兰青合作的《Hasan 的语类结构潜势理论在英语应用文写作教学中的应用》(1997)、方琰、曹莉和孙郁根合作的《经典影片精彩片断语言评析》(2001)、方琰与方艳华合作的《以语类为基础的应用文英语写作教学模式》(2002)、蔡慧萍与方琰合作的《语类结构潜势理论与英语写作教学模式实践研究》(2007)、张德禄的《语域变异理论与外语教学》(1990b)、《语类研究的范围及其对外语教学的启示》(2002a)、杨信彰的《英语学术语篇中的评论附加语》(2006a)、《名词化在语体中的作用：基于小型语料库的一项分析》(2006b)、《英语的情态手段与语篇类型》(2006c)、李国庆的《概念主位的经验内容与微型语域的语篇体裁——从小说 < 老人与海 > 所想到的》(2003a)、《主位推进模式与语篇体裁——< 老人与海 > 分析》(2003b)、《连接词在语篇的体裁构建和语篇体裁辨认上的贡献》(2005a) 和《试论及物性系统结构与语篇体裁》(2005b)、陈冬纯的《商务英语公函的体裁与撰写策略》(2003)、崔艳嫣、王同顺的《英语学术讲座的宏观结构与微观结构》(2004)、葛冬梅、杨瑞英的《学术论文摘要的体裁分析》(2005)、许菊的《商务英语公函的体裁分析》(2004)、张菊芬的《语境在语类中的语言体现——告别演说和讣告的对比研究》(2002)、章远荣的《语篇的文体分析、语域分析和体裁分析》

(1997) 和赵福利的《英语电视新闻导语的语步结构分析》(2001) 等。这些成果的显著特点是覆盖面很广，并不完全局限于课堂教学。

3. 未来的发展趋势

根据近年来已经取得的研究成果，我们认为，语域和语类研究在今后的十年中将会有进一步的发展。

在语类研究方面，系统功能语言学家们将采用多学科视角，尤其是从语言类型学的角度，综合多学科的研究成果，进一步探讨语类与文化的相互关系、语类在整个符号系统中的位置及其与其他层面 (plane) 的关系，并把研究成果用来指导学校的教学实践。

在语域研究方面，系统功能语言学家们将进一步深化语境三要素的研究以及这些要素与语义结构对应关系的研究。具体地说，他们将吸收相关理论的长处，如 Bernstein (1975，1990，1996，1999) 的语码理论和话语理论，加深对话语范围的研究；从个性化 (individuation) 和身份 (identity) 的角度研究话语基调的评价意义 (如 Martin 2001a，2001b，2006，2009，in Press；Martin & Rose 2003，2008)，从多模态 (multimodality) 的角度来研究话语方式 (如 Kress & van Leeuwen 2001，2006；van Leeuwen 2003，2005，2006；Lemke 1998； O'Halloran 1999；Royce 1998；Martin 2010)。

作为中国学者，我们应当密切关注国外的最新发展动态，并在此基础上找出中国文化背景下的语域特征和语类特征。这是一项艰巨而不可推卸的任务。

参考文献

Bazerman, C. 1988. *Shaping Written Knowledge: The Genre and Activity of the Experimental Article in Science.* Madison: University of Wisconsin Press.

Bazerman, C., A. Bonini & D. Figueiredo (eds.). 2009. *Genre in a Changing World: Perspectives on Writing.* Fort Collins, Colorado: The WAC Clearinghouse and Parlor Press. Available at http://wac.colostate.edu/books/genre/

Bazerman, C. & D. Russell. 2002. *Writing Selves/Writing Societies: Research from*

Activity Perspectives: *Perspectives on Writing*. Fort Collins, Colorado: The WAC Clearinghouse and Mind, Culture, and Activity. Available at http://wac.colostate.edu/books/selves_societies/

Berkenkotter, C. & T. N. Huckin. 1995. *Genre Knowledge in Disciplinary Communication: Cognition/Culture/Power*. Hillsdale, NJ: Lawrence Erlbaum.

Bernstein, B. (ed.). 1975. *Class, Codes and Control 3: Towards a Theory of Educational Transmissions*. London: Routledge & Kegan Paul.

Bernstein, B. (ed.). 1990. *Class, Codes and Control 4: The Structuring of Pedagogic Discourse*. London: Routledge.

Bernstein, B. 1996. *Pedagogy, Symbolic Control and Identity: Theory, Research, Critique*. London: Taylor & Francis. Revised edition 2000.

Bernstein, B. 1999. Vertical and horizontal discourse: An essay. *British Journal of Sociology of Education* 20 (2): 157-173.

Bhatia, V. K. 1993. *Analyzing Genre: Language Use in Professional Settings*. London: Longman.

Bhatia, V. K. 2004. *Worlds of Written Discourse: A Genre-Based View*. London: Continuum.

Bhatia, V. K. 2007. Interdiscursivity in critical genre analysis. In *Proceedings of SIGET 2006*. Santa Catarina, Brazil.

Christie, F. 2008. Genre and institutions: Functional perspectives on educational discourse. In M. Martin-Jones, A. M. de Mejia & N. H. Hornberger (eds.). *Encyclopedia of Language and Education Vol. 3: Discourse and Education* (2nd edition). New York: Springer & Business Media LLC. 1-12.

Christie, F. & J. R. Martin (eds.). 1997. *Genre and Institutions: Social Processes in the Workplace and School*. London: Cassell.

Christie, F. & J. R. Martin (eds.). 2007. *Language, Knowledge and Pedagogy: Functional Linguistic and Sociological Perspectives*. London: Cassell.

Christie, F., J. R. Martin & J. Rothery. 1989. Genres make meaning: Another reply to Sawyer and Watson. *English in Australia* (90): 43-59.

Coe, R., L. Lingard & T. Teslenko (eds.). 2002. *The Rhetoric and Ideology of Genre:*

Strategies for Stability and Change. Cresskill, NJ: Hampton Press.

Cope, B. & M. Kalantzis. 1993. *The Powers of Literacy: A Genre Approach to Teaching Writing*. Pittsburgh: University of Pittsburgh Press.

Cranny-Francis, A. & J. R. Martin. 1993. Making new meanings: Literary and linguistic perspectives on the function of genre in textual practice. *English in Australia* (105): 30-44.

Cranny-Francis, A. & J. R. Martin. 1994. In/visible education: Class, gender and pedagogy in *Educating Rita* and *Dead Poets Society*. *Interpretations: Journal of the English Teachers Association of Western Australia* 27(1): 28-57.

Cranny-Francis, A. & J. R. Martin. 1995. Writings/readings: How to know a genre. *Interpretations: Journal of the English Teachers' Association of Western Australia* 28 (3): 1-32.

Eggins, S. & J. R. Martin. 1997. Genres and registers of discourse. In T. A. van Dijk (ed.). *Discourse as Structure and Process*. London: Sage. 230-256.

Fawcett, R. P. 1980. *Cognitive Linguistics and Social Interaction*. Heidelberg: Julius Groos.

Feez, S. 1998. *Text-Based Syllabus Design*. Sydney: National Centre for English Language Teaching and Research (NELTR), Macquarie University.

Firth, J. R. 1950. Personality and language in society. *Sociological Review* (42): 37-52. Reprinted in J. R. Firth. 1957. *Papers in Linguistics 1934-1951*. London: Oxford University Press.

Firth, J. R. 1957. *Papers in Linguistics 1934-1951*. London: Oxford University Press.

Freedman, A. & P. Medway (eds.). 1994a. *Learning and Teaching Genre*. Portsmouth, NH: Boynton/Cook.

Freedman, A. & P. Medway (eds.). 1994b. *Genre and the New Rhetoric*. London: Taylor & Francis (Critical Perspectives on Literacy and Education).

Grabe, W. & R. Kaplan. 1996. *Theory & Practice of Writing*. London: Longman (Applied Linguistics and Language Study).

Gregory, M. 1967. Aspects of varieties differentiation. *Journal of Linguistics* (3): 177-198.

Gregory, M. & S. Caroll. 1978. *Language and Situation: Language Varieties in Their Social Context.* London: Routledge & Kegan Paul Ltd.

Halliday, M. A. K. 1964. The users and uses of language. In M. A. K. Halliday, A. McIntosh & P. Stevens. *The Linguistic Sciences and Language Teaching.* London: Longman.

Halliday, M. A. K. 1978. *Language as Social Semiotic: The Social Interpretation of Language and Meaning.* London: Edward Arnold.

Halliday, M. A. K. 1985. Context of situation. In M. A. K. Halliday & R. Hasan. *Language, Context and Text: Aspects of Language in a Social-Semiotic Perspective*. Geelong, Australia: Deakin University.

Halliday, M. A. K. 1990. The construction of knowledge and value in the grammar of scientific discourse: With reference to Charles Darwin's *The Origin of Species*. In C. de Stasio, M. Gotti & R. Bonadei (eds.). *La rappresentazione verbale e iconica: valori estetici e funzionali*. Atti del XI Congresso Nazionale dell' Associazzione Italiana di Anglistica, Bergamo, 24-25 Ottobre 1988. Milan: Guerini Studio. 57-80.

Halliday, M. A. K. 1994. *An Introduction to Functional Grammar* (2nd edition). London: Arnold.

Halliday, M. A. K. & R. Hasan. 1976. *Cohesion in English.* London: Longman.

Halliday, M. A. K. & R. Hasan. 1985. *Language, Context and Text: Aspects of Language in a Social-Semiotic Perspective*. Victoria: Deakin University Press.

Hasan, R. 1973. Code, register and social dialect. In B. Bernstein (ed.). *Class, Codes and Control Vol. 2: Applied Studies towards a Sociology of Language*. London/ Boston: Routledge & Kegan Paul. 253-292.

Hasan, R. 1984. Ways of saying: Ways of meaning. In R. P. Fawcett, M. A. K. Halliday, S. M. Lamb & A. Makkai (eds.). *The Semiotics of Culture and Language Vol.1: Language as Social Semiotic*. London: Frances Pinter. 105-162.

Hasan, R. 1985. *Linguistics, Language and Verbal Arts.* Geelong: Deakin University Press.

Hasan, R. 1995. The Conception of context in text. In P. H. Fries & M. Gregory (eds.).

Discourse in Society: Systemic Functional Perspectives. Norwood: Ablex Publishing corporation.

Hasan, R. 1996. Literacy, everyday talk and society. In R. Hasan & G. Williams (eds.). *Literacy in Society*. London: Longman. 377-424.

Hasan, R. 1999. Speaking with reference to context. In M. Ghadessy (ed.). *Text and Context in Functional Linguistics*. Amsterdam/Philadelphia: John Benjamins. 219-328.

Hjelmslev, L. 1961. *Prolegomena to a Theory of Language,* trans. F. J. Whitfield. Madison: The University of Wisconsin Press.

Hood, S. 2010. *Appraising Research: Evaluation in Academic Writing*. London: Palgrave.

Hu, Z. L.（胡壮麟）1984. Differences in mode. *Journal of Pragmatics* (8): 595-606.

Hyland, K. 2000. *Disciplinary Discourses: Social Interactions in Academic Writing*. London: Longman.

Hyland, K. 2002. Genre: Language, context and literacy. *Annual Review of Applied Linguistics* 22: 113-135.

Hyland, K. 2003. Genre-based pedagogies: A social response to process. *Journal of Second Language Writing* (12): 17-29.

Hyland, K. 2004. *Genre and Second Language Writing*. Ann Arbor: University of Michigan Press.

Hyland, K. 2007. Genre pedagogy: Language, literacy and L2 writing instruction. *Journal of Second Language Writing* (16): 148-164.

Hyon, S. 1996. Genre in three traditions: Implications for ESL. *TESOL Quarterly* 30 (4): 693-722.

Jakobson, R. 1960. Closing statement: Linguistics and poetics. In T. A. Sebeok (ed.). *Style in Language*. Cambridge: MIT Press.

Johns, A. M. (ed.). 2002. *Genre in the Classroom: Applying Theory and Research to Practice*. Mahwah, NJ: Lawrence Erlbaum.

Kress, G. & T. van Leeuwen. 2001. *Multimodal Discourse: The Modes and Media of Contemporary Communication.* London: Arnold.

Kress, G. & T. van Leeuwen. 2006. *Reading Images: The Grammar of Visual Design* (2nd edition). London: Routledge.

Lemke, J. 1998. Multiplying meaning: Visual and verbal semiotics in scientific text. In J. R. Martin & R. Veel (eds.). *Reading Science: Critical and Functional Perspectives on Discourses of Science.* London/New York: Routledge. 87-113.

Malinowski, B. 1923. The problem of meaning in primitive languages. In C. K. Ogden & I. A. Richards. *Supplement I to The Meaning of Meaning.* New York: Harcourt Brace.

Malinowski, B. 1935. *Coral Gardens and Their Magic* Vol. II. London: Allen and Unwin.

Martin, J. R. 1983. The development of register. In R. O. Freedle & J. Fine (eds.). *Developmental Issues in Discourse.* Norwood, NJ: Ablex. 1-40.

Martin, J. R. 1984. Language, register and genre. In F. Christie (ed.). *Children Writing: Reader.* Geelong, Vic.: Deakin University Press (ECT Language Studies: children writing). 21-30. Revised for A. Burns & C. Coffin (eds.). 2001. *Analysing English in a Global Context: A Reader.* Clevedon: Routledge (Teaching English Language Worldwide). 149-166. Japanese translation by Hiro Tsukada published in *Shidonii Gakuha no SFL: Haridei Gengo Riron no Tenkai*. Toktyo: Liber Press. 2005. 149-166.

Martin, J. R. 1985. Process and text: Two aspects of semiosis. In J. D. Benson & W. S. Greaves (eds.). *Systemic Perspectives on Discourse Vol. 1: Selected Theoretical Papers from the 9th International Systemic Workshop.* Norwood, NJ: Ablex. 248-274.

Martin, J. R. 1992. *English Text: System and Structure*. Philadelphia: John Benjamins.

Martin, J. R. 1993a. A contextual theory of language. In B. Cope & M. Kalantzis (eds.). *The Powers of Literacy: A Genre Approach to Teaching Writing.* Bristol, PA: Falmer Press. 16-136.

Martin, J. R. 1993b. Genre and literacy modelling context in educational linguistics. *Annual Review of Applied Linguistics* (13): 141-172. Reprinted in D. Wray (ed.). 2004. *Literacy: Major Themes in Education*. London: Routledge.

Martin, J. R. 1997a. Analysing genre: Functional parameters. In F. Christie & J. R. Martin (eds.). *Genre and Institutions: Social Processes in the Workplace and School*. London: Cassell. 3-39.

Martin, J. R. 1997b. Register and genre: Modelling social context in functional linguistics-Narrative genres. In E. R. Pedro (ed.). *Discourse Analysis: Proceedings of First International Conference on Discourse Analysis*. Lisbon: Colibri/Portuguese Linguistics Association. 305-344.

Martin, J. R. 1999. Modelling context: A crooked path of progress in contextual linguistics. In M. Ghadessy (ed.). *Text and Context in Functional Linguistics*. Amsterdam/Philadelphia: John Benjamins.

Martin, J. R. 2000. Grammar meets genre: Reflections on the "Sydney School". *Arts: The Journal of the Sydney University Arts Association* (22): 47-95. Reprinted in *Educational Research on Foreign Languages & Arts* (Special issue on Functional Linguistics & Applied Linguistics) 2006 (2): 28-54.

Martin, J. R. 2001a. A context for genre: Modelling social processes in functional linguistics. In J. Devilliers & R. Stainton (eds.). *Communication in Linguistics: Papers in Honour of Michael Gregory* (Theoria Series 10). Toronto: GREF. 287-328.

Martin, J. R. 2001b. Giving the game away: Explicitness, diversity and genre-based literacy in Australia. In R. de Cilla, H. Krumm & R. Wodak (eds.). *Loss of Communication in the Information Age*. Vienna: Verlag der Osterreichischen Akademie der Wissenschaften. 155-174.

Martin, J. R. 2006. Genre, ideology and intertextuality: A systemic functional perspective. *Linguistics and the Human Sciences* (Special Issue on Genre edited by J. A. Bateman) 2 (2): 275-298.

Martin, J. R. 2007. Genre and field: Social processes and knowledge structures in systemic functional semiotics. In L. Barbara & T. B. Sardinha (eds.). *Proceedings of the 33rd International Systemic Functional Congress*. São Paulo: PUCSP. 1-35.

Martin, J. R. 2009. Genres and language learning: A social semiotic perspective.

Linguistics and Education (20) (Special edition on Foreign/second language acquisition as meaning-making: A systemic-functional approach. Edited by H. Byrnes): 10-21.

Martin, J. R. 2010. Semantic variation: Modelling system, text and affiliation in social semiosis. In M. Bednarek & J. R. Martin (eds.). *New Discourse on Language: Functional Perspectives on Multimodality, Identity and Affiliation*. London: Continuum. 1-34.

Martin, J. R. Forthcoming. Bridging troubled waters: Interdisciplinarity and what makes it stick. In F. Christie & K. Maton (eds.). *Disciplinarity: Functional Linguistic and Sociological Perspectives*. London: Continuum.

Martin, J. R. & G. Plum. 1997. Construing experience: Some story genres. *Journal of Narrative and Life History* 7 (1-4) (Special Issue: Oral Versions of Personal Experience: Three decades of narrative analysis; M. Bamberg Guest Editor): 299-308.

Martin, J. R. & D. Rose. 2003. *Working with Discourse: Meaning beyond the Clause*. London: Continuum.

Martin, J. R. & D. Rose. 2008. *Genre Relations: Mapping Culture*. London: Equinox.

Martin, J. R. & D. Rose. Forthcoming. Encounters with genre: Apprehending cultural frontiers. In B. Baker, R. Gardner & I. Mushin (eds.). *Language and Identity in Traditional Communities* (Festschrift for Michael Walsh).

Martin, J. R. & J. Rothery. 1980. Writing project: Report 1980. *Working papers in Linguistics 1*. Department of Linguistics, University of Sydney.

Martin, J. R. & J. Rothery. 1986. What a functional approach to the writing task can show teachers about good writing. In B. Couture (ed.). *Functional Approaches to Writing: Research Perspectives*. Norwood, NJ: Ablex.

Martin, J. R., M. Zappavigna & P. Dwyer. 2009. Negotiating shame: Exchange and genre structure in youth justice conferencing. In A. Mahboob & C. Lipovsky (eds.). *Studies in Applied Linguistics and Language Learning*. Newcastle upon Tyne: Cambridge Scholars Press. 41-73.

Miller, C. R. 1984. Genre as social action. *Quarterly Journal of Speech* (70): 151-167. Reprinted in A. Freedman & P. Medway (eds.). 1994. *Genre and the New*

Rhetoric. Oxon: Taylor & Francis. 23-42.

Mitchell, T. F. 1957. The Language of buying and selling in Cyrenaica: A situational statement. *Hesperis* (26): 31-71. Reprinted in T. Mitchell (ed.). 1975. *Principles of Neo-Firthian Linguistics*. London: Longman.

O'Halloran, K. L. 1999. Interdependence, interaction and metaphor in multisemiotic texts. *Social Semiotics* 9 (3): 317-353.

Reid, T. B. W. 1956. Linguistics, structuralism, philosophy. *Archivum Linguisticum* (8).

Royce, T. D. 1998. Synergy on the page: Exploring intersemiotic complementarity in page-based multimodal text. *JASFL Occasional Papers* 1. Japan Association of Systemic Functional Linguistics. 25-49.

Saussure, F. 1966. *Course in General Linguistics,* trans. W. Baskin. London/New York: McGraw-Hill.

Swales, J. M. 1990. *Genre Analysis: English in Academic and Research Settings*. Cambridge: Cambridge University Press.

Swales, J. M. 1998. *Other Floors, Other Voices: A Textography of a Small University Building*. Mahwah, NJ: Erlbaum.

Swales, J. M. 2004. *Research Genres: Explorations and Applications.* Cambridge: Cambridge University Press.

Unsworth, L. (ed.). 2000. *Researching Language in Schools and Communities: Functional Linguistics Approaches.* London: Cassell.

Ure, J. & J. Ellis. 1977. Register in descriptive linguistics and linguistic sociology. In O. Uribe-Villas (ed.). *Issues in Sociolinguistics*. The Hague: Mouton de Gruyter. 197-243.

van Leeuwen, T. 2003. A multimodal perspective on composition. In T. Ensink & C. Sauer (eds.). *Framing and Perspectivising in Discourse*. Amsterdam: Benjamins. 23-61.

van Leeuwen, T. 2005. Three models of interdisciplinarity. In R. Wodak & P. Chilton (eds.). *A New Agenda in (Critical) Discourse Analysis*. Amsterdam: Benjamins. 3-18.

van Leeuwen, T. 2006. Towards a semiotics of typography. *Information Design Journal*

14 (2): 139-155.

Ventola, E. 1983a. The dynamics of genre. *Nottingham Linguistic Circular* (14).

Ventola, E. 1983b. Contrasting schematic structures in service encounters. *Applied Linguistics* 4 (3): 242-258.

Ventola, E. 1987. *The Structure of Social Interaction: A Systemic Approach to the Semiotics of Service Encounters*. London: Frances.

Ventola, E. 1995. Generic and register qualities of texts and their realization. In P. H. Fries & M. Gregory (eds.). *Discourse in Society: Systemic Functional Perspectives*. New York: Ablex.

Yunick, S. 1997. Genres, registers and sociolinguistics. *World Englishes* 16 (3): 321-333.

蔡慧萍、方琰，2007，语类结构潜势理论与英语写作教学模式实践研究，《浙江海洋学院学报（人文科学版）》（4）：72-78。

陈冬纯，2003，商务英语公函的体裁与撰写策略，《国外外语教学》（2）：52-56。

陈平，1993，外贸英语写作教学新思路：语篇体裁分析理论及其应用，《外语教学》（3）：28-30。

崔艳嫣、王同顺，2004，英语学术讲座的宏观结构与微观结构——体裁分析在学术语篇分析中的应用，《山东外语教学》（5）：27-30。

方琰，1995，Hasan 的“语体结构潜势”理论及其对语篇分析的贡献，《外语学刊》（1）：33-39。

方琰，1998，浅谈语类，《外国语》（1）：17-22。

方琰，2002，语篇语类研究，《清华大学学报（哲学社会科学版）》（1）：15-21。

方琰、曹莉、孙郁根，2001，《经典影片精彩片断语言评析》。北京：清华大学出版社。

方琰、方艳华，2002，以语类为基础的应用文英语写作教学模式，《外语与外语教学》（1）：33-36。

方琰、兰青，1997，Hasan 的语类结构潜势理论在英语应用文写作教学中的应用。载胡壮麟、方琰（编），《功能语言学在中国的进展》。北京：清华大学出版社。324-325。

葛冬梅、杨瑞英，2005，学术论文摘要的体裁分析，《现代外语》（2）：138-146。

韩金龙，2001，英语写作教学：过程体裁教学法，《外语界》（4）：35-40。

韩金龙、秦秀白，2000，体裁分析与体裁教学法，《外语界》(1)：11-18。

胡壮麟，1990，现代汉语言语类型及其修辞功能。载《修辞的理论与实践》。北京：语文出版社。173-183。

胡壮麟，1992，九十年代的语篇分析，《北京大学学报》(英语语言文学专刊1期)：1-7。

胡壮麟，1994，可证性，新闻报道和论辩语体，《外语研究》(2)：22-28。

胡壮麟，1995，汉语的可证性和语篇分析，《湖北大学学报》(2)：13-23。

胡壮麟，1997a，乔姆斯基语篇劝说力剖析，《外语与翻译》(1)：1-6。

胡壮麟，1997b，开发电子邮件的研究功能，《现代外语》(增刊《外语教师上网手册》)：97-102。

胡壮麟，2001，语篇分析在教学中的应用，《外语教学》(1)：3-9。

胡壮麟，2002，语境研究的多元化，《外语教学与研究》(3)：161-166。

胡壮麟，2004a，系统语言学的语类研究。载北京大学语言学研究所（编），《语言学研究（第2辑）》。北京：北京大学出版社。3-12。

胡壮麟，2004b，超文本小说——一种基于电子技术的新文学体裁，《外国语言文学研究》(2)：1-9。

胡壮麟，2006a，意义的多模态构建——对一次PPT演示竞赛的语篇分析，《外语电化教学》(3)：3-12。

胡壮麟，2006b，博客——一种新的网络交流形式，《外语与翻译》(4)：1-8。

胡壮麟，2007，Power Point——工具，语篇，语类，文体，《外语教学》(4)：1-5。

胡壮麟、朱永生、张德禄，1989，《系统功能语法概论》。长沙：湖南教育出版社。

胡壮麟、朱永生、张德禄、李战子，2005，《系统功能语言学概论》。北京：北京大学出版社。

鞠玉梅，2004，体裁分析与英汉学术论文摘要语篇，《外语教学》(2)：32-36。

李国庆，2003a，概念主位的经验内容与微型语域的语篇体裁——从小说《老人与海》所想到的，《外语教学》(3)：1-4。

李国庆，2003b，主位推进模式与语篇体裁——《老人与海》分析，《外语与外语教学》(7)：53-56。

李国庆，2005a，连接词在语篇的体裁构建和语篇体裁辨认上的贡献，《外语教学》(1)：7-11。

李国庆，2005b，试论及物性系统结构与语篇体裁，《外语教学》（6）：13-18。

李红梅，2005，体裁教学法在大学英语教学中的应用研究，《山东外语教学》（1）：60-63。

李科，2003，体裁分析在作文教学中的应用，《山东外语教学》（6）：19-21。

李瑞芳，2004，体裁教学法在商务英语教学中的应用，《西安外国语学院学报》（1）：68-70。

李森，2002，大学英语阅读教学新思路：体裁教学法，《外语界》（1）：60-63。

秦秀白，1997，“体裁分析”概说，《外国语》（6）：8-15。

秦秀白，2000，体裁教学法评述，《外语教学与研究》（1）：42-46。

温植胜，2005，新修辞学派体裁研究的社会认知视角，《天津外国语学院学报》（6）：46-52。

辛斌，2002，体裁互文性的社会语用分析，《外语学刊》（2）：15-21。

徐玉臣，2006，《“语境——纯理功能耦合假说”的多维关系研究》。西安：西安交通大学出版社。

许菊，2004，商务英语公函的体裁分析，《西安外国语学院学报》（1）：26-29。

杨信彰，2006a，英语学术语篇中的评论附加语，《外语与外语教学》（10）：11-13。

杨信彰，2006b，名词化在语体中的作用：基于小型语料库的一项分析，《外语电化教学》（2）：3-7。

杨信彰，2006c，英语的情态手段与语篇类型，《外语与外语教学》（1）：1-4。

杨信彰，2007，系统功能语言学与教育语篇分析，《四川外语学院学报》（6）：17-20。

杨信彰，2009，多模态语篇分析与系统功能语言学，《外语教学》（7）：11-14。

于晖，2001，语篇体裁结构潜势及其应用，《解放军外国语学院学报》（1）：6-10。

于晖，2003，《语篇体裁分析：学术论文摘要的符号学意义》。开封：河南大学出版社。

张德禄，1987，语域理论简介，《现代外语》（4）：23-29。

张德禄，1990a，论语域的预测能力，《外国语》（3）：17-22。

张德禄，1990b，语域变异理论与外语教学，《山东外语教学》（3）：45-49。

张德禄，2002a，语类研究的范围及其对外语教学的启示，《外语电化教学》（4）：59-64。

张德禄，2002 b，语类研究框架研究，《外语教学与研究》（5）：339-344。

张德禄，2002 c，语类研究概览，《外国语》（4）：13-22。

张德禄、马磊，2002，论实用文体语类结构潜势，《山东外语教学》（1）：1-5。

张菊芬，2002，语境在语类中的语言体现——告别演说和讣告的对比研究，《湖州师范学院学报》（1）：24-26。

章远荣，1997，语篇的文体分析、语域分析和体裁分析，《山东外语教学》（3）：1-4。

赵福利，2001，英语电视新闻导语的语步结构分析，《外语教学与研究》（2）：99-102。

朱永生，2005，《语境动态研究》。北京：北京大学出版社。

朱永生、徐玉臣，2005，Halliday 和 Martin 语境模型的对比，《中国外语》（3）：14-20。

朱永生、严世清，2001，《系统功能语言学多维思考》。上海：上海外语教育出版社。

作者简介

朱永生　复旦大学外文学院教授，博士生导师，复旦大学国际文化交流学院院长，中国功能语言学研究会副会长，中国英汉语篇分析研究会副会长，国际学术刊物 *Linguistics and Human Sciences* 编委，《外语教学与研究》、《中国外语》等杂志编委。主要研究方向：功能语言学和话语分析。主要成果：《系统功能语法概论》、《英汉语篇衔接手段对比研究》、《系统功能语言学多维思考》、《功能语言学导论》、《语境动态研究》、《系统功能语言学概论》；发表语言学论文 60 多篇。先后主持国家哲学社会科学研究项目 2 项、教育部人文社科项目 1 项、上海市哲学社会科学研究项目 2 项。曾获上海市哲学社会科学优秀成果二等奖 1 项、北京市哲学社会科学优秀成果一等奖 1 项。

通讯地址：上海市邯郸路 220 号　复旦大学外文学院（200433）

电子邮箱：zhuyongsheng8@gmail.com

第八章

评价理论研究在中国[1]

王振华　上海交通大学

1. 引言

系统功能语言学意义上的评价研究在 1985 年 M. A. K. Halliday 所著的第一版《功能语法导论》（*An Introduction to Functional Grammar*）中已初见端倪，如对情感的研究（Halliday 1985，1994: 118）、态度的研究（Halliday 1985，1994: 184）和判断的研究（Halliday 1985，1994: 75）。不过，Halliday 的研究是语法层面上人际意义的研究，尚未上升到语篇语义的层面，也因此不可能形成评价理论体系。

J. R. Martin 继承了 Halliday 的衣钵，发展了其人际意义，在语法人际的基础上，将人际研究上升到语篇语义层面。Martin 对评价的研究最初散见于他 1992 年题为《英语语篇：系统与结构》（*English Text: System and Structure*）的专著里。该书设专章讨论了"磋商"（Chapter 2 Negotiation: Shaping meaning through dialogue, Martin 1992: 31-91）和含有"意识形态"的语境（Chapter 7 Context: Register, genre and ideology, Martin 1992: 493-587）。但评价理论体系真正形成的标志是他 2000 年发表的题为 Beyond exchange: Appraisal systems in English 的论文，收入 Hunston 和 Thompson 主编的论文集（Hunston & Thompson 2000: 142-175）中。

王振华作为 Martin 的学生，于 2001 年在我国引介了 Martin 的评价系统（王振华 2001），影响了国内一部分学者，从此，国内出现了评价理论研究的热潮。

10 年来，国内学者对评价理论的研究可谓经久不衰，著述层出不穷。2010 年 8 月从中国知网（http://acad.cnki.net/Kns55/brief/result.aspx?dbPrefix=CJFQ）上截取的材料大致可以说明这一点。检索范围控制条件设定如下：学科领域："哲学与人文科学"和"社会科学"；期刊年限："2001-2010"年；期刊来源类别："所有期刊"。搜索结果中主题（精确）为"语言评价"的有 67 篇，"评价系统"858 篇，"评价理论"955 篇，"appraisal systems"541 篇。另外，自 2001 年以来，在全国各地召开的与系统功能语言学和语篇分析有关的研讨会和学术活动周上，或多或少都有与评价理论相关的发言，并且在相关会议论文集中也收录了有关评价理论的文章。还有，近几年国内外国语言学及应用语言学以及英语语言文学学科博士点培养的博士生所撰写的博士学位论文中，许多都与评价理论有关，如陈明瑶（2008）、房红梅（2005）、管淑红（2009）、胡文辉（2010）、李祥云（2008）、李晓康（2009）、刘颖（2007）、刘世铸（2006）、马景秀（2007）、马伟林（2009）、孟勐（2007）、王振华（2003）、张大群（2010）、张韧（2009）和赵魏（2006）等。这说明，评价理论尽管是舶来品，但其生命力已经在学术界得以彰显。因此，我们有必要对其进行回顾和展望，以期推动该研究往纵深处发展。本文回顾 Martin 的评价理论，总结国内评价理论的研究现状，并提供几点思考和展望。

2. Martin 的评价理论

2.1 评价系统和评价性语言

我们认为，Martin 有关评价研究的经典理论主要是他对评价系统（appraisal systems）和评价性语言（the language of evaluation）的研究。前者的代表作主要是 Martin（2000）和 Martin & Rose（2003/2007）（第二章），后者的代表作主要是 Martin & White（2005）。Martin 的评价理论诞生后不久就赢得了世人的瞩目和推广。除了 Martin 本人致力于该理论的发展和应用外（如 Martin 2002, 2004a, 2004b, 2004c, 2004d, 2006, 2007, 2009, 2010；Martin & Stenglin 2007；Martin, Zappavigna & Dwyer 2007, 2009, 2010；Martin & Zappavigna 2009；Zappavigna, Dwyer & Martin 2010），国外其他许多学者也群

起响应（参看 Monika Bednarek 2010 年 3 月更新的评价理论文献[2]）。

Martin 的评价理论是 Martin 领导的研究团队在 1991-1994 年间对澳大利亚新南威尔士的中学和其他场所的人的语文水平研究的基础上发展起来的，涉及的领域主要有写作、文学、历史、新闻、政治、科技等，目标是建立一套语篇分析的评价资源，重点关注评价性词语的修辞功能，以及人际意义和社会关系（详见王振华 2001）。Martin 于 2000 年将之前有关态度的研究深化，撰写了题为 Beyond exchange: Appraisal systems in English 的论文，推出了评价系统。2005 年，Martin 与 P. R. R. White 合著出版了题为 *The Language of Evaluation: Appraisal in English* 的专著，由帕尔格雷夫 · 米兰出版社出版，进一步完善了评价系统，最终形成了 Martin 的评价理论。

2.2 意义的系统性

语言学意义上的评价，研究的主要内容是语言（包括副语言）传递的态度、立场和观点。近二十多年来，切入这些内容的途径（approach）有不少，常见的有从研究赋值（evaluation）切入的（如 Hunston 1989，1994，2000；Hunston & Thompson 2000；Hunston & Sinclair 2000；Thompson & Zhou 2000），有从研究立场（stance）切入的（如 Biber & Finegan 1989；Conrad & Biber 2000；White 2003），有从研究元语篇（metadiscourse）切入的（如 Hyland 2005），有从研究言据性（evidentiality）切入的（如 Chafe 1986），有从研究评价（appraisal）切入的（如 Martin 2000；Martin & Rose 2003/2007；Martin & White 2005），也有从研究认知（cognition）切入的（如 Scherer 1999）。但只有 Martin 的研究涵盖了赋值、立场、元语篇、言据性等与态度有关的林林总总，并提供了语篇人际语义的系统网络，是功能和系统相结合的典范。我们称 Martin 的这种以意义系统网络为主的研究为系统性评价研究，其他以功能为主的评价研究为非系统性评价研究。另外，不同的切入方法会建构不同的分析模型，但迄今为止，"发展最为成熟的语篇价值分析模型当数 Martin 及其团队在系统功能语言学框架下建构的评价理论"（Thompson & Hunston 2006）。

在 Martin 的语篇人际意义的三个平面（参见 Martin 1992；Martin & Rose 2003/2007）中，评价系统最完善、影响最大、系统性最强。这可能是他的评价理论之所以被誉为"发展最为成熟的语篇价值分析模型"的原因。他2000年创立的评价系统网络以态度为中心，并辅以介入和级差两个系统。其中，态度发展得最为成熟，态度次生的三个子系统（情感、判断和鉴赏）又分别次生出它们各自的系统，并且总结了各个系统的实例化语言现象，是全面考察态度意义的重要资源。但介入系统和级差系统发展得相对薄弱，同时，三个系统之间的边界问题没有很好地加以说明。后来，这些问题在他和White（Martin & White 2005）的专著里得到了解决。该书不仅解释了系统之间的边界问题（第2章第4节），发展了先前薄弱的分支系统（第2、3、4章），更重要的是，它还全面探讨了介入和级差之间的关系（第3章），提供了评价理论具体应用于语篇分析的方法（第5章）。从此，评价理论的意义系统（介入意义、态度意义和级差意义）得到了全面完善。

2.3 实现化和实例化的体现

系统功能语言学五十多年的研究主要是对语言层次（strata）的实现化（realization）和实例化（instantiation）的研究（2008年采访Martin）。实现化指语言层次之间的实现，如在语言系统的层次中，文类（genre）由文域（register）实现，文域由语篇语义实现，语篇语义由词汇语法实现，词汇语法由字系音系实现。实例化指"语言或任何语符系统中的意义潜势与语言使用时的实际语言之间的关系"（Martin & 王振华 2008）。也就是说，在系统网络中，每个系统的最右端最终要由实际语言实体来实现。实现化和实例化之间形成互补关系。除实现化和实例化外，Martin近年又提出（见Martin & 王振华 2008），今后50年系统功能语言学的研究应该围绕个性化（individuation）进行。个性化指意义潜势在社会群组或个体之间的分布（参见Martin & 王振华 2008）。

Martin的"评价系统"（详见Martin 2000）在分类学的基础上将语言的评价资源抽象为系统网络。从横组合关系上考察，该网络中，同一系统之间形成实现关系，如介入系统由自言和借言两个子系统实现；态度系统由情感、判断和鉴赏三个子系统实现；级差系统由语势和聚焦两个子系统实现。从纵聚合关系上考察，评价系统网络中各系统之间的关系分"和取"和"析取"两种。和取和析取都是选择的方式。和取指系统之间在做语义和逻辑分析时每个系统要进行加合选择。如介入、态度和级差三个系统是和取关系，研究介入时，要涉及态度和级差，也就是说，介入是态度的介入，且有程度的强弱之分。同理，研究态度时，要涉及介入和级差，也就是说，因态度而产出介入，态度有好坏和强弱之分；研究级差时，要涉及介入和态度，也就是说，级差影响介入和态度的程度。析取指系统之间在做语义和逻辑分析时系统之间是离合选择。如研究介入时，除了涉及态度和级差，更重要的是看态度来源是自言还是借言，是自言，就排除了借言，是借言就排除了自言。再如，研究语势时，要么研究强势，要么研究弱势，不可同时选择。

Martin 的“评价系统”网络中，每个系统都概括了一系列的实际例子。也就是说，每个系统最右端可以实例化为具体的语言现象。如态度系统中有三个子系统：情感、判断和鉴赏，情感子系统又次系统化为“品质”情感（affect “as quality”）、“过程”情感（affect as “process”）和“评注”情感（affect as “comment”）。“品质”、“过程”和“评注”三种情感分别处于情感系统的最右端。此时的右端系统由具体语言将其实例化，如“品质”情感可由表达性质的词语实例化为 happy，cheerful，glad，merry，sad，depressed 等；“过程”情感可由过程动词实例化为 please，smile，like，love，adore，hate 等；“评注”情感往往由情态附加语（modal adjunct）将其实例化为 happily, merrily 等。

掌握意义的系统性及评价系统网络的实现化和实例化是理解 Martin 评价理论的基础。

3. 国内研究现状

国外有关系统性评价理论的研究可浏览相关的网站[2]。本节主要讨论我国国内近十年来的研究情况，从理论和应用两个方面展开。

3.1 理论研究

整体上讲，我国这方面的研究最初主要是引介（如王振华 2001；王振华、马玉蕾 2007；李战子 2002（第 9 章）；胡壮麟等 2005（第 10 章）；张先刚 2005；张德禄、刘世铸 2006；刘世生、刘立华 2010 等）。尽管引介谈不上创新，但可以引起我们的关注、思考、批评、指陈得失，并唤起我们在该领域的创新意识。实际上，就评价而言，我国文章学中早已有之，如清代学者刘熙载曾有“文省事增”，“语少意密”的观点（刘熙载 1978：2，4），但并无系统理论提出，且可操作性不强。因此，受评价系统思想启发，我们可以建构汉语评价理论体系。另外，Martin 评价理论旁涉认知科学、伦理学、美学、分类学、系统科学等，这无疑对我们的跨学科和方法论研究上有很大的启迪作用。

国内在理论方面的研究相对薄弱。主要成果反映在以下几个方面。

3.1.1 评价理论本身的研究

王振华（2003）主要讨论介入系统，并尝试提出介入的“三声说”，认为第一声指言语者在特定语境中投射言语者自身的思想或观点。第二声指言语者在特定语境中假借第二人称或第三人称的思想或观点。第三声指言语者在特定语境中假借所在社团共享的思想或观点。三个子系统是人类在语言互动过程中所遵循的原则，同时也是选择资源。言语者运用第一声介入时，投射的是言语者本人对“人”、“物”、“事”的真实评价。第二声和第三声是为言语者证实（justify）对人、物、事的真实态度服务的。该研究发现，三个子系统既独立又相容，一句话里既可以有第一声，也可以同时出现第二和 / 或第三声。多声介入说明言语者在情感上所受的冲击强度大，对态度的调节频率高。该文还指出，该框架有别于 Martin 的介入框架。Martin 纳入两个子系统：自言和借言。自言没有再系统化。借言进一步系统化为投射、情态和让步。该研究认为，实现三声的语言资源是“序言”和“模糊”，序言次系统化为条件和让步，模糊次系统化为情态和性质词语，这样的介入系统框架为批评语篇分析提供了更大的空间。另外，王振华、路洋（2010）探讨了“介入系统”的嬗变。孟勐、李雪（2010）研究了中国作者与英语母语作者英语论文中的介入资源，该研究“分析语料的框架并未完全依照 Martin 提出的紧缩和扩展的基本分类，而是以实用和结论明确为目的，明确情态的概念，修订原有的框架，分析结果也证明这种修订的合理性，并且为拒绝和认同的功能提供新的解释”。

常晨光（2004）对英语习语与人际意义进行了研究。他在第 6 章中，讨论了英语习语在表达个人态度和评价等方面所起的作用，指出英语习语在表达评价时的一个重要特征是其间接性，认为语言使用者可以通过简洁的表达评价意义，隐藏真正的评价来源。该研究还指出，习语的评价功能能反映评价意义与群体意识的关系。

吴安萍、李发根（2009）对语篇主题与叙事等语类中语篇所使用的词汇语法模式进行了评价认知研究，认为在语篇主题构建中态度资源是核心组成部分，语篇主题与词汇语法评价模式间是互动的、相互牵制的共赢关系，态度资源的定位是为语篇主题服务的，而语篇主题制约着态度资源的选择，语篇主题的表达是通过词汇语法构建出来的，而词汇语法的评价模式再现了语篇主题的核心评价意义，语篇主题的积极、消极经验意义的表达将会影响词汇语法评价意义的正面和负面表达。该文还对介入和级差系统进行了研究，认为“参与 [介入] 资源的使用，能使作者在语篇构建的过程中打开协商的空间，为自己的观点争取一个人际空间，使语篇主题的表达彰显其客观性”；“分级 [级差] 资源的使用使语篇主题的表达所体现出的评价值的强度有高低之分”。

常晨光（2008）研究了评价的韵律特征。他分析了一篇社论的评价意义，考察了语篇中评价意义体现的不同韵律模式之间的互补关系，发现评价意义的实现是韵律性的，具有明显的累积特征，同时认为在具体的词汇和小句层面讨论评价体现的同时，结合语篇体裁分析和语篇的宏观结构模式研究评价意义将是非常有益的。程微（2007，2010）研究了态度韵律的整体性。作为一个整体系统，态度韵律分为目标、模式和结构三个层次；目标根据不同语类各异，模式具体分为发散型（dispersion）、波浪型（wave）和梯度型（scalar），而结构层级化为态度阶段、态度相和态度单位。该研究还认为，系统内部的上向因果力和下向因果力共同作用，构成动态平衡的态度韵律。

3.1.2 评价语法的研究

任绍曾（2003）在研究语篇人际意义时指出，“对人际意义的分析不应局限于语气结构的分析，评价系统是必要的补充”。李基安（2008）在研究情态时指出，“评价理论把情态纳入介入体系和对话环境，使情态的内涵和功能得到了丰富和延伸。情态的级差不但表现出作者对命题真实性的把握程度，也暗示出作者对人际对话可能出现的‘声音’的包容程度”。李战子（2002）除了介绍评价理论外，还就随意性会话中的评价和叙事中的评价分别进行了讨论，并试图在“声音”和评价之间建立关联。此外，李战子（2009）还研究了评价和语气与情态的关系，认为从语气到情态，再到评价，这其中没有不可逾越的鸿沟，词汇语法的连续统既是功能语法的中心概念，也是理解语气和情态以及评价这三个范畴的关键。

3.1.3 评价的语篇性及其组篇功能的研究

彭宣维（2009）从叙事者和作者两个视角研究评价的语篇性，探讨了评价语篇性的三个方面。张大群（2010）研究评价手段在学术语篇中的组篇功能，分析了语篇自主层面的评价组篇实现方式、语篇互动层面的评价组篇实现方式以及连接两个层面的评价资源的机制。

3.1.4 评价的修辞研究

张滟（2008a）从态度评价入手建构了劝说模式。她通过分析公益筹资语篇，探讨了劝说者在后现代杂言语境中怎样构建篇章姿态、人际定位和社团一致以达到主体互联性磋商和劝说的交际目的，发现公益性筹资语篇通过征用主体互联性“态度”评价资源，韵律性地“以言行事”的同时“以言应事”，并且这种互动性韵律在主体互联性频谱上呈现出主客观潜势的起浮和渐变，支撑起宏观提议的图式结构，构建特定“动机语法”模式，调控导向受众的修辞性劝说。张滟（2008b）还通过自建语料库，从级差的角度研究了英语学术话语的劝说功能。她提出，学术话语中，“级差”资源作为“态度”的“转喻”性表达式得到突显，构建出学术修辞社团的“客观”图式与学术话语的人际“促动劝说”属性的博弈，并认为“级差”资源作为语篇手段有助于激活目的性体裁行为，从而构建学术话语的“同一”性修辞劝说。有关评价与修辞的研究，还见于尚必武的博士论文（尚必武 2009 第 7 章）。尚必武把评价理论和 Phelan 的叙事理论（Phelan 2005）相结合研究叙事中的伦理。

3.1.5 评价的哲学基础探讨

陈令君（2007）从哲学角度切入，认为“评价理论的基本概念和观点对语言评价意义的本质认识、界定标准、结构关系的理顺以及研究重点的重新确定都有重要的启示”。胡文辉（2010）从价值哲学的角度研究了评价理论。他认为，从价值哲学的角度看，评价理论以情感主义为其价值哲学基础，建立在情感主义基础上的评价理论仅仅揭示了评价的人际功能，忽视了评价的认知本质，因此并不适用于汉语的话语分析。他主张用认知主义取代情感主义，把认知主义作为评价的价值哲学基础。

3.1.6 英汉评价类型学研究

彭宣维（2004）研究了汉语词语褒贬语义特征的级差性，开辟了汉语评价理论研究的先河。该文描写了现代汉语词语褒贬意义系统，研究了褒贬意义的级差特征、以及其间的连续性和离散性，并考察了现代汉语褒贬意义的基本演进类型。陈景元、周国光（2009）研究主位型评价结构“X 的是”及其评价功能，“运用评价理论，系统地论述了主位型评价结构‘X 的是’及其评价功能，体现了形式范畴化和意义范畴化的结合”，是追求形式和意义互相印证、体现语法模式化的一次尝试。王蕾（2010a）在讨论汉语“把”字句的英语表达时，研究了“把”字句评价意义的生成机制。李荣娟（2005a）研究了汉语“又”字的评价意义，认为“‘又’的评价（态度）意义是通过它的参与 [介入] 和分级 [级差] 意义来表达的”，“‘又’的评价意义和其英语对应物的对比分析，可以使我们加深对副词表达评价意义的认识”。张克定（2008）对英语主位化评述结构进行了评价研究，认为该结构具有判断型、情感型和鉴赏型评价功能，其中判断型评价可分为事实性 / 真实性评价、可能性 / 可行性评价、妥当性评价和建议性评价等；情感型评价可分为正态情感评价和负态情感评价；鉴赏性评价则可分为正鉴赏评价和负鉴赏评价。

3.2 应用研究

3.2.1 语篇分析

国内评价理论的应用研究主要体现在语篇分析、翻译研究和外语教学等领域。

Martin 评价理论本身只是人际元功能在语篇语义层面上的延展，但也是语篇分析研究的一个重要资源。Martin & Rose（2003/2007）和王振华（2008, 2009a）等都把评价作为语篇分析框架中的一个重要维度。因此，国内许多学者认为，评价系统在语篇分析上有很强的解释力；有少数学者甚至认为，评价系统可以作为语篇的整体分析框架。

在语篇分析方面，评价理论的应用大致分为普遍语篇分析和具体语篇分析。普遍语篇的内容不局限在某个语篇领域，而具体语篇的内容关涉的是某个具体专业领域。普遍语篇分析旨在诠释评价理论在语篇分析方面的作用，总结语篇的评价特征或规律。具体语篇分析旨在通过评价理论分析探讨某个专业领域语篇在评价方面的特征或规律。

3.2.1.1 普遍语篇分析

杨信彰 (2003) 研究语篇中的评价性手段，指出识别评价意义不仅应该在词汇语法层上进行，同时还需要考虑语篇中评价性手段的各个系统的共同作用。该文通过对三个语篇的分析，认为语篇中评价性手段的多寡可反映作者 / 说话者表达观点、态度和判断的强烈程度。李战子 (2004) 研究身份策略的矛盾境地，发现情感评价表现为鉴别，并常以名词化形式出现，鉴别和评判中混杂了多重声音；评价担任了论述的主要工作，而不是个人经历的叙述；评价的矛盾和多声表明作者对评价对象特质的矛盾情感。廖益清 (2008) 讨论由评判与鉴赏构建的社会性别身份，发现“女性时尚话语中出现的大量显性鉴赏，尤其是涉及反应的鉴赏，表征了长久以来关于社会性别的误区，即女性的物化和‘他者’化”。该文得出的结论是，“通过评价资源得以自然化的隐性意识形态被顺从的读者理所当然地接受，从而对维护社会性别刻板印象极具影响力，阻碍社会性别的多元化发展”。张璐 (2004) 研究话语基调模式，认为 Martin 在评价系统理论中对情感的阐述是对话语基调模式的最佳补充。刘婷婷、刘丰 (2008) 研究评价系统与语篇连贯，通过对所选语篇进行态度和介入分析，认为作者是“利用新的词汇—语法功能手段与读者建立密切的人际关系”。

3.2.1.2 具体语篇分析

1) 学术语篇

李战子 (2001) 研究学术话语中认知型情态的多重人际意义，指出学术话语中的认知型情态具有多重人际意义，既可表示认知上的不确定性，又可满足礼貌原则的要求，更重要的是可加强不同立场之间多声协商（即介入）的可能性。戚健 (2005) 研究英语书评中的评价，发现在态度的三种基本类型中，鉴赏在书评中的应用最为广泛，而情感与判断这两种态度则很少出现，这是由书评这类语篇的特点决定的；在介入方面，书评较多运用借言，以使评论显得客观公允。此外，书评还常常运用语势与聚焦这两种级差系统来调节评价的强弱与明暗程度，以此来协调书评者与书作者之间的冲突，实属一种礼貌策略。王天华（2007）从评价系统看学术书序中的人际定位，认为，“评价语言手段既可以成为序言作者联盟原书作者和预期读者的人际定位的工具，又能更好地达到序言作者的交际目的”。张金云、王晓（2008）对科技报告中情态资源进行评价理论分析，发现科技报告中大量使用情态资源，这些情态资源表达着人际情感意义，负载着人的态度，体现着作者与读者之间的一致性或权势观，传达着一种作者与读者之间的协商。张跃伟（2005）从评价理论的介入观点研究学术语篇中的互动特征，认为语篇互动特征反映了语篇作者和读者间人际意义的构建，为探讨语篇中身份、亲和、权势和威信的建立及语篇的动态研究提供了借鉴意义。

2）新闻语篇

可能是受国外学者（尤其是 P. R. R. White）的影响，国内学者用评价理论研究新闻语篇的成果颇丰，有研究硬新闻的（自然灾害、疫情、犯罪、政府改组等报道），也有研究软新闻的（如社论、评论、广告等），更可喜的是还有对多模态新闻语篇的研究。

王振华（2004a）研究了英汉“硬新闻”中的态度，发现英汉“硬新闻”的语言裁决手段多属于情感和鉴赏。刘世铸、韩金龙（2004）研究新闻话语的评价系统，探讨了新闻话语的评价系统和评价特征，提出了新闻评价性阅读的方法和途径。

王振华（2010a）从态度系统考量奥巴马获 2009 年度诺贝尔和平奖引发的争议。李荣娟（2005b）研究英语专栏语篇中的态度意义，发现关于国际国内事务类专栏语篇中态度意义的表达多以判定［判断］和鉴别意义的方式出现，这表明这些专栏作家关注人类的行为和物质世界的评价多于情感评价。钟莉莉（2005）从评价系统看政治演说语篇中的词汇的选择，通过对介入系统和情感系统在政治语篇中的作用的分析，清楚地看出演说者在传达信息时对词汇所作的精心选择。陈晓燕（2007）研究英汉社论语篇中的态度资源，分析了 10 个英汉社论语篇中态度资源的分布特征，并比较了英汉语篇在这方面的异同。张韧（2009）探讨了评价资源在英语书评语类结构中的分布模式以及评价在句子层面的运作模式。

陈瑜敏（2008）研究奥运电视公益广告多模态评价意义的构建，以评价系统和社会符号学视觉分析法为理论框架，运用实证法考察奥运电视公益广告语言和电视画面的评价资源。研究发现，在语言方面，内嵌式的判定[判断]和鉴别[鉴赏]意义是评价群体行为和社会现象的主要手段，介入和分级[级差]资源的运用有利于联盟读者，加强评价意义。在电视画面中，特写镜头的运用增添了内嵌式情感意义，形象化比喻和选择特定概念意义的画面则含蓄地激发了观众的评判和鉴别。最后，文章讨论电视公益广告图文资源的意义相乘关系，并得出多模态电视公益广告评价意义的构建模式。蔡虹（2005）研究广告英语中的评价性语用指示词，探索充当句子状语和语用指示词双重身份的副词。结果发现，评价性语用指示词在句中出现的机率是"句首 > 句中 > 句末"。他认为这一模式扩大了广告商与读者的对话空间，揭示了广告语篇中的潜在互动，把读者从被动的信息接受者变成积极的信息共享者和交换者，从而达到广告的说服目的。汤斌（2007）研究广告语篇中的名词化及其评价价值，认为名词化赋予动作过程和事物性质以实体特征；他通过探讨广告类语篇中名词化劝诱功能的形成原因，认为名词化通过其不可协商性与隐藏评价的主观性来提高商品的可信度；名词化还能促成对商品作出褒义的评价或再评价，增强消费者对商品的好感。张琳（2009）讨论了借言在广告语篇中的运作，发现各种借言在语篇中的相互作用增强了语篇的对话性，从而使广告内容更加客观真实。

3）法律语篇

近年来，评价理论在法律语篇方面的应用研究呈现出良好势头，高质量成果陆续发表，有的已走向世界。这些应用研究主要体现在司法语篇方面，既有对英语语篇的研究，更有对汉语语篇的研究。

王振华（2004b）分析了辛普森一案中的法庭交叉质询，从评价的角度找出法庭交叉质询所揭示的人际关系。其结论是，在辩论中，客观、肯定的言语让说话者拥有优势，主观、含混的言语使说话者处于劣势。王振华（2006）从系统功能语言学视角（包括评价）研究"自首"，指出在司法领域里运用语言学分析可以进一步保证司法的公平性和公正性。王振华（2009b）呼吁法治社会需要语言学，而评价理论是评价法律语言特质的一个有效手段。

杜金榜（2008）研究司法语篇中的隐性说服，认为说服分为显性说服和隐性说服两种。隐性说服不易被识别或反驳，因此所产生的作用更强。该研究借助相关的理论和方法，集中研究司法语篇中隐性说服的特点和表现，对认知反应模式进行了改进，强调了说服过程的互动性。研究结果说明，司法语篇中存在大量的隐性说服，可以从评价、模糊语和预设等角度进行分析，互动认知模式则可以有效分析隐性说服的过程。

张丽萍 (2006) 从社会符号观研究律师对法律案件的个人观点与立场。该研究根据法庭辩论的机构性语境特征，区分了三种不同的构成成分，即律师情感、律师评判与律师鉴赏，并指出后两者是律师评价的主体构成部分。在律师评价的具体语言实现手段上，结合汉语语言的特色与法庭语境的具体场景，发现非一致性表述 (incongruent expression) 占有较大的比例 (张丽萍 2006：208)。另外，张丽萍 (2006：85-99) 在律师评判的具体参数上，发现原有的 social esteem 与 social sanction 两个参数没有明确突出法律意义上的个人能力判断，提出将 social esteem 与 social sanction 的边界重新分类，以三元法分为三个参数，即 social esteem, social sanction 和 social punishment，分别对应个人的性格或能力、道德层面的品质和法律意义上的特征。张丽萍 (2007) 探讨了汉语司法语境下的评价资源与实现手段，发现律师综合应用大量的态度系统与级差系统，使用多种语言手段，尤其是汉语中可以用于表达评价意义的典型句型 (比如判断句、排比句)，在强调客观性的法庭辩论中体现自己作为法律阐释者与辩护人的双重立场。张丽萍 (2010) 从不同语场的语篇对比中凸现评价在语言使用人社会化过程中所起到的具体作用。文章选择了电视访谈、辩论赛和法庭辩论三种类型的语篇，以功能语言学的人际意义模型为主要分析框架，发现在多元话语中说话者不仅会明确地在话语中建立"我们"与"他们"两个群体，同时也会动态性地重建相互关系，努力拉近与他者的距离；说话人对他者关系的重建程度与他所承担的交际任务与话语角色有比较明确的关系。

袁传有 (2008) 基于评价理论建构了"警察讯问介入系统"模式，进一步探讨警察在讯问不同类型犯罪嫌疑人时所采用的介入模式及其体现的人际意义。他基于言语适应理论和语言评价理论，建构了"多维度言语转变模型"，从社会、文化和心理维度就警察言语进行话语分析，发现在讯问中警察经常使用大量的法律术语和正式词汇、强迫认罪的命令句、要求自证其罪的疑问句、批评责备性的问题以及无反馈语的二步会话结构以实现对话紧缩和言语趋异，从而缩小了犯罪嫌疑人的话语空间，减少甚至剥夺了犯罪嫌疑人自行辩护和无罪或罪轻辩解的权利，造成对犯罪嫌疑人的“二次伤害”。但是，在询问中警察使用普通或简易词汇、纯信息或事实探询功能的疑问句和带有反馈语的三步会话结构等，则可以实现对话延展和言语趋同的效果，扩大犯罪嫌疑人辩解的话语空间，与犯罪嫌疑人建立起信任关系，从而最大限度地避免对犯罪嫌疑人的“二次伤害”。论文结论是，从警察讯问到警察询问的言语转变能有效地避免“二次伤害”。另外，袁传有 (2010a) 还运用评价理论研究了律师辩护词中修辞疑问句的隐性说服力。

廖传风 (2007) 研究警察与嫌疑人对话语篇的人际功能，发现在对话中，警察几乎始终是信息索取者，控制着整个语篇的走向，处于主导地位。警察索取的信息内容不是随意性的，而是围绕我国刑法中规定的犯罪构成四要件展开的，更具体地说是围绕何人、何时、何地、何事、何因和何果六要素展开的。这六种要素形成了这类语篇的构建模式。

张琛权 (2007) 通过对最高人民法院提审刘涌案后所作的刑事判决理由和判决结果部分进行态度研究，从法学角度阐述了最高人民法院对刘涌案改判的理由，并从语言学角度初步探讨了该理论对刑事判决理由与结果在写作上的积极意义。

潘小珏 (2008) 讨论了介入资源与法庭辩论中说服的实现，指出各种介入资源可用于阐述、证明己方观点及揭示对方论述武断、证据证明力不足，是法庭辩论可资利用的说服手段。

王蕾 (2010b) 研究了《妇女权益保障法》中的态度，发现立法者的姿态是积极的，然而其保障力度还有待加强。

4) 文学语篇

王振华 (2002) 研究了杂文中作者的介入，认为评价系统便于操作，是目前批判研究文本较为理想的理论框架。王振华 (2004c) 运用“物质过程”的评价价值研究小说人物形象，发现作家对其笔下人物的评价基本上是按照“态度—介入—级差”的评价系统模式进行的，认为通过语言研究来反观人物，不仅能解释人物形象的形成，同时这种解释是较客观的，也是有说服力的。陈安玲(2008)用语言评价理论研究闽南语歌谣的女性价值，发现闽南语泉州歌谣有着很强的人际意义潜势，这些意义潜势对事物的善恶、美丑、华实、荣辱都有显性或隐性的鉴别评价；对人的言行举止在道德规范和社会认可度方面有显性或隐性的判定评价；更有对常人喜、怒、哀、乐的情感张扬之评价，认为歌谣中这类评价语言尤以女性话题居多，因而诠释着独特的闽南女性文化，揭示其传统的价值观。

5）旅游语篇

李剑霞、陈彩芬(2009a, 2009b)研究网络英语旅游介绍的态度资源，文章以网络随机选择的30篇中外英文旅游介绍为语料，使用实证法，从态度系统的角度研究网络英文旅游介绍的功能实现。研究数据表明，评价系统的子系统之一鉴赏资源所占比例超过了情感和判断，尤其是鉴赏中的评估和正面的态度资源都占绝对的优势，这有助于实现旅游介绍的三大独特功能。

3.2.2 外语教学

评价理论应用于外语教学的研究主要反映在阅读教学和词汇教学上。阅读教学方面的主要研究成果有：蒋国东(2009)探讨了评价理论在英语阅读教学中的应用，认为在英语阅读教学中，教师可以利用评价理论来揭示语篇作者对于语篇本身和潜在读者的评价姿态，具体包括三方面：作者对于自述或引述内容的态度，作者对于读者反应的判断，以及作者如何与读者建立同盟关系。唐丽萍(2009)研究了英语学习者的文化霸权话语。分析发现，学习者在解读语篇“理想读者”立场方面存在极大障碍，因此无法以此为基点进行有效的批评性阅读。文章指出，批评性阅读能力不会随着基本阅读技能的提高而自动获得，迫切需要有意识地加强培养。唐丽萍(2010)讨论了英语学习中基于阅读立场的批评话语分析及其启示，发现学习者对英语的全球化趋势和西方文化的优越性观念普遍缺少应有的批判性认识，其原因有三：一是近年来社会环境中存在英语过热的现象，二是跨文化交际能力培养中文化批评视野缺失，三是英语学习者要背负语言和文化劣势的隐性“他者”角色。

词汇教学方面的研究成果主要有：陈淑芳(2002)研究了评价系统与词汇产出，认为词汇习得过程中运用评价系统可以帮助学习者(特别是中等水平以上的学习者)克服词汇习得的僵化现象，完善语义习得中的残缺，改变旧的词汇储存方式，建立词汇产出能力必不可少的语义网络，疏通词汇从接受性能力通往产出性能力的通道，从而彻底打破词汇接受性能力和词汇产出性能力发展不平衡的僵局。

3.2.3 翻译

张美芳(2002) 研究了语言的评价意义与译者的价值取向，认为在翻译过程中，译者对源文中评价意义的理解以及在译文中的表达，往往带着自己的价值取向，因而有时会产生"不忠实"于源文的译作，并探讨了产生"不忠实"译本的各种因素。

苏奕华(2008) 研究了翻译中的意义对等与态度差异，通过分析评价两种不同的译作，为翻译标准之一的"信"赋予了更为广泛的含义，即既要"忠信"源文的表达，又要"忠信"原作者的"态度"。分析结果表明，态度对于评价或判断源文与译文意义对等问题具有重要价值。

谭晓丽(2009) 研究演说词语篇的评价意义与翻译，通过分析奥巴马竞选演说词及其两个版本的中译文，发现其中一篇译文以直译为主，另外一篇则以意译为主，在传译源文的态度和语气方面，译文一明显胜过译文二。文章认为，这并不说明直译是翻译评价意义的唯一策略。由于评价性的词汇、短语并非事先设定，识别一些处于边缘的评价表达需借助语境。文章另外指出，评价意义不仅是原作者个人的观点和态度的表达，也是与读者交流、协商的人际意义的体现，译者在表达时需考虑目的语规范和读者接受等因素，必要时需采用增词、阐释、调整等方法，才能"忠实"地译出源文的评价意义。文章最后指出，级差引发的隐性态度资源往往被忽视，这也是译者们需特别注意的。

钱宏(2007) 研究了广告翻译，运用评价理论解释"不忠实"的翻译现象，发现导致"不忠实"译文的原因是多方面的，诸如译者的主观意识直接影响其对源文的理解，也影响其对译文的制作；不同的审美价值观使得源文读者与目标读者有不同的审美期盼，为顺应目标读者的期望视野，译者可能故意背离源文，使译文具有不同的审美评价。

扶丽华(2010) 研究商务语篇的翻译，从评价理论看商务语篇态度的表达及翻译，发现商务语篇，尤其是商务信函在语篇态度上明显具有礼貌、体谅等特点，在体现方式上，既有显性体现，也有隐性体现。

刘晓琳（2010）研究了文学语篇的翻译，从评价系统的角度研究《红楼梦》的两个译本，发现评价理论不仅可以在词汇层，更可以在语篇层为翻译中的源语与目的语的分析提供有效工具。此外，评价理论为作者、译者和读者三者之间的主体间定位提供了新的视角。运用评价理论对源文进行分析，把握源文作者的态度，在尊重源文态度的基础上，采取适当的翻译策略，对译文作适当的调整，可以提高译文质量，较好地实现文本的表达和交流目的。

蒋平、王琳琳（2010）研究了《背影》的两个英译本并在态度意义上进行了比较，分析了两篇译文的优劣。该研究发现，评价理论的态度系统有助于鉴别译文态度意义的翻译，但在具体操作上，目前的做法还需要进一步完善。为此，文章提出在翻译义值的取向上和语篇整体视角上要进行完善。

4. 思考与展望

4.1 理性批判与呵护发展

纵观我国10年来系统性评价理论的研究，其成绩是显著的，但也存在一些不足。其不足主要表现在对Martin评价理论的解读和应用上。Martin的评价理论具有很强的一致性、概括性和解释力；由于有些术语概括性很强，因此显得很晦涩（王振华、马玉蕾 2007）。另外，评价理论是以Halliday功能语言学为范式展开的研究，所以许多理论概念在Martin的著述中缺乏详细解释。再有，Martin本人是理论家，思想激进，思维活跃，其观点受多位学者的影响（如除Halliday外，还有Gleason，Gutwinski，Gregory，Firth，Bernstein，Pike，Bakhtin等），其研究方法多样（如系统学方法、功能主义方法、分类学方法、拓扑学方法、社会学方法、教育学方法和跨学科方法等），因此，其著述中常常出现较大的思维跨度。这就给我们在理解上带来了困难，导致某些理解和应用上的偏差，甚至导致对该理论的一些误解（如“评价系统是语篇分析的完整理论”等）或不公正的批判（如“评价理论不具有认知主义哲学价值，因此不适用于汉语研究”等）。为减少误解，我们建议学习和理解Martin评价理论时，首先弄懂其理论背景、思想轨迹、研究目标和研究方法，然后吃透其研究机制、研究过程以及其著述中的理论关联，在系统地考察这些因素的基础上应用、评价并发展该理论。我们认为，“柔性”胜于“刚性”，“发展”

(evolution) 优于"颠覆"(revolution)。"无论从研究对象、研究内容，还是从研究方法上看，语言评价理论都是系统功能语言学里的新生事物。新生事物既需要建设性的批评，也需要理性的呵护和发展"(王振华 2010b)。

4.2 展望

4.2.1 理论上：跨学科性

从 Martin 的评价系统(如 Martin 2000) 不难看出，三个主系统与心理认知有直接关系。研究语言使用者如何运用语言达到其目的，最基本的是首先研究语言使用者如何选择语言。选择是认知主体的选择。制约认知主体选择的因素有多种，如文化的、知识结构的等。文化和知识结构上的选择可从 Martin 的文类理论以及 Halliday 的文域理论来考察。但是，Martin 没有深究选此弃彼以及选择顺序的问题。评价意义的边界是个难题，因复杂的文化、心理和认知因素，有些意义的边界很难界定，如"酒色"在商务印书馆出版的《现代汉语词典》(第 5 版) 中指"酒和女色"，但是人们也可以认为只是"好喝酒"，与女色无关(参看 2010 年 8 月 20 日星期五中央电视台今日说法《诽谤》)。但是，Martin 在其理论中并没有说明和阐释评价系统在实例化过程中的原则。如果将系统功能与心理认知相结合，借助心理认知的一些理论(如格式塔理论、优先选择理论等)，以上问题可能会迎刃而解。

方法论上也需要不同方法互补交叉。评价理论沿袭系统功能语言学的研究方法，既研究意义的横组合关系，又研究意义的纵聚合关系。但语言使用者(或者认知主体) 受文化和意图的制约，其评价意义的走势可能既不是横向的也不是纵向的，而是一种凸现的或非线性的。Martin 并没有深究这些问题。如果借助系统科学中非线性的理论方法，这些问题可能会得到比较满意的解决。

我们认为，对评价理论的研究应当进一步重视对语言现象的描写和解释，尤其是汉语语言现象的描述和解释。描写需要方法的交叉，解释需要理论上的跨越。目标应该是，研究"实现化"、"实例化"和"个性化"三个层面，得出更具普遍意义的语言评价理论。

4.2.2 应用上：为人类和社会服务

近年来，有学者开始运用评价理论解读一些重大社会问题，如刘立华

(2009) 研究了全球化进程中中国国家形象的传播，其中就有态度分析。人文社科的研究不能脱离它的母体——人类和社会。人文社科的理论来自对人类和社会的分析，又反过来研究人类和社会，并为人类和社会服务。评价理论解决的主要问题是包括态度、观点、立场、价值观念和意识形态等在内的人际意义，因此，它可以用来解释许许多多的与人和社会有关的问题，如形象问题，大到国家形象、城市形象、政府形象、领导形象、警察形象、教师形象、男人形象、女人形象，小到一个人在特定情形下的形象。应用的领域不能仅限于英语语篇，更应该扩展到汉语语篇和外汉对比语篇，不仅包括文学语篇、科技语篇、新闻语篇、教学语篇，还应包括法律语篇、医患语篇、政治语篇、历史语篇等这些常会出现权势和利害冲突的语篇。评价理论应用研究的终极目标应该是为人际和谐、社会和谐和民族和谐作出它应有的贡献。

5. 结语

本文简述了国内学者对 Martin 的系统性评价理论的研究，并提出了作者本人一些不成熟的看法。10 年来，我国学者对评价理论的研究取得了可喜的成绩，但理论上和应用上尚需进一步完善，并且有很大的研究空间。我们建议，理论上加强研究的跨学科性，应用上加强关注（国际）社会关心的重大问题，以及加强对汉语语言的纵深研究。

文章的不足之处是显而易见的。文中涉及的文献只是冰山一角，相关的硕士论文没有涉及，有许多著作没有提到，非“中文社会科学引文索引”（CSSCI）收录的期刊文章涉及得很少，相关的会议论文或会议论文集的文章提到较少。没有提及的著述，并不是不重要，而是因为篇幅所限。另外，国外的相关研究也很少涉及，主要因为那不是本文讨论的主题，不过感兴趣的学者可以参考注释 2 中提供的文献网址。

注释

1 本文是上海交通大学外国语学院“211”工程重大项目《人际和谐的态度考量》的阶段性成果。本文在写作过程中，悉尼大学 J. R. Martin 教授接受了本文作者的采访并提供了作者所需的各种信息，悉尼大学 Monika Bednarek 提供了国外有关评价研究的参考文献，上海交通大学田聪和潘晓霞帮助收集了部分材料，田聪和张鋆为本文做了校对工作，在此一并感谢。

2 国外有关评价理论的文献可浏览 http://www.monikabednarek.com/10.html 以及 http:// www.grammatics.com/appraisal。

参考文献

Biber, D. & E. Finegan. 1989. Styles of stance in English: Lexical and grammatical marking of evidentiality and affect. *Text* 9 (1): 93-123.

Chafe, W. 1986. Evidentiality in English conversation and academic writing. In W. Chafe & J. Nichols (eds.). *Evidentiality: The Linguistic Coding of Epistemology* Vol. 1. Norwood, NJ: Ablex. 261-272.

Conrad, S. & D. Biber. 2000. Adverbial marking of stance in speech and writing. In S. Hunston & G. Thompson (eds.). *Evaluation in Text: Authorial Stance and the Construction of Discourse.* Oxford: Oxford University Press. 56-73.

Halliday, M. A. K. 1985. *An Introduction to Functional Grammar.* London: Arnold.

Halliday, M. A. K. 1994. *An Introduction to Functional Grammar* (2nd edition). London: Arnold.

Hunston, S. 1989. *Evaluation in Experimental Research Articles*. Ph.D. Dissertation. Birmingham: University of Birmingham.

Hunston, S. 1994. Evaluation and organization in a sample of written academic discourse. In M. Coulthard (ed.). *Advances in Written Text Analysis*. London: Routledge. 191-218.

Hunston, S. 2000. Evaluation and the planes of discourse: Status and value in persuasive texts. In S. Hunston & G. Thompson (eds.). *Evaluation in Text: Authorial Stance and the Construction of Discourse*. Oxford: Oxford University Press. 177-206.

Hunston, S. & J. Sinclair. 2000. A local grammar of evaluation. In S. Hunston & G. Thompson (eds.). *Evaluation in Text: Authorial Stance and the Construction of Discourse*. Oxford: Oxford University Press. 74-101.

Hunston, S. & G. Thompson. 2000. Evaluation: An introduction. In S. Hunston & G. Thompson (eds.). *Evaluation in Text: Authorial Stance and the Construction of Discourse*. Oxford: Oxford University Press. 1-27.

Hyland, K. 2005. *Metadiscourse*. London: Continuum.

Martin, J. R. 1992. *English Text: System and Structure*. Philadelphia: John Benjamins.

Martin, J. R. 2000. Beyond exchange: Appraisal systems in English. In S. Hunston & G. Thompson (eds.). *Evaluation in Text: Authorial Stance and the Construction of Discourse.* Oxford: Oxford University Press. 142-176.

Martin, J. R. 2002. Blessed are the peacemakers: Reconciliation and evaluation. In C. Candlin (ed.). *Research and Practice in Professional Discourse*. Hong Kong: City University of Hong Kong Press. 187-227.

Martin, J. R. 2004a. Sense and sensibility: Texturing evaluation. In J. Foley (ed.). *New Perspectives on Education and Discourse.* London: Continuum.

Martin, J. R. 2004b. Mourning: How we get aligned. *Discourse & Society* 15 (2-3): 321-344.

Martin, J. R. 2004c. Negotiating difference: Ideology and reconciliation. In M. Pütz, J. N. van Aertselaer & T. A. van Dijk (eds.). *Communicating Ideologies: Language, Discourse and Social Practice*. Frankfurt: Peter Lang (Duisburg Papers on Research in Language and Culture). 85-177.

Martin, J. R. 2004d. Positive discourse analysis: Solidarity and change. *Revista Canaria de Estudios Ingleses* (49) (Special Issue on Discourse Analysis at Work: Recent Perspectives in the Study of Language and Social Practice): 179-200. Reprinted in《英语研究》(“功能语言学研究”专辑)，2006（4）：21-35。

Martin, J. R. 2006. Vernacular deconstruction: Undermining spin. *DELTA - Documentação de Estudos em Linguistica Teorica e Aplicada* 22 (1): 177-203.

Martin, J. R. 2007. English for peace: Towards a framework of peace sociolinguistics: response. *World Englishes* 26 (1): 83-85.

Martin, J. R. 2009. Realisation, instantiation and individuation: Some thoughts on identity in youth justice conferencing. *DELTA - Documentação de Estudos em Linguistica Teorica e Aplicada* (25): 549-583.

Martin, J. R. 2010. Semantic variation: Modelling system, text and affiliation in social semiosis. In M. Bednarek & J. R. Martin (eds.). *New Discourse on Language: Functional Perspectives on Multimodality, Identity and Affiliation*. London: Continuum. 1-34.

Martin, J. R. & D. Rose. 2003/2007. *Working with Discourse: Meaning Beyond the Clause*. London: Continuum.

Martin, J. R. & M. Stenglin. 2007. Materialising reconciliation: Negotiating difference in a post-colonial exhibition. In T. Royce & W. Bowcher (eds.). *New Directions in the Analysis of Multimodal Discourse*. Mahwah, NJ: Lawrence Erlbaum Associates. 215-238.

Martin, J. R. & P. R. R. White. 2005. *The Language of Evaluation: Appraisal in English*. London: Palgrave. Paperback edition Palgrave, 2007. Reprinted by Foreign Language Teaching and Research Press, 2008.

Martin, J. R. & M. Zappavigna. 2009. Beyond redemption: Choice and consequence in youth justice conferencing. In Y. Fang (ed.). *Proceedings of the 36th ISFC Beijing*. Forthcoming.

Martin J. R., M. Zappavigna & P. Dwyer. 2007. Negotiating narrative: Story structure and identity in youth justice conferencing. *Linguistics and Human Communication* 3 (2): 221-253.

Martin J. R., M. Zappavigna & P. Dwyer. 2009. Negotiating shame: Exchange and genre structure in youth justice conferencing. In A. Mahboob & C. Lipovsky (eds.). *Studies in Applied Linguistics and Language Learning*. Newcastle upon Tyne: Cambridge Scholars Press. 41-73.

Martin J. R., M. Zappavigna & P. Dwyer. 2010. Negotiating evaluation: Story structure and appraisal in youth justice conferencing. In A. Mahboob & N. Knight (eds.). *Appliable Linguistics: Texts, Contexts, and Meanings*. London: Continuum. 44-75.

Martin, J. R. & 王振华，2008，实现化、实例化、个性化——系统功能语言学的三种层次关系，《上海交通大学学报（哲学社会科学版)》(5)：73-81。

Phelan, J. 2005. Narrative judgments and the rhetorical theory of narrative: Ian

McEwan's *Atonement*. In J. Phelan & P. J. Rabinowitz (eds.). *A Companion to Narrative Theory*. Oxford: Blackwell Publishing.

Scherer, K. R. 1999. Appraisal theory. In T. Dalgleish & M. Power (eds.). *Handbook of Cognition and Emotion*. London: Wiley. 637-663.

Thompson, G. & S. Hunston. 2006. Evaluation in text. In K. Brown (ed.). *Encyclopedia of Language & Linguistics* Vol. 4 (2nd edition). Amsterdam/Boston: Elsevier.

Thompson, G. & J. Zhou. 2000. Evaluation and organization in text: The structuring role of evaluative disjuncts. In S. Hunston & G. Thompson (eds.). *Evaluation in Text: Authorial Stance and the Construction of Discourse*. Oxford: Oxford University Press. 121-141.

White, P. R. R. 2003. Beyond modality and hedging: A dialogic view of the language of intersubjective stance. *Text* 23 (2): 259-284.

Yuan C. Y. (袁传有) 2009. Avoiding revictimization: Shifting from police interrogations to police interviewing in China. *The International Journal of Speech, Language and the Law* (2): 293-297.

Zappavigna, M., P. Dwyer & J. R. Martin. 2010. Visualising appraisal prosody. In A. Mahboob & N. Knight (eds.). *Appliable Linguistics: Texts, Contexts, and Meanings*. London: Continuum. 150-167.

Zhang L. P. (张丽萍) 2010. Lawyer evaluation in the Chinese courtroom: A social semiotic perspective. *The International Journal of Speech, Language and the Law* (1): 153-156.

蔡虹，2005，广告英语中的评价性语用指示词研究——基于评估理论的分析，《解放军外国语学院学报》(2)：6-11。

常晨光，2004，《英语习语与人际意义》。广州：中山大学出版社。

常晨光，2008，评价意义的韵律性特征，《北京科技大学学报（社会科学版)》(3)：101-107。

陈安玲，2008，语言评价揭示闽南语歌谣的女性价值观，《福建医科大学学报(社会科学版)》(2)：29-33。

陈景元、周国光，2009，主位型评价结构“X 的是”及其评价功能，《社会科学论坛》(12 下)：151-154。

陈令君，2007，评价论对语言评价意义研究的启示，《求索》(11)：197-198，226。

陈明瑶，2008，汉语网络时评的语类研究。博士学位论文。杭州：浙江大学。

陈淑芳，2002，评价系统与词汇产出，《山东外语教学》(6)：28-30，112。

陈晓燕，2007，英汉社论语篇态度资源对比分析，《外国语》(3)：39-46。

陈瑜敏，2008，奥运电视公益广告多模态评价意义的构建，《北京科技大学学报(社会科学版)》(3)：108-114。

程微，2007，从态度韵看语篇的衔接与连贯，《外语教学》(6)：24-28。

程微，2010，态度韵律的整体性研究，《外语学刊》(3)：68-73。

杜金榜，2008，司法语篇隐性说服研究，《现代外语》(3)：253-262。

房红梅，2005，言据性的系统功能研究。博士学位论文。上海：复旦大学。

扶丽华，2010，从评价理论看商务语篇态度的表达及翻译，《中国科技翻译》(1)：28-30。

管淑红，2009，《达洛卫夫人》的系统功能文体分析。博士学位论文。上海：上海外国语大学。

胡文辉，2010，语言评价理论的价值哲学研究。博士学位论文。上海：上海外国语大学。

胡壮麟、朱永生、张德禄、李战子，2005，《系统功能语言学概论》。北京：北京大学出版社。

蒋国东，2009，评价理论在英语阅读教学中的应用，《杭州电子科技大学学报(社会科学版)》(4)：42-45。

蒋平、王琳琳，2010，《背影》及其英译的态度意义比较，《当代外语研究》(6)：23-27。

李基安，2008，情态与介入，《外国语》(4)：60-63。

李剑霞、陈彩芬，2009a，网络英文旅游介绍功能之态度评价，《东华理工大学学报(社会科学版)》(2)：128-131。

李剑霞、陈彩芬，2009b，从态度系统看网络英文旅游介绍的评价意义，《内蒙古农业大学学报(社会科学版)》(1)：349-351。

李荣娟，2005a，“又”字的评价意义研究，《泰山乡镇企业职工大学学报》(1)：15-16。

李荣娟，2005b，英语专栏语篇中态度意义的评价理论视角，《山东外语教学》

(4)：30-33。

李祥云，2008，离婚诉讼话语中权力和亲密关系的性别解读。博士学位论文。济南：山东大学。

李晓康，2009，态度意义建构世界——布什总统反恐演说的态度意义研究。博士学位论文。上海：上海外国语大学。

李战子，2001，学术话语中认知型情态的多重人际意义，《外语教学与研究》(5)：353-358。

李战子，2002，《话语的人际意义研究》。上海：上海外语教育出版社。

李战子，2004，身份策略的矛盾境地——《论不说汉语》中对中国人特质的评价，《外国语》(5)：56-63。

李战子，2009，从语气、情态到评价。载张敬源、彭漪、何伟（编），《系统功能语言学前沿动态——第八届中国系统功能语言学学术活动周报告文集》。北京：外语教学与研究出版社。117-128。

廖传风，2007，对话语篇的人际功能研究，《广西社会科学》(9)：156-160。

廖益清，2008，评判与鉴赏构建社会性别身份——时尚话语的批评性分析，《外语学刊》(6)：71-75。

刘立华，2009，西方媒体中的当代中国故事——新闻传播学研究的话语视角。第三届当代中国话语研究研讨会，浙江杭州。

刘世生、刘立华，2010，评价研究与话语分析。载黄国文、常晨光（编），《功能语言学年度评论（第1辑)》。北京：高等教育出版社。1-22。

刘世铸，2006，态度的结构潜势。博士学位论文。济南：山东大学。

刘世铸、韩金龙，2004，新闻话语的评价系统，《外语电化教学》(8)：17-21。

刘婷婷、刘丰，2008，评价系统与语篇连贯——对 *The Man in the Water* 的人际功能分析，《中国矿业大学学报（社会科学版)》(4)：137-140。

刘熙载[清]，1978，《艺概》。上海：上海古籍出版社。

刘晓琳，2010，评价系统视域中的翻译研究——以《红楼梦》两个译本对比为例，《外语学刊》(3)：161-163。

刘颖，2007，从评价体系看商业评论中态度意义的实现。博士学位论文。上海：上海外国语大学。

马景秀，2007，新闻话语意义生成的系统功能修辞研究。博士学位论文。上海：上海外国语大学。

马伟林，2009，隐性评价与显性评价：语篇功能的评价研究。博士学位论文。上海：复旦大学。

孟勐，2007，基于语料库的中国作者和英语母语作者英文学术评价语言的对比研究。博士学位论文。上海：上海外国语大学。

孟勐、李雪，2010，中国作者与英语母语作者英语论文中的介入资源，《外语学刊》(2)：55-58。

潘小珏，2008，介入资源与法庭辩论中说服的实现，《修辞学习》(2)：50-55。

彭宣维，2004，现代汉语词语褒贬语义特征的级差性及其基本历史演进类型，《语言学研究》(3)：68-75。

彭宣维，2009，Appraisal textuality in discourse: Case observation from the motivation perspective。载黄国文（编），《功能语言学与语篇分析研究（第1辑）》。北京：高等教育出版社。88-99。

戚健，2005，浅析英语书评中的评价，《东莞理工学院学报》(2)：68-72。

钱宏，2007，运用评价理论解释"不忠实"的翻译现象——香水广告翻译个案研究，《外国语》(6)：57-63。

任绍曾，2003，语篇的多维分析，《外国语》(3)：35-42。

尚必武，2009，詹姆斯·费伦的修辞性叙事理论研究。博士学位论文。上海：上海交通大学。

苏奕华，2008，翻译中的意义对等与态度差异，《外语学刊》(5)：100-102。

谭晓丽，2009，演说词语篇的评价意义与翻译——以奥巴马竞选演说词及其中译文为例，《湖南科技学院学报》(6)：191-194。

汤斌，2007，广告语篇中的名词化研究，《国外外语教学》(3)：15-20。

唐丽萍，2009，对英语学习者文化霸权话语解读的批评话语分析，《解放军外国语学院学报》(4)：47-51。

唐丽萍，2010，英语学习中阅读立场之批评话语分析及其启示，《外国语》(3)：60-66。

王蕾，2010a，"把"字句及其英语表达研究。博士学位论文。上海：上海交通大学。

王蕾，2010b，《妇女权益保障法》中的态度研究，《外语学刊》(3)：62-67。

王天华，2007，从评价系统看学术书序中的人际定位——以两则序言为例，《哈尔滨工业大学学报（社会科学版）》(5)：153-156。

王振华，2001，评价系统及其运作——系统功能语言学的新发展，《外国语》

（6）：13-20。
王振华，2002，杂文中作者的介入，《暨南大学华文学院学报》（1）：58-64。
王振华，2003，介入：言语互动中的一种评价视角。博士学位论文。开封：河南大学。
王振华，2004a，“硬新闻”的态度研究——“评价系统”应用研究之二，《外语教学》（5）：31-36。
王振华，2004b，法庭交叉质询中的人际关系——系统功能语言学“情态”视角，《外语学刊》（4）：51-59。
王振华，2004c，“物质过程”的评价价值——以分析小说人物形象为例，《外国语》（5）：41-47。
王振华，2006，“自首”的系统功能语言学视角，《现代外语》（1）：1-9。
王振华，2008，作为系统的语篇，《外语学刊》（3）：50-57。
王振华，2009a，语篇语义的研究路径——一个范式、两个脉络、三种功能、四种语义、五种视角，《中国外语》（6）：26-38。
王振华，2009b，法治社会需要语言学。载《当代外语研究——上海交通大学外语论丛（第1辑）》。上海：上海交通大学出版社。1-9。
王振华，2010a，从态度系统考量奥巴马获2009年度诺贝尔和平奖引发的争议，《当代外语研究》（3）：7-11。
王振华，2010b，语言的功能维度——“评价理论”：研究与应用，《外语学刊》（3）：51。
王振华、路洋，2010，“介入系统”嬗变，《外语学刊》（3）：51-56。
王振华、马玉蕾，2007，评价理论：魅力与困惑，《外语教学》（6）：19-23。
吴安萍、李发根，2009，语篇主题与词汇语法评价模式间的认知研究，《江西社会科学》（9）：247-249。
杨信彰，2003，语篇中的评价性手段，《外语与外语教学》（1）：11-14。
袁传有，2008，警察讯问语言的人际意义——评价理论之“介入系统”视角，《现代外语》（2）：141-149。
袁传有，2010a，避免二次伤害：警察讯问言语研究，《外语教学与研究》（待刊）。
袁传有，2010b，律师辩护词中修辞疑问句的隐性说服力，《当代修辞学》：（4）（待刊）。

张琛权，2007，评价理论在刑事判决理由与结果中的应用——以刘涌案为例，《广东海洋大学学报》（5）：67-72。

张大群，2010，评价的组篇功能——以学术论文为例。博士学位论文。上海：上海交通大学。

张德禄、刘世铸，2006，形式与意义的范畴化——兼评《评价语言——英语的评价系统》，《外语教学与研究》（6）：423-427。

张金云、王晓，2008，科技报告中情态资源评价理论分析，《华北电力大学学报（社会科学版）》（5）：112-115。

张克定，2008，《英语句式的多维研究》。北京：中国社会科学出版社。

张丽萍，2006，律师评价的语言学研究：社会符号观。博士学位论文。广州：广东外语外贸大学。

张丽萍，2007，以"评"说"法"：法庭辩论中的评价资源与手段，《外语教学》（6）：29-33。

张丽萍，2010，"我们"与"他们"：社会角色在多元话语中的建构，《外语学刊》（3）：57-61。

张琳，2009，借言在广告语篇中的运作，《内蒙古农业大学学报（社会科学版）》（2）：386-387。

张璐，2004，试析话语基调模式，《西安外国语学院学报》（3）：1-4。

张美芳，2002，语言的评价意义与译者的价值取向，《外语与外语教学》（7）：15-18，27。

张韧，2009，对英文报纸书评的评价研究。博士学位论文。上海：上海外国语大学。

张先刚，2005，追踪溯源话评价，《安阳师范学院学报》（6）：115-116。

张滟，2008a，态度评价：主体互联性劝说模式建构，《外语学刊》（3）：71-75。

张滟，2008b，学术话语中的级差范畴化及其修辞劝说构建，《外国语》（6）：33-40。

张跃伟，2005，从评价理论的介入观点看学术语篇中的互动特征，《辽宁工程技术大学学报（社会科学版）》（9）：536-539。

赵魏，2006，译学辞典的原型及评价系统。博士学位论文。济南：山东大学。

钟莉莉，2005，从评价系统看政治演说语篇中词汇的选择，《绍兴文理学院学报》（2）：54-57。

作者简介

王振华　博士、博士后，上海交通大学外国语学院教授，博士生导师，学科负责人，英语系副主任，外国语言文学博士后流动站站长。在国内外学术刊物上发表学术论文50余篇，出版著作（包括教材）8部，主编《Martin文集》8卷。主持国家和省部级科研项目3项，主持和参与教育部重大项目及其他项目11项；在研项目有“法律语篇的行为规范研究”（上海市社科规划项目，2007）；“语篇语义研究的理论体系建构与实践”（国家社科项目，2008）；“人际和谐的态度考量”（“211工程”第三期资助项目，2010）。兼任中国功能语言学研究会副会长、中国法律语言学研究会副会长、中国文体学研究会常务理事、中国外语博士论坛常务理事、金博大律师事务所上海分所专家顾问；《当代外语研究》和《功能语言学与语篇分析研究》编委；《现代外语》、《福建师范大学学报》、英国劳特利奇 (Routledge) 出版社出版的 *Classroom Discourse* 和 *Journal of Multicultural Discourses* 四家杂志匿名审稿人。主要研究兴趣有系统功能语言学、法律语言学、语言评价理论、语篇分析、语用学。

通讯地址：上海市闵行区东川路800号　上海交通大学外国语学院(200240)

电子邮箱：wzhenhua@sjtu.edu.cn

第九章

加的夫语法说略[1]

何　伟　北京科技大学

1. 引言

在回顾系统功能语言学自1970年以来的理论建构时，Matthiessen (2007: 512) 指出：20世纪70年代见证了Halliday系统功能标准理论的创建，还见证了其他不同系统功能理论的提出和发展，这主要归功于Hudson（1971, 1974, 1976）和Fawcett（1973, 1974-1976, 1980）。此处，Matthiessen提到的其他系统功能语法理论中的一种，并且从目前情况看属于比较有影响力的，即是Fawcett在Halliday的系统功能理论的基础上发展而来的"加的夫语法"（或称为"加的夫模式"）。1995年在北京举办的第22届国际系统功能语言学大会上，Halliday在提及Fawcett的研究时使用了"加的夫方言"（the Cardiff dialect）一词，Fawcett也就在专题发言中将自己的研究戏称为"加的夫方言"。之后，Fawcett在相关论述中将Halliday和Matthiessen等人的研究称为"悉尼语法"或"悉尼模式"，将自己以及同事的相关研究称为"加的夫语法"或"加的夫模式"。原因很简单：这两种模式的命名分别源自其代表人物从事研究和执教的所在地。Halliday自1976年移居澳大利亚一直到2000年退休都在悉尼大学任教，而Fawcett从1987年一直到2004年退休都在英国加的夫大学任教。目前可以这样讲，这两个对应的名称已为学界所公认。在加拿大不列颠哥伦比亚大学（University of British Columbia）召开的第37届国际系统功能语言学大会（2010年7月18-23日）上，Martin在大会主题发言中阐释语气系统的不同描述时，明确使用了"悉尼模式"和"加的夫模式"这两个名称。

目前，无论是在国际上还是在国内，人们对"悉尼语法"的了解和研究都远远超过对“加的夫语法”的认识。本文将在黄国文(2008)一文的基础上，从加的夫语法的创建、加的夫语法的两部重要著作、加的夫语法的特点、加的夫语法的研究现状和加的夫语法的前景展望等四个方面对该模式进行概述。

2. 加的夫语法的创建

加的夫语法的提出与其创始人 Robin P. Fawcett 的求学和工作经历密切相关。这一点可见证于 Fawcett 在第八届中国系统功能语言学学术活动周(2008 年 3 月 10-14 日，北京科技大学外国语学院)期间所做报告的第一部分(Origin and development: Part I of “Introduction to the Cardiff Grammar: A cognitive-interactive version of systemic functional grammar for the 21st century”)。下面，我们将通过 Fawcett 的经历看其理论的创建。

Robin P. Fawcett 于 1937 年出生在英国伦敦市。1960 年毕业于英国牛津大学，获得“现代语言专业学士学位”。1961 年在英国伦敦大学获得“研究生教育学历证书”。1961 至 1965 年在肯尼亚教书。1965 年获得英国牛津大学授予的硕士学位。之后，他又回到肯尼亚执教，并担任教育行政工作，负责课程设计。在这一阶段，即 1965 至 1970 年，他愈发认识到课程设计及发展研究离不开一个合适的语言学理论。在比较了当时盛行的转换生成语法、结构主义语言学和系统功能语言学后，他认为 Halliday 所倡导的基于意义对语言进行描述的理论比较实用。原因是前两者主要研究语言形式层次上的句法关系，而后者既注重研究语言中属于聚合关系的意义，也研究属于组合关系的形式。在 Fawcett 看来，一个语言学理论只有同时兼顾意义和形式两个方面的描述和解释，才能被称为一个比较完整的语言模式，也才能具有广泛的应用性。

为了能很好地了解和研究系统功能语言学，Fawcett 于 1970 年离开生活了 10 年的肯尼亚，回到英国，注册为伦敦大学学院(University College London)的博士研究生，师从 Halliday 教授。不巧的是，他刚入学三个月，Halliday 就离开了伦敦大学，到美国的布朗大学(Brown University)任职。这样，Fawcett 又跟随 Halliday 在伦敦大学学院的同事 Hudson 教授做博士阶段的研究。当时，Hudson 正与同事 Huddleston 和 Halliday 一起研究系统功能语言学，这一点可见证于 Hudson(1967，1971，1974，1976)和 Huddleston(1965/1981，1966/1981，1988，1991)。Hudson 和 Huddleston 这两位前系统功能语言学家在系统功能语言学框架内主要研究语言的形式层次，也就是说，他们侧重句法研究。Hudson 对 Fawcett 的影响应该是比较明显的，这可从 Fawcett 后来的研究看出。

在攻读博士阶段以及之后的研究中，Fawcett 一直认为 Halliday 于 20 世纪 70 年代对语言的认识具有五大革命性见解。比如，他在 2008 年的著作(Fawcett 2008c: 10-11) 中明确指出 Halliday 的五大创新点是：第一，语言中的聚合关系是首要的，“选择”比“组合”和“顺序”更加基本。这也就是“系统语法”的由来。第二，“功能语法”是一种关于意义的语法；“系统功能语法”的核心内容是对系统网络中意义选择的描述。第三，语言中的基本单位小句同时体现多种意义。这也就是语言的“多功能观”。第四，系统网络的概念不局限于句法结构和形式项 (item)，发展后还可用来描述词汇。这也就是“词汇语法”的缘起。第五，语调也应该是词汇语法的一个核心组成部分。Fawcett 认为，Halliday 提出的这五个观点很好地体现了语言的本质，也对语言模式的构建提出了挑战。

由此可以看出，Fawcett 对 Halliday 早期，即 20 世纪六七十年代的研究非常认同。然而，Fawcett 认为 Halliday 20 世纪 80 年代及之后的研究存在局限性，主要表现在：第一，Halliday 在其代表性著作《功能语法导论》(Halliday 1985，1994；Halliday & Matthiessen 2004) 中指出，书中所描述的及物性系统、语气系统和主位系统等并没有构成真正的语义层；一个完整的语言模式需要一个更高层次的语义层。在 Fawcett 看来，系统功能语言学没有必要在词汇语法层次之上再区分一个语义层，而应该将语义化不彻底的相关系统网络再进一步语义化，明确区分意义层和形式层。第二，Halliday 提出了“语法隐喻”的概念。Fawcett 认为该概念的提出是没有必要的，相关语言现象可通过“概率”以及“二维的句法结构”等概念和句法分析方式来解释。

因此，Fawcett 坚持植根于 Halliday 在 20 世纪六七十年代对语言的见解，致力于建构和发展一个更为合理的语言模式。他在 2008 年的著作中 (Fawcett 2008c: 16-21) 明确指出了促成加的夫模式建构和发展的八大因素。概括地讲，第一，语言学研究重视对意义和功能研究的同时，不能忽视对形式的研究。对意义的研究不能取代对形式的研究。第二，基于系统功能语言学早期理论的应用研究对所运用的理论有所改进。第三，其他偏重功能研究的语言学家也运用系统功能语言学理论做了大量传统的描述性工作。第四，偏重形式研究的语言学家做了大量的句法研究工作，他们对句法结构的研究促使功能语言学家思考语言的生成问题。第五，随着语料库的出现，学者们可以使用语料库研究语言。第六，运用“概率”这一概念对语言现象进行描述，要比对语言现象做出“是否符合语法性”的判断更加合理。第七，在将系统功能语言学应用于计算语言学的研究中，即在研究自然语言自动理解和生成模式的过程中，对原有语言模式进行了测试，并作出了修正。第八，一个完整的语言理论模式除了注重语言的社会—文化性外，还要强调语言行为者的认知—互动能力。

在上述认识和研究的基础上，Fawcett (1980，2000a，2008a，2008b，2008c 等）提出，一个较为完整的语言模式应建立在三对基本概念上：意义和形式，潜势和实例，聚合关系和组合关系。下图即为加的夫模式建立的关于语言的一个简式模式。

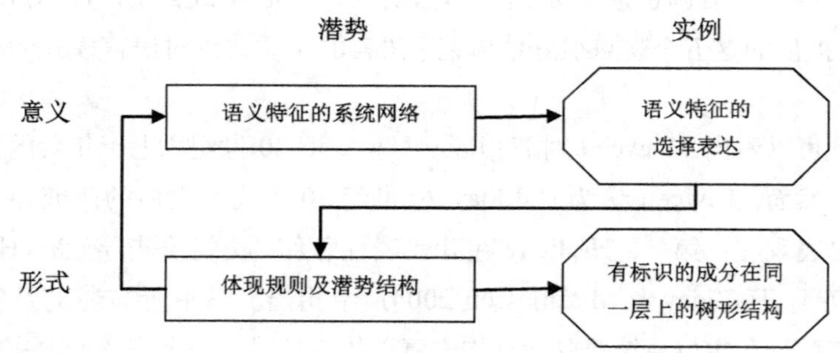

图 1　简式系统功能语法的核心部分　　(Fawcett 2008c: 41)

图 1 表明，加的夫语法将语言看做一个具有两个层次的系统：意义和形式。语言的意义和形式层分别都包含两个部分：潜势和实例。意义层次上的潜势指的是由语义特征构成的系统网络，穿行语义系统网络收集到的是实例，即语义特征选择表达。形式层次上的潜势为体现规则，即将语义特征表达转换为具体语言形式的一个机制。该具体语言形式含有句法单位、句法成分和形式项，它就是形式层次上的实例。意义层次上的潜势和实例属于聚合现象，形势层次上的潜势和实例属于组合现象。

Fawcett 在构建整个语言模式时考虑到了语言系统与人们认知领域的逻辑概念系统的关系，这是因为他认为人们对经验的表达受制于其对经验的认知。

在其重要代表作《系统功能语言学句法理论》（Fawcett 2000a）中，Fawcett 明确了逻辑概念系统和语言系统的关系：语言系统体现逻辑概念——一般而言，逻辑概念系统中的事件（event）与语言内部意义层次上的情形（situation）相对应，体现在形式层次上则为小句；逻辑概念系统中的物体（object）与意义层次上的事物（thing）相对应，体现在形式层次上则为名词词组。Fawcett 同时指出，逻辑概念系统中的内容并不总是与语言意义层次上的语义特征以及形式层次上的形式呈一一对应关系，比如，事件可最终由形式层次上的名词化形式而非小句来体现。这就是说，人们可通过语言重新建构经验，语言在表达人们的认知时具有主观能动性。此部分的描述可通过下图明确地表示出来。

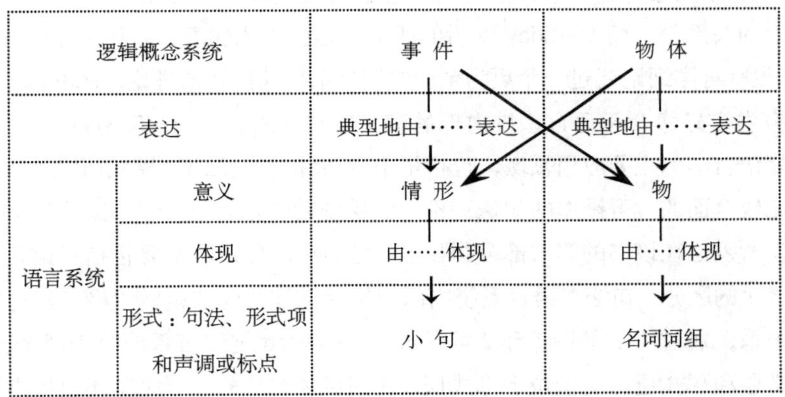

逻辑概念系统
事 件
物 体
表达
典型地由……表达
典型地由……表达
语言系统
意义
情 形
物
体现
由……体现
由……体现
形式：句法、形式项和声调或标点
小 句
名词词组

图 2　逻辑形式、语义和句法之间的关系　　（Fawcett 2000a：210）

目前，加的夫语法的研究主要集中在语言形式层次上的句法（Fawcett 2000a，2008a，2008b，2008c，forthcoming a；Tucker 1998 等）以及语义层次上的语气系统和及物性系统（Fawcett 2009，forthcoming b 等）上。而对逻辑概念系统，加的夫语法还没有一个比较全面的框架描述。

3. 加的夫语法的两部重要著作

近 40 年来，有关加的夫语法的研究成果不是特别丰富，已与读者见面的成果中有两部著作值得关注，即 Fawcett 于 2000 年在本杰明 (Benjamins) 出版社出版的《系统功能语言学句法理论》（*A Theory of Syntax for Systemic*

Functional Linguistics)，以及Fawcett于2008年在Equinox出版社出版的《走近系统功能语言学：加的夫语法》(*Invitation to Systemic Functional Linguistics Through the Cardiff Grammar*)。这两部著作对比较关注功能句法的学者来讲，是比较有参考价值的。

《系统功能语言学句法理论》一书的目的是为系统功能语言学提供一个比较全面的句法理论。该书分为两部分。第一部分重点回顾了Halliday的经典论作，包括《语法理论范畴》(Categories of the theory of grammar (1961/1976)、《系统语法》(Systemic theory) (1993) 和《功能句法导论》(*An Introduction to Functional Grammar*) (1985，1994)。在此基础上，Fawcett指出《语法理论范畴》一文描述的就是一个句法理论，包括句法范畴、句法组织原则、句法范畴之间的关系等，而Halliday以后的研究，包括《系统语法》和《功能句法导论》，没有再详细论述过一个更为全面的现代系统功能句法理论，Halliday的主要研究内容好像介于语言系统内部的意义层和形式层之间。Fawcett认为，系统功能语言学的主要应用领域，包括语篇分析和计算机语言模式研究等，需要一个比较全面的、可操作的句法理论，而系统功能语言学目前又缺乏这方面的研究，所以他在该书的第二部分提出了自己的句法理论，主要包括对语言系统内部层次的区分、句法在语言系统内部的位置描述、句法范畴以及句法范畴之间的关系。通过上文的图1和2可以看出，Fawcett把语言系统分为两个层次，即意义层和形式层，句法位于形式层，不过除了句法外，形式层还包括声调和标点。图3可说明加的夫语法中的句法范畴和句法范畴之间的关系。

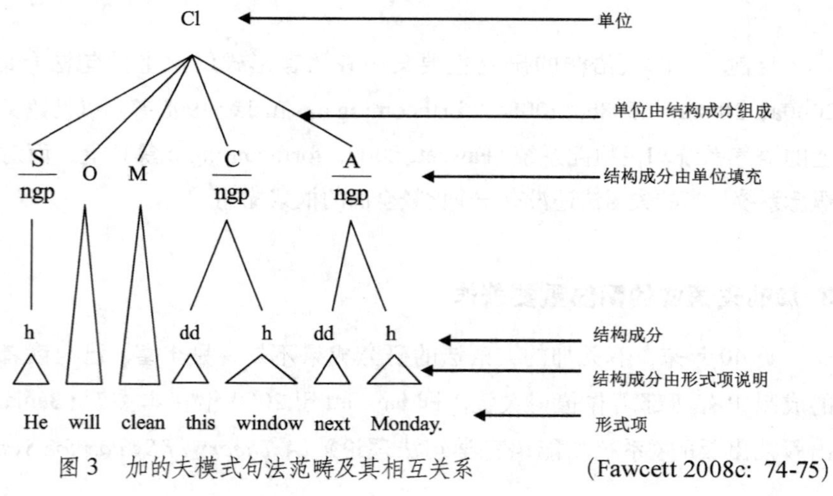

图3 加的夫模式句法范畴及其相互关系 (Fawcett 2008c: 74-75)

《走近系统功能语言学：加的夫语法》一书源于 Fawcett 于 1996 年秋天在日本帝冢山学院（Tezukayama College）的年度公开讲座，讲座内容于 1997 年刊登在日本的一个内部交流期刊 *Helicon* 上，此版本被 Fawcett 称为第一版本。之后几经修改，于 2005 年在加的夫大学语言与交流研究中心以油印本的形式刊出，用做学生学习系统功能语言学的教材，这是 Fawcett 所说的第二版本。可以说这两个版本在 2008 年前没有正式出版过。得到 Fawcett 的允许，被黄国文、何伟、廖楚燕编译和收录在由北京大学出版社于 2008 年出版的《系统功能语法入门：加的夫模式》中的正是第二版本；同时该版本也被译成西班牙语，于 2008 年由阿根廷的马德普拉塔大学（University of Mar del Plata）出版社出版。几乎与其同时，确切地讲，在学者们将第二版本译成汉语和西班语两种主要国际语言的过程中，Fawcett 认为，他有必要针对第二版本作进一步的完善，修订成第三版，由英国的 Equinox 出版社出版。这就是《走近系统功能语言学：加的夫语法》（Fawcett 2008c）一书的由来。

Fawcett 在《走近系统功能语言学：加的夫语法》一书中着重介绍了简单英语小句的功能句法分析。全书分为 17 章，其中大部分篇幅集中描述句法分析的步骤和测试标准。Fawcett 提出，句法分析除了准备步骤外，包括 12 步：一、找出过程，也就是主要动词，或主要动词和主要动词延长成分，或主要动词和介词，或主要动词和主要动词延长成分以及介词；二、朝左分析，如果有，则找出所有的助动词；三、在每个助动词的右边，如果有，则找出所有助动词延长成分，以及相关的不定式成分；四、朝左分析，如果有，找出不定式成分；五、在不定式的左边，如果有，找出否定词；六、在否定词的左边，如果有，找出操作词；七、在操作词的左边或右边，找出主语——如果主语是隐性的，用括号加以标识；八、如果有，找出 Let 成分；九、找出所有的参与者角色——主语可能是其中的一个，其他的肯定是补语，如果补语是隐性的，用括号加以标识；十、找出所有状语；十一、如果有，找出呼语成分；十二、找出结束标记。这些步骤和做法的结果就如同上文图 3 中的树形图本身所表明的那样。

4．加的夫语法的特点

Fawcett (2008a) 明确讲到：他的研究受现代语言学之父 Saussure 和系统

功能语言学家 Halliday 的影响最大。Saussure 和 Halliday 对 Fawcett 的影响可以从其描述性研究看出。Fawcett 对整个语言模式的建构、对句法的分析以及对语义系统网络的描绘都充分表明他的研究具有鲜明的描述性特点，这与 Saussure 对语言性质和语言系统的思考基本一致，也与 Halliday 以语篇分析为建构功能语法的主要目的的观点相符。

在其描述研究中，Fawcett 指出他所建构的加的夫模式既是一种社会—文化模式，又是一种认知—互动模式。这一点也说明，加的夫模式具有认知性特点。在前一个方面，加的夫模式和悉尼模式观点一致：两者都既是系统性的理论，又是功能性的理论，都强调了语言的社会—文化性。在后一个方面，加的夫模式与悉尼模式不同，强调了语言行为者的主观能动性，提出了语言行为者在用语言表达经验时其逻辑概念系统起控制作用的观点，明确区分了语言的意义层次和形式层次，这有利于计算机自然语言自动理解和生成的研究。同时，对语言意义层和形式层的明确区分促使加的夫模式对系统功能语言学中原有的系统网络进行进一步语义化（比如 Fawcett 2009: 3-62）。

应该说，Fawcett 也受到了形式语言学的影响。这一点可以从加的夫语法对语言形式的关注以及对语言生成的研究看出。按照 Fawcett 的说法，加的夫语法的最终目的是建构一个计算机语言模式，从而开发一个人机对话系统。为了实现这样一个目的，加的夫语法的一些做法与 Chomsky 20 世纪 70 年代早期的研究方法有相似之处：比较关注语言的形式——包括句法范畴、句法关系等。同时，加的夫语法的描述性研究也经过了计算机自动分析和自动生成的检验，这一点可见证于 Fawcett 的学生 Mike David Day 题为 A Corpus-consulting Probabilistic Approach to Parsing: The CCPX Parser and Its Complementary Components 的博士论文、Fawcett 及其同事的语言生成系统研究（Fawcett & Tucker 1990；Fawcett，Tucker & Lin 1992，1993 等）以及与 Fawcett 联系密切的阿根廷籍计算语言学专家 Víctor Castel 的计算机实现系统研究（Castel 2006 等）。

从描述内容来看，加的夫语法既是对悉尼语法的一种简化，又是对悉尼语法的一种扩展。Fawcett（2000a，2008a，2008b，2008c）认为，加的夫语法在九个方面简化了悉尼语法，至少在四个方面扩展了悉尼语法。前者包括“主要动词”的数量、“谓体”名称的适宜性、“主语”的测试标准、“补语”的测试标准、“状语”的测试标准、“关系过程”的描述、“及物性”与“作格”分析的区分、“语法隐喻”现象的解释以及“句法结构”的图示表达。后者主要指“过程和主要动词延长成分”的提出、“参与者角色”类型的增加、词组单位的扩充、助动词类型的识别方式以及语气网络的语义化。关于这两个方面的详细阐述，可参见何伟、张敬源（2008）和何伟、彭漪（2008）。

5. 加的夫语法的研究现状

尽管Fawcett从框架上构建了一个比较完整的语言描述和生成模式（如图1所示），也描绘了语言系统与人们认知层面关系的蓝图（如图2所示），但是其研究主要集中在语言系统内部形式层次上的句法内容。Fawcett这方面的研究成果主要包括三部已正式出版的专著——《认知语言学与社会互动》（Fawcett 1980）、《系统功能语言学句法理论》（Fawcett 2000a）和《走近系统功能语言学：加的夫语法》（Fawcett 2008c），以及数十篇已与读者见面的论文（Fawcett 1973/1981，1974-1976，1975，1983，1987a，1988a，1990，1991a，1991b，1991c，1992a，1992b，1993a，1993b，1993c，1993d，1994a，1994b，1995，1996，1997a，1997b，1998，1999，2000b，2000c，2003，2004a，2004b，2004c，2006a，2006b，2007a，2007b）。Fawcett计划出版但还未完稿的《功能句法分析手册》集中探讨的也是句法层次上的内容。

Fawcett对语言系统内部的意义层次也有研究，不过不多，主要研究成果包括几篇比较集中讨论语义系统的论文（Fawcett 1984，1987b，1988b，1988c，2009）以及即将出版的著作《功能语义分析手册》。当然，Fawcett关于句法的论述均是从语义角度出发的。

Fawcett的同事（也是他指导过的博士研究生）Gordon Tucker的研究重点也是词汇语法，其最重要的代表作是《形容词词汇语法：系统功能语言学视角》（Tucker 1998）。Fawcett的另外一个同事Paul Tench的研究集中在音系方面，其代表作包括《英语语篇中声调的作用》（Tench 1990）、《系统音位研究》（Tench 1992）和《英语声调系统》（Tench 1996）。

用加的夫模式研究自然语言自动理解和生成的学者主要包括Fawcett本人、

Tucker、Lin（林允清）、Day 与 Castel。他们的研究成果主要表现为前文已提及的一些论文、报告和系统设计等。

现在任职于加的夫大学并从事系统功能语言学教学和研究的学者主要有 Tom Bartlett 和 Lise Fontaine 等人。Bartlett 的研究侧重于理论方面，Fontaine 的兴趣点在语篇分析方面。

在国际上，除了 Fawcett 本人及其同事和学生外，比较关注加的夫语法的学者不是很多。对该模式给予了介绍和诠释的当属 Butler（1985，1993，2003）。

在国内，最早介绍加的夫模式的应该是黄国文、冯捷蕴（2002）和冯捷蕴（2002）。之后，随着 Fawcett 应邀来华讲学、参加会议次数的增多，国内对该模式的介绍和研究逐渐多了起来，比如邓仁华（2005，2008）、何伟（2010）、何伟、彭漪（2008）、何伟、张敬源（2008，2010）、何伟、马瑞芝（2009）、黄国文（2003，2008）、黄国文、何伟、廖楚燕等（2008），侯建波（2008），李满亮（2009a，2009b），林允清（2005），廖楚燕（2008），张敬源、何伟（2009），张敬源、顾颖（2009），张敬源、彭漪、何伟（2009），张敬源、孔媛媛（2010），王红阳（2008），王红阳、黄国文（2010），王勇（2006）。在上述介绍性论文以及原创性著述中，可以说，除了何伟、马瑞芝（2009）一文对及物性语义系统网络进行介绍外，其余作品的主要内容涉及的均是句法。

6. 加的夫语法的前景展望

系统功能语言学发展到今天，其研究内容涉及标准理论、语篇语义系统架构、语篇体裁分类、评价分析框架、加的夫模式、多模态话语分析、语篇分析、功能文体分析、批评话语分析、语言教学、计算语言学和语言类型学等十几个方面。研究领域的不断扩展以及研究成果的系统化和较强的适用性说明系统功能语言学已成为一个较为成熟的语言学理论，已拥有了普通语言学和适用语言学的地位。然而，从系统功能语言学的“意义为第一位”原则看，该语言学理论的建构还有不足之处。主要表现在以下两个方面：一、系统功能语言学对语义系统网络的描述还只是冰山一角，学界在语言单位语义特征的描述、语义系统网络之间关系的界定以及系统网络计算语言形式的设计等方面的研究还有欠缺；二、系统功能语言学理论的形式化研究也还处在初级阶段，学界对运用计算机实现语篇理解和生成方面的研究还不多见。Halliday 在第 36 届国际系统功能语言学大会（2009 年 7 月 14-18 日，北京）的主题发言中曾明确指出过这两点，他提出这两个主题应该是功能语言学界今后要探讨的主要内容。他希望有更多的学者从事这方面的研究，为功能语言学的发展作出贡献。

如何开展语义层次上的研究？如何推进计算语言模式的研究？尽管一些学者在 20 世纪八九十年代集中对语义层次展开过研究，比如 Martin（1992），Ventola（1987），Christie（1990），Rothery（1990），Eggins（1990），Hasan（1987），Cloran（1994），Mann，Matthiessen & Thompson（1992），Halliday & Matthiessen（1999）和 Bateman *et al.*（1990），然而研究不够全面，也缺乏明确的体现规则说明。也就是说，语义系统网络的描述一方面因局限于个别体裁而不够全面，另一方面又因缺乏明确的词汇语法层次上的体现规则说明而导致了其具体操作的困难，这也就是基于系统功能语言学的计算语言模式没有得到很好发展的一个主要原因。

我们认为，加的夫模式在语义层次和计算语言模式两方面为系统功能语言学提供了一些具体的思路。从其建构目的看，即试图通过建构一个计算语言模式从而最终建立一个人机对话系统，加的夫模式对语义层次的描述应该能够在词汇语法层次上对应具体的体现规则说明，从而能够实现形式化。加的夫模式目前的一些做法已表明了这样的趋势。首先，它将语言的语义层和形式层比较明确地区分开，说明了哪些因素属于语义层次，哪些又属于形式层次；其次，它对语言的描述基本都经计算机模拟和检验过，比如基于该模式而建构的“迷你语法”（mini-grammar）和“微观语法”（micro-grammar）的生成系统是比较成功的——这一点见证于 Castel 在 Fawcett 等人研究基础上研发的生成语法系统，该系统可登陆网页 http://www.cricyt.edu.ar/institutos/incihusa/ul/webhelp/Vicor_M._Castel.htm 查询。

综上所述，加的夫语法应该有着比较广阔的发展前景，能够为系统功能语言学的纵深发展提供一些新鲜的看法和具体思路。

注释

1 本文系 2009 年度中央高校基础科研业务费项目“自然语言理解的计算机模

式研究”（编号为FRF-TP-09-025B）和2009年度教育部人文社科规划基金项目“功能句法结构的计算机模式研究”（编号为09YJZH007）的部分研究成果。

参考文献

Bateman, J. A., P. Kasper, J. Moore & R. Whitney. 1990. *A General Organization of Knowledge for Natural Language Processing: The Penman Upper Model*. Information Sciences Institute, University of Southern California.

Butler, C. S. 1985. *Systemic Linguistics: Theory and Application*. London: Batsford.

Butler, C. S. 1993. Scale and category grammar. In R. E. Asher (ed.). *Encyclopaedia of Languages and Linguistics*. Oxford: Pergamon. 4500-4504.

Butler, C. S. 2003. *Structure and Function: A Guide to Three Major Structural-Functional Theories*. Amsterdam: Benjamins.

Castel, V. 2006. Rule types in a systemic functional grammar: An XML definition of the Cardiff lexicogrammar generator. In B. Leila & T. B. Sardinha (eds.). *Proceedings of 33rd International Systemic Functional Congress*. São Paulo: PUCSP. 270-299.

Christie, F. 1990. *Curriculum Genres in Early Childhood Education: A Case Study in Writing Development*. Ph.D. Dissertation. Sydney: University of Sydney.

Cloran, C. 1994. *Rhetorical Units and Decontextualization: An Enquiry into Some Relations of Context, Meaning and Grammar*. University of Nottingham: Monographs in Systemic Linguistics Number 6.

Day, M. D. 2007. *A Corpus-consulting Probabilistic Approach to Parsing: The CCPX Parser and Its Complementary Components*. Ph.D. Dissertation. Wales: University of Wales.

Eggins, S. 1990. *Conversational Structure: A Systemic Functional Analysis of Interpersonal and Logical Meaning in Multiparty Sustained Talk*. Ph.D. Dissertation. Sydney: University of Sydney.

Fawcett, R. P. 1973/1981. Generating a sentence in systemic functional grammar. Mimeo. In M. A. K. Halliday & J. R. Martin (eds.). *Readings in Systemic*

Linguistics. London: Batsford. 146-183.

Fawcett, R. P. 1974-1976. Some proposals for systemic syntax 1-3. *MALS Journal* 1 (2): 1-15, 2 (1): 43-68, 2 (2): 36-68.

Fawcett, R. P. 1975. Some issues concerning levels in systemic models of language. *Nottingham Linguistic Circular* 4 (1): 24-37.

Fawcett, R. P. 1980. *Cognitive Linguistics and Social Interaction*. Exeter and Heidelberg: University of Exeter and Julius Groos.

Fawcett, R. P. 1983. Language as a semiological system: A re-interpretation of Saussure. Invited Lecture to the Linguistics Association of Canada and the United States 1982. In J. Morreall (ed.). *The Ninth LACUS Forum 1982.* Columbia: Hornbeam Press. 59-125.

Fawcett, R. P. 1984. System networks, codes and knowledge of the universe. In R. P. Fawcett, M. A. K. Halliday, S. M. Lamb & A. Makkai (eds.). *The Semiotics of Culture and Language Vol. 2*: *Language and Other Semiotic Systems of Culture*. London: Pinter. 135-179.

Fawcett, R. P. 1987a. The form of a minimal procedural grammar, i.e. a grammar for natural language interaction with a computer. In I. Fleming (ed.). *The Thirteenth LACUS Forum 1986.* Columbia: Hornbeam Press. 381-393.

Fawcett, R. P. 1987b. The semantics of clause and verb for relational processes in English. In M. A. K. Halliday & R. P. Fawcett (eds.). *New Developments in Systemic Linguistics Vol. 1*: *Theory and Description*. London: Pinter. 130-183.

Fawcett, R. P. 1988a. The English personal pronouns: An exercise in linguistic theory. In J. D. Benson, M. Cummings & W. S. Greaves (eds.). *Linguistics in a Systemic Perspective*. Amsterdam: Benjamins. 185-220.

Fawcett, R. P. 1988b. Language generation as choice in social interaction. In M. Zock & G. Sabah (eds.). *Advances in Natural Language Generation* Vol.1. London: Pinter. 27-49.

Fawcett, R. P. 1988c. What makes a good system network "good"?— Four pairs of concepts for such evaluations. In J. D. Benson & W. S. Greaves (eds.). *Systemic Functional Approaches to Discourse: Selected Papers from the 12th*

International Systemic Workshop. Norwood, NJ: Ablex. 1-28.

Fawcett, R. P. 1990. The computer generation of speech with semantically and discoursally motivated intonation. In *Procs of 5th International Workshop on Natural Language Generation*. Pittsburgh. 164-173.

Fawcett, R. P. 1991a. Foreword. In R. Melrose. *The Communicative Syllabus*. London: Pinter.

Fawcett, R. P. 1991b. Fifteen theoretical questions for systemic linguists in the 1990s. *Network* (17): 58-60.

Fawcett, R. P. 1991c. A short tutorial on how GENESYS works. Software introduction to the GENESYS "mini-grammar". Available from: Cardiff: Computational Linguistics Unit, University of Wales, Cardiff CF1 1XL. (17 screens)

Fawcett, R. P. 1992a. The state of the craft in computational linguistics: A generationist's viewpoint. COMMUNAL Working Papers No. 2. Cardiff: Computational Linguistics Unit, University of Wales.

Fawcett, R. P. 1992b. Felicity conditions and predetermination rules for the lexicogrammar: The generation of referring expressions as a test case. COMMUNAL Technical Report No. 13. Cardiff: Computational Linguistics Unit, University of Wales.

Fawcett, R. P. 1993a. Language as program: A reassessment of the nature of descriptive linguistics. *Language Sciences* 14 (4): 623-657.

Fawcett, R. P. 1993b. The architecture of the COMMUNAL Project in NLG (and NLU). In M. Zock, G. Adorni & G. Ferrari (eds.). *Preprints of the Fourth European Workshop on Natural Language Generation.* Pisa. 189-190.

Fawcett, R. P. 1993c. The mini-grammar: A new research concept for natural language generation. In M. Zock, G. Adorni & G. Ferrari (eds.). *Preprints of the Fourth European Workshop on Natural Language Generation*. Pisa. 175-178.

Fawcett, R. P. 1993d. Decision-making in natural language generation: Some current issues in the use of Systemic Functional Grammars. COMMUNAL Working Papers No. 5. Cardiff: Computational Linguistics Unit, University of Wales.

Fawcett, R. P. 1994a. A generationist approach to grammar reversibility in natural language processing. In T. Strzalkowski (ed.). *Reversible Grammar in Natural Language Generation*. Dordrecht: Kluwer. 365-413.

Fawcett, R. P. 1994b. On moving on on ontologies: Mass, count and long thing things. In D. McDonald (ed.). *Proceedings of the Seventh International Workshop on Natural Language Generation*. Association for Computational Linguistics, available through Computer Science, Brandeis University, Waltham MA. 71-80.

Fawcett, R. P. 1995. Some complexities in the semantics and syntax of the grammar of the English cardinal numbers. In K. de Smedt, C. Mellish & H. J. Novak (eds.). *Proceedings of the Fifth European Workshop on Natural Language Generation*. 223-227.

Fawcett, R. P. 1996. A systemic functional approach to complementation in English. In M. Berry, C. S. Butler, R. P. Fawcett & G. W. Huang (eds.). *Meaning and Form: Systemic Functional Interpretations (Meaning and Choice in Language: Studies for Michael Halliday)*. Norwood, NJ: Ablex. 297-366.

Fawcett, R. P. 1997a. Invitation to systemic functional linguistics: The Cardiff grammar as an extension and simplification of Halliday's systemic functional grammar. *Helicon* (*22*): 55-136.

Fawcett, R. P. 1997b. Equivalence rules in an algorithm for generating five types of Theme. Mimeo. Available from Cardiff: Computational Linguistics Unit, University of Wales, Cardiff CF1 1XL.

Fawcett, R. P. 1998. The COMMUNAL Project and the Cardiff Grammar: An annotated bibliography of selected publications. COMMUNAL Working Papers No. 9. Cardiff: Computational Linguistics Unit, Cardiff University.

Fawcett, R. P. 1999. On the subject of the Subject in English: Two positions on its meaning (and on how to test for it). *Functions of Language* 6 (2): 243-273.

Fawcett, R. P. 2000a. *A Theory of Syntax for Systemic Functional Linguistics* (Current Issues in Linguistics Theory 206). Amsterdam: Benjamins.

Fawcett, R. P. 2000b. In place of Halliday's "verbal group". Part 1: Evidence from the problems of Halliday's representations and the relative simplicity of the proposed alternative. *Word* 51 (2): 157-203.

Fawcett, R. P. 2000c. In place of Halliday's "verbal group". Part 2: Evidence from generation, semantics and interruptability. *Word* 51 (3): 327-375.

Fawcett, R. P. 2003. The many types of "Theme" in English: Their semantic systems and their functional syntax. (115 pages) Available from the Systemic Paper Archive at micko@wagsoft.com.

Fawcett, R. P. 2004a. Realizing meaning in intonation and punctuation in English: the GENESYS model. COMMUNAL Working Papers No. 19. Cardiff: Computational Linguistics Unit, Cardiff University.

Fawcett, R. P. 2004b. The final adjustment rules for the full GENESYS grammar. COMMUNAL Working Papers No. 20. Cardiff: Computational Linguistics Unit, Cardiff University.

Fawcett, R. P. 2004c. The COMMUNAL project and the Cardiff grammar: An annotated bibliography of selected publications (2004 edition). COMMUNAL Working Papers No. 9. Cardiff: Computational Linguistics Unit, Cardiff University.

Fawcett, R. P. 2005. *Invitation to Systemic Functional Linguistics: The Cardiff Grammar as an Extension and Simplication of Halliday's Systemic Functional Grammar* (2nd edition). Mimeo. Cardiff: Centre for Language and Communication Research, Cardiff University.

Fawcett, R. P. 2006a. Establishing the grammar of "typicity" in English: An exercise in scientific inquiry Part 1. *Educational Research on Foreign Languages & Arts* (2): 71-91.

Fawcett, R. P. 2006b. Establishing the grammar of "typicity" in English: An exercise in scientific inquiry Part 2. *Educational Research on Foreign Languages & Arts* (3) : 3-34.

Fawcett, R. P. 2007a. Auxiliary Extensions: Six new elements for describing English. In R. Hasan, C. I. M. I. Matthiessen & J. Webster (eds.). *Continuing Discourse on Language: A Functional Perspective* Vol. 2. London: Equinox. 921-952.

Fawcett, R. P. 2007b. Modelling "selection" between referents in the English nominal group: An essay in scientific inquiry in linguistics. In C. S. Butler, R. H. Downing & J. Lavid (eds.). *Functional Perspectives on Grammar and Discourse: In*

Honour of Angela Downing. Amsterdam: Benjamins. 165-204.

Fawcett, R. P. 2008a. Invitation to systemic functional linguistics: The Cardiff grammar as an extension and simplification of Halliday's systemic functional grammar (in Chinese, trans. G. W. Huang, W. He & C. Y. Liao). 载黄国文、何伟、廖楚燕（编），《系统功能语法入门——加的夫模式》。北京：北京大学出版社。

Fawcett, R. P. 2008b. *Invitación a la Gramática Sistémica Funcional. La Gramática de Cardiff como Extensión y Simplificación de la Gramática Sistémica Funcional de Halliday*, trans. José María Gil & Adolfo Martín García. Mar del Plata, Argentina: University of Mar del Plata Press.

Fawcett, R. P. 2008c. *Invitation to Systemic Functional Linguistics through the Cardiff Grammar: An Extension and Simplification of Halliday's Systemic Functional Grammar* (3rd edition). London: Equinox.

Fawcett, R. P. 2009. A semantic system network for MOOD in English. 载张敬源、彭漪、何伟（编），《系统功能语言学前沿动态——第八届中国系统功能语言学学术活动周报告文集》。北京：外语教学与研究出版社。3-62。

Fawcett, R. P. Forthcoming a. *The Functional Syntax Handbook: Analyzing English at the Level of Form*. London: Equinox.

Fawcett, R. P. Forthcoming b. *The Functional Semantics Handbook: Analyzing English at the Level of Meaning*. London: Equinox.

Fawcett, R. P. & G. H. Tucker. 1990. Demonstration of GENESYS: A very large, semantically based systemic functional generator. Procs of COLING 90. 47-49.

Fawcett, R. P., G. H. Tucker & Y. Q. Lin（林允清）. 1992. The COMMUNAL project: How to get from semantics to syntax. Procs of COLING 92. 1315a-f.

Fawcett, R. P., G.H. Tucker & Y.Q. Lin. 1993. How a systemic functional grammar works: The role of realization in realization. In H. Horacek & M. Zock (eds.). *New Concepts in Natural Language Generation*. London: Pinter. 114-186.

Halliday, M. A. K. 1961/1976. Categories of the theory of grammar. *Word* (17): 241-292. Reprinted as Bobbs-Merrill Reprint Series No. Language-36, and as part in M. A. K. Halliday 1976. *System and Function in Language: Selected Papers by M. A. K. Halliday* (ed. G. Kress). London: Oxford University Press. 84-87.

Halliday, M. A. K. 1976. *System and Function in Language: Selected Papers by M. A. K. Halliday* (ed. G. Kress). London: Oxford University Press.

Halliday, M. A. K. 1985. *An Introduction to Functional Grammar*. London: Arnold.

Halliday, M. A. K. 1993. Systemic theory. In R. E. Asher (ed.). *Encyclopaedia of Languages and Linguistics*. Oxford: Pergamon Press. 4505-4508.

Halliday, M. A. K. 1994. *An Introduction to Functional Grammar* (2nd edition). London: Arnold.

Halliday, M. A. K. & C. M. I. M. Matthiessen. 1999. *Construing Experience through Meaning: A Language-based Approach to Cognition*. London: Cassell.

Halliday, M. A. K. & C. M. I. M. Matthiessen. 2004. *An Introduction to Functional Grammar* (3rd edition). London: Arnold.

Hasan, R. 1987. Offers in the making: A systemic functional approach. Manuscript.

Huddleston, R. D. 1965/1981. Rank and depth. *Language* (41): 574-586. In M. A. K. Halliday & J. R. Martin (eds.). *Readings in Systemic Linguistics*. London: Batsford. 42-53.

Huddleston, R. D. 1966/1981. A fragment of a systemic description of English. Mimeo. University College London. In M. A. K. Halliday & J. R. Martin (eds.). *Readings in Systemic Linguistics*. London: Batsford. 222-236.

Huddleston, R. D. 1988. Constituency, multi-functionality and grammaticalization in Halliday's Functional Grammar. *Journal of Linguistics* (24): 137-174.

Huddleston, R. D. 1991. Further remarks on Halliday's Functional Grammar: A reply to Matthiessen and Martin. *Occasional Papers in Systemic Linguistics* Vol. 5. 75-129.

Hudson, R. A. 1967. Constituency in a systemic description of the English clause. *Lingua* (18): 225-250.

Hudson, R. A. 1971. *English Complex Sentences*. Amsterdam: North Holland.

Hudson, R. A. 1974. Systemic generative grammar. *Linguistics* (139): 5-42.

Hudson, R. A. 1976. *Arguments for a Non-transformational Grammar*. Chicago: Chicago University Press.

Mann, W. C., C. M. I. M. Matthiessen & S. A. Thompson. 1992. Rhetorical structure theory and text analysis. In W. C. Mann & S. A. Thompson (eds.). *Discourse Description: Diverse Linguistic Analyses of a Fund Raising Text*. Amsterdam: Benjamins. 39-78.

Martin, J. R. 1992. *English Text: System and Structure*. Amsterdam: Benjamins.

Matthiessen, C. M. I. M. 2007. The "architecture" of language according to systemic functional theory: Developments since the 1970s. In R. Hasan, C. M. I. M. Matthiessen & J. Webster (eds.). *Continuing Discourse on Language: A Functional Perspective* Vol. 2. London: Equinox. 505-561.

Rothery, J. 1990. *Story Writing in Primary School: Assessing Narrative Type Genres*. Ph.D. Dissertation. Sydney: University of Sydney.

Tench, P. 1990. *The Role of Intonation in English Discourse*. Frankfurt-am-Main: Peter Lang.

Tench, P. 1992. *Studies in Systemic Phonology.* London: Pinter.

Tench, P. 1996. *The Intonation Systems of English*. London: Cassell.

Tucker, G. H. 1998. *The Lexicogrammar of Adjectives: A Systemic Functional Approach to Lexis*. London: Cassell.

Ventola, E. 1987. *The Structure of Social Interaction: A Systemic Approach to the Semiotics of Service Encounters*. London: Pinter.

邓仁华，2005，系统功能语法的存在句研究，《外国语》(5)：39-44。

邓仁华，2008，存在型强势主位及其系统网络，《外语教学》(5)：33-35。

冯捷蕴，2002，加的夫语法在中国。载黄国文、杨炳钧（编），《语篇 · 语言功能 · 语言教学》。广州：中山大学出版社。206-218。

何伟，2010，国内功能句法研究综述。载黄国文、常晨光（编），《功能语言学年度评论（第1辑）》。北京：高等教育出版社。92-114。

何伟、马瑞芝，2009，加的夫语法及物性系统概观，《北京科技大学学报（社会科学版）》(1)：98-105，119。

何伟、彭漪，2008，加的夫语法对悉尼语法的扩展：例证阐释，《北京科技大学学报（社会科学版）》(1)：108-116。

何伟、张敬源，2008，加的夫语法对悉尼语法的简化评述。载黄国文、何伟、廖楚燕（编），《系统功能语法入门：加的夫模式》。北京：北京大学出版社。

56-69。

何伟、张敬源，2010，《走近系统功能语言学：加的夫语法》述评，《外语教学与研究》（3）：150-153。

侯建波，2008，从语义层到词汇语法层——评 Fawcett 对语法隐喻的质疑，《外语与外语教学》（5）：5-8，53。

黄国文，2003，《英语语法结构的功能分析——强势主位篇》。太原：山西教育出版社。

黄国文，2008，系统功能语言学的一个模式：加的夫语法，《北京科技大学学报（社会科学版）》（1）：93-100。

黄国文、冯捷蕴，2002，“加的夫语法”简介。载黄国文、杨炳钧（编），《语篇·语言功能·语言教学》。广州：中山大学出版社。167-205。

黄国文、何伟、廖楚燕（编），2008，《系统功能语法入门——加的夫模式》。北京：北京大学出版社。

李满亮，2009a，悉尼语法和加的夫语法对英语名词词组研究的比较，《北京科技大学学报（社会科学版）》（1）：112-118。

李满亮，2009b，加的夫语法中的挑选概念再思考，《内蒙古大学学报》（2）：127-132。

廖楚燕，2008，加的夫语法的若干问题探索，《北京科技大学学报（社会科学版）》（1）：101-107。

林允清，2005，英文生成系统 GENESYS。载黄国文、常晨光、丁建新（编），《功能语言学的理论与应用（第八届全国功能语言学研讨会论文集）》。北京：高等教育出版社。150-164。

王红阳，2008，从加的夫语法看“语法”与“语言学”的关系，《北京科技大学学报（社会科学版）》（1）：117-121，134。

王红阳、黄国文，2010，系统功能语言学在中国的三十年。载黄国文、常晨光（编），《功能语言学年度评论（第 1 辑）》。北京：高等教育出版社。51-91。

王勇，2006，*A Functional Study of the Evaluative Enhanced Theme Construction in English*（英语评价型强势主位结构的功能语言学研究）。博士学位论文。广州：中山大学。

张敬源、顾颖，2009，加的夫语法对悉尼语法词组单位的扩展，《外语教学》（2）：18-21。

张敬源、何伟，2009，第八届中国系统功能语言学学术活动周报告内容综述。载黄国文（编），《功能语言学与语篇分析研究（I）》。北京：高等教育出版社。336-352。

张敬源、孔嫒嫒，2010，英语名词词组中心词探析，《北京科技大学学报（社会科学版）》（1）：89-95。

张敬源、彭漪、何伟（编），2009，《系统功能语言学前沿动态——第八届中国系统功能语言学学术活动周报告文集》。北京：外语教学与研究出版社。

第十章

社会符号学视角下多模态话语研究的新发展

李战子 / 陆丹云　解放军国际关系学院

1. 引言

模态是人类社会活动中用于表征和交流意义的社会文化资源，例如语言、图像、音乐、手势、体势和建筑等，不同模态需要借助不同的感知渠道实现意义，例如视觉、听觉、触觉、嗅觉、味觉和运动知觉等。人类的社会实践根据其意义的实现方式可分为两类：单模态和多模态。单模态活动以单一模式、借助单一感知渠道构建意义；而多模态活动则通过一种以上的符号编码实现意义，可以分为包含语言的多模式话语（如网页、报纸、连环画和影视剧等）和不含文本的多模式话语（服饰、建筑、音乐等）。自然语言虽然是最重要的意义表达方式，却不是唯一的手段，绝对的单一模态的话语几乎是不存在的，例如口头会话的意义是语言和声音、表情、手势、体势等非语言表达方式共同作用的结果，而书面语的字体、字号、版式和色彩选择也对语篇的意义产生影响。

随着信息时代的来临，数字媒体技术飞速发展，视觉、音效甚至多维动态的非语言模式在话语活动中的重要性得到了前所未有的体现，语言与多种符号模式共同编码表达意义，而意义又通过多种话语模式的互动而实现，传统上主要通过语言表达意义的做法已逐渐被多种符号模式并存的复合话语所取代。话语分析的研究对象也从单一的语言模式拓展至多种模态，分析者开始关注文本附带的图片、图表、动画和声音等所构建的复杂意义及其对文本意义的影响，多模态研究成为话语分析新的研究领域。

把语言学理论应用于符号学研究（尤其是视觉符号研究）由来已久。例如，结构主义美学研究将“语言”与“言语”、“能指”和“所指”等理论应用于绘画、摄影、时装、电影和音乐研究；布拉格学派把“前景化”等概念应用于美术、戏剧、电影和服饰等研究。随着 Halliday 在《作为社会符号的语言——对语言和意义的社会解释》（Halliday 1978）一书中提出要在社会文化语境中解释语言，社会符号学就此产生，并逐渐成为一门独立学科。社会符号学家接受 Halliday 的系统功能语言学理论，将符号资源视做人类在一定社会背景和一定的历史时刻里响应特定的社会、文化或经济需要而创造的意义表达系统，把语言看做社会符号的一种，他们认为分析语言符号得出的结论对于其他符号模式同样具有适用性，由此诞生“多模态符号学”（胡壮麟 2007：1），即社会符号学视角下的多模态研究。

作为社会符号学的一个应用型分支，多模态研究成果丰硕。自 20 世纪 90 年代以来，来自不同领域的学者试图通过对各类素材的分析，探讨适用于多模态研究的总体分析框架、研究方法以及应用价值，其中 O'Toole (1994) 对绘画、雕塑和建筑等艺术作品进行了符号学分析；Kress & van Leeuwen (1996/2006，2001)[1] 研究了多模态规则地表达意义的现象，包括视觉图像、颜色语法以及报纸的版面设计和不同媒介的作用等；Lemke (1998，2000，2002，2009) 研究了科技语篇和超文本的多模态特征，并对新媒体时代的读写教育提出新的观点；O'Halloran 等 (O'Halloran 1999，2000，2004，2005，2007；O'Halloran & Smith Forthcoming) 不仅研究多模态的理论建构，还专门研究了数学语篇中的多模态现象、多模态技术，并尝试设计多模态分析软件；Royce (2002，2007) 研究了不同符号在多模态话语中的互补性以及在第二语言课堂教学中多模态的协同性等；近期几本以多模态话语研究为主题的著作和文集 (Baldry & Thibault 2006；Bateman 2008；Jewitt 2009；Bednarek & Martin 2010 等) 则反映了社会符号学对当代话语的各种模态在各类语境下的各种体现方式和意义特征的最新研究。一些多模态研究项目组的成立也对多模态话语研究起到很好的推动作用，如“语类和情态”项目 (GEM)、“中小学英语的生产状况”项目 (PSE)、“新伦敦研究小组”（NLG）和“多模态分析实验室”(MAL) 等[2]。

现有的多模态话语研究涉及的领域众多，研究目的不一，很难用一个统一的标准分类。我们根据研究目的将现有研究粗略地分为三类，即：(1) 通过分析特定模态的意义构建方式和模态间的意义关系建立符号资源的意义分析框架；

(2) 通过分析特定语类中多模态的资源分配方式而研究该语类的多模态特征；(3) 通过分析特定生活工作场所中多模态的体现方式而研究符号资源的存在和变化与社会文化现实的关系。以下将分述这三类研究的主要方法和代表性成果。

2. 符号资源的意义构建方式研究

研究多模态话语需要区分两个概念：模态 (mode) 和媒体 (media)。模态指话语或事件中所涉及的符号资源 (semiotic resources)，例如语言、图像和音乐等。媒体指话语或事件中所涉及的物质手段或技术手段，例如声音、书写、印刷、动作、影像技术、数字技术、计算机技术和网络技术等。各模态自成可对比、可对立的符号系统，又在媒体的物质手段中分布印迹。模态的符号特征和媒体的技术特征是多模态话语的意义源泉。

在多种多样的符号体系中，各符号资源既继承了符号的意义共性，又有着不同的表形形式和系统规则。较之传统的文本话语分析，多模态话语分析因此有了两个新的关注点：第一，关注各种模态的符号特征从而对不同模态的语义贡献进行清晰的描述；第二，关注多模态话语各成分模态间的关系，研究"模态间性"(intersemiotic relations) 并建立分析跨模态关系的框架。要对多模态话语中跨模态关系进行阐述，就需要对所有模态统一量化以进行比较，和功能语言学视角下的文本分析相同，多模态话语分析亦借助语义单位分析符号系统的资源特点。尽管视觉图像、声音、印刷体式、建筑设计、身体动作、电子媒体和电影等多模态交际手段会有不同的表现特点和实现方式，但是在特定的社会文化领域中，其他模态和语言享有共同的社会文化意义潜势，各模态所构建的语义是可以相互比较的，因此多模态符号特征的分析框架往往以语义为参照，例如经验的过程类型、情态和信息值等。

基于意义的符号特征研究是建立多模态分析框架的基本途径。例如 O'Toole (1994) 和 K & V (1996) 对绘画、雕塑和建筑等视觉符号的分析，van Leeuwen (1999)、Martinec (2000，2004)、Zappavigna *et al.* (2010) 对声音和手势、体势的分析以及 Martin & Stenglin (2007) 对空间设计的分析等，都是从 Halliday (1985，1994) 语言元功能理论中得到启发，从元功能的三个层面研究意义的构建。

2.1 视觉符号

多模态符号研究者往往从以下三个层面对图像等视觉符号的语义关系进行分析：在概念意义层面上探讨不同的图像之间或同一个图像中不同成分之间有何及物性或逻辑性联系；在人际意义层面上探讨图像中参与者之间的社会关系、图像设计者的交际目的以及图像解读者本身对图像内容的介入程度；在语篇意义层面上可以根据同一个图像中不同成分之间或不同图像之间所处的相对位置（如上下、前后、中心边缘关系）等版面安排的具体情况，分析多模态话语的信息分布情况（information distribution），确认图像通过何种方式组织图像成分，已知信息、新信息、信息起点和信息焦点由何类图像元素扮演。

"视觉语法"是将功能语法框架延伸到视觉模态的最成功的分析框架："正如语言的语法决定词如何组成小句、句子和语篇，视觉语法描写人物、地点和事物如何组成具有不同复杂程度的视觉'陈述'"（K & V 1996: 1），藉此可以定性描述三大元功能在图像中的体现程度。比照语言的三大元功能，K & V（1996）将多模态意义系统分为再现（representation）、互动（interaction）和构图（composition）三种意义，分别对应语言的概念、人际和组篇意义。其中再现意义分为叙事的再现和概念的再现两类，叙事再现包括行动、反应、言语和心理过程，概念再现包括分类、分析和象征过程；互动意义包括关系和情态等重要意义类型；构图意义则包含信息值、取景和显著性三种资源，三类意义各自具有独特的语义构型和典型的图像表达元素。表1总结了"视觉语法"的要点。

表1 "视觉语法"概要[3]

元功能		意义类别	语义成分	典型图像元素
再现	叙事再现	行动过程	动作者、（目标）、矢量	人、物图像，对角线
		反应过程	反应者、（对象）、矢量	参与者目光
		言语过程 心理过程	说话者 / 思考者、矢量 内容 / 现象、矢量	人物图像斜线、思维泡 / 对话泡
	概念再现	分类过程	（总类别）、从属者	对称性构图
		分析过程	承载者、拥有属性	线条、标签
		象征过程	承载者、（象征属性）	对比、凸显、聚焦

（待续）

（续表）

互动	互动关系	索取 / 提供	接触：观看者与图像人物视觉的想象性接触体现“索取关系”，不接触则为“提供关系”
	社会距离	个人←→社会关系	距离（近　远）：远景人像体现“社会的远距离”
	权势关系	平等←→不平等	视点：图像人物的平视角体现“平等的社会关系”
	情态（真实度）	高←→低	抽象度、透视深度、光影对比、亮暗度、色彩（饱和度、区分度、调谐度）等
构图	信息值	已知信息←→未知信息	图像布局，如：左右结构对应已知—未知，上下结构对应显性—背景
	显著性	背景信息←→焦点信息	图像的前景或背景、相对尺寸、色调值的对比（或色彩）、鲜明度等
	框架关系	相关性	分割线条、分割框架，如“画中画”

“视觉语法”来源于对大量图像的功能分析，被很多研究者应用于多模态话语分析中，并证实了其可操作性。例如K & V（1996: 114）利用该框架从《我们的社会和他人》一书的封面中解读出图像所再现的四种过程：（1）一个分类过程：五个孩子是“澳大利亚青少年”的从属，他们处在一个中性的背景上，呈对称分布；（2）几个分析过程，每个孩子都是“承载者”，具有不同的特征，如肤色、发型和头发的颜色、眼睛的颜色、衣着等，这些特征在视觉上造成了他们不同种族的概念；（3）一个象征过程，即图中的地球仪是一种象征，引起很强的联想，即孩子们是世界的一部分，是澳大利亚社会的缩影；（4）数个及物行动过程，如三个孩子的手臂环绕着其他孩子。

K & V（1996: 77）还从及物性的角度对视觉模态和语言模态进行了对比，说明二者的符号潜势并不完全对等，例如英语的小句不表达双向及物过程，而图像难以再现单个参与者的物质事件和情感类言语过程（见表2）。

视觉语法还区分了二维、三维图像的符号意义。二维图像中，情态的表达往往借助透视深度、光影对比和色彩饱和度等元素，而三维物体本身具有了自然的光影、深度，因此背景、色彩和繁简程度成为其重要情态元素。例如，在三维雕塑作品《国王和王后》中，两个人物的位置（并肩端坐）、头部造型（没有五官）、身体造型（无法区分性别）和手臂造型（雕刻精细、自然）等视觉符号引发观众不同的评判和态度。由此 K & V（1996: 256）得出如下启发：艺术雕塑较之商业雕塑之所以能够激发观众"抽象化的真理"、"理想的美"之类的评价，往往和其追求非自然主义效果的符号手段相关，包括忽略背景、非现实主义的色彩和线条以及抽象的造型等等。

表2　视觉模态和语言模态的经验表征对比（李战子 2003：3）

视觉模态	语言模态
不及物动作	单个参与者（动作者）物质过程（动作）
单向及物动作	两个参与者（动作者）物质过程
————	单个参与者（目标）物质过程（事件）
双向及物动作	————
不及物反应	行为过程
及物反应	心理过程： 感知（仅为视觉）
心理过程	心理过程（认知和情感）
言语过程	言语过程（引用）
————	言语过程（情感）

2.2 听觉符号

对听觉符号（说话、声音、音乐）的分析亦证实"每一种符号模式都会自动实现三大元功能"。van Leeuwen（1999）发现，正如图像通过光影对比、视角、色彩等元素体现情态，听觉符号也具有表达"视角"（perspective）和"社会距离"（social distance）的人际语义系统。声音"视角"可根据功能分为三种——特征音（figure）、背景音（ground）和存在音（field），听者对三种声音的关注度呈递减趋势。以广播剧为例，音乐往往是背景，主人公的对话或者播音员的声音是特征音，而广播受到干扰的嘈杂音是存在音，特殊情况下说话成为背景，而嘈杂声更引起听者的关注。“社会距离”通过声音表达声音发出者和接受者的亲疏关系，从“亲密距离”、“个人距离”、“非正式距离”、“正式距离”、“公共距离”的连续统中进行选择，例如耳语式的声音暗示听说双方亲密的社会关系，而大声说话则表达公共关系。图1是van Leeuwen (1999) 所归纳的听觉符号的人际意义资源。

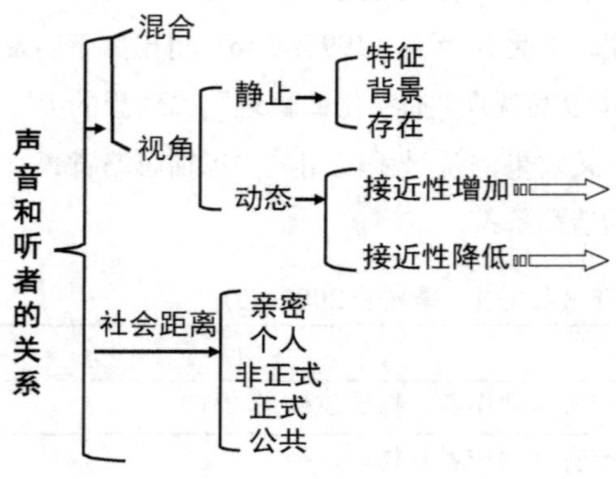

图1 听觉符号系统的语义资源 （译自van Leeuwen1999: 30）

听觉符号系统研究中一个值得关注的问题是三大功能的主次关系。在van Leeuwen (1999) 的分析中，音乐（声音）的人际功能成为描述声音符号系统的显著标准，而概念功能和组篇功能则几乎没有得到体现。Callaghan & McDonald (2002) 则把组篇功能放在音乐符号系统的显著位置，因为在音乐中符号的意义首先通过序列（组篇）实现，只有生成了连贯的乐篇才有可能讨论概念和人际意义。Martinec (2000) 通过对杰克逊的音乐形式和内涵的分析揭示，音乐偏重于体现组篇和人际功能，如旋律感强的浪漫音乐体现人际功能的情感特征，而节奏感强的说唱音乐则偏向体现组篇功能的衔接手段。他还进一步提出了自己的理论框架，将音乐看做一个双层系统，第一层是音系组合层，体现纯粹的组篇功能；第二层是乐篇解读层，体现概念和人际功能。

由于对听觉符号的分析不可避免地要涉及音频、音色、音高、音段和波长等声学物理学的术语理论以及物理实验的方法，而这些又往往是话语分析者生疏的领域，因此与听觉符号意义资源的系统研究相比，视觉符号的研究显得相对滞后，这也成为多模态符号研究中亟待发展的一个领域。

2.3 图文关系

图文关系是多模态话语分析所必须关注的问题。从人类语言的“物种发展”来看，早期的文字发展和图像有密不可分的“同祖”关系，从人的个体语言发展来看，儿童早期的书面语发展往往经历用文字逐渐代替绘画的过程。当然，现代社会多模态复合话语中图文关系的复杂程度远远大于“像似性”文字和儿童的图文作品。

对多模态话语中的图文关系的研究始于后结构主义语言学家 Barthes (1977)。他认为图像本身的意义飘忽不定，必须借助文字说明才能确定，图像意义最终只能用语言来证实；图文不外乎三类：图解 (illustration)、依托 (anchorage) 和补充 (relay)。Nöth (1990) 认为图文关系远比 Barthes 的理解要复杂，他认为二者之间存在五类语义关系，即：(1) 图像意义依托于文字解读的图解关系 (illustration)，例如很多科学语篇、学术语篇中的结构图；(2) 图像提供文字例证的图像示范关系 (pictorial exemplification)，如百科全书中某物种的图像；(3) 文字标示、提示图像部分信息的标记关系 (labeling)，如图像及其文字所标注的作者、标题；(4) 文字、图像互为阐释的相互决定关系 (mutual determination)，例如某些广告通过文字提问、图像提供答案；(5) 图像文字意义冲突的矛盾关系 (contradiction)，如戒烟广告中图像为一个烟斗，而下方文字是“这不是烟斗”。

Barthes (1977) 和 Nöth (1990) 的图文关系分析中，图和文各成一体，其“语法成分”只对本符号系统负责，与其他符号系统没有互动作用。其后的多模态符号学研究则寻求图像与文字的综合理解方式，从而为各种交流模式提供理论基础和实践手段。从社会符号学角度来看，任何符号体系中，不管是图像还是文字，是印刷语篇还是电子语篇，语言和图像对于实现类似的语义关系有着各自相对独特的方式和符号效用 (semiotic affordance)。例如，同样表达及物性，语言需用动词词组，而图像通过“矢量”来实现。同样表示环境因素，语言用介词短语，在图像中通过前景、背景的对比实现。同时，语言和图像又具有不同的语义潜势，也就是说有的语义关系较易通过语言表达，有的关系更适合通过图像表达，而有的关系只有图像或者语言能表达。例如图 2 中图像表征一只章鱼这个实体，但其身份属性“保罗神算”还是通过语言标示更为直接；在面对面口头交谈中，“有人说那只会算命的章鱼保罗正一边逃窜一边说他逃亡的原因是得去西班牙躲一躲”显得语义繁杂，在图像中，一个斜挂在章鱼头顶的对话泡更准确地表达了投射关系，而夸张的构图，尤其是那副算命先生的眼镜更直观地表达了该事件在情态上的“虚构性”和“非真实性”。

语言和图像之间存在着各类语义关系，各自又有不同的语义分配，这是符号本身的内在潜质和局限决定的，其中也有历史的、社会的原因。从图文关系来看，图像和文字说明是有联系的，但不是 Barthes（1977）所说的单向关系。因为视觉符号本身既有组织，又有结构。它不仅表征经验，也表征意识形态：“视觉结构并不只是对‘现实’结构进行复制。恰恰相反，它们生成现实世界的各种图像，与那些生成、传播和阅读这些图像的社会机构的利益是紧紧联系在一起的”（K & L 1996: 47）。因此，图像不只是依赖于文字诠释的形式；它和语言一样，对社会现实和心理现实既具有再现作用，又具有重构作用。

图 2

在传统符号学和社会符号学的双重影响下，Martinec & Salway（2005）建立了一个分析多模态话语中图文关系的综合模式。该模式同时从两个角度审视图文关系——图文地位和语义逻辑关系。首先，他们将图文的语义地位分为平等和不平等两类，平等关系包括相互独立关系和互补关系；不平等关系则有两类主从关系：图像从属于文本（image subordinate to text）或文本从属于图像（text subordinate to image）。第二，根据同一层级的语法单位的逻辑语义关系类别，该模式重新梳理了图像—文本的逻辑关系，将图文语义关系分为“扩展”和“投射”两类，各自又按照逻辑关系在精密度阶上继续分类。根据 Martinec & Salway（2005: 358）所建立的分析框架，存在四类图文地位关系和八类图文语义关系，而图文地位和图文语义为合取关系，因此至少可以将图文关系分为 32 小类（见图 3）。

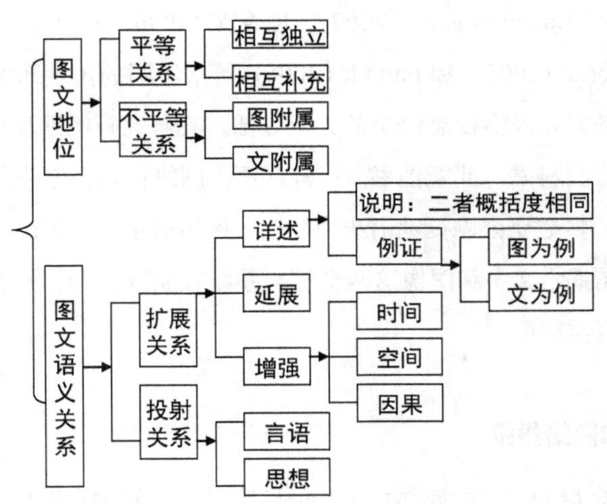

图 3　图文关系的分析模式　　　　（译自 Martinec & Salway 2005: 358）

他们认为共通的符号原则能在不同的交际模式中起作用，图文关系被应用于各种模态间关系的分析。在 Bednarek & Martin（2010）、Jewitt（2009）和 Ventola & Guijjaro（2009）的文集中，多项对于模态间关系（包括广告、卡通书和博物馆设计等）的研究应用了上述分析模式。

3. 多模态语类特征研究

符号活动的语义选择由语境决定，社会活动因语境不同而产生不同的语义需要，并最终体现为不同的表达形式。因此，通过观察类似的、复现的语境下的社会活动，我们往往可以发现符号系统的类型规律。对某种“活动类型”的符号特征的研究就构成了语类研究。语类研究不仅能够揭示表达形式、意义和语境之间的关系，而且有助于改善人们的话语行为：人们可以根据特定的语境预测可能出现的表达形式，也可以根据话语实例推测其所属的语类和所体现的语境。随着符号资源的不断丰富，对多模态话语的语类特征研究显得意义重大，它能够解释为什么社会文化生活中不断有新的语类“浮现”、有旧的语类发生改变、有两种语类在“融合”、有一种语类发生了裂变，甚至帮助人们对尚未出现的语类进行预测、分析并引导文化策略。Bateman (2008)，Bateman & Delin (2001)，Bateman *et al.* (2007)，K & V (1996，2001)，Lemke (1998，2002)，O'Halloran (2005) 和 Painter (2008) 等从不同的角度研究了多模态语类特征、语类关系以及多模态语类的分析方法，其研究领域涉及报纸、科学语篇、数学语篇、教科书、儿童图书、广告话语、网络话语、影视作品和视频游戏等多种类型。多数研究以视觉语法为基础，提出适用于特定语类的多模态分析模式，并试图揭示文字和图像这两套符号系统在实现组篇、经验功能和人际功能等方面的语类特征。

3.1 纸质媒体和网络报纸

报纸是受众最为广泛的媒体之一，也是话语分析的重点素材之一。多模态的意义资源使得报纸的概念得到延伸，当前多数报业公司都同时通过纸质印刷和网络电子两种媒介发行报纸，两种媒介上的语篇均呈现多模态性，在多模态话语分析者来看，仅研究文本的意义是不够的，还应该综合考虑报纸的照片、图画、文字字体和文本内容等符号模式的空间整合及其规律和意义。多模态分析成为传媒研究的新途径。

以“语类和情态”项目 (GEM) 为例，GEM 关注报纸（包括纸质和电子两类）如何通过“布局”展示其语类特征，以最大限度地实现整体意义。研究者认为，多模态报纸的语类生成主要出于五个方面的综合考虑，即：信息内容 (content)、修辞关系 (rhetorical relation)、读者导航 (navigation)、版式布局

(layout) 和语言结构 (linguistic structure)。他们 (Allen *et al*. 1999；Bateman *et al*. 2007) 以《先驱者》、《卫报》和《每日邮报》等媒体的纸质印刷语篇和网络电子语篇为例，通过对五类因素逐一标记的方法，分析并对比二者的多模态实现方式和语类特点。研究发现：二者最大的差异在其“导航结构”。导航的目的是“为读者有目的的、有效的阅读提供向导”，“导航结构”决定语篇的信息流动方向、信息相关性和衔接性，属于话语的组篇意义。关注报纸的“导航结构”源于一种激进的多模态符号观，即语篇从来就不是单一模态的，书写和印刷中采用的书写材料、字体、颜色、版式、排列、标记等“细节性选择”同样参与意义的形成。以往的话语分析大多忽略这些“细枝末节”，而多模态研究则将“导航”作为一种重要的语义类别，并研究在不同的语篇中该语义的实现手段。导航的一个重要技术手段是“超链接”(hyperlink)。“超链接”的形式、手段多样。链接点可以是一个点，也可以是词、短语或图标，链接对象可以是文本、图片、音乐、动画、视频、游戏、新的网址等一切符号模式。“导航结构”凸显了非语言模式在话语中的重要作用，也将从前的“细节性选择”带到话语阐释的突出位置。

纸质媒体和网络报纸的共同点在于“非线性导航”(non-linear navigation)。在纸质媒体中，各种语式的关联往往利用索引 (index)、主题 (theme) 和标题 (caption) 等手段，信息引导往往通过首页的要点、要闻引导实现，各类语式的衔接更依赖于层次关系、空间分割、字体字号、边框线条和图像等直接的符号方式。而电子媒体则更依托技术手段进行分层链接，常常通过各类“超链接”而强化导航效果，导致电子语篇比传统印刷语篇具有更强的交互性 (interactivity) 和可塑性 (malleability)、更广的选择自由度 (freedom)、更强的阅读进程控制 (control) 和更多样的语篇结构 (alternative textual structures)。正如 Lemke (2002) 所说，电子语篇因为有了超链接这一技术手段，使得阅读成为一种自由的“旅行历程”。

除了对比两种媒介的语篇结构外，GEM 项目组还提出多模态话语分析的“8- 参数”分析框架 (见 Betaman & Delin 2001)。除上述五个“出发点”外，“8- 参数”还包括三个“制约因素”，即：“画布制约”(canvas constrains)，指生成话语的媒介，话语赖以留下印迹的物质材料方面的约束，如纸质或屏幕、版面大小、页数等；“生产制约”（production constrains），指话语制作技术方面的约束，如投资、广告占用空间、相片的像素、印刷技术等；以及“消费制约”（consumption constrains），指话语使用的时间、地点和方式带来的约束，如报纸的购买方式、网络浏览器的复杂程度等。这三个制约因素实际上是对社会行为（语境因素）和多模态语类关系的归纳（见图 4）。

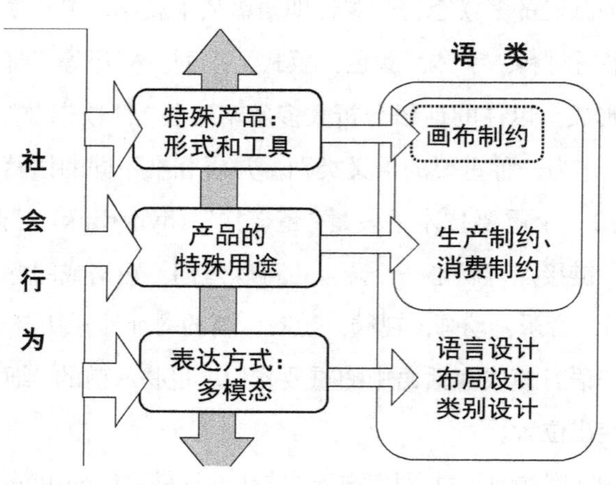

图 4 社会行为和多模态语类的关系 （译自 Betaman *et al.* 2007: 157）

GEM 项目组的研究虽然没有直接套用系统功能语法的分析框架，但是他们对语类的定义、对语类和符号关系的诠释均以语境、意义为出发点，并将 Martin（1992），K & V（1996），Lemke（1998）等的社会符号学观点融入其分析框架，八个参数中的三个制约因素均为语境因素，五个出发点也分别可以划归到符号的概念功能和组篇功能的范畴中。在近期的研究中，Bateman（2008）将“布局”、“导航”等特征和纸质日报、电子媒体的“交际功能”相结合，实际上是探讨了不同语类的互动方式，因此他们的研究仍然是以多模态符号学为理论基础的。同时，该项目组还根据“8- 参数”分析框架创立了一套多模态标记，并建立了有标记的多模态语料库，这对进一步系统地研究多模态语篇特点和语类特征提供了很好的语料和技术支持。项目组的主要论作和语料库的使用软件均可通过其官方网站获取（http: //www.*gem*.stir.ac.uk）。

3.2 科学语篇

科学语篇的一个显著特点是多种“视觉符号”以互动的方式参与到意义的构建之中。一方面，图画、图表、照片、地图和符号代码等视觉素材能帮助读者更好地解读文本，另一方面，读者也往往需要文本的解释来正确理解非语言素材的含义。因此，图像的意义以及图文关系特点是研究科学语篇的语类特点所不可忽略的话题。

Lemke (1998) 较早关注到科学语篇中的图像意义，他所分析的素材来自三种科学类期刊 (*BULL NY Acad Med*, *Physical Review Letters* 和 *Technical Reports*) 的 74 篇文章中，图像（包括表格、图示、照片、绘画、地图等）出现率分别为平均每页 1.1 个、1.2 个和 2.5 个，数学等式的出现率分别为每页 1.4 个、2.7 个和 1.9 个，据此 Lemke 将科学语篇定义为“应用了多种符号系统的多模式语类”(multimedia genres)，并认为该语类的特点体现为：每一种符号体系即自成体系，实现表征、导向和组建三大功能，彼此无法替代；符号系统间相互作用，通过符号的“联合构造”(joint construct) 而产生模态的跨界意义，从而实现意义的“增值”。Lemke 认为科学语篇按照该语类独特的“组合符号原则”(combinatorial semiotic principle) 表达三重语义。

从“导向”意义来看，科学语篇往往将读者定位为和作者社会身份相近的、具有相关知识的专业人士。他们往往较大程度地了解理论公式，对语篇的关注点在于语篇的理据性 (warrantability)、常规性 (usuality)，尤其是意义的“重要性”(importance)，对语篇的意义从温和的批判视角持一定程度的怀疑态度。图像的形式、前景程度、大小等往往表达其“重要程度”。以图 5 为例，在图的中心部分有一个三维绘图，它是图示中最为前景化的部分，色彩对比最为强烈、墨迹最深的部分，也是视觉复杂程度最高的部分，因此它引起读者最高的关注度，是图表中最为重要的部分，也是学术评判的重点；在图 5 的 b 区还插入了一个框定的曲线图，曲线图图形简单、占用面积小，说明其重要性较低。图中的 a 区→ b 区→ c 区重要性程度递减。同时语篇中的图表相比文字具有更强的视觉凸显性，在科学语篇中一般会引起读者更高的关注度。

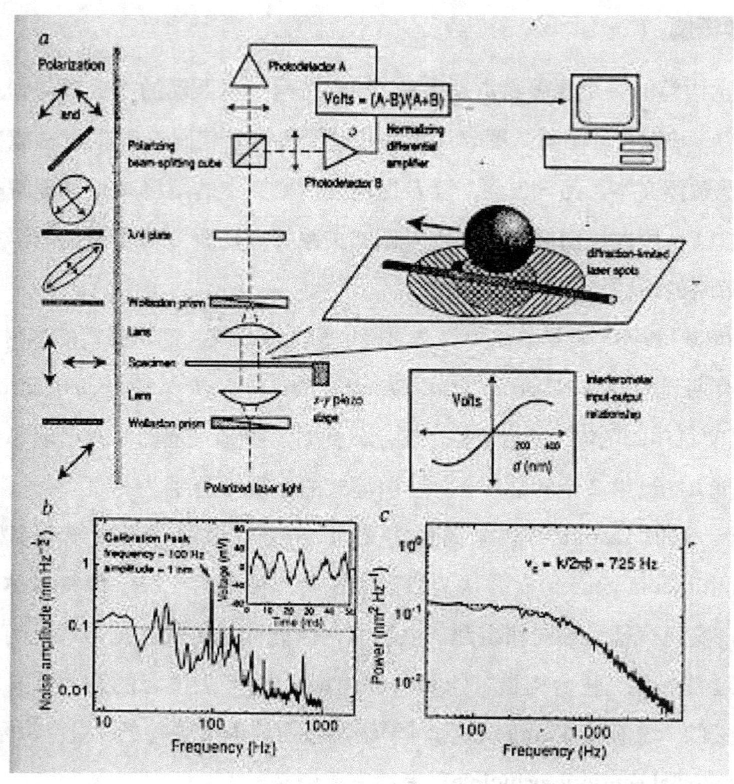

图 5　科学语篇中的抽象图示　　　　　　　　（引自 Svoboda *et al*. 1993: 723）

从“表征”功能来看，科学语篇主要表征“概念”和“关系”，包括四类：(1) 图像、文本各自表征不同的关系；(2) 图像和图像的关系；(3) 文本和文本的关系；(4) 图像和文本的关系。例如，科学语篇中常见“参见表 x”的说法，说明上文和表呈“类属关系”，图表和图表名称则为“等同关系”。图 5 中心部分的绘图元素和周围的图形标示是类属关系，而绘图本身又表征一种物质运动过程。

从“组建”功能来看，除了标题、脚注、尾注和参考文献等文本特征会引导读者跳跃性、选择性阅读外，科学语篇中的表格、图示和数学公式等视觉符号及其注解更使语篇具有多种“超链接”可能，语篇的信息流动不再是单一线性的，语篇的信息结构因读者（尤其是专业读者）的阅读习惯和个体要求而具有更强的动态性和可塑性。

Lemke 对科学语篇的研究是多模态话语分析的范例之一，也帮助人们重新认识了科学语篇如何利用各种模式的特征构建意义。在 K & V (1996) 和 Lemke (1998) 研究的基础上，Martin & Rose (2008) 从概念意义、组建意义和图文关系三个方面系统地研究了报告类 (report) 和解释类 (explanation) 科学语篇的多模态特点。

首先，科学语篇中图像表征经验需从三个方面同时进行语义选择：现象的关注点 (是实体还是活动)、图像类别的明确性 (是隐性表征还是显性表征) 以及表现方式 (是写实的、象征性的还是索引性的)，每一类选择又存在更精密的语义选项，因此图像的概念意义至少可以形成 24 小类 (见图 6)。以一部有关澳大利亚环境问题的学术专著中的插图为例 (图 7) [4]。图中有三类视觉符号：地图 (左下)、示例图 (中) 和照片 (右上)，从概念意义上看，地图以指示的方式显性地表征实体组成关系，表达该地区是澳洲大陆的一部分，示例图以象征的方式显性地表征岩蕨的生长过程，照片则以像似的方式隐性地表征岩蕨的分类，这个隐性信息需要通过文本的帮助才能够解读。

至于科学语篇中图像的组建意义，Martin & Rose (2008) 认为存在五个方面的语义选择，即相关性、信息新旧性、实质性、类别差异和凸显性，可归纳如表 3。显然，图 7 中的三幅图从左到右信息的已知度降低，从上至下图像的实质性增强，示例图处在该页的中心位置，和文本内容融合度高，是本页的语义凸显部分，地图和照片均在边缘位置，和文本之间有明显界限，其凸显性较低。

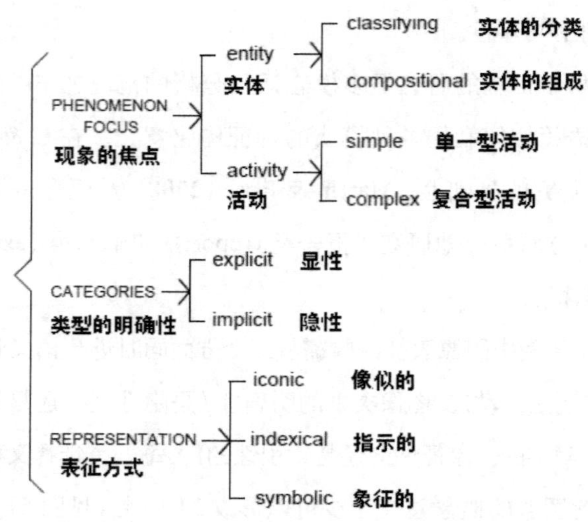

图 6　科学语篇中图像的概念意义网格　　（摘译自 Martin & Rose 2008: 158）

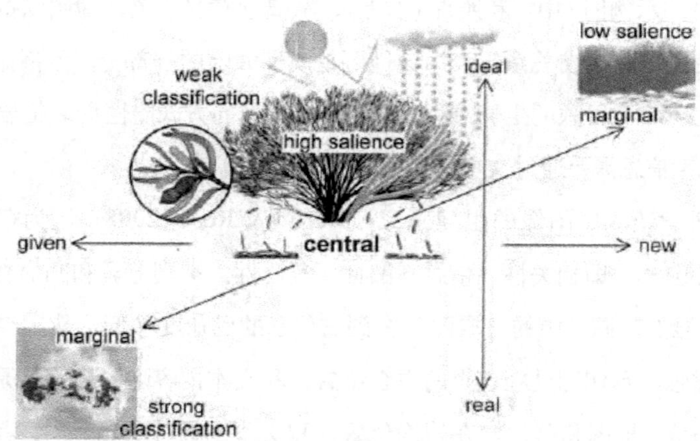

图 7　科学语篇中的多模态　　（摘自 Martin & Rose 2008: 166）

表 3　图像的语篇组建意义选项（摘译自 Martin & Rose 2008: 165）

相关性（Relevance）	中心化（Central）	和文本相关性强，合二为一
	边缘化（Marginal）	仅和文本的部分意义相关
信息已知度（Information）	已知（Given）	可从上文预测
	未知（New）	提供新信息

（待续）

（续表）

实质性（Substance）	理想化（Ideal）	提供抽象信息
	实质化（Real）	提供具体信息
类别性（Classification）	强（Strong）	图文之间有明显的分类标记、边界
	弱（Weak）	图像部分侵入文字
凸显性（Salience）	高（High）	吸引眼球，容易引起关注
	中（Neutral）	和其他模态引起同样的关注度
	低（Low）	不如其他模态吸引读者的关注

在科学语篇中有一类特别的语篇，从形式上看，它更多地借助了抽象符号表达“概念”，从功能上看，它所表征的知识是一切科学发展的基础，对人类的发展进步产生重大作用，这就是数学语篇。在近期的研究中，O'Halloran (2005，2007) 和她的 MAL（“多模态分析实验室”）团队致力于揭示数学语篇中语言、象征性符码和视觉图像（图表）三类符号资源如何共同作用并产生意义，他们发现数学语篇的语义来源于：(1) 三种符号资源各自的语义潜势 (intra-semiotic function)；(2) 三种资源的语义融合 (inter-semiotic function)；(3) 从一种符号转为另一种符号所产生的语法隐喻和语义扩展 (metaphorical expansion)。例如，牛顿《流数法》的图片中，图像代表实体（如小鸟、枪、青蛙和手）；实线、虚线、直线、曲线、线段和结点等几何图形表达了物体之间的行动关系、时间关系和空间关系，使一些通过图片所无法展示的关系“可视化”，如小鸟和子弹的飞行轨迹，子弹可能射击目标的方位，飞翔、开枪、射击之间的时间关系等；而通过虚线、箭头等相连的新的图像和几何图形又表示上述关系的变化；文字的作用是补充说明图形的象征意义，是用以解析数学、科学知识的“元语言”。三类资源相辅相成，具有语法上的内在联系，共同构成科学语篇的总体语法。

除对具体的数学文本进行了符号解析，O'Halloran 等还从语义潜势的角度分析了数学语篇与纯文本语篇的区别。他们发现科学、数学语篇通过抽象符号所表征的现实与语言所表征的经验具有本质的不同，例如：(3+X=Y) 表征一个等同型关系过程，但是参与者是数字或者不确定的变量；(6÷3=2) 表征一个操作型过程，但是参与者并不存在主次之分；数学等式可以表征经验，但没有区分动因和中介的必要。MAL 的研究虽然揭示了数学语篇具有独特的“多模态性”，但迄今尚未真正建立一个“数学语篇的语法模型”。

4. 社会场所的再符号化

“再符号化”（resemiotisation）指因社会组织结构变化而产生的符号模式和符号间关系的重塑，它是人类活动及其意义表征系统在“历史维度和物质维度的动态变化过程”（Iedema 2003: 50）。这里的符号模式不但包括语言方式，还包括视觉及听觉方式、空间整合方式和行为方式等各类具有意义潜势的符号系统。正如语言中一些新生的结构和组构会慢慢为公众接受并进入词典库一样，特定场所的某些符号模式中的某些新生意义搭配也会随时间推移而变得相对固定，并逐渐被人们默认和接受。同时，新符号模式的影响会波及传统的符号模式，使其出现新的意义指向以呼应新的意义系统。所有的符号变化都体现着相同的社会语义趋势。批评话语分析者普遍意识到有必要研究话语的多模式性以及话语如何以多种模式共同参与并改变社会、社会行为方式和社会结构，他们开始关注某些社会机构中社会实践活动方式的“再符号化”过程，例如医院、媒体、课堂以及家庭等。

Iedema（2001b，2003）研究了医院等社会组织中因内部结构变化而新生成的意义是如何通过不同的符号模式来巩固自身的意义地位的。研究表明，社会组织中存在着繁多的符号系统，例如短暂符号模式（对话方式、神态表情、手势和体势、着装等）、长期符号模式（工作场所的空间格局等）和新的活动模式（小组会议模式、就诊模式）等。社会结构模式的变化（如新型管理模式、产品生产模式的出现）会直接影响旧的符号模式，甚至产生新的符号模式，这样的例子在社会生活中屡见不鲜，例如企业、机关为加强“团队精神”和保留“个人空间”，将办公室进行棋格布局，这同时改变了员工和经理的交流方式；为改善医患关系、保护患者隐私，医院设置独立的就诊空间和建立新型的导医系统，使得医生、护士的话语系统、行为方式之间的类型差距更为显著；工厂为明确员工岗位职能而设计多类别的工作服等。社会机构总是处于“再符号化”的进程中。

课堂作为一个教学场所，其符号系统也随着社会关系、教育理念、教育内容的变化和符号手段的更新而进行重整。依托 PSE（“中小学英语的生产状况”）项目，Kress 和 Jewitt 等对中学课堂的多模态化展开调查，并且指出话语方式的多模态趋势对课堂活动的符号体系提出重构的要求。其中，Kress *et al.* (2001) 探索了科学课课堂中的意义如何通过言语、书写、图像、身体、行动和与其他物体的互动等得到实现，尤其关注这些模式的意义之间的交织和互动如何产生新的意义，以及教师在这个对话过程中是如何提供概念与修辞的框架，从而使学生积极参与的。这项研究证实图像、手势和动作不仅起到了辅助作用，更是教学过程的有机组成部分，也对语言在教学过程中的主导地位提出了质疑。

Jewitt 和 Stein 的研究不仅说明多模态符号学对课堂教学具有积极意义，还指出了新的符号形式对课堂人际意义和学生素质培养的影响。Stein (2008) 对比了大学生物课、中学文学课和小学音乐课等不同教育层次的课堂活动，发现体势、图片等非语言符号的综合应用不仅对教学效果有极大促进，而且有助于培养一种“民主意识”（Stein 2008: 144）。Jewitt (2002，2008) 的研究证实课堂多种符号意义系统会对教师的教学态度、教学方法和学生的参与程度、学习效果产生影响，例如课程标准、课堂分组情况和座位安排、教师在教室的走动、教具的使用、师生的言语方式、师生的目光交流和手势等，语言仅是众多“沉默的”互动方式的一种，多模态意义的发生方式或制约或促进了学生的能力提高。同时，Jewitt (2009) 还批评性地指出，在技术的发展为课堂的多模态提供更多可选的情况下，课堂并未合理地利用多模态资源，误用或滥用反映了对课堂多模态研究的不足，也揭示了英国教育制度的某些弊端。

5. 多模态读写教育

多模态文化的发展影响着教育的改革和创新，多模态不仅是现代课堂教学和教科书的显著特点之一，也是当代生活的基本表达方式。教育的根本目标是帮助学生“全面参与公共生活”。鉴于当代生活已经不可避免地向多模态的方向发展，现实生活的表征方式不仅丰富多样，而且处于不断的更新之中，那些仅以培养学生理解和使用规范的书面语言的能力为目标的“读写教育”显然是对“读写”的狭义解读，无法为学生将来面对工作和生活提供充分有效的帮助。正如“新伦敦研究小组”（New London Group，以下缩写为 NLG）在其研究报告中所述："'多模式的读写教育'（pedagogy of multiliteracy）是未来人才培养的必行之路"（NLG 1996: 69）。

NLG研究小组最先倡导多模态读写教育，并提出了相关研究首先应该面对各类社会话语建立一套适用于教育的功能语法，以便对不同领域、不同模态的意义表达方式进行系统的描述，尤其是用来揭示各种符号行为的"设计"（design）中有哪些可以利用的"设计资源"（available designs），设计作品的符号过程（designing）有什么符号特征，资源通过设计可能发生何种变化（the redesigned）。NLG认为社会现实中至少存在包括语言资源、视觉资源、听觉资源、空间资源和手势资源等五类"设计资源"，每一种资源都有各自的语法体系和互动方式。研究小组提出，多模式的读写教育应该以上述语法为理论指导，并采用一些革新的教育方法，以实现现代教育的社会功能。他们提倡的教学方法包括"情境练习"（situated practice）、"明确指示"（overt instruction）、"批评分析"（critical framing）和"转换练习"（transformed practice）等。

越来越多的学者意识到交流从本质上讲就是语言与其他符号资源的整合，而识读的能力和水平当然也不能仅仅局限在语言这一方面。目前不少学者，如Baldry（2000）、Jewitt（2006，2008，2009）、Kress（2003，2009）、Lemke（2000）、Royce（2002，2007）、Stein（2008）、Unsworth（2001，2005，2008）和Unsworth & Cleirigh（2009）都开展了"新读写能力"的研究。研究者普遍认为，新读写能力不仅是语文学习的需要，也是一个社会人在新媒体时代得以生存和发展的需要，对于多种模态符号资源的识别能力和得体使用能力是人的基本素质要求。一个人的多模态互动方式决定了他在社会活动中的表现，也构建了他的社会身份。如何在学校教育中贯彻多模态意识成为当代教育的一个重要话题。

Stein（2008: 135-141）的一项调查研究提供了多模态素质教育的范例。在南非一所老城区的学校，学生因为家庭住房条件日益恶化而受到困扰，学校的英语教师为了帮助他们解决这个心理问题，鼓励孩子们合作创作一本叫《摇摇欲坠的生活》的手册以发出他们内心的声音。孩子们收集了各种文类、各种模式的文献，并参与到多模态作品的创作中，最后完成了一部有关当地"住房问题的百科全书"，包括书面叙述、历史资料、图片照片、分析图表、诗歌、朗诵作品和辩论等。这样的学习活动帮助孩子们学会利用复合的符号形式了解社会，表述自我并批评、改变社会现状，教会他们用“官方”的方式讨论“草根”的话题，引发了他们“政治意识”和“民主意识”的觉醒，也培养了他们参与社会文化政治活动的能力。对于一群处于社会底层、文化边缘地带的青少年，多模态素质的培养是他们成长中必不可少的步骤。

6. 国内的研究现状

中国学者对多模态话语分析的研究始于对国外理论的引介，初期文章以“多模态”、“多模式”和“多语式”等为关键词，均指“multimodality”。在胡壮麟 (2007) 和朱永生 (2007) 对“模态”、“模式”和“媒介”进行了词义澄清后，国内研究开始统一使用“多模态”这一术语。最早发表的文章是《多模式话语的社会符号学分析》一文 (李战子 2003)，这是首篇将多模态符号理论引介到国内的论文。论文详细介绍了 K & L (1996) 在《阅读图像》一书中所构架的视觉语法和图像分析方法，并探讨了这种分析方法对于加深对语言的社会符号特点的认识、理解多模式话语的产生以及英语教学的重要意义。胡壮麟 (2007) 和朱永生 (2007) 均对多模态研究的理论基础、研究路径和现实意义进行了评介，对推进国内的多模态话语研究起到了宏观指导的作用。此外，王红阳 (2009) 对 O'Halloran (2004/2006) 一书的评介，庞玉厚、方琰、刘世生 (2010) 对第 36 届国际系统功能大会的总结以及杨信彰、辛志英 (2010) 的多模态研究综述为国内学者了解多模态研究的语言学理论基础、不同模态分析框架的构建方法以及多模态研究的发展等作出了贡献。

目前国内的多模态话语研究主要是应用型研究，代表性研究包括李战子、向平 (2007)，叶起昌 (2005，2006a，2006b)，成文、田海龙 (2006)，王红阳 (2007a，2007b)，《外语研究》2008 年第 4 期“多模态话语分析专栏”中的四项研究以及《功能语言学与语篇分析研究 (第 2 辑)》(黄国文 2010) 中的 5 篇多模态研究文章。多数研究将 K & L (1996) 的“视觉语法”应用于特定语类、语篇的分析，旨在揭示多模态参与意义构建的方式和意义潜势。例如，叶起昌 (2006b) 采用视觉语法的构图功能研究框架，从信息价值、突出度和分格三个方面分析了网页如何通过视觉空间的分配实现超文本语类的语篇相关性以及语篇与语境的粘联性；王红阳（2007b）和胡丹（2007a）利用互动意义的分析框架，研究了广告宣传画中表达情态和互动关系的符号资源，揭示广告图像中的人、物和广告语如何互动并共同构建社会意义，达到最佳广告效果；成文、田海龙（2006）则从批评性话语分析的角度研究卫生部非典病例报告中的文字语篇模式和表格数字模式的关系，提出多模式话语参与社会实践的特点是形成合力。此外，黄国文、廖海青（2008）对电视访谈中互动模式的分析和方琰（2010）对《清明上河图》的多模态系统功能分析等都证实了符号学理论和图像语法在各种语类研究中的可操作性。

随着视觉、听觉符号在我国媒体、教育中的大量应用，多元读写能力的培养、模态研究和教育的相关性也成为国内学者关注的话题。陈瑜敏、秦小怡（2007）、陈瑜敏、王红阳（2008）和李战子（2009）等将"视觉语法"和Martin的评价理论、语类理论等结合，分析了国内的英语、汉语、自然科学类教科书中多声互动的多模态实现方式。她们的研究发现教科书中的图文各自有其独特功能，又相辅相成，编写者应该根据学习内容和学习者认知特点合理编排文本和图像。叶起昌（2006a）分析了电子语篇（超文本）和传统印刷语篇的区别性特征，探讨了多模态话语对于阅读习惯、阅读路径的影响，他的研究同样强调后印刷时代的读写教育研究必须将电子语篇的特点和人类自身的认知特点相结合。除了关注教学素材和新读写能力的培养外，胡壮麟、董佳（2006）和胡瑾、曾蕾（2007）等的研究还揭示了教学手段和课堂方法的多模态性，前者的研究揭示了PPT演示作为一种新的语类，具有独特的意义构建和传递模式，其中自然语言是表达意义的主要模态，图像、音像和动作等模态参与主题意义的表达，技术手段在意义的构建和传递中起到至关重要的作用；后者分析了学术演讲如何通过视听符号和语言符号的互动构建多模态话语的经验、人际和语篇意义。这两项研究对教学模式的改革、教学方法的探索都有指导意义。

此外，中国学者在影视、文学领域也开展了多模态研究。李战子、向平（2007）将Iedema（2001a）的影视分析框架应用于视频的分析，解读一段网络恶搞视频如何利用多种语类、多种模态的相互作用来构建语义，揭示多模态话语如何利用语言和画面的不和谐性造成杂语式的狂欢效果。王红阳（2007a）和胡丹（2007b）分别分析了Cummings的"l (a"和Emmett Williams的*She*

Loves Me Not”两首诗中的多模态资源，揭示印刷体式诗歌中语言、字母排列、印刷形态、空间构型和标点符号等资源在表达诗的主题、反映内心情感、人际关系、作者态度与评价等方面所构建的意义。

从系统的理论研究来看，张德禄 (2009) 建立了多模态话语分析的综合框架 (见图 8)，该框架根据系统功能语言学的语境理论、元功能层次化思想和语类理论，结合 Kress，O'Toole 和 O'Halloran 等对多模态研究的成果，将模态定义为语言、图觉、声觉和感觉四类，将多模态分析划分为文化、语境、内容、表达和符号五个层面，其中文化和语境层面是意义的潜势分析，而模态间的关系和差异在内容、表达和符号三个层面体现，涵盖了多模态符号学所关注的主要问题，对分析特定场景下的社会实践行为中多元符号如何参与构建意义有启发意义。

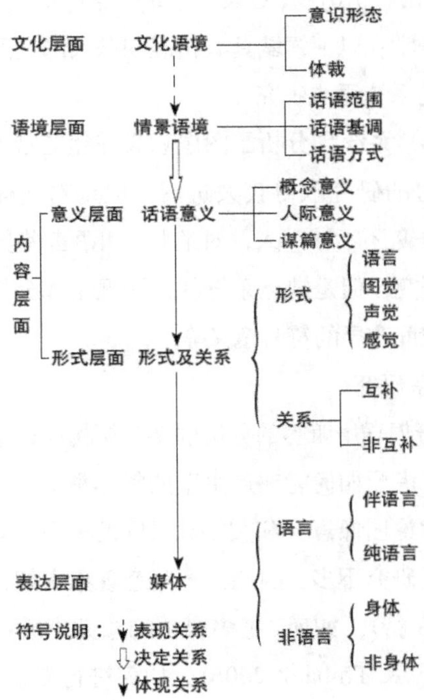

图 8　多模态话语分析框架　　(摘自张德禄 2009: 28)

7. 结语

本文介绍了多模态符号学的主要理论基础和研究思路以及社会符号学研究者普遍关注的领域和话题。我们看到，社会符号学视角下的多模态话语研究自20世纪90年代后期开始至今，始终围绕着如何将功能语言学观扩展运用到所有符号模式这个主题展开，现有的分析成果证明：用功能语言学观进行多模式话语分析是完全可行并卓有成效的，多模态符号学不论在理论框架的建立还是在分析实践的范围和深度方面都取得了较大的学科发展，多模态研究对于社会文化生活也具有较大的影响。

同时，回顾多模态符号学研究的发展历程和当代多模态符号的研究现状，我们认为这个学科还存在一些未能解决的问题和尚待探索的领域。根据LeVine & Scollon (2004)、van Leeuwen (2006)、Baldry & Thibault (2006)、Jewitt (2009)、Martin (2010) 及 O & S (待) 等对多模态研究的总结和展望，我们提出多模态符号学在以下领域具有拓展和深入的空间：

(1) 各种模态的系统语法研究

自 K & L (1996) 系统地分析了图像意义并建立视觉语法后，对于二维视觉符号及其意义潜势的研究取得较大进展，但是对同样参与意义构建的非语言、非视觉符号的研究还不够深入，对某些“和语言差异较大的符号系统”(O & S 待) 虽有案例研究，但是缺乏系统的语法框架和分析模式，例如听觉符号的意义系统、三维空间布局的符号意义等。

(2) 模态间关系研究

多模式话语分析倡导用兼容的分析框架分析构成话语的各种符号模式，探讨不同符号模式间的搭配如何能够产生新的整体意义。目前为止，对模态间关系的研究主要限于讨论图像意义和文字意义间的关系，对于其他模态与图像和文字的意义构建关系研究不多。因此，多模态现象中如何通过“选择符号间关系扩展意义”(O & S 待)、如何“把多媒体的意义生成资源综合应用到超语篇使意义增值”(Baldry & Thibault 2006)、如何进行多模态化的“类型学研究”(van Leeuwen 2006) 都是今后需要深入研究的问题。

(3) 批评性多模态研究

多模态研究中的“话语”已不仅仅是谈话、书面语篇或以语言为主要表达方式的言语行为，社会活动中的各种符号方式都是多模态话语分析的对象。因此，多模态话语分析势必将符号和社会活动、社会文化情境相联系，关注各种符号系统在自身所处的社会情境下、在特定社会活动中和价值体系基础上的运行机制和变化过程。就像话语分析的发展终将涉及社会批评这个话题一样，研究多模式话语体现的话语秩序、意识形态、社会关系、社会实践等是多模式话语分析必然的发展方向，从目前社会符号学家的研究中已经可以看出这个趋势。相关研究论题包括：工作场所的“符号间性和再符号化过程”（O & S 待）、多模态化在学术、教育等情境下的应用（LeVine & Scollon 2004）、新读写能力和识读实践研究（Jewitt 2009）、特定文化场景中人们如何运用各种模态符号参与社会活动、构建自我身份（Martin 2010）等。

（4）多模态研究方法

多模态符号学关注非语言的符号模式，一方面，有些模式的研究从历史发展来看先于语言学，大多已形成经典的分析方法、鉴赏系统和术语，另一方面，随着现代科技的发展和人类社会生活的变革，新的符号体系不断诞生，并对旧的符号体系产生影响。多模态研究势必要解决方法问题，即在研究中采用何种视角和方法，才能将社会符号学、传统符号理论结合并适应新的符号现实的问题。

从以往的研究方法来看，多模态符号学家并不排斥传统理论，他们一般将其他符号学流派、文化研究、人类学、民族志研究、美学研究以及戏剧研究等领域的理论纳入功能语言观中进行综合分析，生成了许多独创性的理论框架，使多模态话语分析更加系统化。同时，一些多模态符号学者还开始关注社会符号学和其他语言学视角的相互借鉴和融合。Norris（2004）、Scollon & Scollon（2004）和 Forceville & Urios-Aparisi（2009）等几位学者就尝试将交互社会学、语体学和认知语言学等领域的理论融入社会符号学视角之中，对多模态互动分析作出新的尝试。如何在多模态研究领域建立学科融合是多模态研究的一个重要话题。

在现代科技日益发展的今天，当代符号学家对于多模态话语分析的研究方法提出新的观点。他们认为多模态研究应该充分利用科技和媒体优势，优化研究方法，包括研究如何建立多模态化语料库、如何合理利用互联网、计算机的资源和技术优势进行多模态语料的转录和分析、如何利用数字媒体技术设计和应用多模态分析软件以研究复杂的意义生成行为等。

总体说来，多模态话语分析目前还处于起步阶段，多数研究还是在对各种符号模式进行描述和说明，在研究的深度、广度方面，在理论的系统化和一致性方面，在研究方法的科学性和有效性方面都存在不足。但是，社会发展已经进入了“多模态化”时代，我们有理由相信，多模态话语分析是一个方兴未艾的跨学科研究领域，多模态话语研究的新发展对学习和教育过程中的综合读写能力培养有重要启示，也必将有助于提高我们对于自我、社会、符号、意义和语言等人文核心问题的再认知。

注释

1 由于本文将多次引用 Kress & van Leeuwen (1996/2006) 的《阅读图像：视觉设计的语法》、Kress & van Leeuwen (2001) 的《多模态话语：当代交际的模式和媒介》和 O'Halloran & Smith (待版中) 的《多模态研究：正在探索的问题和研究领域》三本著作，故在下文分别缩略为：K & V (1996)、K & V (2001) 和 O & S (待)。

2 这四个项目组具体情况如下：GEM (Genre and Modality)："语类和情态"项目，由英国经济社会研究委员会 (UK ESRA) 发起和赞助。PSE (The Production of School English)："中小学英语的生产状况"，由 UK ESRA 发起和赞助。NLG (New London Group)："新伦敦研究小组"，由美国密执安大学发起和赞助。MAL (Multimodal Analysis Lab)："多模态分析实验室"，由新加坡国立大学发起和赞助。

3 表 1 中“( )”表示“可选”，即括号内的语义成分为可选，在该类型过程中可以不出现。

4 Marin & Rose (2008: 166) 中每幅小图均包含注释和题解，此处略去，图 7 中的文字来自原文的标注。

参考文献

Allen, P., J. A. Bateman. & J. Delin. 1999. Genre and layout design in multimodal documents: Towards an empirical account. In R. Power & D. Scott (eds.). *Proceedings of the Symposium on Using Layout for the Generation, Understanding or Retrieval of Documents*. Menlo Park, CA: AAAI Press.

Baldry, A. P. 2000. English in a visual society: Comparative and historical dimension in multimodality and multimediality. In A. Baldry (ed.). *Multimodality and Multimediality in the Distance Learning Age*. Campobasso, Italy: Editore. 42-89.

Baldry, A. P. & P. J. Thibault. 2006. *Multimodal Transcription and Text Analysis: A Multimedia Toolkit and Coursebook*. London/Oakville: Equinox.

Barthes, R. 1977. *Image – Music – Text*. London: Fontana.

Bateman, J. A. 2008. *Multimodality and Genre: A Foundation for the Systematic Analysis of Multimodal Documents*. Hampshire: Palgrave Macmillan.

Bateman, J. A. & J. Delin. 2001. From Genre to Text Critiquing in Multimodal Documents. Paper presented at MAD 2001: The 4th International Workshop on Multidisciplinary Approaches to Discourse. Yttre, Belgium, August 5-8, 2001.

Bateman, J. A., J. Delin & R. Hensechel. 2007. Mapping the multimodal genres of traditional and electronic newspapers. In T. Royce & W. Bower (eds.). *New Directions in the Analysis of Multimodal Discourse*. Mahwah: Lawrence Erlbaum Associates. 147-173.

Bednarek, M. & J. R. Martin (eds.). 2010. *New Discourse on Language: Functional Perspectives on Multimodality, Identity and Affiliation*. London: Continuum.

Callaghan, J. & E. McDonald. 2002. Expressions, content and meaning in language and music: An integrated semiotic analysis. In M. P. Kevitt, S. O'Nuallain & C. Mulvihill (eds.). *Language, Vision and Music*. Galway: John Benjamins. 205-220.

Forceville, C. & E. Urios-Aparisi (eds.). 2009. *Multimodal Metaphor*. Berlin: Mouton de Gruyter.

Halliday, M. A. K. 1978. *Language as Social Semiotic: The Social Interpretation of Language and Meaning*. London: Arnold.

Halliday, M. A. K. 1985. *An Introduction to Functional Grammar*. London: Arnold.

Halliday, M. A. K. 1994. *An Introduction to Functional Grammar* (2nd edition). London: Arnold.

Iedema, R. 2001a. Analyzing film and television: A social semiotic account of Hospital. In T. van Leeuwen & C. Jewitt (eds.). *The Handbook of Visual Analysis*. London: SAGE. 183-206.

Iedema, R. 2001b. Resemiotization. *Semiotica* (135): 23-40.

Iedema, R. 2003. Multimodality, resemiotization: Extending the analysis of discourse as multisemiotic practice. *Journal of Visual Communication* (2): 29-57.

Jewitt, C. 2002. The move from page to screen: The multimodal reshaping of school English. *Visual Communication* 1 (2): 171-195.

Jewitt, C. 2006. *Technology, Literacy and Learning: A Multimodal Approach*. London: Routledge.

Jewitt, C. 2008. Multimodal discourse analysis: The case of "ability" in UK secondary school English. In V. K. Bhatia, J. Flowerdew & R. H. Jones (eds.). *Advances in Discourse Studies*. London: Routledge. 149-162.

Jewitt, C. (ed.). 2009. *Handbook of Multimodal Analysis*. London: Routledge.

Kress, G. 2003. *Literacy in the New Media Age*. London: Routledge.

Kress, G. 2009. Literacy and multimodality: A theoretical framework. In L. A. Lievrouw & S. Livingstone (eds.). *New Media* Vol. III. London: SAGE. 274-300.

Kress, G., C. Jewitt, J. Ogborn & C. Tsatsarelis. 2001. *Multimodal Teaching and Learning: The Rhetorics of the Science Classroom*. London: Continuum.

Kress, G. & T. van Leeuwen. 1996/2006. *Reading Images: The Grammar of Visual Design*. London: Routledge.

Kress, G. & T. van Leeuwen. 2001. *Multimodal Discourse: The Modes and Media of Contemporary Communication*. London: Arnold.

Lemke, J. L. 1998. Multiplying meaning: Visual and verbal semiotics in scientific text. In J. R. Martin & R. Veel (eds.). *Reading Science: Critical and Functional Perspectives on Discourses of Science*. London: Routledge. 87-113.

Lemke, J. L. 2000. Multimedia literacy demands of the scientific curriculum. *Linguistics and Education* 10 (3): 247-271.

Lemke, J. L. 2002. Travels in hypermodality. *Visual Communication* (1): 299-325.

Lemke, J. L. 2009. Multimodal genres and transmedia traversals: Social semiotics and the political economy of the sign. *Semiotica* (177): 1-4.

LeVine, P. & R. Scollon (eds.). 2004. *Discourse and Technology: Multimodal Discourse Analysis*. Washington DC: Georgetown University Press.

Martin, J. R. 1992. *English Text: System and Structure*. Amsterdam: Benjamins.

Martin, J. R. 2010. Semantic variation: Modelling realisation, instantiation and individuation in social semiosis. In M. Bednarek & J. R. Martin (eds.). *New Discourse on Language: Functional Perspectives on Multimodality, Identity and Affiliation*. London: Continuum. 1-34.

Martin, J. R. & D. Rose. 2008. *Genre Relations: Mapping Culture*. London: Equinox.

Martin, J. R. & M. Stenglin. 2007. Materializing reconciliation: Negotiating difference in a transcolonial exhibition. In T. Royce & W. Bower (eds.). *New Directions in the Analysis of Multimodal Discourse*. Mahwah: Lawrence Erlbaum Associates. 215-238.

Martinec, R. 2000. Construction of identity in M. Jackson's Jam. *Social Semiotics* (10): 313-329.

Martinec, R. 2004. Gestures that co-occur with speech as a systemic resource: The realization of experiential meaning in indexes. *Social Semiotics* 14 (2): 193-213.

Martinec, R. & A. Salway. 2005. A system for image-text relations in new (and old) media. *Visual Communication* (4): 337-371.

New London Group. 1996. A pedagogy of multiliteracies: Designing social futures. *Harvard Educational Review* 66 (1): 69-92.

Norris, S. 2004. *Analyzing Multimodal Interaction: A Methodological Framework*. London: Routledge.

Nöth, W. 1990. *Handbook of Semiotics*. Bloomington: Indiana University Press.

O'Halloran, K. L. 1999. Interdependence, interaction and metaphor in multisemiotic texts. *Social Semiotics* (3): 317-354.

O'Halloran, K. L. 2000. Classroom discourse in mathematics: A multisemiotic analysis. *Linguistics and Education* (10): 359-388.

O'Halloran, K. L. (ed.). 2004. *Multimodal Discourse Analysis: Systemic Functional Perspectives*. New York & London: Continuum.

O'Halloran, K. L. 2005. *Mathematical Discourse: Language, Symbolism and Visual Images*. London: Continuum.

O'Halloran, K. L. 2007. Mathematical and scientific forms of knowledge: A systemic functional multimodal grammatical approach. In F. Christie & J. R. Martin (eds.). *Language, Knowledge and Pedagogy*. New York & London: Continuum. 205-238.

O'Halloran, K. L. & B. A. Smith. Forthcoming. Multimodal studies. In K. L. O'Halloran & B. A. Smith (eds.). *Multimodal Studies: Exploring Issues and Domains*. London: Routledge.

O'Toole, M. 1994. *The Language of Displayed Art*. Leicester: Leicester University Press.

Painter, C. 2008. The role of color in children's picture books: Choices in AMBIENCE. In L. Unsworth (ed.). *New Literacies and English Curriculum*. London & New York: Continuum. 89-111.

Royce, T. 2002. Multimodality in the TESOL classroom: Exploring visual-verbal synergy. *TESOL Quarterly* 36 (2): 191-205.

Royce, T. 2007. Intersemiotic complementarity: A framework for multimodal discourse analysis. In T. Royce & W. Bower (eds.). *New Directions in the Analysis of Multimodal Discourse*. Mahwah: Lawrence Erlbaum Associates. 63-109.

Royce, T. & W. Bower (eds.). 2007. *New Directions in the Analysis of Multimodal Discourse*. Mahwah: Lawrence Erlbaum Associates.

Scollon, R. & S. W. Scollon. 2004. *Nexus Analysis: Discourse and the Emerging Internet*. London: Routledge.

Stein, P. 2008. *Multimodal Pedagogies in Diverse Classroom*. New York: Routledge.

Svoboda, K., C. F. Schmidt, B. J. Schnapp & S. M. Block. 1993. Direct observation of kinesin stepping by optical trapping interferometry. *Nature* 365 (6448): 721-727.

Unsworth, L. 2001. *Teaching Multiliteracies across the Curriculum: Changing Contexts of Text and Image in Classroom Practice*. Buckingham: Open

University.

Unsworth, L. 2005. *E-Literature for Children: Enhancing Digital Literacy Learning*. New York: Routledge.

Unsworth, L. (ed.). 2008. *New Literacies and English Curriculum*. London & New York: Continuum.

Unsworth, L. & C. Cleirigh. 2009. Multimodality and reading: The construction of meaning through image-text interaction. In C. Jewitt (ed.). *Handbook of Multimodal Analysis*. London: Routledge. 151-163.

van Leeuwen, T. 1999. *Speech, Music, Sound*. London: Macmillan.

van Leeuwen, T. 2006. Towards a semiotics of typography. *Information Design Journal* (2): 139-155.

Ventola, E. & A. J. M. Guijjaro (eds.). 2009. *The World Told and the World Shown: Multisemiotic Issues*. Hampshire: Palgrave Macmillan.

Zappavigna, M., C. Cleirigh, P. Dwyer & J. R. Martin. 2010. The coupling of gesture and phonology. In M. Bednarek & J. R. Martin (eds.). *New Discourse on Language: Functional Perspectives on Multimodality, Identity and Affiliation*. London: Continuum. 219-236.

陈瑜敏、秦小怡，2007，教科书语篇多模式符号的介入意义与多声互动，《外语与外语教学》（12）：15-19。

陈瑜敏、王红阳，2008，多模态语篇图像的概念意义与图文关系——当代教科书的多模态语篇分析，《宁波大学学报》（2）：124-129。

成文、田海龙，2006，多模式话语的社会实践性，《语言学研究》（8）：135-141。

方琰，2010，An analysis of multimodal discourse from an SFL perspective: A study of "The Painting of the Upper Bian River in Pure Brightness Festival"。载黄国文（编），《功能语言学与语篇分析研究（第 2 辑）》。北京：高等教育出版社。154-166。

胡丹，2007a，多模式话语的社会符号学分析———则香水广告赏析，《华东交通大学学报》（3）：126-130。

胡丹，2007b，Emmett Williams 诗"She loves me not"多模式话语分析，《外语与外语教学》（11）：16-19。

胡瑾、曾蕾，2007，学术会议英语演讲语篇多模式语言符号意义构建，《外语与外语教学》(3)：12-15。

胡壮麟，2007，社会符号学研究中的多模态化，《语言教学与研究》(1)：1-10。

胡壮麟、董佳，2006，意义的多模式构建：对一次多媒体竞赛的语篇分析，《外语电化教学》(6)：3-12。

胡壮麟、朱永生、张德禄、李战子，2005，《系统功能语言学概论》。北京：北京大学出版社。

黄国文（编），2010，《功能语言学与语篇分析研究（第 2 辑)》。北京：高等教育出版社。

黄国文、廖海青，2008，电视访谈节目的言语功能和互动模式，《外语研究》(4)：1-9。

李战子，2003，多模式话语的社会符号学分析，《外语研究》(5)：1-8。

李战子，2009，A social semiotic approach to multimodal English textbooks and the role of English in a Teenager's life，《中国符号学研究》(1)：265-278。

李战子、向平，2007，当代中国新话语之一——《一个馒头引发的血案》的巴赫金式解读，《四川外语学院学报》(6)：21-25。

庞玉厚、方琰、刘世生，2010，系统功能语言学的发展和面临的挑战，《外语教学与研究》(2)：144-149。

王红阳，2007a，卡明斯诗歌“l (a”的多模态功能解读，《外语教学》(5)：22-25。

王红阳，2007b，多模态广告语篇的互动意义的构建，《四川外语学院学报》(6)：31-34。

王红阳，2009，多模态语篇分析：系统功能视角。载黄国文（编），《功能语言学与语篇分析研究（第 1 辑)》。北京：高等教育出版社。153-157。

杨信彰、辛志英，2010，多模态研究综述。载黄国文、常晨光（编），《功能语言学年度评论（第 1 辑)》。北京：高等教育出版社。23-34。

叶起昌，2005，论后印刷时代话语中图像与文字的关系，《北京交通大学学报》(4)：61-65。

叶起昌，2006a，电子语篇与后印刷时代的读写，《北京交通大学学报》(4)：87-91。

叶起昌，2006b，超文本多语式的社会符号学分析，《外语教学与研究》(6)：

437-442。
张德禄，2009，多模态话语分析综合理论框架探索，《中国外语》（1）：24-30。
朱永生，2007，多模态话语分析的理论基础与研究方法，《外语学刊》（5）：82-86。

作者简介

李战子　解放军国际关系学院教授、博士生导师，高等学校外语教学指导委员会英语专业分委员会委员，中国英语教学研究会常务理事，中国功能语言学研究会副会长，中外传记研究会秘书长，《外语研究》编委。主要研究方向：系统功能语言学、语篇分析和外语教学。1999 年获北京大学英语语言文学博士学位，曾于 2001 年在黑龙江大学外国语言文学博士后站从事研究，2003 年在悉尼大学语言学系做访问学者。主持并完成国家社科基金课题 1 项、江苏省社科基金课题 1 项。在《外语教学与研究》等外语界核心期刊上发表学术论文 50 余篇，在高等教育出版社、上海外语教育出版社等出版专著、编译著、合著约 10 部。获得军队教学成果一等奖暨国家教学成果二等奖 1 项。

通讯地址：南京市解放军国际关系学院　英语系
电子邮箱：lizz402@hotmail.com

陆丹云　解放军国际关系学院副教授、硕士生导师，中国功能语言学研究会理事。主要研究方向：系统功能语言学、语篇分析和外语教学。参加国家社科基金课题一项并撰写成果专著中相关章节，独立在《外国语》、《外国语文》、《外语研究》等语言学期刊和论文集上发表学术论文 20 篇，主编、参编正式出版教材 12 部，主持教改项目获学院成果一等奖。

通讯地址：南京市解放军国际关系学院　英语系
电子邮箱：ludanyun@hotmail.com

第十一章

功能语篇分析

曾　蕾／中山大学

1. 引言

功能语篇分析（functional discourse analysis）是目前语篇分析领域中比较引人注目的一种语篇分析方法。语篇分析于 20 世纪 60 年代萌芽，发展至今已有半个多世纪的历史，是人类对语言认识不断发展的必然产物。许多社会科学研究者把语篇分析作为研究社会的途径，拓宽了语篇分析的研究范围，从而促进了语言研究从形式到功能、从静态到动态、从词句分析到语篇分析、从语言内部到语言外部、从单一领域到跨学科领域的过渡。可以说，语篇分析在整个发展过程中，吸收了哲学、符号学、心理学、人类学、社会学和文学等学科的研究成果，逐渐形成了一个极有活力的新兴学科。由于不同领域的学者用不同的研究理论和方法进行语篇分析的研究，因此它没有一个单一的理论作指导，也没有公认的分析方法和分析步骤。近年来，功能语篇分析已被证明为语篇分析领域中一种操作性、应用性很强的分析方法。功能语篇分析的理论依据是系统功能语言学。随着功能语言学理论的不断发展，功能语篇分析的理论研究和应用研究也迅速发展，显示出勃勃生机。为此，本章主要对这一领域作简要介绍，包括功能语篇分析的概念、分析目标、分析步骤、理论指导、分析方法、研究历程、发展现状及其研究成果。

2.“功能语篇分析”的名称与概念

虽然功能语篇分析始于 20 世纪 60 年代，但是“功能语篇分析”名称的提出和概念的讨论是在21世纪才逐渐明朗化，并引起重视的。

2.1 关于“功能语篇分析”名称

黄国文（2001a，2001b）在21世纪初正式提出“功能语篇分析”这个名称，认为“功能语篇分析”比其他任何语言学框架“更适合用来分析语篇”，完全可以与Schiffrin（1994）所说的六种方法媲美。黄国文（2007b）在《中国的语篇分析研究——写在中国英汉语篇分析研究会成立之际》一文中再一次明确指出：

> 到目前为止，语篇分析还属于一个尚未定性的学科，它没有一个单一的理论作指导，也没有公认的分析步骤和分析方法。不少语篇分析者在论著中明确指出，他们所提出的理论和方法都只是一种用来分析语篇的方法（路向），而不是唯一的方法（路向）。
>
> 我们知道，Halliday建构系统功能语法的目的之一是为语篇分析提供一个理论框架。多年的语篇分析实践告诉我们，系统功能语言学是一种比其他理论更适合于语篇分析的理论，我们完全可以只用这一理论来指导我们语篇分析的实践；在我们看来，系统功能语言学是一种可操作性、适用性（appliability）和实用性都很强的普通语言学理论，它完全可以用于分析各种体裁的语篇；它完全可以与Schiffrin（1994）所说的六种语篇分析方法（即：言语行为理论、互动社会语言学、交际文化学、语用学、会话分析及变异分析）媲美。由于在我们的语篇分析中，理论指导主要来自系统功能语言学，所以我们（如黄国文2001b；黄国文、葛达西2006）把这种语篇分析称为“功能语篇分析”（functional discourse analysis）。这个术语的含义与Eggins（2004）所说的“系统语篇分析”（systemic text analysis）基本相同。

2.2 功能语篇分析的概念

考察功能语篇分析的概念应先从其研究对象——“语篇”着手，但对“语篇”的定义，不同的学者有不同的阐释。Widdowson（1979：50）把语篇定义为“句子组合的使用”（the use of sentences in combination）。Steiner & Veltman

(1988) 把语篇解释为“作为过程的语言”，强调其动态本质。Schiffrin (1994) 从三个角度界定语篇的含义：(1) 从结构上看，语篇是大于句子的语言单位 (a particular unit of language above the sentence)；(2) 从功能角度看，语篇是语言使用 (language use)；(3) 从语用角度看，语篇是“话段” (utterance)。虽然，这些观点都从不同侧面反映出语篇的本质，但是功能语言学者在语篇分析中更强调语言的意义连贯、语言的使用、语言在语境中的作用 (黄国文、葛达西 2006)。Halliday & Hasan (1976) 认为，语篇是一个语义单位，而不是一个大于句子的语法单位。一个语段能否称得上语篇，主要看它是否算得上一个有意义的、连贯的整体。胡壮麟 (1994：1) 指出语境在语篇中的作用：“语篇指任何不完全受句子语法约束的在一定语境下表示完整语义的自然语言”。因此它必然包括两种自然语言：书面语和口语。

目前，对功能语篇分析概念的理解，存在着两种看法 (参见黄国文 2007b，2009a)：(1) 理论研究，归属于理论研究本身；(2) 应用研究，归属于实用性或应用性研究，是一种工具。前者认为，功能语篇分析是系统功能语言学理论的一个组成部分，持有这种观点的代表人物是 Halliday 和 Matthiessen。Halliday (2008: 192) 认为，功能语篇分析是语言学理论的一个部分，功能语篇分析是描述语篇实例，而这种对实例描述本身就是语言学研究中的必要任务。实际上，语言系统就是“语篇潜势”，语言系统和语篇是不可分离的，功能语篇分析显性地给它们搭上桥梁。Matthiessen (2006，2009) 也指出，分析语篇实例是语言系统精确描述的前提。应用理论、提出理论假设、描述以及分析语言和语篇等都是系统功能语言学理论的研究内容。语篇分析是语言理论研究的内容之一，这种分析依赖于文化语境、情景语境和上下文语境，能够揭示各种语篇所构建的适用性、有效性等价值。第二种看法认为，功能语篇分析是把系统功能语言学的理论应用于实际语篇分析中。也就是说，功能语篇分析是指应用系统功能语言学的理论来描写、分析、解释和评估语篇。这种观点认为，语篇分析等同于一种研究的工具，旨在通过语篇分析揭示语言特点 (Halliday 1985, 1994a/2000，2008；黄国文 2007b；黄国文、王红阳 2009)。

上述两种观点虽然有区别，但并不互相排斥，都是系统功能语言学研究者所要研究的主要内容。因此，以下所要简略概述的功能语篇分析将涵盖其理论与应用两大方面。

3. 功能语篇分析的目标、层面与步骤

功能语篇分析具有自己明确的分析目标、分析层面和分析步骤，这三者互相依存。从分析层面中可以映射出分析目标，而分析目标的确定可以指定分析步骤。

3.1 功能语篇分析的目标与层面

功能语篇分析的目标是什么？Halliday & Hasan (1976) 认为，语篇分析的目的不是说明(interpretive activity)，而是解释(explanation)。对这种观点的理解，黄国文(2001a，2001b) 认为，语篇分析的一个主要目的为解释活动，但是，这种解释活动需要以说明活动为基础。具体地说，"说明"一个具体语篇的目的是要了解这个语篇所表示的意义，而"解释"一个具体语篇的目的是要揭示出这个语篇是怎样构建意义的。解释性活动必须以说明性活动为基础和前提，后者有助于解释语篇的意义构建，但是这种解释性活动并不是功能语篇分析的最终目标，为此，Halliday 在论述功能语篇分析的两个层面时说：

> In any piece of discourse analysis, there are always two possible levels of achievement to aim at. One is a contribution to the understanding of the text: the linguistic analysis enables one to show how and why the text means what it does. In the process, there are likely to be revealed multiple meanings, alternatives, ambiguities, metaphors and so on. This is the lower of the two levels. It is one that should always be attainable provided the analysis is such as to relate the text to the general features of the language—provided it is based on a grammar, in other words.
>
> The higher level of achievement is a contribution to the evaluation of the text: the linguistic analysis may enable one to say why the text is, or is not, an effective text for its own purposes—in what respects it succeeds and in what respects it fails, or is less successful. This goal is very much harder to attain...
>
> Whatever the ultimate goal that is envisaged, the actual analysis of a text in grammatical terms is only the first step...What is important to point

out, however, is that even the first step, the analysis of the text in terms of its grammar, is already a work of interpretation.（Halliday 1994a/2000: xv-xvi)

Halliday 在分析一个具体语篇（silver text）时，再一次强调：

An analysis of this kind has two aims, one being a higher variant of the other. The first aim is to show why the text means what it does. The second aim, more difficult of attainment, is to show why it is valued as it is—why it is effective, or not effective, in relation to its purpose, or as a specimen of its kind. It is impossible to achieve the second aim without the first: Evaluation rests on interpretation.（Halliday 1994a/2000: 390-1)

可以看出，Halliday 特别重视语篇分析的目标。他不断强调，分析语篇的这两个层面就是功能语篇分析的两个主要目的。第一个层面是理解语篇表达意义的方法和原因，第二个层面是更高一层，代表更高水准的，也就是评估语篇的有效性、合适性，语篇是否以及怎样达到其目的的（Halliday 1994a/2000)。因此，功能语篇分析的最终目标是对语篇进行评估（evaluation)。但在对语篇进行评估之前，语篇分析必须从"语篇表达的是什么意义"、"语篇是怎样表达意义"和"语篇为什么表达某种意义"这三个方面考察语篇。而要实现功能语篇分析的最终目标——评估语篇，所涉及的因素包括评估这个语篇所构建意义的最佳方式、合适性以及其合适与不合适的程度等等，而这些都需要放在文化语境（context of culture）和情景语境（context of situation）的框架内进行评估（黄国文 2001b)。

3.2 功能语篇分析的步骤

功能语篇分析的分析步骤是与其分析目标和分析方法紧密联系的。黄国文等（黄国文 2002a；黄国文、葛达西 2006）认为，功能语篇分析可以采取六个步骤：观察（observation）—解读（interpretation）—描述（description）—分析（analysis）—解释（explanation）—评估（evaluation)。第一步，观察语篇。

观察某种语篇是否具备研究者达成研究目标所需要的必备条件和可选条件，例如，是否符合分析者的研究目的，是否具有研究意义，是否为真实语篇等等。第二步，解读语篇。在观察到某种语篇的适合性后，就需要对语篇进行解读性分析，例如，说明清楚其语篇的内容及其各种意义，包括其交际意义和目的等等。第三步，描述语篇。对语篇进行描述，这种描述必须基于理论依据，在具体的理论框架下进行，而不是随意根据主观经验、毫无系统地描述，其中包括所用术语和研究方法都应限定在一定的理论框架内。第四步，分析语篇。那就是必须按照某具体理论框架内的研究方法、步骤，分析语篇的某个突显特征，既可以是语篇结构的分析，也可以是语篇结构中语言特征的分析。第五步，解释语篇。到了更为深层次的解释性阶段，就需要根据一定的语篇理论框架，解释清楚语篇意义建构的"所以然"，也就是说，语篇是怎样表达具体意义的和为什么表达某种意义。第六步，评估语篇。实现功能语篇分析的最终目标，需要具备评估语篇的能力，通过上面五个步骤，层层递高或层层深入对语篇的探讨，评估语篇是否实现了其目标，是否成功地构建了语篇意义，这是这六个步骤中最难的一个，也是功能语篇分析的最终目标。以上六个步骤虽然互为联系，但在进行语篇分析时，并不是必须要依次完成这六个步骤，而要根据分析者的研究水平、研究地位、研究目的或目标、研究时间等因素来确定分析语篇的步骤；有时甚至可以从第一步跳到第六步。

4. 功能语篇分析的核心思想和观点

功能语篇分析理论的宏观基本框架是语言的三大功能及其特定的文化语境和情景语境所构成的意义潜势系统，由此生成、扩展或发展为许多具体理论框架。因此，分析一个语篇，需根据其特点、目的和功能，从系统功能语言学的系统网络中选择或建构其具体的理论框架。由于系统功能语言学理论所建构的语篇分析系统网络比较错综复杂，下面我们只简要介绍系统功能语言学中的六大核心思想对功能语篇分析的指导意义，这也是功能语篇分析的重要观点、理论和方法。胡壮麟等（1989，2005）曾概述了系统功能语言学中的六大核心思想，分别是元功能、系统、层次、功能、语境、近似或盖然率的思想，这六大核心思想也是功能语篇分析的主要指导思想和依据。

4.1 元功能的思想

元功能的思想指的是，虽然语言所要实现的功能是无限的，且千变万化，但我们可以把这种无限的不稳定的功能高度抽象概括为有限的三大功能：概念功能、人际功能及语篇功能。这三大功能虽然实现方式不一样，但却构成一个整体，不可分割，是三位一体的，不存在主次问题，共同实现语篇。这三个功能是系统功能语言学 (Halliday 1994a/2000；Halliday & Matthiessen 2004) 中最基本、也是最重要的观点。概念功能是代表或反映或解释世界的功能，人际功能是交际参与者分配角色和对语篇作出判断的功能，语篇功能是用各种语言手段将语篇中的各个句子连接成一篇连贯的语篇的功能。在语篇分析中，这三大功能相辅相成，共同促进语篇的整体功能的实现。各个功能都由比较具体的子系统得以实现。概念功能包括经验功能和逻辑功能，其子系统可涉及及物性、语态、归一性等。及物性分析方法是概念功能系统网络中的主要分析方法，及物性指的是描述整个小句的系统，而不仅仅是对动词及其宾语的描述。要对一个小句作及物性分析，需要分析小句的过程、参与者、环境成分。这种分析方法更能够揭示出语篇中语句的本质，例如，能够解释清楚表面形式相同而意义不同的结构。及物性系统涉及六个过程：物质过程、关系过程、心理过程、言语过程、行为过程和存在过程；"过程"是及物性系统中的重要概念。人际功能指的是人们用语言来建立和保持人际关系，有语气、情态等系统；语气指小句中主语和限定成分所构成的一个成分，是谓语动词的一个语法范畴，它可以实现小句的交换功能，表示说话人对言语所描述的事件的主观态度。情态的两种主要类型是情态化 (modalization) 和意态化 (modulation)。人际功能构建了人与人通过语言实现社会和角色关系的人际意义。语篇功能考察语言信息组织的特点，有主位推进、信息结构、衔接与连贯等子系统；主位是小句的出发点和信息的起始点，小句的第一个成分就是主位，其余的成分是述位，主位和述位一起构成一个主位结构；信息结构由已知信息与新信息构成；衔接指语篇中语言成分之间的语义联系，包括照应、省略、替代、连接、词汇衔接等衔接手段。在分析语篇时，通过分析主位结构了解话题的出发点（主位）如何实现其特点意义，通过分析信息结构了解已知信息与新信息之间的分布关系，通过分析衔接手段则可以理解语篇的连贯方式。总之，这三大功能是三位一体，缺一不可的。概念功能和人际功能只有通过语篇功能才能构建和实现它们的意义，这是因为只有通过连贯的语篇，才能实现两种意义：一是与他人交际的人际意义，二是实现反映客观或主观内心世界的概念意义。任何语篇都可以用这三个元功能的子系统来分析其深层含义。这三个元功能的分析框架已成为功能语篇分析的重要理论依据和方法。

4.2 系统的思想

系统的思想指的是，语言是由若干子系统组成的系统网络，或称意义潜势。根据 Halliday（1994b/2000，2005/2007），“每一个系统就是语言行为中处于纵聚合（paradigmatic）关系的一组选择（choice）的集合，即在特定情景中每个人可以选用的一组语言形式。系统也是借以对某个特定语言层面的语言现象进行描述的手段。语言就是由无数个这样的子系统所构成的一个巨大系统网络”（林允清、于晖 2007：ix）。语言子系统共有九个特点：(1) 含有一组可供选项目；(2) 有自己的边界；(3) 选项是排他性的；(4) 选项是意义的表征；(5) 同一系统内的选项为同一语义场；(6) 同一系统内各选项在意义上互为依赖；(7) 划分系统在精密度上是有差别的；(8) 系统内选项的选择顺序是从左至右；(9) 各选择是非任意的，受多种因素的制约（Halliday 1978；Berry 1975；Jaworska 1998/2001；朱永生、严世清 2001）。这个系统网络的九个特点表示，每个子系统都有一组可供选择的项目，选中的项目形成一定的横组合结构，当系统内的选项一一实现后便可产生结构，结构是经过选择配置后的结果，体现了系统的选择。进行语言系统的研究，就是对各种选项在具体语境下进行取舍的研究。因此，语言各系统之间的关系为选择关系，语言或语篇可以说是经过系统内各种选择后的最后产物，表现为系统的内部底层关系，实现选择者的意义功能，因为各种系统都代表了语言的各种意义，在系统内的选择也就是在各个意义功能部分进行相关选择。表达意义的过程可以被看成是从系统网络中进行各种有意义的选择的过程，语言系统网络中所选择出的语言现象或语篇都可以进行功能的分析。语言或语篇是在具体语境下的一种自然产物，也就是语言在现实社会生活中的实际表现形式。对于系统和语篇的关系，Halliday（1994a/2000：F48）认为：

The grammar, then, is at once both a grammar of the system and a grammar of the text...

Linguists of the main European functional 'schools'—the Prague school, the French functionalists, the London school, the Copenhagen school—all, in different but related ways, regarded the text as the object of linguistics along with the system. Their view would be that one cannot really understand the one without the other. It is of little use having an elegant theory of the system if it cannot account for how the system engenders text; equally, it adds little to expatiate on a text if one cannot relate it to the system that lies behind it, since anyone understanding the text does so only because they know the system.

Discourse analysis has to be founded on a study of the system of the language. At the same time, the main reason for studying the system is to throw light on discourse—on what people say and write and listen to and read. Both system and text have to be in focus of attention. Otherwise there is no way of comparing one text with another, or with what it might itself have been but was not. And, perhaps most important of all, only by starting from the system can we see the text in its aspect as a process.

从以上论述可以看出，Halliday“提出功能语法既是关于语言系统的语法又是关于语篇的语法的观点。……语篇分析的基础是对语言系统的研究，而对语言系统研究的目的是为了理解语篇，因此对系统和语篇都应重视，不可偏废”（胡壮麟 2000：F18）。

4.3 层次的思想

层次的思想指的是，语言是多层次的系统，这个系统存在于语义、词汇语法、音系等各语言层次，各层次之间是一种体现关系。语义层体现于词汇语法层，而词汇语法层又体现于音系层。互相接应的语言各上下层次的清晰划分及其体现关系有助于对语言与语篇进行系统的研究，使整个复杂的语言分析理论框架脉络清晰，方便对语篇各个层面进行全面的功能分析，更能彰显出语篇分析研究的系统性、多层性和精细性。在具体分析语篇时，可以根据各层次在系统内进行有步骤的分析。分析语篇要考虑不同层面系统的影响。语篇既是在各个层面符号系统选择下生成的静态结构产物，也是系统网络中各层面动态选择的过程产物。例如，层次的思想可以让我们充分理解如何运用语篇体裁分析框架。在这个框架内，语言和它的语境有五个层次，它们之间的关系是体现的关系，即上面一个层次由下面一个层次来体现：文化语境由情景语境体现，情景语境由词汇语法体现，词汇语法最后由音系系统（口语）或拼写系统（书面语言）体现（Martin 1992；Eggins 1994）。另外，探讨语篇的衔接和连贯问题也可以在各个层面上进行。

4.4 语境的思想

语境的思想指的是，语篇分析不仅仅只在语义、词汇语法、音系层面上进行，还必须放在语境这个大的层面上进行。功能语言学的语境思想包括语言语境、情景语境和文化语境。语言语境是语篇内部的上下文，情景语境被称为语域，文化语境是语篇中言语活动参与者所处的整个文化背景，是通过语篇的体裁结构得到体现的。例如，一个语篇可以用三大元功能来分析，但仅此并不够，因为这三大元功能受制于情景语境和文化语境（Halliday 1994a/2000）。由此，语境的思想生成了语篇体裁理论。对语篇体裁（也被称为语类），Hasan（1985）提出了语类结构潜势理论（generic structure potential theory），认为一个语篇的语类结构成分（包括必要成分与非必要成分）是由语境配置（contextual configuration）来体现的，也就是语域的三个因素（语场、语旨、语式）的值。在语域的三因素中，语场是判断语篇体裁的决定因素，因为它在确定语类时起了关键的作用，而其他两个变量将影响非必要成分的出现。虽然语篇体裁是由语篇的必要成分来决定的，而非必要成分的异同却导致属于同一语篇体裁的子语篇的多样化。包含某一语篇体裁的所有必要成分和非必要成分的结构表达式可称为该语篇体裁的“结构潜势”。与Hasan（1985）的观点不同，Martin（1992）强调语场、语旨、语式三个变量在确定语篇体裁时都起了作用。Martin（1984）和Eggins（1994，2004）认为语篇体裁涉及的是在一定的社会文化范围内有目的的交往，它可以通过有阶段的、有步骤的“纲要式结构”（schematic structure）来体现。语域决定某个语篇体裁结构中对语言的词汇语法层的选择。实际上，某一语篇体裁就是一组适合某种具体语言功能的意义以及用来表达意义的词汇语法结构。语域之三变量决定了此语篇体裁的三大功能，即语场决定概念功能，语旨决定人际功能，语式决定语篇功能。这三种功能又分别决定了词汇语法层上的及物系统、语气系统和主位结构系统的选择。而一个语篇是实际社会交往中的一种形式，它必然发生在某一种文化的某个情景中。因而，在分析一个语篇时，我们必须考虑它的情境变量：所发生的事或语场，话语的参与者或语旨，交际的形式或语式。在运用以上方法分析语篇时，可以采用由上至下或由下至上的模式：（1）语篇类型（分析语域变量），（2）词汇语法特点（如三大元功能的实现情况），（3）解释、评估其词汇语法特点在具体语境中的有效功能。语篇体裁为功能语篇分析理论中最重要的分析方法之一；语篇、语域、语类互为涵盖、互为交错、互为实现。

4.5 功能的思想

功能的思想指的是，"构成一个语义系统的在语句中起具体作用的语义成分"（胡壮麟等 2005：17），这种语义成分就是语义功能成分，其表达形式为词汇语法的成分或结构，各个语义系统都是由有限的语义功能成分所组成。对一个语句的语义系统进行分析时，会涉及各系统内不同语义的功能成分。在及物性系统内，会涉及诸如"动作者"、"过程"、"目标"和"环境"等功能成分，语气系统内会有"语气"和"剩余成分"等功能成分，主位系统会有"主位"和"述位"功能成分，信息系统有"已知信息"和"新信息"功能成分。由此，可以得知，这里的功能思想不是指 4.1 节中所提到的元功能思想，而是指功能语言学理论中的一个具体的语义分析观点。正是依据这种功能的思想，才使我们对语篇中的具体语句成分的分析具有功能性特征，从而区分于传统语法中词法与句法的分析。

4.6 近似的或盖然率的思想

近似的或盖然率的思想指的是，由于盖然率是语言固有的一个特征，因此，对语法系统的描写可以引进盖然率思想。盖然率思想的引进丰富了系统语言学的理论体系，使得功能语言学的系统不只为可能性系统（a system of possibility），也是盖然率系统（a system of probability）。要注意的是，可能性（possibility）和盖然率（probability）既有区别又互相依赖，是质和量的关系。同一系统内的选择关系为析取关系，也就是"或 A 或 B"的关系，析取说明可能性，并确定选择的质，而盖然率确定选择的量。在语篇分析中，既要根据语篇的选择分析语篇的性质，也要解释语篇选择中的概率，也就是说，可以定性和定量相结合。Halliday（1961: 259）指出，语言的本质不是"总是这样而从不那样"的关系。语言是不断变化的，是动态的，而这种发展的语言需要开放的连续体，需要用量的概率方法来描述（林允清、于晖 2007：ix）。例如，这种盖然率特征在词汇选择中尤为明显，因此，对某单词的一个语义描写可以考察其使用频率的高低（Halliday 1994a/2000；胡壮麟等 2005）。而某种语言现象使用频率的高低必然受制于语篇体裁。这种量的描述有助于语法分析的精确，而这种精确度则基于某语法项在语篇分析中的分布情况。Halliday（1994a/2000: 89, 355-363）在分析情态类型和语篇中的人际隐喻，特别是情态隐喻时，使用了盖然率的原则。《Halliday 文集》第 6 集《计算机与定量语言》（*Computational and Quantitative Studies. The Collected Works of M. A. K. Halliday Vol.6*）（Halliday 2005/2007）收录了 Halliday 一些论述盖然率思想的相关文章。在 Corpus studies and probabilistic grammar（Halliday 1991b）一文中，我们可以看出，Halliday 在 20 世纪 50 年代中期所写的博士论文《< 元朝秘史 > 汉译本的语言》（The Language of the Chinese "Secret History of the Mongols"）（Halliday 1959）中，就对其中的语言结构作了定量分析，旨在说明语篇中的语言结构出现频率与语法系统的概率关系。后来在 A Quantitative study of polarity and primary tense in the English finite clause 一文中，对英语限定小句的归一性和主要时态进行了量化分析，以证明概率在语法系统描述中的作用。在题为 Language as system and language as instance: The corpus as a theoretical construct（Halliday 1992b），Quantitative studies and probabilities in grammar（Halliday 1993）和 Towards probabilistic interpretations（Halliday 1991a）三篇论文中，Halliday 都论述了运用语料库可以观察和统计语言系统中的选择分布频率，这种语言分布频率可以说明语篇体裁类型的差异关系（林允清、于晖 2007：ix；Halliday 2005/2007）。根据盖然率的思想和分析原则，词汇、句法、文体风格等在不同语境中所呈现的选择差异体现于各种选择在语篇中出现的频率。另外，很多功能语言学学者以盖然率的思想和分析原则为指导，进行了语篇中语法现象的描写与研究，例如，Nesbitt & Plum（1988）在 Probabilities in a Systemic Grammar: The clause complex in English 一文中，基于盖然率的分析原则，对英语小句复合体系统内各选项在语篇中出现的频率进行了分析，文中量化分析了“详述体”（recount）、“例证体”（exemplification）、“轶事体”（anecdote）和“叙事体”（narrative）四种语篇体裁中的小句复合体系统内的语法和逻辑—语义关系，统计了小句复合体系统所生成的两组系统的频率分布，进而对系统间交叉结合的选择进行了盖然率的分析。其分析结果说明，在语篇体裁研究中对语言进行量化分析是可行和可操作的（见于晖 2000）。丁建新（2000）在投射系统各类型的分析中，对三种语篇体裁中的 30 个语篇中投射型小句复合体的分布状态作了盖然率的分析，说明了投射在语篇体裁中的变差，证明了系统、语篇与语境三者之间的动态关系。杨炳钧、尹明祥（2000）也认为，盖然率的思想能够帮助解释清楚传统语法中难以解释的现象，有助于指导语篇分析。

5. 功能语篇分析研究发展的历程

从国内外功能语篇分析研究发展过程中，我们可以看到，功能语篇分析研究的发展是随着功能语言学的发展而发展的，并且取得了可喜的成绩，显示出这一领域的极大发展潜力。

5.1 国外功能语篇分析研究的发展与成果

国外功能语篇分析的研究过程见证了以 Halliday 为首的功能语言学研究者所取得的成就。从不被重视到现在的热门研究只经历了短短的四十多年，其成果不管是在理论研究还是应用实践方面都是不容忽视的。之所以有这些成绩，这与功能语言学的研究目标不无相关，因为，建构功能语言学的目的就是为语篇分析提供一个理论框架（Halliday 1994a/2000）。

功能语篇分析研究的起步阶段应该是 20 世纪 60 年代中期。Halliday 注意到语言学研究与语篇分析相脱离的问题，当时，语言学领域的研究热点为句法，如 Chomsky（1957，1965）的句法理论在当时很盛行，备受语言学和其他学术领域的关注。但是 Halliday 认为，Chomsky 的句法理论不能分析使用中的语言和真实语篇。因此，他（Halliday 1964，1967，1968，1970）开始撰文，呼吁语言学研究者要重视语篇的研究。例如，在 1964 年发表的《文学语篇的语言学研究》（The Linguistic study of literary texts）中，他指出："It is part of the task of linguistics to describe texts"。在随后的几年里，Halliday 发表了《英语的及物性和主位札记》（Notes on transitivity and theme in English）系列论文（Halliday 1967a，1967b，1968），这些论文通过分析语篇中句子的及物性和主位结构，强调功能语篇分析的观点。1970 年，Halliday 又发表论文《语言结构和语言功能》（Language structure and language function），提出语言的三大元功能，指出了语篇功能与概念功能和人际功能之间的关系（Halliday 1970）。

从一开始，Halliday 都是以真实语篇为实例来论证他的语篇分析理论思想，且对语篇所进行的功能分析覆盖了各种语篇类型，包括文学语篇（小说、戏剧、诗歌等）、科学语篇和日常语篇等。Halliday（2002a/2007a）认为，"对待任何一个语篇，我们既可以把它看做语言学研究的对象（object），又可以把它看做语言使用的一个实例（instance）"（见朱永生 2007：xi）。1964 年，Halliday（1964）就开始发表论文讨论运用语言学的理论分析文学语篇。1969 年，在一次国际学术研讨会上，Halliday 宣读了一篇很有影响力的论文《语言功能与文学文体》（Linguistic function and literary style），后发表于 1971 年，此论文首先论述三大元功能的概念，然后运用了概念功能范畴内的及物性系统，对 William Golding 的小说《继承者》（*The Inheritors*）的文体进行了功能而又系统的分析，其讨论部分涉及小说中的及物性过程、参加者、环境成分的类型与数量的统计（参见申丹 1997；张德禄 1999）。同时，Halliday 也注意到语境对语篇分析的影响。1977 年，他发表论文《作为社会语境中语义选择的语篇》（Text as semantic choice in social contexts），论述了语篇资源与语篇性质、语篇及语义在社会语境中的实现等观点（见 Halliday 2002/2008）。之后，在 Halliday 的倡导下，越来越多的学者把及物性分析模式运用于语篇分析中。不管是在文体分析还是在其他语篇分析中，学者们也都越来越强调语言、语篇和社会语境的关系。80 年代中期，Halliday（1985）更是注重语言学与语篇分析的关系（黄国文 2002a）。1982 年，他在“The de-automatization of grammar”一文中，对英国著名剧作家 Priestley 的剧作《罪恶之家》（*An Inspector Calls*）从语气、情态、时间和归一性等方面进行了功能分析。在随后的两篇论文中：《作为科学语篇的诗歌》（Poetry as scientific discourse: The nuclear sections of Tennyson's in *Memoriam*）（Halliday 1987）和《科学语篇中语法对知识和价值的构建》（The construction of knowledge and value in the grammar of scientific discourse: With reference to Charles Darwin's *The Origin of Species*）（Halliday 1990）中，Halliday 运用功能语篇分析的方法，揭示了两种不同语篇特征的异同，前者通过分析英国诗人 Tennyson 的诗歌《悼念》（*Memoriam*），讨论了诗歌语言中的科学性；而后者通过分析 Darwin 的《物种起源》（*The Origin of Species*），论述了科学语言中的诗歌性；Halliday 最后指出，文学语篇和科学语篇虽然是两种不同的语类，但也有其相似性。到了 90 年代，Halliday 的功能语篇分析开始关注日常语篇及语篇中的不同语式——书面语语篇和口语语篇的特征。例如，在 1992 年的《“人口零增长”语篇中的词汇语法特征》（Some lexicogrammatical features of the Zero Population Growth text）中，Halliday 运用了功能语言学系统网络中的七个子系统的分析框架，讨论了“人口零增长”这种书面语语篇中的词汇语法特点。之后不久，于 1994 年，Halliday 又写了一篇分析口语语篇特征的论文，论文题目“So you say ‘pass’... thank you three muchly”就十分口语化，文中讨论了一段博士论文答辩中评委点评的高潮语段，指出了该口语语篇的语言特征。显而易见，Halliday 不断地运用功能语言学的理论，分析各类语篇，以“展示语篇本身的意义是如何得到表达的”以及“展示语篇为什么会被认为具有自身价值”（朱永生 2007：xi）。

总之，Halliday 对功能语篇分析作出了很大的贡献，他建构的功能语言学理论为功能语篇分析提供了很有效、操作性很强的理论框架。不仅如此，他本人还运用此理论框架分析了多种类型的语篇。更为重要的是，他的观点和理论影响并促进了整个语篇分析领域的发展。他带动了一大批功能语言学学者进行语篇分析的研究，促使功能语篇分析不断得到发展。

在 Halliday 的带领和影响下，很多其他功能语言学学者们对促进功能语篇分析作出了很大贡献，其理论体系不断得到扩充与完善，如衔接、语篇体裁、批评语篇分析、评价系统和多模态话语分析等理论论述。

衔接、语篇体裁和主位等概念是功能语篇分析的重要理论依据。1976 年，Hasan 与 Halliday 出版了《英语的衔接》(*Cohesion in English*)，此书在功能语言学领域和语篇分析领域影响非常大。Halliday & Hasan (1976) 认为，构建语篇意义的连贯，可以运用多种衔接手段：如语法手段与词汇手段，使一个语篇的内在逻辑结构达到时空顺序明晰，逻辑推进层次分明的效果。语法手段可分为照应、替代、省略、连接等，词汇手段可分为重述和搭配等。之后，衔接理论被广泛地运用于语篇分析研究中。此外，Hasan (1984，1996) 和 Martin (1992) 分别从语域和语类两个角度探讨了语篇的结构，对语篇分析作出了各自的贡献。另外，Martin 等人还进一步发展了 Halliday & Hasan (1985) 所论述的语域、语篇体裁理论，该理论对功能语篇分析的发展具有重大意义。当时，Martin (1992) 将 Halliday (1994a/2000) 的主位—述位理论扩大到语篇的整体结构。Fries (1981，1995) 关于主位方面的论述也影响很大（参见 Hasan & Fries 1995；黄国文 2000；方琰 1995）。

同时，功能语篇研究的理论成果开始引入到翻译研究中，开辟了翻译研究的新途径，给翻译研究注入了理性的思考，特别是各种语篇分析模式对译者的谋篇策略具有指导意义。很多学者 (Baker 1992；Hatim 1990，2001；Hatim & Mason 1990) 都运用了系统功能语法中有关语篇分析的理论及方法进行翻译研究，包括翻译理论研究与翻译实践两个方面。其中翻译理论主要涉及对翻译活动及其各类现象的认识和理解，翻译实践则主要涉及翻译评价、译本对比及翻译实际操作等方面。

另外，在 20 世纪 80 年代，批评语篇分析 (critical discourse analysis, CDA) 开始受到关注。实际上，批评语篇分析是由 20 世纪 70 年代末兴起的批评语言学 (critical linguistics) 发展起来的，其主要思想和观点见诸于 *Language and Control* (Fowler *et al.* 1979) 和 *Language as Ideology* (Kress & Hodge 1979) 两部论著中。在这些论著中，他们首次提出了批评语言学的概念，指出批评语言学的分析方法主要揭示意识形态和语篇之间的相互作用。十年后，批评语言学发展成为批评语篇分析，根据 Wodak (2001: 4)，批评语篇分析的形成表现在以下几个方面：(1) 四部论著的问世：*Language and Power* (Fairclough 1989)，*Critical Discourse Analysis* (Fairclough 1995)，*Language, Power and Ideology* (Wodak 1989) 和 *Prejudice in Discourse* (van Dijk 1984)；(2) 批评语篇分析学术期刊的创办：1990 年，van Dijk 在荷兰阿姆斯特丹大学创办了批评语篇分析的学术期刊 *Discourse & Society*；(3) 标志性会议的召开：1991 年，批评语篇分析的主要代表人物，包括 van Dijk、Fairclough、Kress、van Leeuwen 和 Wodak，在阿姆斯特丹大学召开会议，共同探讨批评语篇分析的理论和方法问题，并建立了相关合作研究课题 (参见戴炜华、陈宇昀 2004；田海龙 2006)。批评语篇分析主要以语篇作为其研究的基本单位，重点研究语篇的特征与它们所属的社会和文化结构之间的联系。一方面，批评语篇分析在思想观点上受到系统功能语言学把语言视为一个社会意义系统 (Halliday 1978) 观点的影响。另一方面，批评语篇分析在语篇分析方法上主要以系统功能语言学的理论为指导 (Fowler 1991)。批评语篇分析的学者认为，人们通过社会意义系统自我社会化，通过社会意义系统交流意义，通过社会意义系统建立和维持社会机构和社会系统；语言既可以用于表达社会现实、反映社会现实，又可以创造社会现实。而且，人们除了用语言表达社会经历和社会现实之外，还要用语言做事、用语言交流感情、作出判断、作出评价等。批评语篇分析强调语言、意识形态、权力等之间的关系，探讨语篇与社会变迁的关系，主要研究和分析口头或书面语篇，从中发现权力、控制、不平等、偏见等在语篇中的表现 (van Dijk 1988)，探讨社会中的统治力量如何创造有利于其利益的现实。批评语篇分析学者力图支持被压制的受害者，鼓励他们去反抗和改变他们的命运 (参见 Foucault 1978/2000)。

到了 21 世纪，系统功能语言学的理论体系的扩充 (如 Halliday & Matthiessen 2004；Martin & Rose 2003) 极大地促进了功能语篇分析的发展。例如，Martin 在研究中发现，Halliday (1994a/2000) 的人际功能分析框架在更为细致地分析语篇中的人际功能意义方面，需要扩展和补充。因此，Martin (2000) 构建了评价系统 (the appraisal systems)。Halliday (1994a/2000) 的人际功能系统中的情态子系统重点由语法系统体现，而 Martin (2000) 的评价系统主要由词汇系统体现。可以说，评价系统分析框架扩展和完善了人际功能分析框架，并已被证明在语篇分析中是有效的，在21世纪被广泛应用到语篇分析中。评价系统分析框架由态度（attitude）、级差（graduation）和介入（engagement）三大子系统组成，三大子系统可以进一步细分，构成一个比较完备的评价资源网络。态度是评价系统的中心，表示讲话者对自己的情感、对事物、对别人性格的评价，还可以分为三个次类别：情感、判断和欣赏。情感是表达自己的感情；判断是评价别人的性格；欣赏是评价事物。级差可以分为两类：各种不同的力度（如强化、隐喻化、咒骂等）以及焦点是尖锐化还是软化。介入与Bakhtin（1981）的多声音性（hetereoglossia）十分相似，表达是单声音还是多声音的区别，在多声音中又是什么声音。

另外，除了人际功能的分析框架得到扩展外，语篇功能分析框架也得到了进一步的发展，其中包括对主位结构、语篇连贯和语篇结构的研究（如Banks 2004；Fries *et al.* 2002；Hoey 2000；Scott & Thompson 2001）。在语篇类型分析上，功能语篇分析学者更加关注广告语篇、科技语篇、学术语篇、超文本语篇、电子邮件语篇、网络聊天语篇和博客语篇等新兴的语篇类型，而对这些新兴语篇的分析研究也促进了新的语篇分析框架的产生（Christie 2002；Ellis & Ravelli 2004；Hyland 2000；Johns 2002；O'Halloran 2004；Unsworth 2000；Herring 2001；Hillier 2004； Wetherell，Taylor & Yates 2001；苗兴伟2006）。例如，多模态话语分析（multimodal discourse analysis）就是在这种背景下建构的。多模态话语分析从系统功能语言学中得到理论支撑，因此也许可以这样说，系统功能语言学为多模态话语分析提供了一个理论框架。李战子（2003）简要勾勒和述评了多模态话语分析方法和理论框架。她指出，van Leeuwen & Jewitt（2001）的《视觉分析手册》（*Handbook of Visual Analysis*）和Kress & van Leeuwen（1996）的《阅读图像》（*Reading Images*）等著作构建了视觉的语法，从而建立了多模态话语分析框架。多模态话语分析的主要分析对象为图像，重点探讨图像中的人物、地点和事物是如何组成具有不同复杂程度的视觉模式，实现其再现意义、互动意义和构图意义的。另外，Lemke（1995，1998）以系统功能语言学为依据，对多符号在超文本和多媒体等语篇中的互文性、功能性特点作了比较深入的探讨，并提出了虽与Halliday（1994a/2000）的三大元功能并无本质区别，但以多媒体语篇为分析对象的三大功能的观点。他认为，小句不仅仅是通过它在语篇中的选择来体现意义，还通过它在更大的语篇组织中的位置以及它与其他语篇间的互文关系（intertextual relation）来体现意义。互文性有两种，一种是某一文本中各种成分之间存在的指涉关系；另一种则是完全不同的文本之间的指涉关系。多媒体语篇的语言符号有三大功能：表征功能（presentational）、导向功能（orientational）和组织功能（organizational）。表征功能解释意义参与者与过程之间的关系；另外，每一个意义行动也构成了一个导向功能，它不仅表达了语言使用者对接受者的导向，也表达了两者之间的社会关系；同时，每一个意义行动还表达了一个组织功能，它在语篇空间及交流空间内给整体或整体中的部分作出限定。在多媒体语篇中，每一个意义形式中每一种功能所形成的意义都能调节其他意义形式中的各种意义，因而使意义成倍增加。这使得我们能表达原来没有表达过的意义，能表达被认为没有意义的意义。

同时，在21世纪，Halliday 提出了“适用语言学”（appliable linguistics）（Halliday 2006；转自黄国文 2006b：5-6）来描述系统功能语言学“以问题为导向”的性质；因而，功能语篇分析的研究更是受到信息社会、信息技术、智能技术思潮的影响而被广泛应用，这与系统功能语言学的目标是一致的，因为系统功能语言学自创建以来的一个目标就是实现其应用价值，其应用领域涉及计算机、语言教学、翻译和机器翻译等。例如，从20世纪70年代起到21世纪，功能语言学学者和计算机专家一起设计与研究计算机语篇的处理。他们采用系统功能语言学的理论对语篇进行切分，研究计算机怎样通过输入系统功能语言学的系统网络、系统结构、语境等分析框架，确定语篇的不同类型及语篇中的主位、述位信息等模式，最后生成语篇或确定一个句子的实际意义。这种研究验证了功能语篇分析理论可以帮助计算机实现自然语言，最终证实系统功能语言学的适用性（杨敏、胡壮麟 2003）。

5.2 国内功能语篇分析研究的发展与成果

随着系统功能语言学的引进（方立、胡壮麟、徐克容 1977，转自黄国文 2009a），我国的功能语篇分析研究始于20世纪80年代。到了21世纪，由于功能语篇分析的研究越来越受到重视，因此，很多相关著作与论文集更是不断问世，就不用说相关论文的发表数量了。例如，比较有影响的著作有黄国文（2001a）的《语篇分析的理论与实践——广告语篇研究》。此书阐释了运用Halliday的系统功能语言学的理论框架，从小句、句际关系、逻辑—语义关系、文化语境、情景语境、语篇体裁、语域变体到交际角色，对英文广告语篇作了多层面、多角度的分析，从而指出功能语篇分析比其他任何语言学框架更适合用来分析语篇。而《功能语篇分析》（黄国文、葛达西2006）一书的出版更是推动了功能语篇分析的普及和发展。

实际上，中国功能语言学界从一开始就认识到功能语言学理论与语篇分析的紧密关系。全国很多所高校都为英语专业研究生开设了基于系统功能语言学理论的语篇分析课程。另外，在每次召开的系统功能语言学会议中，功能语篇分析都是一个很重要的会议主题。第一届和第二届全国语篇分析研讨会分别于1991年和1992年在原杭州大学（现浙江大学）召开。第三届和第四届全国语篇分析研讨会于1994年和1996年分别在解放军外国语学院和西南师范大学（现西南大学）召开。1997年10月，第五届全国语篇分析研讨会与国际语篇分析研讨会一起召开，由澳门大学和清华大学联合主办，在澳门召开；国际上许多著名的功能语言学学家都参加了这次语篇分析研讨会，如Halliday，Hasan，Matthiessen，Fries，Webster和Flowerdew等。1999年8月，全国语篇分析研讨会与国际语篇分析研讨会又再一次合并，作为第六届全国语篇分析研讨会和国际语篇研讨会在中山大学召开，几乎国内外功能语言学界的所有知名学者都参加了这次会议。2000年10月，第七届全国语篇分析研讨会在湘潭师范学院召开。2002年5月，第八届全国语篇分析研讨会在苏州大学召开。2004年10月，第九届全国语篇分析研讨会在山东大学召开。2006年10月，第十届全国语篇分析研讨会在浙江省绍兴文理学院举行。2008年8月，第十一届全国语篇分析研讨会在厦门大学召开。特别需要指出的是，在江西师范大学召开第十届全国功能语言学研讨会期间（2007年4月11-14日），挂靠在一级研究会“中国英汉语比较研究会”的“中国英汉语篇分析研究会”正式成立。从此，全国语篇分析研讨会由“中国英汉语篇分析研究会”和“中国功能语言学研究会”联合主办（黄国文2007b）。

在《中国的系统功能语言学研究：发展与展望》一文中，黄国文（2009a）

回顾了过去30年功能语言学在我国发展的重要研究成果，其中，功能语篇分析的理论和应用研究一直都是研究热点，并且硕果累累。1977年到1987年这十年间的代表性成果展示出，这个阶段的功能语篇分析研究主要关注英语信息系统、语域等问题，注重语篇理论的研究（朱永生1986，1987；张德禄1987a，1987b）。

1988年到1998年这十年间的语篇分析成果里，语篇连贯和衔接成为了研究重点。胡壮麟（1993，1994，1996）从多个层面对连贯和衔接进行了探索，其中包括音系层、句法层、词汇层、语义层和社会符号层，扩大了衔接的研究范围。胡壮麟（1994）在《语篇的衔接与连贯》一书中，除了讨论英语语篇衔接与连贯之外，还探讨了汉语语篇衔接与连贯的特点，比较了汉英语篇衔接与连贯的差异。任绍曾（1995b，1996）研究了英语时态、英语名词指称等语法现象的语篇功能。范文芳（1997）探讨了语篇阅读中语法隐喻的相关问题。这个时期的另外一大热点是语篇体裁的研究。方琰（1995，1998）、黄国文（1998）和秦秀白（1997）等除了指出语类分析方法对功能语篇分析的重要性外，还提出了自己关于语篇类型研究的观点和分析方法。此外，功能文体学和英汉语篇对比的研究也开始受到关注，刘世生（1997）和张德禄（1998）介绍了系统功能语言学的理论和分析方法，并运用它们研究文学语篇，提出了一些新的观点，强调文体的功能特征；杨信彰（1995）探讨了英汉语篇的异同。这段时期还出版了五本全国功能语言学研讨会的论文集：《语言系统与功能》（胡壮麟1990），《语言·语篇·语境》（朱永生1993），《语言·系统·结构》（任绍曾1995a），《功能语言学在中国的进展》（胡壮麟、方琰1997）和《语言的功能——系统、语用和认知》（余渭深、李红、彭宣维1998）。在这些论文集中，有关语篇分析的研究论文占很大一部分。可以看出，这十年中，除了国内学者们继续关注语篇连贯和衔接外，语篇分析的研究视角也扩展到了时态、语法隐喻、语篇体裁、语篇文体和英汉语篇对比等方面。

1999年到2009年的这十年中，功能语篇分析注重从不同角度探讨语篇分析的理论及其应用问题。例如，随着各种语篇体裁、语篇连贯与衔接等研究的不断深入，英汉语篇的对比、功能语篇的翻译与实践成为亮点，多模态话语分析开始受到关注。首先，语篇体裁的研究在不断深入和发展（如李国庆2003；林娜2002；王晋军2002；于晖1999，2003；余渭深2002；张德禄2002a，

2002b，2002c；张德禄、马磊 2002；张菊芬 2002）。其中于晖（2003）的论著《语篇体裁分析：学术论文摘要的符号学意义》以系统功能语言学为理论框架，从语篇体裁的角度对学术论文摘要进行符号学意义的分析，指出语篇体裁的分析可以将语篇从看似纷繁芜杂的语料中简单化和系统化，其论述涉及语篇的内部组织机制、语篇体裁的构建过程、语篇构建的得体性等问题。这一时期，语篇连贯与衔接理论的主题研究也是逐年深入。张德禄、刘汝山（2003）的论著《语篇连贯与衔接理论的发展及应用》探索了连贯与衔接在语篇连贯中的作用，发展了语篇连贯与衔接理论，并把此理论应用于外语教学、翻译、语篇分析和文体学等领域中。程晓堂（2005a）的《基于功能语言学的语篇连贯研究》一书从系统功能语言学的纯理论功能角度研究连贯的特性、表现形式及其实现手段，并提出了新的语篇连贯框架。另外，英汉对比的语篇研究受到一定的关注，此领域的代表性论著有彭宣维（2000）的《英汉语篇综合对比》和朱永生、郑立信、苗兴伟（2001）的《英汉语篇衔接手段对比研究》。这些论著基于系统功能语言学，从语篇的不同侧面和角度综合对比了英汉语篇的各种功能语篇结构特点。与此同时，功能语篇的翻译与实践研究也成为亮点。黄国文（2002b，2002c，2004，2006a）认为，语篇与翻译互相依存，功能语篇分析可以指导翻译研究及翻译策略，语篇与翻译的研究应首先从语篇与翻译之间的相互关系和相互作用着手，然后再从源文语篇和 / 或译文语篇中找到语篇分析的切入口。他（黄国文 2006a）在《翻译研究的语言学探索：古诗词英译本的语言学分析》的论著中，以系统功能语言学为理论指导，从多个层面探讨了古诗词英译本分析的语言学途径。此外，还有很多其他探讨功能语篇分析方法的研究与实践作品不断问世，展现出新的应用和研究的发展趋势。例如，比较受关注的是多模态话语分析、语料库的分析等等（如叶起昌 2006；杨信彰 2006；胡丹 2007；王红阳 2007a，2007b；辛志英 2008）。新的功能语篇研究成果还可见诸于一些会议论文集中，例如，在《语篇 · 功能 · 认知》（杨忠、张绍杰 2003）、《功能语言学与语篇分析新论》（常晨光、丁建新、周红云 2008）、《功能语言学与语篇分析研究（第 1 辑）》（黄国文 2009b）等论文集中，收集了很多功能语篇分析的研究论文，这些论文都反映了最近几年功能语篇分析的研究和实践趋势。

同时，在国内，功能语篇分析的成果广泛应用于外语教学、翻译等领域。功能语篇分析对语言教师帮助很大。为了培养学习者的语言交际能力，语言教学必须以语篇为中心，因为语言交际不是通过孤立的句子来实现，而是通过语篇去实现。语篇产生于特定的文化语境中，并通过特定文化中的语类结构潜势来有效地表达交际意图，从而使语篇呈现出一定的语域特征。因此，语篇教学在很大程度上就是培养学习者根据语篇结构有效地进行交际的能力和根据情景语境选择得体的语言来表达功能意义的能力。许多学者（如张德禄 2002c；张德禄、苗兴伟、李学宁 2005；秦秀白 1997a，1997b；杨信彰 1998，2007；常晨光 2005；程晓堂 2005b；曾蕾 2005a）已把功能语篇分析理论运用到外语教学各门课程及其所涉及的各个方面中，包括教学计划、教学目标、教学方法的设定、教学活动的安排等等。

功能语篇分析理论不仅被极大地应用于外语教学领域中，还被应用于翻译领域中。近些年来，翻译研究开始摒弃把句子作为中心的模式，一种强调语篇重要性的新模式逐渐形成。目前，越来越多的功能语篇翻译研究者（如黄国文 2002b，2002c，2004、2006a；张美芳、黄国文 2002；李运兴 2001；王东风 1998，2005，2006；司显柱 1997，2007；李发根 2007；尚媛媛 2005；戴凡 2006；曾蕾 2005b，2006）已开始重视运用语篇分析理论与方法，研究、探索、充实、改进、丰富和发展翻译理论。黄国文（2002b，2002c，2004，2006a）通过对汉诗英译的语言分析，检验了功能语言学在语篇分析和翻译研究方面的可应用性和可操作性，从而进一步指出了"翻译研究的功能语言学途径"。

总之，在国内，语类、英汉及翻译语篇分析、语篇连贯与衔接等功能语篇分析的研究趋于成熟而稳定地发展，诸如语料库、多模态等各种新的语篇分析研究视角受到关注。所有这一切也都表明，功能语篇分析的理论与应用研究不断地证明，功能语言学是一种可操作性、适用性（appliability）和实用性都很强的普通语言学理论（黄国文 2009a）。

6. 结语

随着功能语言学研究的深入，功能语篇分析无论是在理论体系，还是在应用研究和实践方面，都有了极大的发展，其分析框架也更加成熟。功能语篇分析的优势在于其拥有适用性和实用性很强的功能理论依据，系统而又具体的各种宏观和微观的理论分析框架，明确的研究目标，清晰而又易操作的研究方法和步骤，因而使得越来越多的国内外研究者们致力于这一领域的发展。

参考文献

Baker, M. 1992. *In Other Words: A Coursebook on Translation*. London: Routledge.

Bakhtin, M. M. 1981. *The Dialogic Imagination: Four Essays* (ed. M. Holquist, trans. C. Emerson & M. Holquist) . Austin: University of Texas Press.

Banks, D. (ed.). 2004. *Text and Texture: Systemic Functional Viewpoints on the Nature and Structure of Text*. Paris: L'Harmattan.

Berry, M. 1975. *An Introduction to Systemic Linguistics, Volume1: Structures and Systems*. London: Batsford.

Brown, G. & G. Yule. 1983. *Discourse Analysis*. Cambridge: Cambridge University Press.

Chomsky, N. 1957. *Syntactic Structures*. The Hague: Mouton.

Chomsky, N. 1965. *Aspects of a Theory of Syntax*. Cambridge, MA: MIT Press.

Christie, F. 2002. Classroom Discourse Analysis: A Functional Perspective. London: Continuum.

Eggins, S. 1994. *An Introduction to Systemic Functional Linguistics*. London: Pinter.

Eggins, S. 2004. *An Introduction to Systemic Functional Linguistics* (2nd edition). New York: Continuum.

Ellis, R. & L. Ravelli (eds.). 2004. *Analysing Academic Writing: Contextualised Frameworks*. London: Continuum.

Fairclough, N. 1989. *Language and Power*. London: Routledge.

Fairclough, N. 1995. *Critical Discourse Analysis: The Critical Study of Language*. London/New York: Longman.

Foucault, M. 1978/2000. Governmentality. In *M. Foucault*: *Power Vol. 3 of Essential Works of Foucault 1954-1984* (ed. J. D. Faubion, trans. R. Hurley *et al.*). New York: The New Press. 201-222.

Fowler, R. 1991. *Language in the News: Discourse and Ideology in the British Press*. London: Routledge.

Fowler, R., B. Hodge, G. Kress & T. Trew. 1979. *Language and Control*. London: Longman.

Fries, P. H. 1981. On the status of theme in English: Arguments from discourse. *Forum Linguisticum* 6 (1): 1-38. (August). Reprinted in J. Petöfi & E. Sözer (eds.). 1983. *Micro and Macro Connexity of Texts* (Papers in Textlinguistics 45). Hamburg: Helmut Buske Verlag. 116-152.

Fries, P. H. 1995. Themes, methods of development, and texts. In R. Hasan & P. H. Fries (eds.). *On Subject and Theme: From the Perspective of Functions in Discourse*. Amsterdam: Benjamins. 317-359.

Fries, P. H., M. Cummings, D. Lockwood & W. Spruiell (eds.). 2002. *Relations and Functions within and around Language*. London: Continuum.

Halliday, M. A. K.1959. *The language of the Chinese "Secret History of the Mongols"* (Publications of the Philological Society 17). Oxford: Blackwell.

Halliday, M. A. K. 1961. Categories of the theory of grammar. *Word* 17 (3): 241-292.

Halliday, M. A. K. 1964. The Linguistic study of literary texts. Reprinted In M. A. K. Halliday. 2002/2007. *Linguistic Studies of Text and Discourse. The Collected Works of M. A. K. Halliday* Vol. 2 (ed. J. Webster). London: Continuum/Beijing: Peking University Press. 5-22.

Halliday, M. A. K. 1967a. Notes on transitivity and theme in English 1. *Journal of Linguistics* 3 (1): 37-81.

Halliday, M. A. K. 1967b. Notes on transitivity and theme in English 2. *Journal of Linguistics* 3 (2): 199-244.

Halliday, M. A. K. 1968. Notes on transitivity and theme in English 3. *Journal of Linguistics* (4): 179- 215.

Halliday, M. A. K. 1970. Language structure and language function. In J. Lyons (ed.). *New Horizons in Linguistics.* Harmondsworth: Penguin. 140-165.

Halliday, M. A. K. 1971. Linguistic function and literary style: An inquiry into the language of William Golding's "The inheritors". Reprinted in M. A. K. Halliday. 2002/2007. *Linguistic Studies of Text and Discourse. The Collected Works of M. A. K. Halliday* Vol. 2 (ed. J. Webster). London: Continuum/Beijing: Peking

University Press. 88-125.

Halliday, M. A. K. 1977. Text as semantic choice in social contexts. Reprinted in M. A. K. Halliday. 2002/2007. *Linguistic Studies of Text and Discourse. The Collected Works of M. A. K. Halliday* Vol. 2 (ed. J. Webster). London: Continuum/Beijing: Peking University Press. 23-81.

Halliday, M. A. K. 1978. *Language as Social Semiotic: The Social Interpretation of Language and Meaning*. London: Arnold.

Halliday, M. A. K. 1982. The de-automatization of grammar. Reprinted in M. A. K. Halliday. 2002/2007. *Linguistic Studies of Text and Discourse. The Collected Works of M. A. K. Halliday* Vol. 2 (ed. J. Webster). London: Continuum/Beijing: Peking University Press. 126-148.

Halliday, M. A. K. 1985. *An Introduction to Functional Grammar*. London: Arnold.

Halliday, M. A. K. 1987. Poetry as scientific discourse: The nuclear sections of Tennyson's in Memoriam. Reprinted in M. A. K. Halliday. 2002/2007. *Linguistic Studies of Text and Discourse. The Collected Works of* M. A. K. *Halliday* Vol. 2 (ed. J. Webster). London: Continuum/Beijing: Peking University Press. 149-167.

Halliday, M. A. K. 1990. The construction of knowledge and value. Reprinted in M. A. K. Halliday. 2002/2007. *Linguistic Studies of Text and Discourse. The Collected Works of M. A. K. Halliday* Vol. 2 (ed. J. Webster). London: Continuum/Beijing: Peking University Press. 168-192.

Halliday, M. A. K. 1991a. Towards probabilistic interpretations. Reprinted in M. A. K. Halliday. 2005/2007. *Computational and Quantitative Studies. The Collected Works of M. A. K. Halliday* Vol. 6 (ed. J. Webster). London: Continuum/Beijing: Peking University Press. 42-62.

Halliday, M. A. K. 1991b. Corpus studies and probabilistic grammar.. Reprinted in M. A. K. Halliday. 2005/2007. *Computational and Quantitative Studies. The Collected Works of M. A. K. Halliday* Vol. 6 (ed. J. Webster). London: Continuum/Beijing: Peking University Press. 63-75.

Halliday, M. A. K. 1992a. Some lexicogrammatical features of *Zero Population Growth* text. Reprinted in M. A. K. Halliday. 2002/2007. *Linguistic Studies of*

Text and Discourse. The Collected Works of M. A. K. Halliday Vol. 2 (ed. J. Webster). London: Continuum/Beijing: Peking University Press. 197-227.

Halliday, M. A. K. 1992b. Language as system and language as instance: The corpus as a theoretical construct. Reprinted in M. A. K. Halliday. 2005/2007. *Computational and Quantitative Studies. The Collected Works of M. A. K. Halliday* Vol. 6 (ed. J. Webster). London: Continuum/Beijing: Peking University Press. 76-92.

Halliday, M. A. K. 1993. Quantitative studies and probabilities in grammar. Reprinted in M. A. K. Halliday. 2005/2007. *Computational and Quantitative Studies. The Collected Works of M. A. K. Halliday* Vol. 6 (ed. J. Webster). London: Continuum/Beijing: Peking University Press. 130-156.

Halliday, M. A. K. 1994a/2000. *An Introduction to Functional Grammar* (2nd edition). London: Arnold/Beijing: Foreign Language Teaching and Research Press.

Halliday, M. A. K. 1994b. Systemic theory. In R. E. Asher (ed.). *The Encyclopedia of Language and Linguistics* Vol. 8. Oxford: Pergamon. 4505-4508.

Halliday, M. A. K. 1994c. So you say "pass"... thank you three muchly. Reprinted in M. A. K. Halliday. 2002/2007. *Linguistic Studies of Text and Discourse. The Collected Works of M. A. K. Halliday* Vol. 2 (ed. J. Webster). London: Continuum/Beijing: Peking University Press. 228-254.

Halliday, M. A. K. 2006. Some theoretical considerations underlying the teaching of English in China. 《英语研究（"功能语言学研究"专辑）》(4)：7-20。

Halliday, M. A. K. 2008. *Complementarities in Language*. Beijing: The Commercial Press.

Halliday, M. A. K. & R. Hasan. 1976. *Cohesion in English*. London: Longman.

Halliday, M. A. K. & R. Hasan. 1985. *Language, Context and Text: Aspects of Language in a Social-Semiotic Perspective*. Oxford: Oxford University Press.

Halliday, M. A. K. & Z. L. James. 1993. A Quantitative study of polarity and primary tense in the English finite clause. Reprinted in M. A. K. Halliday. 2005/2007. *Computational and Quantitative Studies. The Collected Works of M. A. K. Halliday* Vol. 6 (ed. J. Webster). London: Continuum/Beijing: Peking University Press. 93-129.

Halliday, M. A. K. & C. M. I. M. Matthiessen. 2004. *An Introduction to Functional Grammar* (3rd edition). London: Arnold.

Hasan, R. 1984. *Linguistics, Language and Verbal Art.* Geelong, Vic: Deakin University Press.

Hasan, R. 1996. *Ways of Saying: Ways of Meaning.* London: Cassell .

Hasan, R. & P. H. Fries (eds.) 1995. *On Subject and Theme: A Discourse Functional Perspective.* Amsterdam: Benjamins.

Hatim, B. & I. Mason. 1990. *Discourse and the Translator.* London: Longman.

Herring, S. C. 2001. Computer-mediated discourse. In D. Schiffrin, D. Tannen & H. E Hamilton (eds.). *The Handbook of Discourse Analysis.* London: Blackwell. 612-634.

Hillier, H. 2004. *Analysing Real Texts: Research Studies in Modern English Language.* New York: Palgrave Macmillan.

Hoey, M. 2000. *Textual Interaction: An Introduction to Written Discourse Analysis.* London: Routledge.

Hyland, K. 2000. *Disciplinary Discourses: Social Interactions in Academic Writing.* London: Longman.

Jaworska, E. 1998/2001. Systemic grammar. In K. Johnson & H. Johnson (eds.). *Encyclopedic Dictionary of Applied Linguistics: A Handbook for Language Teaching.* Oxford: Blackwell/Beijing: Foreign Language Teaching and Research Press. 313.

Johns, A. (ed.). 2002. *Genre in the Classroom: Multiple Perspectives.* Mahwah, NJ: Lawrence Erlbaum.

Kress, G. & R. Hodge. 1979. *Language as Ideology.* London: Routledge & Kegan Paul.

Kress, G. & T. van Leeuwen. 1996. *Reading Images.* Burwood: Brown Prior Anderson.

Kress, G. & T. van Leeuwen. 2001. *Multi-Modal Discourse: The Modes and Media of Contemporary Communication.* London: Arnold.

Labov, W. 1969. Contraction, deletion and inherent variability of the English copula. *Language* (45): 715-762.

Lemke, J. 1995. Intertextuality and text semantics. In M. Gregory & P. H. Fries (eds.).

Discourse in Society: Functional Perspectives. Norwood, NJ: Ablex. 85-114.

Lemke, J. 1998. Multiplying meaning: Visual and verbal semiotics in scientific text. In J. R. Martin & R. Veel (eds.). *Reading Science*. London: Routledge. 87-113.

Martin, J. R. 1984. Language, register and genre. In F. Christie (ed.). *Children Writing: Reader*. Geelong, Victoria: Deakin University Press. 21-29.

Martin, J. R. 1992. *English Text: System and Structure*. Amsterdam: Benjamins.

Martin, J. R. 2000. Beyond exchange: APPRAISAL systems in English. In S. Huston & G. Thompson (eds.). *Evaluation in Text: Authorial Stance and the Construction of Discourse*. Oxford: Oxford University Press. 142-175.

Martin, J. R. & D. Rose. 2003. *Working with Discourse: Meaning beyond the Clause*. London: Continuum.

Matthiessen, C. M. I. M. 2006. Systemic Functional Linguistics – Appliability: Areas of research. Keynote speech delivered at the First Symposium on Functional Linguistics and Discourse Analysis, 2006. Sun Yat-sen University, Guangzhou, December 2006.

Matthiessen, C. M. I. M. 2009. ADA – Appliable discourse analysis: The systemic functional potential for discourse analysis. Plenary speech delivered at the 36th International Systemic Functional Congress, Tsinghua University, Beijing, July 2009.

Matthiessen, C. M. I. M. & M. A. K. Halliday. 1997/2009. *Systemic Functional Grammar: A First Step into the Theory* (with a Chinese translation by G. W. Huang & H. Y. Wang). Sydney: Macquarie University/Beijing: Higher Education Press.

Nesbitt, C. & G. Plum. 1988. *Probabilities in a systemic grammar*: The clause complex in English. In R. P. Fawcett & D. J. Young (eds.). *New Developments in Systemic Linguistics, Vol. 2: Theory and application*. London: Batsford. 7-38.

O'Halloran, K. (ed.). 2004. *Multimodal Discourse Analysis: Systemic Functional Perspectives*. London: Continuum.

Schiffrin. D. 1994. *Approaches to Discourse*. Oxford: Basil Blackwell.

Schiffrin, D., D. Tannen & H. E. Hamilton (eds.). 2001. *The Handbook of Discourse*

Analysis. London: Blackwell.

Scott, M. & G. Thompson (eds.). 2001. *Patterns of Text: In Honour of Michael Hoey*. Amsterdam: Benjamins.

Sinclair, J. M. & M. Coulthard. 1975. *Towards an Analysis of Discourse*. London: Oxford University Press.

Steiner, E. & R. Veltman (eds.). 1988. *Pragmatics, Discourse and Text: Some Systemically-Inspired Approaches*. Norwood, NJ: Ablex.

Stubbs, M. 1983. *Discourse Analysis*. Chicago: Chicago University Press.

Thompson, G. 1996. *Introducing Functional Grammar*. London: Arnold.

Unsworth, L. (ed.). 2000. *Researching Language in Schools and Communities: Functional Linguistic Perspectives*. London: Cassell.

van Dijk, T. A. 1984. *Prejudice in Discourse*. Amsterdam: Benjamins.

van Dijk, T. A. (ed.). 1985. *Handbook of Discourse Analysis*. New York: Academic Press.

van Dijk, T. A. 1988. *News as Discourse.* Hillsdale, NJ: Lawrence Erlbaum.

van Leeuwen, T. & C. Jewitt (eds.). 2001. *Handbook of Visual Analysis*. London: Sage.

Wetherell, M., S. Taylor & S. Yates (eds.) 2001. *Discourse as Data: A Guide for Analysis*. London: Sage.

Widdowson, H. G. 1979. Rules and procedures in discourse analysis. In T. Myers (ed.). *The Development of Conversation and Discourse*. Edinburgh: Edinburgh University Press.

Wodak, R. 1989. *Language, Power and Ideology*. Amsterdam: Benjamins. 61-71.

Wodak, R. 2001. What CDA is about – A summary of its history, important concepts and its developments. In R. Wodak & M. Meyer (eds.). *Methods of Critical Discourse Analysis*. London: Sage. 1-13.

Young, L. & C. Harrison (eds.). 2004. *Systemic Functional Linguistics and Critical Discourse Analysis: Studies in Social Change*. London: Continuum.

常晨光，2005，功能语篇分析对英语口语教学的启示，《中国外语》(5)：54-58。

常晨光、丁建新、周红云（编），2008，《功能语言学与语篇分析新论》。北京：北京大学出版社。

程晓堂，2005a，《基于功能语言学的语篇连贯研究》。北京：外语教学与研究出版社。

程晓堂，2005b，基于语篇的语言教学途径，《国外外语教学》（1）：8-16。

戴凡，2006，文化语境下的翻译与文体。载王东风（编），《功能语言学与翻译研究》。广州：中山大学出版社。99-114。

戴炜华、陈宇昀，2004，批评语篇分析的理论和方法，《外语研究》（4）：12-16。

丁建新，2000，英语小句复合体投射系统之研究，《现代外语》（1）：45-57。

范文芳，1997，语法隐喻对语篇前半部读难易度的影响。载胡壮麟、方琰（编），《功能语言学在中国的进展》。北京：清华大学出版社。337-338。

方立、胡壮麟、徐克容，1977，谈谈现代英语语法的三大体系和交流语法学，《语言教学与研究》（6）：1-28。

方琰，1995，Hasan 的“语体结构潜势”理论及其对语篇分析的贡献，《外语学刊》（1）：33-39。

方琰，1998a，语境 · 语域 · 语类。载余渭深、李红、彭宣维（编），《语言的功能——系统、语用和认知》。重庆：重庆大学出版社。17-26。

方琰，1998b，浅谈语类，《外国语》（1）：17-22。

方琰，2005，系统功能语法与语篇分析，《外语教学》（6）：1-5。

何伟，2008，《英语语篇中的时态研究》。北京：北京大学出版社。

胡丹，2007，Emmett Williams 诗 “She loves me not” 多模式话语分析，《外语与外语教学》（11）：16-19，40。

胡壮麟（编），1990，《语言系统与功能》。北京：北京大学出版社。

胡壮麟，1993，语音系统在英语语篇中的衔接功能，《外语教学与研究》（2）：1-5。

胡壮麟，1994，《语篇的衔接与连贯》。上海：上海外语教育出版社。

胡壮麟，1996，有关语篇衔接理论多层次模式的思考，《外国语》（1）：1-8。

胡壮麟，2000，导读。Halliday，M. A. K. 1994a/2000. *An Introduction to Functional Grammar* (2nd edition) . London: Arnold / 北京：外语教学与研究出版社。F13-31。

胡壮麟，2007，解读韩礼德的 Appliable Linguistics，《四川外语学院学报》（6）：1-6。

胡壮麟、方琰（编），1997，《功能语言学在中国的进展》。北京：清华大学出版社。

胡壮麟、朱永生、张德禄（编），1989，《系统功能语法概论》。长沙：湖南教育出版社。

胡壮麟、朱永生、张德禄、李战子，2005，《系统功能语言学概论》。北京：北京大学出版社。

黄国文，1988，《语篇分析概要》。长沙：湖南教育出版社。

黄国文，1998，语篇分析中的语篇类型研究，《外语研究》（2）：4-7。

黄国文，2000，韩礼德系统功能语言学40年发展述评，《外语教学与研究》（1）：15-21。

黄国文，2001a，《语篇分析的理论与实践——广告语篇研究》。上海：上海外语教育出版社。

黄国文，2001b，功能语篇分析纵横谈，《外语与外语教学》（12）：1-4，19。

黄国文，2002a，功能语篇分析面面观，《国外外语教学》（4）：25-32。

黄国文，2002b，唐诗英译文中的引述现象分析，《外语学刊》（3）：1-6。

黄国文，2002c，导读：关于语篇与翻译，《外语与外语教学》（7）：1-2。

黄国文，2003，功能语篇分析概论。载王宾（编），《语言的向度》。广州：中山大学出版社。89-116。

黄国文，2004，翻译研究的功能语言学途径，《中国翻译》（5）：15-19。

黄国文，2006a，《翻译研究的语言学探索：古诗词英译本的语言学分析》。上海：上海外语教育出版社。

黄国文，2006b，功能语言学与应用语言学，《外语艺术教育研究》（2）：3-10。

黄国文，2007a，作为普通语言学的系统功能语言学，《中国外语》（5）：14-19。

黄国文，2007b，中国的语篇分析研究——写在中国英汉语篇分析研究会成立之际，《外语教学》（5）：6-9。

黄国文，2009a，中国的系统功能语言学研究：发展与展望。载庄智象（编），《中国外语教育发展战略论坛》。上海：上海外语教育出版社。

黄国文（编），2009b，《功能语言学与语篇分析研究（第1辑）》。北京：高等教育出版社。

黄国文、常晨光、戴凡（编），2006，《功能语言学与适用语言学》。广州：中山大学出版社。

黄国文、常晨光、丁建新（编），2005，《功能语言学的理论与应用（第八届全国功能语言学研讨会论文集）》。北京：高等教育出版社。

黄国文、葛达西，2006，《功能语篇分析》。上海：上海外语教育出版社。

黄国文、王红阳，2009，导读。Matthiessen，C. M. I. M. & M. A. K. Halliday. 1997/2009. *Systemic Functional Grammar: A First Step into the Theory*（with a Chinese translation by G. W. Huang & H. Y. Wang）. Sydney: Macquarie University / 北京：高等教育出版社。

黄国文、王宗炎（编），2002，《语篇与语言的功能》。北京：外语教学与研究出版社。

李发根，2007，《人际意义与等效翻译》。南昌：江西人民出版社。

李国庆，2003，主位功能与语篇理解，《外语学刊》(4)：23-26。

李运兴，2001，《语篇翻译引论》。北京：中国对外翻译出版公司。

李战子，2003，多模式话语的社会符号学分析，《外语研究》(5)：1-8。

林娜，2002，语类的功能观，《四川教育学院学报》(3)：51-52。

林允清、于晖，2007，导读。M. A. K. Halliday. 2005/2007. *Computational and Quantitative Studies. The Collected Works of M. A. K. Halliday* Vol. 6 (ed. J. Webster). London: Continuum / 北京：北京大学出版社。ix-xiii。

刘世生，1997，《西方文体学论纲》。济南：山东教育出版社。

苗兴伟，2006，语篇分析的进展与前沿，《外语学刊》(1)：44-49。

慕清，2000，语篇分析：广袤的学术天地——第七届全国语篇分析学术研讨会论文撷萃，《天津外国语学院学报》(3)：1-11。

彭宣维，2000，《英汉语篇综合对比》。上海：上海外语教育出版社。

秦秀白，1997a，"体裁分析"概说，《外国语》(6)：8-15。

秦秀白，1997b，语篇的"体裁分析"及其对英语教学的启示。载黄国文、张文浩（编），《语文研究群言集》。广州：中山大学出版社。197-209。

任绍曾（编），1995a，《语言·系统·结构》。杭州：杭州大学出版社。

任绍曾，1995b，英语时态的语篇功能，《外国语》(3)：22-29。

任绍曾，1996，英语名词指称及其语篇功能，《外语教学与研究》(1)：11-18。

尚媛媛，2005，《英汉政治语篇翻译研究》。成都：四川人民出版社。

司显柱，1997，论语篇为翻译的基本单位，《中国翻译》(2)：14-17。

司显柱，2007，《功能语言学与翻译研究——翻译质量评估模式建构》。北京：北京大学出版社。

田海龙，2006，语篇研究的批评视角：从批评语言学到批评话语分析，《山东外语教学》(2)：40-47。
王东风，1998，语篇连贯与翻译初探，《外语与外语教学》(6)：39-42。
王东风，2005，小说翻译的语义连贯重构，《中国翻译》(3)：37-43。
王东风（编），2006，《功能语言学与翻译研究》。广州：中山大学出版社。
王红阳，2007a，卡明斯诗歌“1(a”的多模态功能解读，《外语教学》(5)：22-25。
王红阳，2007b，多模态广告语篇的互动意义的构建，《四川外语学院学报》(6)：31-34。
王晋军，2002，语类理论及其应用，《昆明理工大学学报（社会科学版）》(4)：63-66。
辛志英，2008，话语分析的新发展——多模态话语分析，《社会科学辑刊》(5)：208-211。
杨炳钧、尹明祥，2000，系统功能语法核心思想对语言教学的指导意义，《外语学刊》(3)：9-15。
杨敏、胡壮麟，2003，试论语篇分析的点滴哲学渊源，《外语与外语教学》(5)：13-16。
杨信彰，1995，《英汉语篇对比》。福州：福建人民出版社。
杨信彰，1998，英语作格系统与语篇教学。载余渭深、李红、彭宣维（编），《语言的功能——系统、语用和认知》。重庆：重庆大学出版社。462-467。
杨信彰，2006，名词化在语体中的作用——基于小型语料库的一项分析，《外语电化教学》(4)：3-7。
杨信彰，2007，系统功能语言学与教育语篇分析，《四川外语学院学报》(6)：17-20。
杨忠、张绍杰（编），2003，《语篇 · 功能 · 认知》。长春：吉林人民出版社。
叶起昌，2006，《走向话语的意识形态阐释——以超链接文本为分析对象》。北京：北方交通大学出版社。
于晖，1999，主位分析与语篇类型的确定，《中山大学学报论丛》(5)：67-73。
于晖，2000，语篇体裁分析与系统网络，《外语与外语教学》(10)：2-5。
于晖，2003，《语篇体裁分析：学术论文摘要的符号学意义》。开封：河南大学出版社。
余渭深，2002，汉英学术语类的标记性主位分析，《外语与外语教学》(1)：

8-12。

余渭深、李 红、彭宣维（编），1998，《语言的功能——系统、语用和认知》。重庆：重庆大学出版社。

曾蕾，2005a，学术语篇体裁网络的构建与学术英语教学，《外语与外语教学》(5)：20-23。

曾蕾，2005b，英汉投射符号的语篇翻译策略。载黄国文、常晨光、丁建新（编），《功能语言学的理论与应用（第八届全国功能语言学研讨会论文集）》。北京：高等教育出版社。411-420。

曾蕾，2006，投射语言翻译中的主位视角。载王东风（编），《功能语言学与翻译研究》。广州：中山大学出版社。161-176。

张德禄，1987a，语域理论简介，《现代外语》(4)：23-29。

张德禄，1987b，信息中心及其范围，《山东外语教学》(4)：18-23。

张德禄，1998，《功能文体学》。济南：山东教育出版社。

张德禄，1999，韩礼德功能文体学理论述评，《外语教学与研究》(1)：43-49。

张德禄，2002a，语类研究理论框架探索，《外语教学与研究》(5)：339-344。

张德禄，2002b，语类研究概览，《外国语》(4)：13-22。

张德禄，2002c，语类研究的范围及其对外语教学的启示，《外语电化教学》(4)：59-64。

张德禄、刘汝山，2003，《语篇连贯与衔接理论的发展及应用》。上海：上海外语教育出版社。

张德禄、马磊，2002，论实用文体语类结构潜势，《山东外语教学》(1)：1-5。

张德禄、苗兴伟、李学宁，2005，《功能语言学与外语教学》。北京：外语教学与研究出版社。

张德禄、王珏纯等（译），2007，《英语的衔接》（中译本）。北京：外语教学与研究出版社。

张菊芬，2002，语境在语类中的语言体现——告别演说和讣告的对比研究，《湖州师范学院学报》(1)：24-26。

张美芳、黄国文，2002，语篇语言学与翻译研究，《中国翻译》(1)：3-7。

朱永生，1986，谈谈英语信息系统，《现代外语》(4)：17-22。

朱永生，1987，关于语域的几个问题，《山东外语教学》(4)：24-28。

朱永生，2007，导读。M. A. K. Halliday. 2002/2008. *Linguistic Studies of Text and*

Discourse. The Collected Works of M. A. K. *Halliday* Vol. 2 (ed. J. Webster). London: Continuum / 北京：北京大学出版社。ix-xii。

朱永生、严世清，2001，《系统功能语言学多维思考》。上海：上海外语教育出版社。

朱永生、郑立信、苗兴伟，2001，《英汉语篇衔接手段对比研究》。上海：上海外语教育出版社。

作者简介

曾　蕾　中山大学教授、博士生导师。2001年获博士学位。2000年香港大学语言学系访问学者；2008年英国剑桥大学英语与应用语言学研究中心访问学者。1995年至今，中山大学外国语学院、外语教学中心教师，中山大学功能语言研究所、翻译研究中心成员。

研究兴趣：功能语言学、外语教学、功能语篇分析及翻译等。出版专著教材3部，发表论文20多篇，主持国家、省、市、校级哲学社会科学与教育研究课题9项。主要研究成果包括:《投射语言研究》（中山大学出版社2006）、“英汉投射小句复合体的功能与语义分析”（《现代外语》2000/2）、“从功能语言学角度看投射与语篇分析”（《外语与外语教学》2000/11）、“从逻辑功能到经验功能”（《现代外语》2002/12）、“论系统功能语法中投射概念隐喻句构及其语义特征”（《现代外语》2003/4）、“学术语篇体裁网络的构建与学术英语教学”（《外语与外语教学》2005/5）、“投射符号的人际意义及其等级模式之构建”（《外语教学》2005/1）、“投射语言翻译中的主位视角”（《功能语言学与翻译研究》2006/12）、“英语学术语篇中投射动词时态的语法隐喻”（《北京科技大学学报》2008/2）。近年来主持的主要课题有:“非英语专业博士生学术英语教学课程体系与教材建设研究”（国教科）、“语法隐喻、投射关系与科技语言”（教育部）、“新世纪非英语专业研究生国际学术交流英语能力的现状与对策”（省教科）、“英汉投射语言系统的对比研究”（省社科）、“学术话语中多模式投射的研究”（市社科)、“系列研究生英语教学改革课题之二”(校教改)。

通讯地址：广州市新港西路 中山大学外语教学中心 (510275)

电子邮箱：zenglei@mail.sysu.edu.cn

第十二章

功能文体学[1]

刘世生 / 宋成方　清华大学

1. 引言

西方现代文体学起始于 Charles Bally (1865–1947) 于 1909 年发表的《法语文体论》。1958 年，在美国印第安纳大学召开的国际文体学研讨会（参见 Sebeok 1960）既标志着文体学在英美作为一门交叉学科的诞生，也标志着文体学研究在西方的全面展开；在随后的 60 至 70 年代，文学文体学研究达到了鼎盛时期（申丹 2000：22-23）。在印第安纳大学文体学研讨会召开的同一年，在大西洋彼岸的英国，M. A. K. Halliday 开始在爱丁堡大学教授基础语言学和文体学（参见 Webster 2005: 11-12）；在亚洲的巴基斯坦，R. Hasan 在学士和硕士阶段接受了英语文学方面的教育后在旁遮普大学教授英语文学。她在教学过程中认识到，对文学语言的研究需要有一种具有可行性的分析框架，这种认识促使她到了爱丁堡大学学习语言学[2]（参见 Hasan 1989: iii）。Halliday 本人的教学任务、Hasan 的教育背景和求学目的以及当时的学术环境促使两人在文体学领域开展了深入的研究，最终两人都发表了一系列重要的论文（如 Halliday 1964, 1971；Hasan 1971），对文体学的研究对象、文体学的本质、文体学的研究任务以及文体学分析的基本模式等问题进行了讨论。因为两人在作具体的文体分析时，主要以 Halliday 发展的语言学理论为工具，他们的文体学被称为功能文体学（functional stylistics，参见 Birch & O'Toole 1988；胡壮麟、刘世生 2004）或者功能主义文体学（functionalist stylistics，参见 Carter & Simpson 1989: 3；Weber 1996: 2），本章依照我国外语界的传统，采用"功能文体学"的叫法（见注 1)。

刘世生（1994）、刘世生、朱瑞青（2006：53-55）、申丹（1997，2002）、张德禄（1998，1999，2005）和胡壮麟（2000：108-119）对功能文体学的基本理论先后进行了介绍和评述，但总体来看他们的介绍和评述主要以 Halliday 本人的研究为基础，很少提及这一被称做 Halliday-Hasan 模式（Butt & Lukin 2009: 194）的理论体系的另外一个构建者 Hasan 的理论贡献以及功能文体学最新的发展。本章首先在第二部分从功能文体学产生的背景、功能文体学的研究对象、理论框架和分析模式、后期发展和理论贡献等方面对功能文体学进行介绍，然后在第三部分对功能文体学在中国的发展进行综述。在此基础上，第四部分将从功能文体学自身理论体系、系统功能语言学的发展和文体学研究的热点三个方面对功能文体学今后的发展提出看法，然后对中国功能文体学的发展提出一些具体的建议。

2. 功能文体学的主要理论观点

2.1 功能文体学的历史背景

国内外的文体学研究（如 Cater & Simpson 1989: 3；申丹 2000：24）往往把功能文体学看做文体学在 20 世纪 70 年代发展起来的一个流派，但是正如本章引言和我们掌握的文献所示，文体学研究的 Halliday-Hasan 模式早在 60 年代就开始了[3]。虽然胡壮麟（2000：108）根据 Halliday 和 Hasan 及其追随者们研究时所使用的语言学工具，即 Halliday 的阶与范畴语法，把他们 60 年代的研究看做功能文体学诞生的前奏，但实际情况是，这个时期的研究已经奠定了功能文体学发展的坚实基础。按照胡壮麟对文学文体学、语体学和理论文体学的划分（参考刘世生、朱瑞青 2006：264），他们这一阶段的研究主要是理论文体学的研究，或者更确切地说，是功能理论文学文体学的研究，“功能”指理论的取向，“文学”指分析的对象，这一点将在下面的讨论中进一步展开。

从西方现代文体学整体的发展趋势来看，20 世纪 50 年代末是英美文体学确立的时期（见申丹 2000；徐有志 2000）；因为当时转换生成语法这种形式语言学在英语世界占据着主导地位，所以形式主义文体学在这一时期是文体学发展的主流（Cater & Simpson 1989: 2；Hasan 1989: 92）。开端于20世纪60年代的功能文体学肩负着双重使命，一方面需要与传统的文学批评界抗争，为文体学的合法性进行辩驳，强调语言学在文学语言分析中的必要性，另一方面要与形式主义文体学抗争，提出自己的功能文体学理论框架和分析模式。前一点也许是当时所有文体学家的任务，后一点则源于 Halliday 所传承的来自于 Firth 的语言学研究传统。Firth 明确宣称自己是一元论者，反对任何形式的二元划分（Firth 1951a: 220，1951b: 192），并且认为包括语音学在内的语言学的任何分支都要关注意义（Firth 1951a: 225）。

2.2 功能文体学的研究对象

在具体讨论功能文体学自己提出的理论主张之前，我们需要明白功能文体学最初的研究对象。国内的文体学研究在对具体文体进行分析时，往往区分功能文体（或者实用文体）和文学文体，如张德禄（2005）、刘世生、朱瑞青（2006），Halliday 和 Hasan 则把两者区分为高价值语篇（highly valued texts）和日常语篇（everyday texts）（参考 Halliday 2002）或者文学语篇（literary texts）和非文学语篇（non-literary texts）[4]（参考 Hasan 1989）。张德禄（1998，2005）的功能文体学专著对两种文体都进行了讨论，但是从 Halliday（如 1964，1971，1982，1987）、Hasan（如 1971，1989）以及其他系统功能语言学家（如 Webster 1998，2002；Butt & Lukin (2009) 分析的实例以及 Halliday & Webster (2009) 编辑出版的《系统功能语言学指南》（*The Continuum Companion to Systemic Functional Linguistics*）来看，功能文体学主要关注的是高价值文本或者文学语篇，而对其他文本或者语篇的分析则往往被看做（功能）语篇分析（参考黄国文 2001）的内容。

Halliday（1983: xii，1990: 177）谈到了文体分析和其他语篇分析的区别。他认为，“语域”（register）理论下的语篇分析关注的是语篇类型（a text type）而不是单个的语篇（an individual text），即语言功能变体的特征；而文体学关注的是被视为具有独特性的高价值语篇，目的是揭示一个文本如何与其他文本不同。Halliday（1983: xiii-xiv）还提到了语篇分析与文体分析的另外几个不同之处：首先，普通的语篇分析事先就可以根据话语的语域和目的来确定其主要特征，而对于文学语篇，我们事先很难知道值得注意的特征；其次，实用语篇一般都有其情景语境，而文学语篇则多半是自己为自己创造语境，因而有一定的自立性，与此同时，它又有"互文性"的一面；第三，文体学家的工作还受对所研究文本的各种评论、综述以及注释本的影响，因为这些相关的语篇往往会改变所分析文本的性质（参考胡壮麟 2000：116-117）。胡壮麟、刘世生（2000：4）对文体学和话语分析（即语篇分析）之间的区别进行了高度概括，认为前者强调研究语篇的文体风格特征及其表达效果，后者偏重于研究语篇中信息的表达和理解。

虽然文体学分析和语篇分析存在着分析对象上的不同，但是这并不意味着不能对文学文本进行语篇分析，不能对实用语篇进行文体学分析。Halliday（1990: 177）指出我们可以把任何语篇看做独特的符号对象或者事件，对其进行文体学分析。同样的道理，我们也可以把任何文学语篇看做语言系统的实例，对其进行语篇分析。

2.3 功能文体学的理论框架和分析模式

文体学是用语言学方法研究文体风格的学问（刘世生、朱瑞青 2006：3），这一点在目前的研究阶段基本上已经达成共识，但在 Halliday 和 Hasan 开始作文体学研究的阶段，连文体学本身的合法性都是一个需要讨论的问题。虽然早在俄国形式主义时期文体学就得到了较为充分的讨论（Miller & Turci 2007: 1-2；并参考 Mukařovský 1977: 19, 55），但人们还是在质疑，是否有必要对文学语言进行分析？是否有必要对文学语言从某个语言学理论出发进行系统分析？Halliday 主张的语言描写（descriptive linguistics）和语言规划（institutional linguistics）促成了 Halliday 和 Hasan 对功能文体学的发展。

Halliday（1964）对这一问题的讨论采取的是演绎方式。他首先淡化文学文本和其他类型文本的差别，认为文学文本和其他文本一样都是意义单位，任何一个文本之所以有意义都不仅仅是因为它是什么，而且还因为它可能是什么，也就是说，它是作为一个系统的实例而存在的（Halliday 1964: 6）。其次，正如他在日后所宣传的，"一个不是基于语法的语篇分析不是一个真正的分析，只是一个简单的对文本的持续评论”（Halliday 1994: F42），他指出那些为了支持某个预先提出的文学主题（a preformulated literary thesis）而作出的随意的、主观的和没有任何选择标准的论述常常被当做对文学作品的文本或者语言学分析，但是在这种分析和对文学作品以普通语言学理论和描写语言学为基础的分析之间存在着实质上的不同（Halliday 1964: 5），只有后者才能被称为“语言文体学”（linguistic stylistics）。究其原因，大致有二：首先，只有使用同一种术语描述的文本才可以相互比较，也只有通过比较才能揭示文本表达的意义，才能发现所分析文本的特征（Halliday 1964: 5，8）；其次，对文本所作的描述本身也只有与所关注语言的完整的、“纯粹”的描述相联系才有意义。最后，他指出语言在各个层次的组织都有模式（pattern），而文学语言的特性在于对这些模式变异的程式化（the patterning of the variability of these patterns）；也就是说，文学作品的作者发现了这些模式所允许的不规则（irregularity），并且通过对这些不规则的创新性使用生成了一个更深层次的规则（regularity）。

综上所述，Halliday（1964: 5，6）把“语言文体学”看做对语言学的应用，定义为通过普通语言学的方法，也就是使用对语言整体进行描述的范畴，对文学文本的描写和对比；文本的对比既可以是同一作者作品之间的对比，也可以是不同作者作品之间的对比，既可以是同一文学体裁文本之间的对比，也可以是不同文学体裁的作品之间的对比。系统功能语言学在60年代前期还处在“阶和范畴语法”（scale and category grammar）阶段（参见胡壮麟 2000：108-110；黄国文 2009：861），Halliday（1964）使用这一语言描写框架分析了一首诗歌和三个现代英语散文片段。

与 Halliday 相比，Hasan 对上述问题的回答更为直接（如 Hasan 1971），她在讨论时更倾向于归纳法（如 Hasan 1989）。Hasan 对语言分析在文学作品研究中的必要性的论述是围绕文学作品的特征展开的：她（如 Hasan 1971: 300，1989: 91，2007: 16）指出文学作品是艺术的一种，它与其他艺术形式的区别在于它是一种言语艺术（*verbal* art），也就是说，言语艺术中的“艺术”经由语言加工而成；由此她得出语言是言语艺术研究的中心，它不是身体外面包裹的衣物，它就是身体本身。Hasan 对语言学分析在文学作品研究中的必要性的分析则以她对文学欣赏（appreciation）和文学评价（appraisal）的区分为基础

(Hasan 1989: 26-28，2007: 17-21；参考 Halliday 1983: ix)。她认为孩子在很小的时候就能够“欣赏”言语艺术，也就是说从言语艺术中能够得到快乐，这个时候的“欣赏”只是一种个体行为；但是随着孩子的成长，特别是孩子进入学校以后，他会被要求明确说出他对一首诗歌的反映，去把这首诗歌和其他作品进行比较和评判，甚至被要求去比较不同作品的主题或者风格。在这个阶段，“欣赏”就要让位于“评价”，个体的行为要变成公共话语，内在的感受必须外在化，也就是说，要能连贯地说出个人好恶判断的基础。这个改变也就使基于某种框架的分析成为一种必要，因为对任何现象的评价都需要首先确立评判标准，需要一套能够借此对评价对象进行描述的语言体系。

Halliday 和 Hasan 的上述论述完成了 2.1 节提到的功能文体学在发展之初面临的两个任务之中的第一个任务，他们为把语言学应用于文学作品的分析进行了充分的论证，他们下一步要做的就是要说明他们为什么要应用系统功能语言学，这一点是与 2.1 节提到的第二个任务，即他们对形式主义文体学的批判，密切联系在一起的。

以 Chomsky 的转换生成语法为理论基础的形式主义文体学强调文体是一种写作方式，认为一个深层结构可以生成不同的表层结构，使作者可以用不同的方式来表达相同的意义，也就是说，两个表层结构可以从同一个深层结构转换而来，并因而具有相同的意义，它们的表面差异就是文体的不同(刘世生、朱瑞青 2006：52)；他们还把变异 (deviation) 和不合语法性 (ungrammaticality) 看做文学文体的区别性特征 (Hasan 1989: 92)。这两点在 Halliday 和 Hasan 看来都是不可接受的。

在被认为是功能文体学奠基之作的《语言功能和文学文体：对威廉·戈尔丁的〈继承者〉语言的探讨》(Linguistic function and literary style: An inquiry into the language of William Golding's *The Inheritors*) 一文中，Halliday (1971) 明确反对形式文体学对“什么”(what) 与“怎样”(how) 以及“内容”(content) 与“文体”(style) 之间的区分 (参考 Hasan 1971: 302)，强调了意义在文体分析中的位置。

Halliday (1971，1978: 112-113) 认为语言系统是一个意义潜势，这个意义潜势围绕着语言的三个元功能——概念功能、人际功能和语篇功能——进行组织。概念功能是说话者作为观察者（observer）的意义潜势，是语言的内容表达功能，表达人们的社会经验和内心世界的意识状态，同时也表达事物之间的各种逻辑关系。人际功能是说话人作为闯入者（intruder）的意义潜势，是语言的参与功能，表达说话人的态度、评价和他与听话人在相关语境下的角色关系。语篇功能是说话人的语篇形成潜势（text-forming potential），是说话人作为组织者的功能，它表达语言和语境之间的关系，并把概念功能和人际功能组合起来形成语篇，共同在语境中起作用。所有这三种意义潜势都存在于说话人的语篇组织计划内，说话人在一次语言活动中会根据情景语境从这三种资源的系统网络中作出选择，而所有从这三个系统网络中作出的选择都有文体意义。以此为出发点，Halliday（1971: 97-98）指出，把文体视为一种表达，与概念意义（或者认知意义）对立起来，从而把文体看做没有意义的特征的做法是错误的。他认为这不仅使我们无法认识到我们很多关于文学作品的直觉是以经验意义为基础的，还相反地给那些最贴切地表现我们对文学作品认识的语言选择贴上“非认知”的标签。因而，他宣称，任何企图划分出文体所在的语言区域——哪怕这个区域在语言学意义上多么微不足道——的做法都是不对的，因为没有不存在文体的语言区域。

在论述了意义与文体的关系之后，Halliday（1971: 99）对传统上所讲的变异和不合语法性展开了讨论。他指出，人们往往把所有能够引起人们注意的语言特征都看做一种偏离（departure），这种偏离说对古怪的东西（oddness）给予了太高的评价，而使常规形式在文体研究中失去了应有的位置。他引用 Wellek 的话说，“语言文体学的危险在于把重点放在对语言常规的偏离和歪曲上。我们得到的是一种反语法、一种关注丢弃的科学。常规文体学（normal stylistics）被抛给了语法学家，而偏离文体学（deviational stylistics）被留给了学习文学的学生。但是在很多情况下，最为普通、最为常规的语言成分就是文学结构的组成部分”。为了摆脱上述困境，他提出了“突出”（prominence）这一新的概念，用以概括语言特征以某种方式凸显的现象，并在此基础上提议使用“前景化”理论进行文体分析。

Halliday 吸收了英国语言学家 Leech 的观点，把突出分为两类：一类是否定性的，是违反常规的偏离；一类是肯定性的，是对常规的强化。前者强调

“质量上的”（qualitative）偏离，后者强调“数量上的”（quantitative）偏离；Halliday 把前者称为“失协”（incongruity），而把后者称为“失衡”（deflection）（参考张德禄 2005：33）。但这一区分并不是承认存在两种类型的突出，而是根据观察者观察点的不同而区分的两种看待突出的方式，比如以参照的范围为出发点，在某一局部是常规的，在更大范围内就会成为偏离；因而此二者关注的对象是一个，而不是两个（Halliday 1971: 99-100）。

Halliday（1971: 100-102）认为“失衡”现象在文体分析中更有意义，而这种现象可以通过统计数据来表达。但是他同时指出数据只能潜在地揭示突出的存在，并非所有的突出都有文体意义，只有那些有动因的（motivated）突出，也就是“前景化”（foregrounding）才是有文体价值的。对有动因的突出的讨论，Halliday（1971）是围绕“相关性标准”（criteria of relevance）展开的。他的论述可以概述如下：在诗歌或者散文中，我们经常可以发现一些突出的模式，即，一些声音、文字或者结构上以某种方式凸显出来的规则（也许这些规则需要仔细地阅读才能发现）。突出体现为语言特征和语言特征自身在语言系统中的价值，即，该语言特征的意义赖以产生的语言功能。当这种功能与我们对所分析的文学作品的阐释相关时，这种突出就是一种有动因的突出。如果我们能够发现这些突出参与构建了作品的整体意义，那么我们往往会因此而得出一些对文学作品的新见解。申丹（1997，2002）和张德禄（1999）对 Halliday 这方面的论述进行了详细解读。

Hasan（如 1989，2007）的论述继续围绕着文学作品为何是言语艺术展开，她最后勾画出一个与 Halliday 上述论述相比更为系统的理论模式，我们可以把它看做功能文体学的理论体系。她首先指出，把变异看做文学作品的特征的看法是错误的：原因一是一个语言现象是否变异并不容易判断，并且今天的变异有可能变成明天的常规；原因二是变异本身不能把文学作品和非文学作品区分开来，例如重复、并列和对比等语言现象同样出现在日常语篇中。因而，她认为文体分析需要把研究的重心从“文学的语言”（the language of literature）转换到“文学作品中的语言”（the language in literature）上来，或者确切地说，转移到“文学作品中语言的功能”（functions of language in literature）上来。

Hasan 的进一步分析也是围绕“前景化”展开的。她认为前景化发生在一个已经确立的期待的基础之上，如果一个事情违背确立的背景而凸显出来，我们就可以说该事情被前景化了；她还认为前景化不仅仅使我们注意到被前景化的语言现象，还会引起我们对前景化赖以存在的背景的注意。另外，她还指出，前景化之所以能够引起人们的注意是因为它的一致性，而该一致性包含两个方面：意义指向的稳定性 (the stability of its semantic direction) 和语篇位置的稳定性 (the stability of its textual location)。前者是指各种各样的前景化模式都指向同一种抽象的意义，而后者指有意义的前景化模式倾向于出现在语篇某个重要的位置。最后，她指出当一些模式的程式化有价值之后，我们会对它们进行关注，但是要想有价值，前景化的语言现象必须具有某种意义后果 (a semantic consequence)。也就是说，在文学作品中，不是模式本身具有艺术性，而是使用模式的方式为言语的艺术性提供了一个重要的参数。这一点也回应了她上面提到的主张，即要研究语言的功能而不是研究语言本体。

在上述论述的基础上，并且结合 Halliday 提出的语言模型，她提出了一个言语艺术的符号系统模型 (Hasan 1989: 99) (见图 1)：

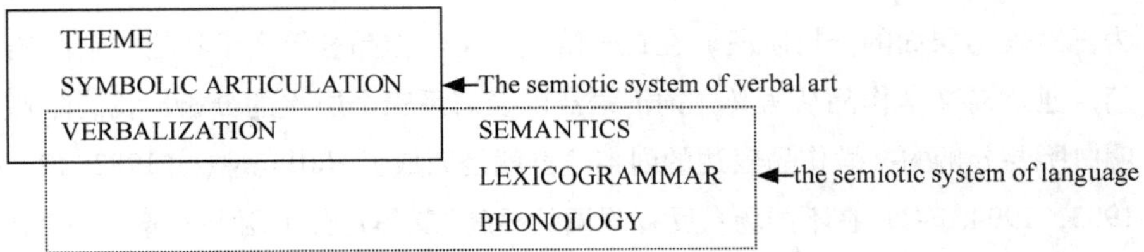

图 1　Hasan 的言语艺术符号系统及其和语言符号系统的关系

这个模型由“语言符号系统”和“言语艺术符号系统”两部分交互组成，每部分又分为三个层次。言语表达 (verbalization) 是“言语艺术符号系统”的最下面或者第三个层次，在这个层次上，文学作品和其他任何语篇一样，因为这个层次涉及的是属于某特定语言团体的全部语言资源。作为语篇分析者，我们需要掌握语篇中使用的语言以了解编码在语篇中的意义。例如，在言语表达层次上，我们描述英语中的将来时、现在时和过去时各自的意义和相互之间的关系。

当我们对某个文学作品问“这个作品是关于什么的？”这个问题时，我们往往会得到两个互不排斥的答案：一个答案可能是该作品字面表达的内容，如“掩耳盗铃”讲述的是一个人为了防止别人听见，把自己的耳朵捂起来偷盗别人家铃铛的故事；另一个答案则是该作品的主题思想，这也就是上面模型中最上面的层次，比如“掩耳盗铃”告诉我们不能自欺欺人。从本质上来说，文学作品的主题非常接近抽象概括，可以被看做对社会人生活的某些方面的看法和理论。

“言语艺术符号系统”中的第一个层次“主题”和第三个层次“言语表达”通过第二个层次（中间层次）——象征表达（symbolic articulation）——建立联系；第三个层次“言语表达”由语言符号系统中的三个层次——语义、词汇语法、语音——所构成。前景化或模式的程式化在把第二层次的意义归属到第一层次意义的过程中扮演着重要角色：前景化是第二层次意义指称过程的工具，第二层次的意义又通过前景化成为第一层次意义的隐喻。Hasan（1989: 100, 101）认为，言语艺术的艺术成分就在于一部作品的象征性表达。

综上所述，Halliday（1983，1987: 151-152）粗略勾画了文体分析的步骤和分析的每个阶段所关注的问题，Hasan 提出了言语艺术符号模式；因此，功能文体分析可以归纳为下面三个阶段（参考张德禄 2005: 43-44）。第一阶段为言语表达层面的分析阶段。在这一阶段，文学作品被等同于其他类别的语篇，通过对文学作品从语义、词汇语法以及音系三个层次的分析，我们能够明白所要分析的文学作品表达的内容，也就是完成了 Halliday（如 1982: 127, 1983，1994: F41）在不同场合反复强调的语篇（文体）分析两个任务之一的对文本的理解（the understanding of the text）；这一阶段的关键是把文本看做语言系统的实例，分析的工具是 Halliday（如 1994）的系统功能语法。第二阶段为象征性表达层面的阐释阶段。在分析阶段，通过语言学分析，一些处于语言不同层面的突出特征会呈现出来；在阐释阶段，我们将确定这些突出特征是否有价值，也就是是否形成前景化。用 Hasan 的话说，就是看这些突出除了表达字面意义之外，是否还隐喻地表达另外一层意义；除此之外，阐释阶段还要分析是否所有的突出和谐、一致地指向同一个主题（Hasan 1971）。这两个阶段不是一个任务截然分开的两个步骤，并不意味着两者一先一后，即一个完成之后另外一个才能开始，它们只是一个理论上的区分，在具体的分析过程中会互为渗透（Halliday 1983: x）。第三个阶段是结合主题层面的评价阶段，这也是 Halliday 提到的语篇（文体）分析的第二个任务，即对文本的评价（the evaluation of text）。上文提到，Hasan（1989: 100，101）指出言语艺术的根本在于言语艺术的象征性表达层，也就是说，我们对一个文学作品的评价要基于对象征表达层的分析。如果象征性表达层既连贯、成功地体现了作品的主题，又在言语表达层得到清晰的体现，那么这个文学作品毫无疑问就是一部好的作品；这个阶段的重点也许在于对各种语言模式意义指向的稳定性和语篇位置的稳定性的分析（Hasan 1989: 95）。

2.4 功能文体学的后期发展

Halliday，Hasan 和他们最初的一些追随者，如 Short（1976），Kennedy（1982）和 Burton（1982）等，主要依据上节介绍的功能文体理论框架分析文学作品。但是通过上节的讨论，我们可以看出 Halliday 和 Hasan 当时依赖的系统功能语言学对语境的认识还比较概括：一方面他们仅仅把语境分为情景语境和文化语境（Malinowski 1923；Halliday 1978，1987: 152）两个层次，把情景语境看做文化语境的实例（Halliday 1987: 152）；另一方面，他们虽然认识到文学文本生成自己的情景语境（Halliday 1971: 52），文学文体的语言分析揭示出的模式体现更高层次的意义，即 Hasan 的言语艺术符号模式的主题层，但是这个主题层与语境层是否可以联系起来？如果可以，应该如何联系？这些都是没有仔细讨论的问题。

但是正如 Birch & O'Toole（1988: 3）所指出的，系统功能语言学不是一个静止不变的理论框架。从 Matthiessen & Halliday（1997/2009: 8）所描绘的系统功能语言学发展脉络图可以看出，从 20 世纪 70 年代开始，语义和语境理论一直是系统功能语言学发展的重点。Carter & Simpson（1989: 11-13）将 Fowler 把文学视为社会语篇的研究看做文体学的一个流派[5]，我们这里更倾向于采取 Halliday（1987: 150-151）的观点，把包括 Fowler（1989）和 Hodge & Kress（1993）等人在 20 世纪从社会符号视角的研究看做对功能文体学的发展，因为他们的研究在很大程度上是以强调文学作品和其他语篇的社会历史文化语境（包括意识形态）为基础的[6]。功能文体学这一阶段的发展还带来了一个研究对象的扩展。申丹（2002：190）指出在 Kress 和 Fowler 等人的研究中，文学和非文学之间的界限已经消失了，也就是说，像新闻报道这样的功能或者实用文体也进入到了功能文体学的研究视野；其实，随着文学与非文学之间界限的消失，功能文体学与功能语篇分析的界限也变得非常模糊了。Birch & O'Toole (1988) 编辑的《文体的功能》(*Functions of Style*) 一书收录了多篇反映这一发展的论文。

在进入21世纪之后，系统功能语言学在理论方面的发展当推评价理论 (appraisal theory) 的提出 (Martin 2000，2003；White 2003)，在方法论方面的创新当属系统功能语言学与语料库语言学的结合 (Butler 2004；Thompson & Hunston 2006)。这两个方面的发展也已经在功能文体学的研究中得到体现：应用评价理论对具体文本进行分析的有 Martin (2000，2003) 和 Miller (2007)，把系统功能语言学与语料库语言学结合起来分析文学作品的功能文体学研究可参见 Turci (2007) 和 Louw (2007)。

2.5 功能文体学的理论贡献

刘世生 (1994)、申丹 (1997，2002)、张德禄 (1999，2005) 和胡壮麟 (2000) 都谈到了功能文体学对文体学研究领域的贡献，我们认为从系统功能语言学的自身特点出发，可以把功能文体学的贡献具体归纳为下面几点。

一、系统功能语言学把语篇看做一个意义单位，看做一个从概念功能意义潜势、人际功能意义潜势和语篇功能意义潜势中进行选择的结果；Halliday 认为从三个意义潜势中的选择都有文体意义，这一观点把原来被排除在文体分析之外的内容 (即概念功能) 纳入到了文体分析之中。

二、系统功能语言学历来重视语言使用的语境。Halliday (1978) 提出语言的社会符号模式，把语境构建纳入了系统功能语言学的理论体系。系统功能语言学的语境理论促使文体学家重视文本产生的社会历史文化背景，重视言语活动背后的意识形态 (语境中的语旨变量)；特别在评价理论提出来之后，文体学家在文本分析时更加重视作者如何构建与读者之间的关系。

三、对文学作品的阐释不可避免地会带有主观性，如何最大限度地降低这种主观性一直是文体研究的难题。系统功能语言学的多层次分析模式在极大程度上降低了分析者的主观性阐释。Hasan (1989: 66) 在提出自己的文体分析框架时说，如果别人重复她的语言分析，应该会得出和她的结论类似的解读。系统功能语言学把语言分为语义层、词汇语法层和音系层，把语境分为语域层、语类层和意识形态层（Martin 1992: 496），并且指出在这些不同的层次之间存在着体现关系；系统功能语言学语言符号模式的多层次性使得具体的分析趋于程式化，这样也使得不同的文本阐释可以在效度上相互验证。

四、系统功能语言学在进行具体的文本分析时首先把文本以小句为单位进行切分，其次对每个小句从概念功能、人际功能和语篇功能三个角度进行分析，然后分析文本中使用的非结构性衔接手段。这样精细的语言分析往往为其他的文体学流派所借用（刘世生 1994）。

3. 中国的功能文体学研究

功能文体学既是文体学的一个流派，也是系统功能语言学研究的一部分；关于文体学和系统功能语言学在中国的发展和研究状况的文章基本上都会提到功能文体学。前者如胡壮麟（1996）和胡壮麟、刘世生（2000），后者如胡壮麟、陈冬梅（1990）、田贵森、王冕（2008）和黄国文（2009）。在这些研究的基础上，本节将集中探讨我国功能文体学的研究状况。

3.1 研究队伍

如前所述，功能文体学是文体学的一个流派，也是系统功能语言学研究的一个组成部分；目前我国在文体学和系统功能语言学研究领域都成立了专门的研究机构，这也意味着功能文体学的研究人员来源于两大学术团体。系统功能语言学的研究围绕着“全国功能语言学研讨会”、“全国语篇分析研讨会”、“系统功能语言学学术活动周”和“功能语言学与语篇分析高层论坛”展开，黄国文（2009）对这些活动的开展情况和参与人员进行了详细介绍。我们这里只介绍一下中国外语界文体学大型学术活动的开展情况。

1963 年王佐良先生发表了《关于英语的文体、风格研究》的论文，标志着我国外语界文体学研究的正式开始。1985 年教育部制订英语文体学教学大纲，文体学正式成为国内高校外语专业开设的课程。1999 年 6 月首届全国文体学研讨会在南京国际关系学院召开，召集人为郭鸿教授；2000 年 9 月第二届全国文体学研讨会在山东大学召开，召集人为王守元教授；2002 年 9 月第三届全国文体学研讨会在西南师范大学召开，召集人为陈治安教授； 2004 年 10 月第四届全国文体学研讨会在河南大学召开，召集人为徐有志教授；2006 年 6 月首届国际文体学研讨会暨第五届全国文体学研讨会在清华大学、北京大学召开，召集人为刘世生教授和申丹教授；2008 年 10 月第二届国际文体学研讨会暨第六届全国文体学研讨会在上海外国语大学召开，召集人为俞东明教授；2010 年 10 月第七届全国文体学研讨会暨第三届国际文体学研讨会在宁波大学召开，2012 年第八届全国文体学研讨会暨第四届国际文体学研讨会在苏州大学召开。2004 年在河南大学召开的第四届全国文体学研讨会上，成立了"中国修辞学会文体学研讨会"，简称"中国文体学研究会"；北京大学胡壮麟教授和申丹教授分别当选为名誉会长、会长，清华大学刘世生教授当选为常务副会长，董启明教授、郭鸿教授、苗兴伟教授、秦秀白教授、徐有志教授、俞东明教授和张德禄教授当选为副会长。从这份领导成员名单可以看出，中国外语界的文体学研究团体有很大一部分人也从事系统功能语言学的研究，如，胡壮麟教授目前也是"中国功能语言学研究会"的名誉会长，张德禄教授、刘世生教授和苗兴伟教授同时也是"中国功能语言学研究会"的副会长。

除此之外，由于功能文体学对语言教学和文学教学都有助益，因此，在教育界，尤其是在中国的外语教学领域，有大批的功能文体学研究者和爱好者。

3.2 研究成果

随着功能文体学的发展，功能文体学与功能语篇分析之间的界限越来越模糊。由于本书单列一章讨论功能语篇分析，我们这里把功能文体学研究限定于下列范围：一、以文学文本为分析对象，分析目的为揭示文学文本的深层含义、人物塑造以及作者如何与读者构建关系的研究；二、以实用文体为分析对象，分析的目的是：揭示语篇与社会文化语境之间的关系，研究作者是如何影响读者的。

上面提到，我国外语界文体学的研究开始于 20 世纪 60 年代，而我国系统功能语言学的研究开始于 20 世纪 70 年代。方立、胡壮麟、徐克容 1977 年发表了《谈谈现代英语语法的三大体系和交流语法学》，首次把 Halliday 的语言学理论介绍进来。根据胡壮麟、陈冬梅（1990）的综述，我国的功能文体学研究应该开始于20世纪的80年代。侯维瑞（1983）讨论了语域在文学作品中的应用；胡文仲（1984）以文体学的“英国学派”为名介绍了Halliday的基本观点并加以评述；胡壮麟（1985）通过对一首诗歌的分析，提出形式的选择主要决定于内容表达的需要；张德禄（1988）比较全面地介绍了Halliday的观点，并且总结出了一个“前景化”的模式。下面尝试以年代为划分标准，对中国功能文体学的研究成果进行总结。

20世纪80年代的中国功能文体学研究。通过上面提到的几篇文章可以看出，这个时期我国的功能文体学研究者还主要是对Halliday文体学思想的介绍，并且这个时期在这方面发表的论文也不多。我们以“功能文体学”为关键词在“中国知网”检索，并未检索到任何文章。我国外语文体学界在这一时期虽然出版了多部专著，如秦秀白（1986）、侯维瑞（1988），但是这些著作的写作目的一般是用作教材，所以不太注重学术研讨；也正因如此，他们虽然在行文中会提及Halliday的思想，但是并没有对此进行详细介绍和评述。不过在这一时期有一点值得提出，刘世生（1988）已经提出了把文体研究与中国英语专业的文学教学结合起来的建议。

20世纪90年代的中国功能文体学研究。进入90年代，因为“全国功能语言学研讨会”和“全国语篇分析研讨会”的定期召开，随着系统功能语言学研究在我国的升温，功能文体学方面的研究也有了长足发展。虽然通过“中国知网”以“功能文体学”为关键词我们只能检索到4篇文章，但是其中的3篇，即，刘世生（1994）、申丹（1997）和张德禄（1999），为我国的功能文体学的开展作出了重要贡献。这些文章完整地向中国的文体学研究者介绍了Halliday的功能文体理论，并且通过争鸣澄清了Halliday理论中的一些概念，它们在其后的研究中都多次被引用。这一时期还出版了刘世生（1997a）和张德禄（1998）的两本专著。前者以Halliday的功能文体学为基础，提出了一个新的理论模式，即，“语境·语义·文学心理”文体学；后者，正如田贵森、王冕（2008）所说，是一部功能文体学理论和实践相结合的著作。在这一时期，中国系统功能语言学界还出版了5本论文集，其收录的论文中有12篇涉及功能文体学理论探讨的文章，如：蔡永良、崔炜（1993）、杨达复（1993）、杨信彰（1993）、郭鸿、吴沙（1997）、刘世生（1997b，1998）、罗建生（1997）、彭宣维（1997）、俞洪亮（1997）、朱士昌（1997）和陈治安、王玉云（1998），6 篇运用功能文体学框架具体分析文本的文章：龙日金（1993）、任绍曾（1993）、张照进、刘世铸（1995）、刘家荣、段芸（1997）、吕中舌（1997）和李战子（1998）。

中国功能文体学在 21 世纪的发展。进入 21 世纪，中国功能文体学有了迅猛发展。申丹（2002）发表了她对功能文体学进一步思考的成果；张德禄（2005）也对他的功能文体学著作进行了修订。在"中国知网"以"功能文体学"为关键词进行检索可以检索到 151 篇文章，其中期刊论文 96 篇，硕士论文 52 篇，博士论文 3 篇。这些研究有的是进行功能文体理论方面的探讨，如林文治、刘家荣（2000）、申丹（2002）、刘承宇（2003，2007，2008）和董敏（2003）；有的是具体的文学作品分析，如吕玉叶（2002）、张曼（2002）、张宜波、刘秀丽（2004）、王珏纯（2006）、马毅（2007）、刘霞（2008）和管淑红（2009）；有的探讨功能文体学与翻译的结合，如龙凤华（2003，2005）、王瑾（2004）、万正发（2008）、陈静（2009）和周健瑛（2009）；有的讨论功能文体学在教学中的应用，如刘春燕（2001）、王菊丽（2004）和王璐（2008）；还有的把功能文体学应用于对比分析，如徐佳佳（2007）。同期出版的一系列论文集中也收录了大量的功能文体学方面的论文，也是既有理论探讨，如刘世生、宋伟（2002）、俞东明（2002）和成方志、吴思军（2002）；也有具体文学文本分析，如戴凡（2007）和肖祎、王扬（2009）。

4. 功能文体学的发展前景

黄国文（2009）和刘世生（2009）分别对中国的系统功能语言学和中国的文体学研究中存在的问题进行了归纳，并且指出了两者未来发展的方向。他们提出的意见和建议其实也适合中国功能文体学研究。我们这里根据功能文体学自身的特点，谈几点具体的想法。

首先是功能文体学目前理论体系中有关概念的澄清。申丹（1997，2002）和张德禄（1999）已经就文体分析的相关性原则、文学文本的情景语境、性质突出与数量突出以及文体分析的阶段展开了有意义的讨论，吴显友（2004：145）也提到一些对 Halliday 理论的质疑。我们在 2.3 节提到了 Hasan 的言语艺术的

“双层表达”（double-articulation）符号模式，即语言符号系统和言语艺术符号系统。Hasan 本人把言语艺术符号系统中的象征表达看做文体分析的中心，我们觉得功能文体学需要加强在这个方面的研究，对“言语艺术符号系统”、“象征表达”等重要概念进行深入研究，使其进一步明确化；同时，在功能文体学的研究对象目前已经扩展到各种语类的情况下，需要进一步探讨这些概念的适用性问题。麦夸里大学（Macquarie University）的 David Butt 博士认为，文体学在一定程度上是关于证据的学问（2010 年 7 月清华大学文体学座谈会，并参考 Butt & Lukin 2009）。从 Hasan 的模式来看，功能文体学讨论的就是：言语表达层的证据如何通过象征表达层的符号来表达文学文本深层次的主题；这个过程如何运作，运作过程中涉及到的因素有哪些，都是功能文体学需要回答的问题。

通过 2.4 节的讨论，我们可以看出功能文体学在随着系统功能语言学自身的发展而不断发展。进入 21 世纪，系统功能语言学自身的发展主要表现在以下几个方面：多模态分析（Kress & van Leeuwen 1996，2001）、功能语言类型学（Caffarel, Martin & Matthiessen 2004）、评价理论（Martin & White 2005）、积极话语分析（Martin 2002，2004；Martin & Rose 2003: 264）、语类研究（Martin & Rose 2008）、系统功能语言学三个维度（层次化 stratification、实例化 instantiation 和个体化 individuation）之间的并协与互补（Martin 2008；Bednarek & Martin 2010）以及系统功能语言学与语料库语言学之间的结合（Tompson & Hunston 2006）。如 2.4 节所示，评价理论和语料库语言学的方法已经被应用到功能文体分析之中。系统功能语言学的其他发展也必将促进功能文体学的发展，如传统的语相分析，现在可以从多模态的角度进行分析。Hasan（1989: 300）所指出的言语艺术与其他艺术形式之间的界限现在在多模态分析的视角下有望被打破；再如功能类型学和语类理论的发展为文本和文体之间的跨文化分析以及功能文体学与翻译理论和实践的结合提供了语言分析方面的基础；另外，系统功能语言学个体化维度理论为探索个人风格研究提供了新的思路和方法。

功能文体学作为文体学的一个流派，其发展方向也可以从文体学的发展前景中得到启发。胡壮麟、刘世生（2000）指出了文体学的六个发展方向；功能文体学在“文体学的研究对象”、“文体学与符号学”和“文体测量学”三个方面已经走出了很远，但是在“文体学的解释力”、“跨学科交流”和“为教学服务”方面仍然有很多工作要做。另外，历时文体学是文体学研究的一个重要方面，功能历时文体学的研究目前还比较少见。

中国功能文体学研究可以在上述诸方面作出有意义的探讨。同时，我们自己有五千年的灿烂文化，有许多优秀的文学作品；因而，我们的文体学研究还应该加大对我们自己的“高价值”文本的分析，方琰（2006）对《论语》的分析是一个很好的例子。

5. 结语

功能文体学自20世纪60年代至今已经有了半个世纪的发展历史，在我国也有了近三十年的研究积累。它强调语篇或者文本的功能，把整个语篇或文本作为分析的基本单位，注重分析语篇或文本的社会文化历史背景，这些做法代表着文体学的发展方向；它所依赖的系统功能语言学是一个不断发展的语言学理论；它在中国有来自于三个学术团体（文体学研究、系统功能语言学研究、外语教学与研究）的比较稳定的研究者队伍。所有这些因素都预示着功能文体学研究有着光明的发展前景。

注释

1 在我国英语文体学界，“功能文体学”有两种解释：一种是与形式文体学相对立，指以功能主义语言观为基础分析文体的学派，一般包括布拉格学派的功能语体理论、Halliday的系统功能文体学和Bakhtin的言语体裁与风格理论（见胡壮麟 2000；申丹 2000；刘世生 1994）；一种是用做“系统功能文体学”的简称，被用来特指以Halliday系统功能语言学为基础的文体学派（如申丹 1997，2002；刘世生、朱瑞青 2006：53）。本书讨论的是系统功能语言学的发展状况，故本章采用第二种解释。

2 Hasan于1964年在爱丁堡大学完成博士论文，并获得博士学位。

3 如果把Firth（如1951b）的文体学思想考虑进来，功能文体学则会有更长的历史。

4 本文在对 text 翻译时，根据前后词语搭配的不同把它翻译为“文本”或者“语篇”，二者在本文中没有区别。

5 我国的研究者把这个流派称做“社会历史文化文体学”（见刘世生 1994；申丹 1997）。

6 他们的研究其实也促进了系统功能语言学自身理论框架的发展，他们对语境的看法在 Martin（1992: 496）的“语言和它的符号环境”模型中得到充分体现。

参考文献

Bednarek, M. & J. R. Martin (eds.). 2010. *New Discourse on Language: Functional Perspectives on Multimodality, Identity and Affiliation*. London: Continuum.

Birch, D. & M. O'Toole. 1988. Introduction: The power of functional stylistics. In D. Birch & M. O'Toole (eds.). *Functions of Style*. London and New York: Pinter Publishers. 1-11.

Burton, D. 1982. Through glass darkly: Through dark glasses. In R. Carter (ed.). *Language and Literature: An Introductory Reader in Stylistics*. London: George Allen & Unwin. 195-214.

Butler, C. S. 2004. Corpus studies and functional linguistic theories. *Functions of Language* (11): 147-186.

Butt, D. G. & A. Lukin. 2009. Stylistic analysis: Construing aesthetic organisation. In M. A. K. Halliday & J. Webster (eds.). *The Continuum Companion to Systemic Functional Linguistics*. London: Continuum. 190-215.

Caffarel, A., J. R. Martin & C. M. I. M. Matthiessen (eds.). 2004. *Language Typology: A Functional Perspective*. Amsterdam: Benjamins.

Cater, R. & P. Simpson (eds.). 1989. *Language, Discourse and Literature: An Introductory Reader in Discourse Stylistics*. London: Unwin Hyman.

Firth, J. R. 1951a. General linguistics and descriptive grammar. Reprinted in J. R. Firth. 1957. *Papers in Linguistics 1934-1951*. London: Oxford University Press. 216-228.

Firth, J. R. 1951b. Modes of meaning. Reprinted in J. R. Firth. 1957. *Papers in Linguistics 1934-1951*. London: Oxford University Press. 190-215.

Fowler, R. 1989. Polyphony in *Hard Times*. In R. Cater & P. Simpson (eds.). *Language, Discourse and Literature: An Introductory Reader in Discourse Stylistics*. London: Unwin Hyman. 76-93.

Halliday, M. A. K. 1964. The linguistic study of literary texts. Reprinted in M. A. K. Halliday. 2002. *Linguistic Studies of Text and Discourse. The Collected Works of M. A. K. Halliday* Vol. 2 (ed. J. Webster). London: Continuum. 5-22.

Halliday, M. A. K. 1971. Linguistic function and literary style: An inquiry into the language of William Golding's *The Inheritors*. Reprinted in M. A. K. Halliday. 2002. *Linguistic Studies of Text and Discourse. The Collected Works of M. A. K. Halliday* Vol. 2 (ed. J. Webster). London: Continuum. 88-125.

Halliday, M. A. K. 1978. *Language as Social Semiotic: The Social Interpretation of Language and Meaning*. London: Edward.

Halliday, M. A. K. 1982. The de-automatization of grammar: From Priestley's *An Inspector Calls*. Reprinted in M. A. K. Halliday. 2002. *Linguistic Studies of Text and Discourse. The Collected Works of M. A. K. Halliday* Vol. 2 (ed. J. Webster). London: Continuum. 126-148.

Halliday, M. A. K. 1983. Foreword. In M. Cummings & R. Simmons. *The Language of Literature: A Stylistic Introduction to the Study of Literature*. Oxford: Pergamon Press. vii-xiv.

Halliday, M. A. K. 1987. Poetry as scientific discourse: The nuclear sections of Tennyson's *In Memoriam*. Reprinted in M. A. K. Halliday. 2002. *Linguistic Studies of Text and Discourse. The Collected Works of M. A. K. Halliday* Vol. 2 (ed. J. Webster). London: Continuum. 149-167.

Halliday, M. A. K. 1990. The construction of knowledge and value in the grammar of scientific discourse: With reference to Charles Darwin's *The Origin of Species*. Reprinted in M. A. K. Halliday. 2002. *Linguistic Studies of Text and Discourse. The Collected Works of M. A. K. Halliday* Vol. 2 (ed. J. Webster). London: Continuum. 168-194.

Halliday, M. A. K. 1994. *An Introduction to Functional Grammar* (2nd edition). London: Arnold. Reprinted by Foreign Language Teaching and Research Press, Beijing, 2000.

Halliday, M. A. K. & J. Webster (eds.). 2009. *The Continuum Companion to Systemic Functional Linguistics*. London: Continuum.

Hasan, R. 1971. Rime and reason in literature. In S. Chatman (ed.). *Literary Style: A Symposium*. New York: Oxford University Press. 299-326.

Hasan, R. 1989. *Linguistics, Language, and Verbal Art* (2nd edition). Oxford: Oxford University Press.

Hasan, R. 2007. Private pleasure, public discourse: Reflections on engaging with literature. In D. R. Miller & M. Turci (eds.). *Language and Verbal Art Revisited: Linguistic Approaches to the Study of Literature*. London: Equinox. 13-40.

Hodge, R. & G. Kress. 1993. *Language as Ideology* (2nd edition). London and New York: Routledge.

Kennedy, C. 1982. Systemic grammar and its use in literary analysis. In R. Carter (ed.). *Language and Literature: An Introductory Reader in Stylistics*. London: George Allen & Unwin. 83-99.

Kress, G. & T. van Leeuwen. 1996. *Reading Images: The Grammar of Visual Design*. London and New York: Routledge.

Kress, G. & T. van Leeuwen. 2001. *Multimodal Discourse: The Modes and Media of Contemporary Communication*. London: Arnold.

Louw, B. 2007. Collocation as the determinant of verbal art. In D. R. Miller & M. Turci (eds.). *Language and Verbal Art Revisited: Linguistic Approaches to the Study of Literature*. London: Equinox. 149-180.

Malinowski, B. 1923. The problem of meaning in primitive languages. Supplement 1 to C. K. Ogden & I. A. Richards. *The Meaning of Meaning*. London: Kegan Paul. 296-355.

Martin, J. R. 1992. *English Text: System and Structure*. Amsterdam: John Benjamins Publishing Company. Reprinted by Peking University Press, Beijing, 2004.

Martin, J. R. 2000. Beyond exchange: APPRAISAL systems in English. In S.

Hunston & G. Thompson (eds.). *Evaluation in Text: Authorial Stance and the Construction of Discourse*. Oxford: Oxford University Press. 142-175.

Martin, J. R. 2002. Blessed are the peacemakers: Reconciliation and evaluation. In C. Candlin (ed.). *Research and Practice in Professional Discourse*. Hong Kong: City University of Hong Kong Press. 187-227.

Martin, J. R. 2003. Introduction. *Text* 23 (2): 171-181.

Martin, J. R. 2004. Positive discourse analysis: Solidarity and change. *Revista Canaria de Estudios Ingleses* (Special Issue on Discourse Analysis at Work: Recent Perspectives in the Study of Language and Social Practice) (49): 179-200.

Martin, J. R. 2008. Innocence: Realisation, instantiation and individuation in a Botswana town. In A. Mahboob & N. Knight (eds.). *Questioning Linguistics*. Sydney: Cambridge Scholars Publishing. 27-54.

Martin, J. R. & D. Rose. 2003. *Working with Discourse: Meaning beyond the Clause*. London: Continuum.

Martin, J. R. & D. Rose. 2008. *Genre Relations: Mapping Culture*. London: Equinox.

Martin, J. R. & P. R. R. White. 2005. *The Language of Evaluation: Appraisal in English*. Basingstoke: Palgrave Macmillan.

Matthiessen, C. & M. A. K. Halliday. 1997/2009. *Systemic Functional Grammar: A First Step into the Theory* (with a Chinese translation by G. W. Huang & H. Y. Wang). Sydney: Macquarie University/Beijing: Higher Education Press.

Miller, D. R. 2007. Construing the "primitive" primitively: Grammatical parallelism as patterning and positioning strategy in D. H. Lawrence. In D. R. Miller & M. Turci (eds.). *Language and Verbal Art Revisited: Linguistic Approaches to the Study of Literature*. London: Equinox. 41-67.

Miller, D. R. & M. Turci (eds.). 2007. *Language and Verbal Art Revisited: Linguistic Approaches to the Study of Literature*. London: Equinox.

Mukařovský, J. 1977. On poetic language. In J. Mukařovský(ed.). *The Word and Verbal Art: Selected Essays by Jan Mukařovský*. New Haven and London: Yale University Press. 1-64.

Sebeok, T. A. (ed.) 1960. *Style in Language*. Cambridge, Massachusetts: The M. I. T.

Press.

Short, M. 1976. Why we sympathize with Lennie. *MALS Journal, New Series* (1): 1-9.

Thompson, G. & S. Hunston (eds.). 2006. *System and Corpus: Exploring Connections*. London: Equinox.

Turci, M. 2007. The meaning of "dark*" in Joseph Conrad's *Heart of Darkness*. In D. R. Miller & M. Turci (eds.). *Language and Verbal Art Revisited: Linguistic Approaches to the Study of Literature*. London: Equinox. 97-114.

Weber, J. J. (ed.) 1996. *The Stylistics Reader: From Roman Jakobson to the Present*. London: Arnold.

Webster, J. 1998. The poet's language: Foregrounding in Edwin Thumboo's "Gods can die". *World Englishes* 17 (3): 359-368.

Webster, J. 2002. Thumboo's David. 载朱永生（编），《世纪之交论功能》。上海：上海外语教育出版社。230-250。

Webster, J. 2005. M. A. K. Halliday: The early years, 1925-1970. In R. Hasan, C. M. I. M. Matthiessen & J. Webster (eds.). *Continuing Discourses on Language: A Functional Perspective* Vol. 1. London: Equinox. 3-13.

White, P. R. R. 2003. Beyond modality and hedging: A dialogic view of the language of intersubjective stance. *Text* 23 (2): 259-284.

蔡永良、曹炜，1993，文学语言的功能分类与语言风格研究。载朱永生（编），《语言 · 语篇 · 语境》。北京：清华大学出版社。279-286。

陈静，2009，从功能文体学角度分析意识流文学翻译的连贯问题。硕士学位论文。上海 ：上海交通大学。

陈治安、王玉云，1998，Text, view and ideology。载余渭深、李红、彭宣维（编），《语言的功能——系统、语用和认知》。重庆：重庆大学出版社。329-337。

成方志、吴思军，2002，文体研究与系统语言学。载朱永生（编），《世纪之交论功能》。上海：上海外语教育出版社。320-328。

戴凡，2007，《喜福会》的人物话语和思想表达方法。载张克定、王振华、杨朝军（编），《系统 · 功能 · 评价》。北京：高等教育出版社。273-281。

董敏，2003，功能文体学的语言学理论基础述评，《四川外语学院学报》(4)：

94-97。

方立、胡壮麟、徐克容，1977，谈谈现代英语语法的三大体系和交流语法学，《语言教学与研究》（增刊一）：1-28。

方琰，2006，Constructing a harmonious world: Linguistic studies on *The Analects of Confucius*。载黄国文、常晨光、戴凡（编），《功能语言学与适用语言学》。广州：中山大学出版社。95-112。

管淑红，2009，《达洛卫夫人》的系统功能文体分析。博士学位论文。上海：上海外国语大学。

郭鸿、吴沙，1997，Systemic-Functional Grammar and stylistics。载胡壮麟、方琰（编），《功能语言学在中国的进展》。北京：清华大学出版社。184-196。

侯维瑞，1983，英语的语域及其在文学作品中的运用，《外语教学与研究》（2）：4-13。

侯维瑞（编著），1988，《英语语体》。上海：上海外语教育出版社。

胡文仲，1984，现代文体学的沿革、流派和争论，《外国语》（5）：7-13。

胡壮麟，1985，语音模式的全应效果——试论狄伦·托马斯一诗的语音模式，《外语教学与研究》（2）：14-18。

胡壮麟，1996，我国文体学研究现状。载许嘉璐、王福祥、刘润清（编），《中国语言学现状与展望》。北京：外语教学与研究出版社。355-365。

胡壮麟（编著），2000，《理论文体学》。北京：外语教学与研究出版社。

胡壮麟、陈冬梅，1990，系统语言学在中国的进展。载胡壮麟（编），《语言系统与功能》。北京：北京大学出版社。1-11。

胡壮麟、刘世生，2000，文体学研究在中国的进展，《山东师大外国语学院学报》（3）：1-10。

胡壮麟、刘世生（编），2004，《西方文体学辞典》。北京：清华大学出版社。

黄国文，2001，《语篇分析的理论与实践——广告语篇研究》。上海：上海外语教育出版社。

黄国文，2009，中国的系统功能语言学研究：发展与展望。载庄智象（编），《中国外语教育发展战略论坛》。上海：上海外语教育出版社。585-619。

李战子，1998，《走下神坛的毛泽东》中直接引语的性质和功能分析。载余渭深、李红、彭宣维（编），《语言的功能——系统、语用和认知》。重庆：重庆大学出版社。381-399。

林文治、刘家荣，2000，试论文体的本质，《外语研究》(2)：23-29。

刘承宇，2003，语法隐喻的文体价值，《现代外语》(2)：120-127。

刘承宇，2007，语法隐喻的功能—认知文体学研究——以英语元语言语篇为例。博士学位论文。厦门：厦门大学

刘承宇，2008，《语法隐喻的功能—认知文体学研究——以英语元语言语篇为例》。厦门：厦门大学出版社。

刘春燕，2001，大学阶段基于文体学的英语教学法，《山东师大外国语学院学报》(3)：24-28。

刘家荣、段芸，1997，Analysis of the poem *Shui Diao Ge Tou* from the functional perspective。载胡壮麟、方琰（编)，《功能语言学在中国的进展》。北京：清华大学出版社。252-253。

刘世生，1988，*Foregrounding and Literature Teaching to English Majors in the Chinese Context*。硕士学位论文。济南：山东大学。

刘世生，1994，系统功能理论对现代文体学的影响，《外国语》(1)：14-13，7。

刘世生，1997a，《西方文体学论纲》。济南：山东教育出版社。

刘世生，1997b，The interpersonal function in literary narration。载胡壮麟、方琰（编)，《功能语言学在中国的进展》。北京：清华大学出版社。197-214。

刘世生，1998，关于及物关系分析的二元对立基础。载余渭深、李红、彭宣维（编)，《语言的功能——系统、语用和认知》。重庆：重庆大学出版社。338-355。

刘世生，2009，文体研究及其功能。第五届“功能语言学与语篇分析”高层论坛报告。北京：北京科技大学。

刘世生、宋伟，2002，On situational-semiotic, linguistic-semantic and literary-psychological stylistics。载朱永生（编)，《世纪之交论功能》。上海：上海外语教育出版社。251-275。

刘世生、朱瑞青（编著)，2006，《文体学概论》。北京：北京大学出版社。

刘霞，2008，对小说《烧马棚》的功能文体分析。硕士学位论文。济南：山东师范大学。

龙凤华，2003，功能文体学与小说风格翻译。硕士学位论文。长沙：湖南师范大学。

龙凤华，2005，功能文体学与风格翻译，《郑州航空工业管理学院学报（社会科

学版)》(2)：21-26。

龙日金，1993，A functional analysis of Wordsworth's poem *The Solitary Reaper*。载朱永生（编），《语言 · 语篇 · 语境》。北京：清华大学出版社。241-250。

罗建生，1997，Orientalism and its features of othering in colonial discourse。载胡壮麟、方琰（编），《功能语言学在中国的进展》。北京：清华大学出版社。261-262。

吕玉叶，2002，*Stylistic Analysis of Mrs. Dalloway* 。硕士学位论文。长沙：湖南大学。

吕中舌，1997，Time as a key in Raymond Carver's short story *Where I'm Calling From*。载胡壮麟、方琰（编），《功能语言学在中国的进展》。北京：清华大学出版社。215-229。

马毅，2007，《老人与海》文体的及物性分析。硕士学位论文。长春：吉林大学。

彭宣维，1997，Coordinate description of style and a model of style organization。载胡壮麟、方琰（编），《功能语言学在中国的进展》。北京：清华大学出版社。230-238。

秦秀白，1986，《文体学概论》。长沙：湖南教育出版社。

任绍曾，1993，The narrative structure of *The Armies of the Night*。载朱永生（编），《语言 · 语篇 · 语境》。北京：清华大学出版社。225-240。

申丹，1997，有关功能文体学的几点思考，《外国语》(5)：1-7。

申丹，2000，西方现代文体学百年发展历程，《外语教学与研究》(1)：22-28。

申丹，2002，功能文体学再思考，《外语教学与研究》(3)：188-193。

田贵森、王冕，2008，功能语言学在中国的应用研究与发展，《北京科技大学学报（社会科学版)》(2)：98-103。

万正发，2008，从文体学角度看翻译标准，《四川教育学院学报》(9)：53-54，71。

王瑾，2004，内容与形式：功能文体学观照下的古诗英译，《四川外语学院学报》(3)：105-109。

王菊丽，2007，功能文体学与“高级英语”的语篇教学，《中国成人教育》(1)：176-177。

王珏纯，2006，《洛丽塔》中的“失衡”与“失协”模式，《中国海洋大学学报(社会科学版)》(4)：60-63。

王璐，2008，功能文体学与大学英语教学，《阜阳师范学院学报（社会科学版）》（2）：141-143。

王佐良，1963，关于英语的文体、风格研究，《外语教学与研究》（2）：3-9，10，11。

吴显友，2004，他山之石：从陌生化到前景化，《河南师范大学学报（哲学社会科学版）》（1）：142-146。

肖祎、王扬，2009，从评价视角看《穿普拉达的女王》中的态度意义。载黄国文（编），《功能语言学与语篇分析研究（第1辑）》。北京：高等教育出版社。131-138。

徐佳佳，2007，汉英旅游篇章的功能文体对比分析。硕士学位论文。武汉：华中师范大学。

徐有志，2000，现代文体学研究的90年，《外国语》（4）：65-74。

杨达复，1993，Lexical cohesion in the language of literature。载朱永生（编），《语言 · 语篇 · 语境》。北京：清华大学出版社。251-267。

杨信彰，1993，系统功能语法与语篇的深层意义。载朱永生（编），《语言 · 语篇 · 语境》。北京：清华大学出版社。268-278。

俞东明，2002，Register variation and the study of literary characters。载朱永生（编），《世纪之交论功能》。上海：上海外语教育出版社。308-319。

俞洪亮，1997，Temporal interpretation of FIS episodes。载胡壮麟、方琰（编），《功能语言学在中国的进展》。北京：清华大学出版社。253-254。

张德禄，1988，文体特征分析的框架，《聊城师范学院学报（哲学社会科学版）》（2）：71-77。

张德禄（编著），1998，《功能文体学》。济南：山东教育出版社。

张德禄，1999，韩礼德功能文体学理论述评，《外语教学与研究》（1）：43-49。

张德禄，2005，《语言的功能与文体》。北京：高等教育出版社。

张曼，2002，意识流小说文体探究——对《墙上的斑点》的功能文体分析，《天津外国语学院学报》（4）：52-55。

张宜波、刘秀丽，2004，难以愈合的心理创伤——《士兵之家》的功能文体学解读，《中国海洋大学学报（社会科学版）》（4）：55-59。

张照进、刘世铸，1995，A functional approach to cohesion in Separating by John Updike。载任绍曾（编），《语言 · 系统 · 结构》。杭州：杭州大学出版社。

271-283。

周健瑛，2009，从功能文体学角度看汪曾祺诗化小说的英译。硕士学位论文。广州：广东外语外贸大学。

朱士昌，1997，The construction of gender and characters through tenor choices in literary works。载胡壮麟、方琰（编），《功能语言学在中国的进展》。北京：清华大学出版社。239-251。

作者简介

刘世生　清华大学外文系教授、博士生导师、系主任。1994 年获北京大学文学博士学位，同年在山东师范大学晋升教授职务，1999 年调入清华大学工作至今。从 1981 年开始学习文体学并关注文体学教学与研究，主持国家社科基金项目两项（"中西文体学比较研究" 1998、"认知文体学与新时代外语教育学综合研究" 2007），发表论著 170 多篇 / 部，学术兼职有：中国文体学研究会常务副会长，中国系统功能语言学副会长，中国英汉语篇分析研究会副会长，国家社科基金评委，教育部外语专业教指委委员，清华大学人文学科学位分委员会副主席等。研究方向：文体学、系统功能语言学、应用语言学。

通讯地址：北京市 清华大学外文系（100084）

电子邮箱：liushish@tsinghua.edu.cn

宋成方　清华大学"外国语言文学博士后流动站"助理研究员。2010 年 1 月获北京大学文学博士学位，同年 4 月获悉尼大学语言学博士学位（联合培养）。在《外语教学与研究》、《解放军外国语学院学报》、《中国社会语言学》等期刊上发表论文 7 篇，多次参加国际会议并宣读论文。主要研究方向：系统功能语言学、语篇分析、文体学和符号学。

通讯地址：北京市 清华大学外文系（100084）

电子邮箱：chengfangsong@tsinghua.edu.cn

第十三章

功能语言学与翻译研究[1]

司显柱 / 北方交通大学

1. 功能语言学与翻译研究

据黄国文(2007: 15) 解释，系统功能语言学在本质上是“功能的”(functional) 和“语义的”(semantic)；它研究的对象是“语篇”(text) 而不是“句子”(sentence)，主要关注的是使用(use) 和惯用(usage) 而不是“语法性”(grammaticality)。Halliday 和 Hasan 等(如 Halliday 1978；Halliday & Hasan 1985) 研究的主要兴趣是语言(语篇) 与社会(体系) 的关系，是语言使用者所创建的语篇以及语篇与语篇使用环境(包括社会文化环境) 之间的关系。

翻译是以语言为媒介的跨文化交往活动。从矛盾论角度看，在将源文转变为译文这一矛盾的过程中涉及诸如心理的、美学的、政治的等多个矛盾方面，相应地，翻译研究也因此有必要从上述不同角度切入，依赖相应的学科知识或理论，对之予以描写和阐释，“翻译学这块领地像是一个胸怀宽广的母亲，有海纳百川的气魄。她吸引着越来越多不同学科的学者在这个领域辛勤耕耘”(黄国文 2002a：1)，进而形成了不同的研究范式。虽然如此，但矛盾的主要方面无疑是语言的、文化的，而翻译从本质上讲是一种言语交际行为，所以把语言在交际过程中的实际使用作为研究对象的系统功能语言学，其对翻译研究的指导作用就不言自明了。

2. 研究回顾

2.1 国外的情形

文献显示，系统功能语言学理论应用于翻译研究已有三十多年的历史。早在 1965 年，Catford（1965: 20）就运用了 Halliday 的阶和范畴语法理论（系统功能语言学的早期理论），较为系统地探讨了翻译的性质、类型、方法、条件和限度，并运用层次（level）、范畴（category）以及阶（rank）等语言学概念论述语际转换的根据，指出根据语言的“阶”，如词素、词、短语、小句或句子，翻译可以分为逐词翻译、直译和意译，逐词翻译是建立在单词“级”上的等值关系；意译“不受限制……可以在上下级之间变动，总是趋向较高级变动……甚至超越句子”；直译则“介于逐字翻译与意译之间”。并提出翻译对等只能是话语对等和功能对等，开辟了翻译理论研究的新途径。

只要有翻译，就会有译评，可以说它与翻译活动本身伴随而生。但要对译文质量开展系统的评价，则一定要应用某个评估模式，所以建构这样的一个模式无疑是翻译理论家义不容辞的责任。德国翻译研究界著名的女学者 Juliane House 几乎毕其全部的研究精力来探索这样一个模式，近二十年未曾停息：她于 1976 年写成论文《翻译质量评估模式》（*Translation Quality Assessment*）而获得博士学位；之后，经过一年的加工，该论文以专著的形式于 1977 年正式出版；到了 1981 年，经再次修改出了第二版；又过了 11 年，到了 1997 年以《翻译质量评估：修正的模式》（*Translation Quality Assessment: A Revised Model*）出了第三版；而到了 2001 年，她又在国际翻译研究专业刊物 *META* 撰文，发表对翻译评估的最新思考。

正如 House 在其 1997 年的修订版里所明确声称的，她对翻译质量评估模式的探索，其理论基础就是 Halliday 的系统功能语言学。具体地说，该书运用功能语言学的语篇分析，尤其是语域理论，从八个方面，即三个涉及语言使用者的参数：地点、社会阶层、时代，和五个语言应用参数：媒介、参加者、社会角色关系、社会态度、领域，依据言语行为所涉及的形式、功能和情景三要素及其彼此的互动关系，通过对源文、译本各自的语境与形式（言语）特征的分析和互照，发现和确定译文是否与源文功能对等或偏离。因此，假如译文在某个语境维度上与源文没有不匹配现象，就可判定译本在此维度上令人满意了，相应地表现在措辞上的适切和功能（意义）上的对等（也可以反过来说，如果译文体现了与源文同样适切的措辞和对等的功能，也自然建构了与源文相应的语境维度）。换言之，House对翻译对等所要做到的功能相符的基本标准是：译本与原本不仅应该功能相符，并且要运用对等的语境维度方式去表述这些功能。分析源文和译本时，就是要看她所提出那个模式的八个维度是否两两相符，是否用同样的方法获得同样的功能。二者相符程度越高，翻译质量越好。因此，译本的最终质量判断包括对上述语境里的每个维度不匹配程度的陈述，即隐性错误（在语境维度上的错误）和显性错误（词语的所指意义与源文不对等或不符合目的语系统规范）的数量及类型的描述。

此外，House还把翻译分为两种类型：明译（overt translation）和暗译（covert translation）。House（1997: 66-69）指出，所谓明译是指译本必须明显是翻译的，而不是“第二源文”（second original）；而暗译之所以如此命名，是因为从语用的角度看译本在目的语里并不呈现翻译的特征，而是像在用目的语进行创作，因此译本享有与源文在目的语文化中所拥有相似的地位。另外，她还认为等值应在语篇、语域和语类层面去寻找。

尽管该模式并非尽善尽美，尚存诸如“参数设置不够合理，运行步骤有待优化”（司显柱 2005a）以及“译本与源文的不对等或许并非是翻译上的差错而是由于译者采取诸如明晰化和补偿等翻译策略使然”（Gutt 1991: 46–49）等不足和缺陷，但作为国际翻译批评界第一个系统、全面的翻译质量评估模式，其开拓性的历史性地位是否定不了的。

当代著名的翻译理论家Mona Baker 1992年出版了《换言之：翻译教程》（*In Other Words: A Coursebook on Translation*）（Baker 1992/2000）。该书系统地探讨了现代语言学理论（主要是功能语言学、语用学等）中一些重要概念及其对处理翻译中诸多复杂难解问题的启示与指导意义，具有很强的理论性，名副其实地为一本培训翻译人员的教科书。全书采用从下到上（bottom-up）的方法，由易到难，从翻译中词的对等讲起，经过词、词组的搭配，句子的对等，直至篇章对等。在该书的主干“篇章对等”部分（几乎占了全书一半的篇幅），Baker运用了Halliday系统功能语言学里的主位结构和信息结构等概念以及词语连贯的所指、替代、省略、连接和词汇衔接五种黏着机制，全面论述了如何实现篇章层面的翻译对等的问题。

Baker 等运用系统功能语言学的语篇分析模式讨论翻译问题，讨论主要集中在语篇功能的层面，关注如何运用主位、衔接、连贯等资源手段实现语篇对等。另一在语篇的衔接、连贯层面讨论翻译问题的是 Blum-Kulka (2000: 302-303)，她通过对选自 Pinter 的作品 *Old Times* 里一个情景案例的希伯来语译文的分析，描述了译本如何因在连贯方面发生改变而导致了译本功能变化的情形。Hatim & Mason (1997) 运用系统功能语言学语篇分析模式讨论翻译问题，除了在语篇的纬度，如主位、连贯性等方面考察译本与源文的匹配情形之外，还深入到了译本的概念、人际功能相对于源文的情形。例如，他们 (Hatim & Mason 1997: 7-10) 通过对 Albert Camus 小说里的一段文字的及物性分析，揭示了英语译文中小句的及物性类型的改变如何导致了译文在概念功能上与源文偏离；他们又凭借语域分析这一工具 (Hatim & Mason 1997: 21) 剖析了译者如何在自身意识形态的作用下，通过对目的语中词汇语法资源的有目的操纵，改变源文的人际功能，从而将源文原本没有的意图编织进译本中，从而充当了某个社会阶层利益代言人这样一个角色的情形。

正如 Munday (2001: 100) 所指出的，Hatim & Mason (1997) 的语篇分析模式体现并超越了 House 的语域分析和 Baker 的语用分析范围，认为语言和语篇是社会文化信息和权势关系的体现，其最大特点在于将 Halliday 关于语言的社会符号性和文化与意识形态的观点运用于翻译研究中。

Roger Bell 是英国著名的语言学家，他较为系统地将语言学理论用于对翻译的探讨，写出翻译研究的专著《翻译与翻译过程：理论与实践》(*Translation and Translating*: *Theory and Practice*) (Bell 1991/2001) 而成为翻译研究的语言学派的代表人物。Halliday 说过："如果能用一个语言学模式来描写翻译过程，那会是非常有意义的。我们应根据语言活动本身来描写它，而不是以先入之见从语言研究领域外部去描写" (转引自 Bell 1991/2001: xvi)。Bell 就是试图从系统功能语言学和语篇语言学的角度来研究翻译问题，努力寻求一种"客观的"方法去描写翻译现象。他从系统功能语言学视角研究翻译，最集中地体现在 Bell (1991/2001) 的第四章，这里 Bell 不仅较详细地介绍了系统功能语言学所论述的语言的三大元功能——概念功能、人际功能和语篇功能，而且凭借自己对多种语言学理论的融会贯通和对语言的洞悉，将系统功能语言学所概括的三种功能与语言的逻辑、语法和修辞等三大系统有机地联接起来，论述了语言的认知意义、交际意义和语篇意义，以及它们如何分别通过语言的及物性、情态和主位而获得体现。事实上，这里 Bell 所说的认知意义和交际意义与系统功能语言学所阐述的概念意义和人际意义基本是同一所指。在这里，他对翻译研究的命脉“意义”的探索已从静态转向动态，从语义学转向交际学，从脱离语境的词语和句子转向依赖语境的话语，即翻译的实际单位。因此贯穿在系统功能语言学语言研究中的重视语境、语用和功能的理念成为 Bell 探索翻译问题、建构翻译理论的认识论和方法论。

Munday 的博士论文 *System on Translation: A Computer-Assisted Systemic Approach to the Analysis of the Translation of Garcia Marquez*（Munday 1997），通过对哥伦比亚籍诺贝尔文学奖作家 Garcia Marquez 的西班牙语小说 *Doce cuentos peregrinos* 和美国译者 Edith Grossman 的英语译本的对照，研究翻译中的转移(shift) 及其趋势。在对这一问题的探索和对语料的文本分析过程中，他自觉地运用系统功能语言学的语言分析模式作为理论基础。之所以如此，Munday 是这样解释的：

> 系统功能语言学的分析模式关注实际使用中的、作为交际行为的语言的功能，它视语言为“一套意义潜势的系统”(Halliday 1978: 39)。也就是说，它将作者实际的选择与可能的选择进行对比而把握实际选择的措辞表达的意义，因此用它来对翻译中的转移和 Lèvy 所说的“作决定过程” 进行分析似乎颇为适宜。况且，这一模式将语言层面的选择系统地与社会中个体的、社会的、文化的和意识形态的等诸多方面连接起来，从而提供了探索翻译中的转移所需要的社会文化框架(Munday 1997: 3)。

在《翻译研究入门》(*Introducing Translation Studies*)(Munday 2001) 一书里，Munday 还对 House, Hatim & Mason 和 Baker 等人运用 Halliday 语篇分析模式研究翻译的功过得失进行了分析。

2.2 国内的研究

在我国，最早运用 Halliday 语言学理论讨论翻译问题的是胡壮麟等人（胡壮麟、朱永生、张德禄 1989：188-189）。他们运用系统功能语言学关于语言三大元功能的论述对翻译研究的重要概念“对等”的内涵作了深入挖掘和剖析，并由此论述了翻译的实质和标准：“翻译一般是寻求源文和译文在意义上的对等。……翻译应寻求两种语言的语篇在同一整体情景语境中具有相同的意义和相同的功能。”“翻译的对等关系不能只建立在一种意义（通常是概念意义）的基础上；在寻求两种语言的语篇的概念意义对等的同时，还必须寻求两种语言的语篇在表达讲话者的态度、动机、判断、角色等人际意义，以及在表达媒介、渠道、修辞方式等语篇意义的对等。在一般情况下，好的译文需在这三种意义上都与源文对等。”

但是胡壮麟等运用 Halliday 理论研究翻译问题却停留在对有限几个问题的一般而论，既未展开，又缺乏实证。这虽然不尽如人意，也是情有可原，因为作为一本介绍系统功能语言学的入门书籍，他们的初衷自然不是要详谈功能语言学与翻译研究，意图大概只是要向读者表明功能语言学的应用领域涵盖了翻译研究。

比较系统、全面地运用 Halliday 功能语言学探索翻译问题，既有理论阐述，又有实证支撑的是黄国文。他近年来以系列论文（黄国文 2002a，2002b，2002c，2003a，2003b，2004）和专著（黄国文 2006）为载体，从功能语言学角度讨论翻译。其主要特点是运用 Halliday 的语篇分析模式探讨唐诗翻译问题，以说明 Halliday 理论对翻译的实用性和可操作性，范围涉及唐诗英译中的引述现象、语气、主位结构、信息结构、经验功能、人际功能、时态、形式对等、逻辑功能和语境问题等，并从宏观角度阐述了功能语篇分析的可行性，为我国学者将 Halliday 理论运用于翻译研究奠定了扎实的基础。

另一比较系统地从系统功能语言学视角研究翻译问题的是张美芳。她和黄国文（张美芳、黄国文 2002）合作的《语篇语言学与翻译研究》一文着重阐述了功能翻译观，涉及意义与其体现形式之间的关系、语篇特征、语境与语言选择、语篇体裁与情景语境等；《从语篇分析的角度看翻译中的对等》（张美芳 2001a）则从语篇分析的角度，在语篇体裁和语域变体两方面对英汉翻译中出现的问题进行了分析；而《意图与语篇制作策略》（张美芳 2001b）一文则从源文和译文的情景语境视角分析了译本与源文功能的不同及其译者制订翻译策略的依据。

王东风近年来借用系统功能语言学里的一些重要概念探讨翻译理论与实践。在《小说翻译的语义连贯重构》（王东风 2005a）一文中，他根据功能语言学中的连贯、衔接和衔接手段中的复现和同现等概念，从语篇分析角度，指出翻译是源文语篇连贯关系的重构分子理念，分析了语义连贯的构成及其翻译对策，并探讨了复现和同现两大衔接手段在语义连贯构成上的表现及其相应的翻译得失。在《小句物质过程被动语态的逆转式翻译所引起的功能亏损》（王东风 2005b）里，王东风以英文小说《简·爱》的片段作为主要分析语料，从诗学的角度探讨小句被动结构在逆转式翻译中的功能亏损，文章涉及系统功能语言学中的概念功能和语篇功能在翻译研究中的应用。

在语言学视角下的翻译研究已不占据翻译研究中心的情况下，系统功能语言学路向的翻译研究还有何独特价值？针对这一问题，司显柱（2004）认为，之前所扬弃的语言学方法只是狭隘的结构主义语言学的翻译研究模式，而现在所提倡的则是集语言与文化分析于一体的系统功能语言学研究模式。作者提出，系统功能语言学模式的翻译研究要依循描写—理论—应用的技术路线，覆盖 Holmes（1988）关于翻译研究所应包含的前述描写、理论和应用三大模块，把对语篇的宏观结构、社会、文化和情景的考察作为对具体词语、句子翻译描写与阐释的起点，同时也通过对具体的词、句子翻译的分析来考察所表征的语篇特征与社会文化"规范"。司显柱（2004）认为，系统功能语言学翻译研究模式的特征在于，它既是一种语言学模式（因为它对翻译的描写和阐释不回避对所涉及的两种语言的形式系统的描写与比较），又是一种广义的语言学模式（因为无论是它对上述两种语言系统的描写和阐释，还是对源文与译文语篇交际情景和语用功能的描写和阐释都不是孤立进行的，而是将其置于言语行为系统的框架下，从形式、功能和情景三者间的互动角度研究翻译过程所涉及的多种语言内外因素的）。因此，它是一种集语言与文化分析于一体的综合模式，是翻译研究的一种优化模式。在从本体论上为系统功能语言学翻译研究模式辩护之后，司显柱（2005a，2006）从功能语言学的语言功能观论述了翻译实质、翻译策略与翻译标准。功能语言学认为语言的功能是交际，语言的交际价值具有三种功能，分别对应三个方面的意义，即概念、人际和语篇。翻译的实质就是在这三个方面做到对等。翻译策略和标准必须兼顾语言功能和文本功能，而不同类型的文本在语言功能和文本（类型）功能上未必是一致的，但这并不意味着它们没有共同的要求。这个共同的要求、共同的翻译标准即功能对等。它同时适用于再现、表情和渲染类文本，只不过在不同类别的文本中侧重点不同而已，其差异只是在程度上而已（蒋哲杰 2009：105）。

尚媛媛、王鹏和李发根等也从系统功能语言学角度研究翻译。尚媛媛（2003）的博士学位论文《政治演讲词英汉翻译中的转移——从系统功能语言学阐释翻译中语言的应用》和专著（尚媛媛 2005）对政治语篇英汉翻译中存在的翻译转换现象进行描述和探讨，拓展了系统功能语言学理论的运用领域，特别是作为一种语篇分析理论和工具在描述和分析翻译语篇中的作用，同时也为翻译现象的探讨提供了一种语言学角度的阐述。王鹏（2004）的博士学位论文《< 哈利 · 波特 > 与其汉语翻译——以系统功能语言学理论分析情态系统》和专著（王鹏 2007）则通过分析说话者性别、年龄与情态动词 can, could 的情态系统（情态类别、情态指向、情态正反）之间的关系，调查《哈利 · 波特》英语源文及其汉语译文之间是否存在翻译对等。李发根（2005）的博士学位论文《人际意义与等效翻译——< 蜀道难 > 及英译文的功能语言学分析》和专著（李发根 2007）以唐代诗人李白的抒情诗《蜀道难》及其五种英译文为分析素材，主要运用 Halliday 的语篇分析模式探讨人际意义的翻译问题。该研究不仅证实了英汉语篇人际意义的客观存在性和 Halliday 语言理论在翻译中的实用性和可操作性，而且构建了一个可用于分析唐诗人际意义翻译的模式，为研究人际意义提供了一个切实可行的依据，为翻译者提供了人际意义翻译的原则和方法。

另外，李运兴（2001）的《语篇翻译引论》和萧立明（2001）的《新译学论稿》也主要是从语篇方面去讨论翻译问题，把翻译研究从以句子为研究单位扩大到语篇，涉及 Halliday 的语境观、衔接连贯、语篇的语域和语篇的层次性等理论和概念。

综上所述，愈来愈多的翻译理论家从功能语言学那里汲取营养，并已经一定程度上形成了翻译研究的系统功能语言学派，推动了译学研究向前发展。

3. 翻译研究评述：成绩与不足

3.1 取得的成绩

概括起来，研究成果主要表现在以下几个方面。

一、建构了新的翻译理论体系和翻译质量评估模式

如前所述，英国语言学家Catford（1965）运用系统功能语言学的早期理论（阶和范畴语法理论）勾勒、归纳了翻译理论体系，较为系统、全面地探讨了翻译的性质、类型、方法、条件和限度等问题。Hatim & Mason（如1997）运用系统功能语言学语篇分析模式，应用其中的许多重要概念，如语境、语域、语言的三种元功能——概念、人际、语篇及其词汇—语法资源——及物性、情态、主位、连贯性等考察译本与源文，并将Halliday的文化和意识形态观点运用于翻译分析。而House（如1997）则以系统功能语言学里的语域分析模式，建构了国际翻译批评界第一个系统、全面的翻译质量评估模式。

二、对翻译研究里的一些核心概念作出了新的阐释

House根据系统功能语言学关于语言的元功能阐述，论述了翻译的实质是指包括语义的（semantic）、语用的（pragmatic）和语篇的（textual）在内的"意义"在从一种语言转移到另一种语言时保持不变。"翻译是用语义和语用对等的译语文本代替源语文本"（House 1977：30）。胡壮麟等（胡壮麟、朱永生、张德禄1989：188）则因此提出了翻译的标准。刘士聪、余东（2000）在论述翻译研究中另一核心问题翻译单位时，借助主述位理论，指出在结构上主述位对句子有构建意义的功能；语篇内，通过主述位分析语篇衔接确定句内的信息及其交际功能将有助于更好地理解源文，进而指出，"以主述位作翻译的单位对源文进行分析和转换是有效的"。

三、对诸如"翻译转移"等现象作出了别开生面的描述与解释

Blum-Kulka（2000）、Munday（1997）、尚媛媛（2003，2005）和张美芳（2001a）运用系统功能语言学理论的重要概念深入探讨了翻译转移问题；Hatim & Mason（1997）和张美芳（2001b）等则从系统功能语言学的视角分析和揭示了译文与源文意图冲突及其反映的不同的意识形态。

四、推进了对译本质量的评估研究

从系统功能语言学角度切入研究译本质量的评价，可谓着力最多，涉及

的语言也十分广泛，如英德翻译（House）、英法翻译（Hatim & Mason）、英西翻译（Hatim）和英希翻译（Blum-Kulka）等。在我国，尤以中国古诗英译质量评价的研究最多，成果也相对更为丰富，如黄国文（2006）、李发根（2005, 2007）、张晓春（2005）和郑元会、苗兴伟（2005）等。

3.2 缺陷与不足

虽然系统功能语言学运用于翻译研究呈现出广阔的发展前景，系统功能语言学路向的翻译研究也取得了不菲的成绩，但也存在诸多问题和不足，主要表现在以下方面。

一、研究比较零散，涉及问题有限，缺乏大器之作

总体而言，目前的研究还处于"初始"阶段，表现在迄今尚未提出一个系统的、基于系统功能语言学的翻译理论框架，缺乏运用该语言学理论全面探索翻译问题的扛鼎之作。当下学者们更多地只是应用该理论的一些原理、概念来阐释翻译研究中有限的几个问题，比较零散。如胡壮麟等（胡壮麟、朱永生、张德禄 1989）和 Bell（1991/2001）都运用系统功能语法关于语言三大元功能的论述对翻译研究的重要概念"对等"的内涵作了深入挖掘和剖析，但却并未建构出基于系统功能语言学的翻译研究框架，也未出版从此视角系统地探索翻译问题的学术专著。

二、较为繁琐，操作性不足

由于系统功能语言学的语言分析模式在语法范畴化方面的复杂性以及对结构和意义的一一匹配的规定性描写的存在，这使得到底要运用其中的哪些范畴来讨论翻译问题就颇费周折。如在评价译文时，如果要在体现语言的三个功能的所有词汇—语法资源层面分析译文既太过复杂，有时往往也没有必要。而要是作出取舍，那么哪些入选，哪些出局呢？这还只是一个方面的问题。根据系统功能语言学对包括翻译在内的言语行为的阐述，言语活动是在形式、功能和情景的互动关系中运作的。由于情景决定意义，而意义是由形式体现的，因此必须考察翻译的情景。但情景又包含很多变量，这些变量不仅决定了译文将要发挥何种功能，也必然对翻译策略，进而对译文的面貌产生作用。但到底要涉及哪些情景变量呢？这同样是一个大问题。正是因为它的繁琐，所以用于翻译

研究时也就难免显得操作性不足。关于这一点，Fish（1981: 59-64）也有同感。

4. 研究展望

对于系统功能语言学路向的翻译研究现状、存在的不足和取得的成就，我们认为，要进行科学、理性的分析。既不能因此妄自菲薄，否定它对翻译研究的指导和启发意义；也不能沾沾自喜而裹足不前。首先，对于系统功能语言学的翻译研究上的不足，我们应当看到，系统功能语言学是社会符号学取向的，是为研究和分析实际使用中的语言而构建的理论。相对而言，在语法的范畴化和框架结构等方面可能要比形式语言学（如转换生成语法）复杂得多。究其原因，虽然都是语法理论，但前者的研究基于包罗万象的社会，后者往往只关注抽象的语言，只描写如何生成合乎语法的句子。因此，虽然系统功能学理论运用于翻译研究时存在选择繁琐和操作不足等问题，但实践业已证明，相对于转换生成语法，系统功能语言学理论对翻译研究更具有指导性。

同时，翻译本身的复杂性以及研究者的视角、兴趣、能力和精力等因素也决定了系统功能语言学对翻译的探索，与其他语言学视角的翻译研究和文化学派的翻译一样，不可能解决翻译的所有问题。因此我们不能因为系统功能语言学没有触及翻译里的一些问题而责难或否定其价值。翻译本身的复杂性、翻译研究学科的属性决定了任何单一的理论都不可能解决其全部的问题。另一方面，我们承认，从对翻译里的一些问题的描述和探讨来看，系统功能语言学的视角与从其他角度研究而得出的结果有很大程度上的相似和相同之处。但这同样不能说没有意义，因为方法的创新同样是学术进步和繁荣的标志。

不过话说回来，缺陷是客观存在的，问题不容忽视。最大的问题是这方面的研究比较零散，涉及问题有限，迄今尚未提出一个系统的、基于系统功能语言学理论的翻译理论框架。学者们更多地只是应用该理论的一些原理、概念来阐释翻译研究中有限的几个问题（司显柱 2007a；田贵森、王冕 2008；蒋哲杰 2009）。因此系统功能语言学路向的翻译研究当下最亟待解决的问题是，如何运用系统功能语言学理论，从系统功能语言学对包括翻译在内的语言使用观出发，比较系统、全面地回答以下翻译问题：

一、言语交际时，人们要遵循语言的构成规律，更要符合言语的使用规律，那么，翻译作为一种言语交际活动，自然不能例外。因此，在翻译过程中，需要描写、分析和对比源文和译文中词汇—结构的实际选择，以及与之相应的语言系统（源语、目的语）的选择潜势，考察源语和目的语各自的词汇—语法系统在语篇层面和小句层面上的构成规则和使用规则，从而研究两种不同的语言系统的语法构成规则和言语使用规则有何差异。

二、必须要探索差异背后的语境因素是什么，从语境梯级结构角度看，源语、目的语文化中所包括的世界观、价值观和方法论等在内的意识形态差异是什么，以及反映在文化语境和情境语境中的差异是什么。

三、从语境决定意义的角度，这种差异对作者与译者交际意图有何影响？从意义体现于形式的角度，它对源文与译文文本制作策略产生怎样的影响？这种影响是如何在形式范畴（词汇、结构）、语篇层面（语篇性）和小句层面（及物性、语气、主位）体现的？翻译中如何在这两个层次调变？从译作的角度，相对于原作的变异，哪些属于语言系统调变的层面？哪些是言语使用的层面？哪些是译的层面？哪些是非译或者说伪译的层面？如何识别？有无规律？

我们知道，传统的语言学翻译研究虽然历时最久，但缺乏系统性和整体性。结构主义语言学视角的翻译研究，以现代结构主义语言学理论为基础描写与解释翻译活动，探讨翻译的本质，总结双语转换规律，注重研究的系统性和整体性，为翻译研究发展成为一门名副其实的“科学”打下了基础；但另一方面，由于其视翻译活动为一种纯粹的机械的语言转换活动，抹杀翻译的人文性与译者的创造性，忽视对翻译活动外部因素的研究，使得翻译研究的视域变得极为狭窄。基于文化视域的翻译研究把翻译放到文化的大背景下进行考察，研究诸如权力关系、意识形态、社会规范、帝国主义和后殖民主义等宏大课题，打开了与翻译活动有关的一切可能领域，极大地拓展了翻译研究领域，形成了多元的翻译理论体系，并占据了翻译研究的中心位置；但与此同时，它从消解语言的逻各斯中心出发，抛弃了翻译的“忠实”和“对等”要求，因而存在着忽视文本对等翻译的本体研究以及立论以偏概全和泛文化等方面的严重缺陷。

而系统功能语言学路向的翻译研究能够紧扣翻译这种跨越两种语言和文化时空的言语交际行为的实质，围绕意义的易移，在言语行为理论框架之下，描写和阐述影响这一过程和目标实现的语言的、言语的、文化的等方方面面的因素。系统功能语言学的语言使用观认为，言语交际是一种言语行为活动，交际主体围绕交际意图以语篇的形式表达一定的意义。言语交际过程中，交际主体在言语行为框架下的形式（语言）、功能和情景三个系统之间，在给定文化、情景里对一定形式（词汇—语法）和系统（言语行为潜势）作出实际选择（言语行为）。因此，系统功能语言学路向的翻译研究围绕翻译的跨语言、文化的言语交际行为的本质属性，既研究“如何译”，也研究“为什么这样译”。因此，相对于以往的各自为营、支离散碎的众多研究而言，系统功能语言学路向的翻译研究能够把从语言学的、结构主义语言学的和文化视角下的研究统一到一个整体的框架之中，因而表现出优化的研究范式的特征。不仅如此，由于它将翻译活动所直接涉及的语言的、言语的和文化的等诸多因素从整体性的角度处理，既跳出了结构主义语言学范式的“狭隘的、封闭的纯粹语言操作”的桎梏，又能克服文化范式对文化因素的处理一方面过于宏大，一方面又游离于语言之外而表现的“无所不包、大而无当”的云雾弥漫般的缺陷，所以是一种“集语言与文化分析于一体”（司显柱 2004）的翻译研究优化范式[2]。

注释

1 本文系在笔者发表的《系统功能语言学路向翻译研究述评》（《外语研究》2007(4)）基础上的完善和发展。

2 鉴于翻译活动的复杂性，任何一种路线的翻译研究都不可能是十全十美的，不可能解决与翻译和翻译研究有关的所有问题。比如说，作为一种关注翻译的语言、文化层面的翻译研究，对于翻译的审美性、艺术性的问题似乎未给于应有的重视。“语言学派翻译理论的要害，是把艺术事实还原为语言事实，把美学问题还原为逻辑问题”（张今 1987：16）。张今教授二十多年前对语言学翻译研究范式所存在问题而提出的批评，到今天仍然没有得到很好的解决。

参考文献

Baker, M. 1992/2000. *In Other Words: A Coursebook on Translation*. London: Routledge/Beijing: Foreign Language Teaching and Research Press.

Bell, R. T. 1991/2001. *Translation and Translating: Theory and Practice*. London: Longman/Beijing: Foreign Language Teaching and Research Press.

Blum-Kulka, S. 2000. Shifts of cohesion and coherence in translation. In L. Venuti (ed.). *The Translation Studies Reader*. London: Routledge.

Catford, C. J. 1965. *A Linguistic Theory of Translation*. London: Oxford University Press.

Fish, S. E. 1981. What is stylistics and why are they saying such terrible things about it?. In D. C. Freeman (ed.). *Essays in Modern Stylistics*. London and New York: Methuen. 53-78.

Gutt, E. 1991. *Translation and Relevance: Cognition and Context*. Oxford: Blackwell.

Halliday, M. A. K. 1978. *Language as Social Semiotic: The Social Interpretation of Language and Meaning*. London: Arnold.

Halliday, M. A. K. & R. Hasan. 1985. *Language, Context and Text: Aspects of Language in a Social-Semiotic Perspective*. Geelong, Vic.: Deakin University Press.

Hatim, B. 1998/2001. *Communication across Culture: Translation Theory and Contrastive Text Linguistics*. Exeter: University of Exeter Press/Shanghai: Shanghai Foreign Language Education Press.

Hatim, B. & I. Mason. 1990/2001. *Discourse and the Translator*. London: Longman/ Shanghai: Shanghai Foreign Language Education Press.

Hatim, B. & I. Mason. 1997. *The Translator as Communicator*. London: Routledge.

Holmes, J. S. 1988. The name and nature of translation studies. In J. Holmes (ed.). *Translated! Papers on Literary Translation and Translation Studies*. Amsterdam: Rodopi. 67-80.

House, J. A. 1977. *Translation Quality Assessment*. Tubingen: Gunter Narr Verlag.

House, J. A. 1981. *Model for Translation Quality Assessment*. Tubingen: Gunter Narr Verlag.

House, J. A. 1997. *Translation Quality Assessment: A Model Revisited*. Tubingen: Gunter Narr Verlag.

House, J. A. 2001. Translation quality assessment: Linguistic description versus social evaluation. *META* 46 (2): 243-257.

Munday, J. 1997. *System in Translation: A Computer-Assisted Systemic Approach to the Analysis of the Translation of Garcia Marquez*. PhD. Dissertation. Bradford: University of Bradford.

Munday, J. 2001. *Introducing Translation Studies*. London: Routledge.

胡壮麟、朱永生、张德禄，1989，《系统功能语法概论》。长沙：湖南教育出版社。

黄国文，2002a，导读：关于语篇与翻译，《外语与外语教学》（7）：1-2。

黄国文，2002b，功能语言学分析对翻译研究的启示 ——《清明》英译文的经验功能分析，《外语与外语教学》（5）：1-6，11。

黄国文，2002c，《清明》英译文的人际功能探讨，《外语教学》（3）：34-38。

黄国文，2003a，古诗英译文里的时态分析，《四川外语学院学报》（1）：95-100。

黄国文，2003b，从《天净沙 · 秋思》的英译文看“形式对等”的重要性，《中国翻译》（2）：23-25。

黄国文，2004，翻译研究的功能语言学途径，《中国翻译》（5）：17-21。

黄国文，2006，《翻译研究的语言学探索：古诗词英译本的语言学分析》。上海：上海外语教育出版社。

黄国文，2007，作为普通语言学的系统功能语言学，《中国外语》（5）：14-19。

黄国文、张美芳，2003，从语篇分析角度看翻译单位的确定，《翻译季刊》（4）：75-93。

蒋哲杰，2009，近五年系统功能语言学视角下的翻译研究，《语文学刊》（3）：104-106，119。

李发根，2005，人际意义与等效翻译 ——《蜀道难》及英译文的功能语言学分析。博士学位论文。广州：中山大学。

李发根，2007，《人际意义与等效翻译》。南昌：江西人民出版社。

李运兴，2001，《语篇翻译引论》。北京：中国对外翻译出版公司。

刘士聪、余东，2000，试论以主 / 述位作翻译单位，《外国语》，（3）：61-66。

尚媛媛，2003，政治演讲词英汉翻译中的转移 —— 从系统功能语言学阐释翻译中语言的应用。博士学位论文。广州：中山大学。

尚媛媛，2005，《英汉政治语篇翻译研究》。成都：四川人民出版社。

司显柱，2004，试论翻译研究的系统功能语言学模式，《外语与外语教学》（6）：52-54。

司显柱，2005a，从功能语言学的语言功能观论翻译实质、翻译策略与翻译标准，《中国翻译》（3）：61-65。

司显柱，2005b，朱莉安·豪斯“翻译质量评估模式”批评，《外语教学》（3）：79-84。

司显柱，2006，功能语言学视角翻译标准再论，《外语教学》（2）：63-67。

司显柱，2007a，系统功能语言学路向翻译研究述评，《外语研究》（4）：85-89。

司显柱，2007b，《功能语言学与翻译研究——翻译质量评估模式建构》。北京：北京大学出版社。

田贵森、王冕，2008，功能语言学在中国的应用研究与发展，《北京科技大学学报（社会科学版）》（2）：98-103。

王东风，2005a，小说翻译的语义连贯重构，《中国翻译》（3）：37-43。

王东风，2005b，小句物质过程被动语态的逆转式翻译所引起的功能亏损，《外语艺术教育研究（功能语言学与语言研究专号）》（3）：56-62。

王鹏，2004，《哈利·波特》与其汉语翻译——以系统功能语言学理论分析情态系统。博士学位论文。广州：中山大学。

王鹏，2007，《<哈利·波特>与其汉语翻译——以系统功能语言学理论分析情态系统》。重庆：重庆大学出版社。

萧立明，2001，《新译学论稿》。北京：中国对外翻译出版公司。

张今，1987，《文学翻译原理》。开封：河南大学出版社。

张美芳，2001a，从语篇分析的角度看翻译中的对等，《现代外语》（1）：78-84。

张美芳，2001b，意图与语篇制作策略，《外国语》（2）：37-41。

张美芳，2002，语言的评价意义与译者的价值取向，《外语与外语教学》（7）：15-18，27。

张美芳、黄国文，2002，语篇语言学与翻译研究，《中国翻译》（3）：5-9。

张晓春，2005，唐诗《春晓》英译文的语法和词汇衔接手段分析，《外语艺术教育研究（功能语言学与语言研究专号）》（3）：63-67，80。

郑元会、苗兴伟，2005，诗歌翻译中人际意义的建构——评莎士比亚第十八首十四行诗的翻译，《外语艺术教育研究（功能语言学与语言研究专号）》（3）：50-55，22。

作者简介

司显柱　文学博士。现任北京交通大学语言与传播学院院长、三级教授。研究方向：翻译研究、功能语言学、英汉语比较、外语教学。

发表研究论文约 80 篇，其中 CSSCI 源刊逾 40 篇。以独著或第一作者身份出版本专业专著、教材、编著等 16 部。主持研究、完成教育部人文社科基金课题、教育部教学改革研究专项课题、中央高校基本科研业务费课题、江西省哲学社会科学规划课题、江西省高校人文社科规划课题、江西省教学改革研究重点课题等 10 余项。以独立或第一完成人身份获得江西省社会科学优秀成果奖二等奖 3 项、三等奖 1 项；江西省高校人文社科优秀成果奖二等奖 1 项、三等奖 1 项；江西省普通高等学校优秀教学成果奖一等奖 1 项。为省级重点学科带头人和百千万人才工程人选。现任中国英汉语比较研究会常务理事、中国翻译协会理事、中国功能语言学研究会理事。

通讯地址：北京市海淀区西直门外上园村 3 号　北京交通大学语言与传播学院（100044）

电子邮箱：xzhsi@bjtu.edu.cn

第十四章

功能语言学与外语教学

杨信彰 / 厦门大学

1. 引言

创建理论的目的是为了使用理论（Halliday, McIntosh & Strevens 1964: 137）。系统功能语言学把语言看做一个社会符号系统和创建意义的一种资源，重视理论和实践的辩证关系。我们知道，理论发展能推动应用研究的发展，反过来，应用研究能对理论研究产生反馈作用，从而促进理论的发展。功能语言学长期关注理论的应用问题，尤其是把功能语言学的理论应用到语言教学领域，重视功能语言学和外语教学的互动。Halliday（1994）在《功能语法导论》（*An Introduction to Functional Grammar*）的前言里提到了语言学的许多应用领域，其中就包括了外语教学。

在功能语言学理论的影响下，世界的语言教学发生了很大的变化。我国的外语教学也不例外。自从功能语言学引入我国以来，我们的外语工作者把功能语言学理论和外语教学的实践紧密联系起来，积极展开教学研究，取得了许多成果。本章拟回顾和评析功能语言学在外语教学领域的应用和研究，以期我们对其状况有个清晰的认识，便于今后展开这方面的研究和外语教学工作。

2. 功能语言学的基本语言教学思想

早在 1964 年，Halliday，McIntosh 和 Strevens 就出版了著作，把语言科学看做发现和描写语言运作的手段，对语言教学进行了专门的探讨，强调了语域、语境在语言教学中的重要地位。他们（Halliday, McIntosh & Strevens 1964:

10）认为，语言活动有四种基本形式：听、说、读、写；其基本过程是言语产出（production）和言语知觉（perception）。语言事件的两种基本物质材料是声波和可见的记号。但物质只是语言活动的一个方面，此外还有结构和环境。因此，他们认为语言科学存在于物质（substance）、形式（form）和语境（context）三个层面。物质是语言的材料，包括听觉物质和视觉物质。形式指的是内部结构，语境指的是语言和其他情景特征的联系。

他们注意教与学的区别，认为我们需要把学语言的方法与教语言的方法区分开来。他们（Halliday, McIntosh & Strevens 1964: 183）把语言学习看做"学会在陌生的文化情景下有效而且可接受的语言行为"。在他们（Halliday, McIntosh & Strevens 1964: 178）看来，每个正常的儿童都天生具有习得语言的潜力。儿童不需要了解语言学，也不需要学习说话的规则，但他们在掌握母语时却学会了如何在情景中表达。因此，对于母语习得来说，语言学的作用在于教语言，对语言学习不是十分重要。教师的一个主要功能就是提供有助于语言学习的条件。

随着语言学理论的发展，语言学与语言教学的关系得到人们的关注。功能语言学的教学理念始终贯穿着语境和语域的思想。Halliday 等人（Halliday, McIntosh & Strevens 1964: 207）意识到专门用途语言教学的重要性，提倡语言学家根据大量的语言样品详细研究限制性语言和特殊语域。他们从语言使用的实际出发，把语言教学与语域紧密联系起来，认为教学内容的选择需要根据出现频率、可教性、课堂需要等原则。整个过程涉及语言的各个层面，不仅包括单词，还包括语音、语法、语境和情景。

他们（Halliday，McIntosh & Strevens 1964：223-251）区分出三种语言教学：规定主义教学、描写主义教学和能产性教学。规定主义教学规定了最佳的语言表达形式，描写主义教学像语言学家那样描写语言，让学生有机会获得语言知识或者探讨和理解语言的使用。能产性教学要求学生大量使用语言资源，让学生根据用途正确使用语言。他们认为母语教学应采用描写主义教学和产出性教学，强调在教学中展示使用中的语言。学生应该学会适合各种情景的语言变体，读写教学应该注意语域差别。

Halliday 等人（Halliday，McIntosh & Strevens 1964: 245）论述了母语教

学和外语教学的特点，认为母语教学必须与“我们生活中使用的语言”联系起来。母语教学主要的目标是让每个人了解母语的运作机制，学会有效地使用语言，更好地欣赏母语的文学作品，更好地学习外语。在外语学习方面，他们把外语教学分为两类：一类是用外语教授外语，另一类是通过教授语言知识来教外语。他们认为外语教学的一个任务和目标是教授学生掌握在各种不同情景中使用听、说、读、写四项基本语言技能。学会这些技能的一个方法是体验这些技能，在实际情景的使用中接触这些技能，把外语与活动、人和话题联系起来（Halliday，McIntosh & Strevens 1964: 252），例如有些学校在用外语来教地理、历史和算术课，即现在的“基于内容的语言教学”（content-based language teaching）。

在 Halliday 等人（Halliday，McIntosh & Strevens 1964: 254-265）看来，语言教学必须具备两个特征：一个是学习者必须亲身体验所使用的语言，另一个是学习者必须自己能够有使用语言的机会。通过教授语言知识来教外语的教学方式不是在教语言，这样做把大量的宝贵时间耗费在语言知识上，使技能课变成了知识课。他们认为语言知识对于高级学习者是有价值的，但是在初级阶段，教授语言知识没有什么帮助，倒会妨碍学习者掌握实际的语言技能。他们也批评传统的语法翻译法，认为语法翻译法大量依赖外语的形式描写，依赖翻译练习。在语法练习中，语法翻译法使用缺乏语境的孤立句子，关注形式的对等，而忽视语境的对等，不注意语域，无法判断语言使用的适宜性。此外，他们（Halliday, McIntosh & Strevens 1964: 268）也注意到了多媒体在外语教学中的积极作用，认为语言实验室和视听技术能使语言教学更快、更有趣、更成功。

Halliday（1978）在 1978 年首届澳大利亚应用语言学学会会议的发言中赞同“专门用途语言”的概念，认为单词的学习不是靠死记硬背，而是通过在活生生的语境中听和使用学会的。外语学习是在构建新的交流意义的现实。因此，学习者需要学会识别语境的方法以及语境中可能交流的意义。他（Halliday 1986）关注到了第二语言学习过程中的三种因素，即语言学习的社会语境、需要消除的文化距离和所要面对的语言问题。

功能语言学的理论在外语教学中得到广泛的应用。系统功能语言学的语域和语境概念对语言教学产生了很大的影响。在功能语言学理论的影响下，人们更多强调语言与社会需要相结合，关注语言的交际功能。早期的情景教学法和专门用途教学，以及后来的功能教学法、交际教学法都源自功能语言学理论。情景教学法应用了情景意义，专门用途语言教学应用了语域概念。在对外英语教学（TESOL）领域，教学更多地采用以功能为导向，把教师看做学习的协助者，把错误看做外语学习过程中不可避免的现象，更多地关注外语学习策略和交际策略（Halliday 1986）。Christie & Unsworth（2005: 222-223）指出，Halliday 的基于语言的学习理论认为语言是学习的主要资源，对形式和内容、形式和功能不作明显的区分，内容（即意义）触发形式（即词汇语法）。

3. 功能语言学在我国外语教学的应用概况

功能语言学的理论引入我国之后，得到了广大语言教师和研究人员的认可。许多外语教师尝试着把这种理论运用到外语教学的研究和实践上，取得了可喜的成绩。在国内刊物和出版的历届全国功能语言学研讨会上和全国语篇分析研讨会的论文集中，出现了许多把系统功能语言学理论应用到外语教学的研究成果，例如第五届全国功能语言学研讨会的论文集《语言的功能——系统、语用和认知》中就有 13 篇有关系统功能语言学在外语教学中的应用。

从中国期刊网（CNKI）的论文发表情况看，把功能语言学理论运月到外语教学实践的论文也不断增多。笔者以“中国语言文字”和“外国语言文字”为范围，先把检索词定义为“功能语言学”对中国期刊网进行精确的全文检索，然后再用检索词“外语教学”在检索结果中进行二次检索，具体结果如表 1 所示：

表 1　中国学者功能语言学论文发表情况

年份	1980	1985	1990	1995	2000	2005	2009
功能语言学	4	10	10	27	131	455	1293
外语教学	0	2	2	9	78	288	824

从上表可以看出，功能语言学理论逐渐被接受，把功能语言学和外语教学相结合的研究成果越来越多，形势喜人。尤其是到了 21 世纪，无论是理论探讨还是应用研究都数量可观。

此外，许多学者还在著作中讨论了功能语言学在外语教学领域的应用。例如，张德禄等人（张德禄、苗兴伟、李学宁 2005）出版的《功能语言学与外语教学》一书在系统功能语言学理论和功能语言学教学思想的基础上，详细讨论了语言教学的教学目标和教学大纲，分析了语境在外语教学中的重要性，突出了功能语言学在语法教学、语篇教学、听力和口语教学、阅读教学以及写作教学等方面的应用。该书还用系统功能语言学理论对大学英语四级写作能力进行了诊断和评估。

这些成果反映了我国外语界为运用功能语言学理论探讨外语教学的实际问题所作出的努力。有的成果从宏观的角度讨论功能语言学对外语教学的积极作用，涉及阅读教学、听说教学、写作教学和翻译教学等方面。

4. 宏观探讨

近几十年来，语境的重要性在外语教学中得到了广泛的认识。一些学者从宏观的角度讨论了功能语言学与外语教学的关系。张德禄（2005b）总结了系统功能语言学理论应用在语言教学上取得的成果，如在系统功能语言学的系统观和功能观的基础上发展起来的交际教学法，在阶与范畴语法和系统功能语法的影响下发展起来的专门用途英语教学，在语境理论的基础上发展起来的文化教学法，在体裁理论的基础上发展起来的以体裁和语域为基础的写作教学法，在系统功能语言学理论基础上发展起来的主题协商教学大纲等，他认为我们已经到了对系统功能语言学在语言教学中的作用进行全面系统研究的阶段。王振华（2004）根据语言系统的系统思想性和外语教学的现状提出“模块系统”的外语教学模式，认为在外语教学中，模块系统的运作得到两个理念的支持，一是“先自上而下，后自下而上”；另一个是“意义驱动”。意义驱动是指外语教学要以意义为中心。杨潮光（1998）举例说明功能语言学的系统、功能、语言变体和衔接等概念在英语语音教学、书写教学、语法、阅读、写作、语言学教材的编写以及课程设置方面的指导作用。

在教学大纲和外语教学法方面，肖洪根（1996）讨论了在功能语言学理论影响下产生的意念功能教学大纲、交际教学大纲以及情景教学大纲、任务教学大纲，探讨旅游专门用途英语教学的一些理论问题。李发元（1995）在讨论功能教学法的特征时指出教学内容应与一定的交际目的、交际内容、交际情景相结合，以“功能项目”为纲，力求教学过程交际化。文章认为外语教学应重视培养学生的言语交际能力，把语言训练与使用语言的情景密切结合。教学中不仅要重视以句子为单位的训练，还要逐步发展语篇水平上的交际能力。

有些论文探讨了功能语言学与交际教学法的关系。例如杨炳钧、尹明祥（2000）认为交际教学法不等于功能教学法；他们同时指出，系统功能语言学的六大核心思想，即系统、层次、元功能、功能、语境、近似或盖然率的思想对语言教学尤其是英语教学有很高的指导意义。冯洁茹（2008）根据行为潜势、意义潜势及形式潜势之间的关系，探讨了以系统功能语言学为指导的交际法外语教学的可能性及优点，通过分析说明，运用系统功能语言学指导交际法外语教学能有效地提高学生的交际能力。胡壮麟（2005）认为功能包括三大元功能，但意念教学法和交际教学法只能完成它的三分之一，真正的好的教学法是把这些元功能整合到一起。

在课堂话语方面，蔡敏（2009）根据人际功能的理论，对大学英语教师的课堂话语的言语功能、情态系统以及评价体系进行研究，突出人际意义选择在课堂话语中的重要性，认为教师的课堂话语能影响学生对知识的吸收和课堂上的表现，大学英语教师应该注意选择正确的人际意义体现手段，优化英语课堂教学环境。

在外语教学中应用功能语法能提高外语教学的效率。陈兰(2009)认为把系统功能语法应用到英语阅读教学可帮助学习者了解整个语篇框架和结构，掌握语篇语法和词汇衔接的规律，理解写作意图，把握不同文化背景下的篇章结构，帮助学习者提高对英语语言使用的敏感性，更好地理解语篇所传递的各种意义。陈静（2010）将功能语法引入大学英语精读课中进行语篇分析教学，并展开实证量化研究，与使用传统语法的精读课的效果进行比较，证明在相同教学时间内，语域、语篇和语法的共同作用使实验组学生所取得的总分高于控制组学生，在大学阶段，功能语法较传统语法能起到更全面的促学效果。

5. 语境、语域与外语教学

语境对语言系统和语言使用会产生影响和制约作用，语域是语境变化产生的语言变异。许多学者把语境、语域与外语教学结合起来，探讨这两个概念在外语教学中的积极作用。例如张德禄（2005a）分析了互文语境、上下文语境、即时语境、文化语境和交流语境，并认为外语学习涉及实际运用的语言、可以运用的语言以及与所运用的语言相关的特征。外语学习必须把语言、上下文语境和语言运用的现场语境联系起来。文章认为，语境能帮助我们选择比较合适的教学方法，因此认识语境因素在语篇学习中是理解语篇的关键。廖益清（2000）运用语境理论分析两篇专门用途英语（ESP）短文中的语场、语旨和语式，认为专门用途英语教学以语域理论为指导，把专门用途英语教学当做体现不同语域特征的情景教学能让学生随着情景的变化学到适当的、有特征的语言。

任绍曾（2003）在语篇与语境理论基础上，通过实例考察词汇如何作为语境线索来从语篇推断语境，从而达到理解语篇的目的。文章建议在外语教学中引导学生在遇到难以理解的词或句时寻找词汇语境线索，根据其激活的图式进行推理，理解语篇。廖传风（2000）讨论了语境教学法在词汇教学中的具体应用，认为语境教学法具有生动性、联想性和制约性。语境教学法把传统的“传授—接受”教学模式转变为“输入—内化—输出”教学模式，有利于培养学生在不同的社会环境中进行正确和得体交际的能力。文章指出教师应将学生置于交际语境里，使他们学会在不同的语境中运用不同的表达方式。

在商务英语教学方面，陈晓勇（2001）分析了商务英语的语域特征及其词汇语法体现手段和语篇风格，认为商务英语翻译必须寻找概念意义、人际意义和语篇意义的对等，指出商务英语翻译教学应当指导学生分析真实语料中的内容特点、语言形式和行文程式，从语篇上审视商务英语文函的组织和写作过程，在翻译练习中学会从语篇内容的整体结构出发选择恰当的语言表达形式。

6. 语类与外语教学

语类（genre）是系统功能语言学的一个重要概念，有的学者把 genre 译作“体裁”。Martin（1985）认为语类是更高层次的符号系统，不仅包括语言活动本身，还包括社会行为和行动。他把语类看做是通过语域体现、以目标为导向的呈阶段化的社会过程。方琰、方艳华（2002）以 Hasan 的语类结构潜势理论作为英语写作教学的理论框架，建立了一个以语类为基础的英语写作教学模式。

根据这个模式，写作者应当在建立语类概念、预测语类结构、使用修辞手段和语言的表达各个方面进行全面的训练。文章认为，我们在教学中可以使用 Hasan 的语境配制概念及语类结构潜势理论，帮助学生建立语类意识和原始语类的概念，使英语写作教学具有更强的针对性。张德禄 (2002) 探讨了语类的特点和语类研究所涉及的不同方面，讨论语类研究所涉及的主要因素以及语类研究对外语教学的启示，认为语言教学的内容要包括语篇的语类特点、语篇产生的文化背景和情景语境、语言形式在社会交际和语言结构中的功能，同时采取适当的教学方法来提高教学质量。

近年来，体裁教学法得到了关注。一些学者对其展开探讨，将其应用到教学实践之中，出现了不少这方面的论文。例如，章远荣、雷霄 (2000) 认为体裁分析为语篇教学提供了新思路与新方法。这篇文章提出，在语篇教学中采用体裁分析的方法，既分析语篇的体裁结构，又分析语篇的修辞结构。这项研究还通过一项实验说明在外语教学中应用体裁分析的方法更能培养学生的写作能力和语言应用的能力，帮助学生了解英语篇章谋篇布局的特点和目的。

杨红波 (2001) 运用写作测试和问卷调查研究了体裁教学法在写作教学中的可行性和有效性，发现强化体裁意识的写作教学能提高学生的体裁写作能力，说明体裁教学法对学生的英语学习确实起到了帮助作用。王水莲 (2001) 说明体裁教学法的目的是引导学生认识不同体裁的语篇具有不同交际目的和篇章结构，引导学生掌握语篇的图式结构，了解语篇的建构过程，从而帮助学生理解和撰写属于某一体裁的语篇。外语教师在教学过程中可运用体裁教学方法，帮助学生了解体裁的社会功能和交际目的，了解体裁结构和认知模式，帮助学生更好地理解和创作特定体裁的各种口头和书面语篇。

李美霞 (2005) 把话语类型教学法分为四种：以结构为取向方法、以情景为取向方法、架桥式方法和其他方法，探讨这些方法的优势与不足，并对这一教学方法提出自己的看法。梁文花 (2010) 采用“体裁教学—学习循环”模式进行阅读教学的研究，认为教学过程包括语境创立、示范分析、讨论细节的选择、语言功能分析、联系相关语篇、评估与测试等，并说明“体裁教学法”能提供有效的语篇分析方法。

在专门用途英语和学术英语教学领域，王晋军 (2002) 认为语类理论及语类分析方法在专门用途英语和学术英语写作教学以及应用文的写作中起到了不可替代的作用。论文指出，引入语类理论及语类分析能使学生认识到不同语类的语篇具有不同的交际目的和语篇结构，可以使学生掌握语篇的图式结构，了解语篇的建构过程，有利于学生掌握交际语类的写作模式。于晖（2001, 2003）通过对具体语篇的分析，认为语篇体裁的概念对于外语教学有着重要的意义，可以帮助学生熟悉各种专门用途英语语篇的构建机制，发现不同语篇体裁的异同点，探究语篇形成背后的社会文化等语境因素，有助于学生提高写作水平以及从不同层面对语篇进行赏析的能力，还可以减少因文化差异给第二外语教学带来的困难，使学生更好地理解和创作出地道得体的文章来，达到为教学实践服务的目的。

曾蕾（2005）运用语篇体裁理论探讨学术英语语篇体裁与语域变体，讨论了学术英语语篇的体裁网络模式，认为在学术交流英语演讲教学中，学生需要注意到学术报告的语篇体裁和语言特点是"写为说"的，教师需要进一步启发学生对语域三要素的理解，指导学生对语篇的经验意义、人际意义和语篇意义的体现方式作进一步分析。曹玲娟、周常明（2002）指出我们在商务英语写作教学中要重视体裁、体裁分析以及必要的商务活动基础知识的学习，使学生了解商贸活动中特定体裁的社会功能和交际目的，了解商务信件的体裁结构与知识模式，从而帮助他们更好地理解和创作符合特定体裁特征的语篇，获得用英语在国际贸易和对外商务活动中交往的能力。

7. 语法隐喻与外语教学

系统功能语言学的语法隐喻理论为外语教学提供了一个很好的理论基础。许多学者在这方面作了许多有意义的研究，提出不少教学建议。例如，杨晓英、何丽（2006）分析了语法隐喻式、直白式与理解困难之间的关系，说明语法隐喻是导致理解困难的一个重要原因，从而提出在成人语篇的英语教学中引入语法隐喻的必要性，认为应该有意识地培养学生合理应用隐喻式和一致式的能力，以提高外语的输入和输出水平。孙毅、陈朗（2009）介绍了在阅读教学、口语教学、写作教学和翻译教学中引入语法隐喻的意义，认为在大学英语教学中对语法隐喻表达方式的教授和讲解是必不可少的。这篇文章建议教师应充分意识到语法隐喻的核心价值，将其循序渐进地引入课堂，有意识地培养学生合理应用隐喻式和一致式的能力，提高他们对语法隐喻的熟悉和认知程度，从而提高外语的输入和输出水平。陈欢（2007）说明语法隐喻与认知水平和思维方式存在联系，多出现在构思严谨的论证性语篇中，因此在中高级英语教学中，应该把语法隐喻循序渐进地引入课堂，有意识地培养学生合理应用隐喻式和一致式的能力，使学生对不同语篇的不同表达获得理性的认识。

朱艳敏（2007）分析了语法名物化的语义特征及其语篇衔接功能，认为名物化具有简洁、客观、正式和生动等特征，掌握名物化结构有利于提高学生的写作质量。文章认为，教师在课堂教学中应有意识地培养学生恰当地利用名物化写作的习惯，同时注意度的把握，使语言清楚明了。汪先锋（2008）建议在教学中引入语法隐喻的概念，通过语法隐喻理论的级阶的滑动，把含有语法隐喻的句子改写成“一致式”的句子，可帮助提高学生的英语思维认知能力和阅读水平。

一些论文还开展了实证研究，调查语法隐喻与外语学习的关系。金娜娜、陈自力（2004）把语法隐喻看做范畴跨越，采用实证的方法调查了隐喻度对英语专业学生语篇理解的影响，认为语法隐喻方式有助于意义的有效识解，有利于认知效果的获得，隐喻度在有限条件下与语篇关联度和所能取得的认知效果成正比关系。熊学亮、刘东虹（2005）用实地调查和数据统计的方式，探讨了英语学习者在二语习得过程中语法隐喻的个体发展状况。研究发现，我国英语学习者在语法隐喻的个体发展上基本遵循了从一致式到隐喻式的规律。论文认为，只有当外语学习者的母语和外语两种语言水平趋于一致时，才能激活其母语的隐喻思维，导致正迁移，从而在目的语中较多地运用与母语一致的隐喻式。孙承荣、宋德生（2008）根据学生使用语法隐喻的频次与语篇建构水平呈正相关的假设，展开实证研究，通过定量分析说明语法隐喻除了源于意义发展之外，还是教育和认知水平提高的产物。论文提出，教师在教学中应该引导学生观察和使用语法隐喻表达式，以便提高他们的语言表达水平和语言创造力。

8. 评价理论与外语教学

评价理论是 Martin（2000）等人根据人际功能发展起来的理论。这个理论将语篇中的评价性资源分为态度、介入和级差三个子系统。近年来，许多学者将该理论应用到外语教学研究中去。例如，李战子（2001）根据有关情态和人际功能的论述以及评价理论，探索学术话语中的认知型情态，调查了我国英语学生论文中的认知型情态（以及责任型情态）使用情况，认为学术话语的习得也是一个对该类型话语人际意义的认同过程，在论文写作教学以及阅读教学中均可提高对情态表达的多重人际功能的认识。刘世铸、韩金龙（2004）认为新闻话语的评价研究对外语教学是一种有效的促进和帮助。钟兰凤(2007) 论证了评价理论研究与媒介素养研究的关系，并以一篇英语报刊文章的分析为例展示了评价理论在英语报刊教学中对媒介素养教育的积极作用。

在具体的教学过程中，许超（2006）建议在英语阅读课教学中借助评价理论，提倡批评性阅读，使学生能有效地选择适合自己的价值定位，培养学生鉴赏阅读材料的思想和艺术价值的能力，揭示作者的主观倾向性、价值取向和态度立场。廖传风（2008）运用评价理论对《大学体验英语综合教程》第一册中的一篇课文中词汇、短语和段落等层面的评价意义进行了分析，说明评价意义与语篇的主题思想密切联系。文章还展开实证研究，说明评价意义分析法能帮助学生快而准地解读语篇主题思想。

赵晓临、卫乃兴（2010）根据中国学习者英语书面语语料库和英国学生书面语语料库，分析中国学习者态度立场表达的频数及功能特征，发现中国学生高频使用显性立场表达手段和依赖中文习惯使用态度立场副词。这项研究认为，外语教学应该重视培养学习者关注语言功能的典型表达形式，在写作教学中应注意立场表达的显性手段和隐性手段的使用。

9. 阅读教学

功能语言学从意义出发，把语篇看做语义单位，强调语篇层面的研究。从发表的论文情况看，把功能语言学理论应用到外语教学的论文主要涉及语境、衔接和主位等方面。例如，方琰（1993）从高级阅读课程的教学目标出发，讨论了功能法语理论对于阅读过程中的意义理解和文体欣赏的作用，通过具体的例子说明文化语境是理解语篇的前提，意义理解需要观察连词、指示语和词汇手段的意义和使用。难句的理解需要寻找出语境意义，词汇语法功能的分析有助于识别凸显的语义和文体特征。乐眉云（1997）从功能语言学的语境理论入手，把语境分为语言语境、非语言语境和文化语境，分析了语境在整体预测和局部预测中的作用以及语境与语篇的中心思想的关系，说明英语作为外语教学中的语境分析有助于培养学生的阅读理解技能。刘桦（1998）认为，教师有必要认识词汇语法体现的功能和意义，有重点地引导阅读。文章还强调了语篇与语境的不可分离性，并通过实例说明阅读过程是不断预测和验证语篇和语境之间的联系的过程，有意识地训练和提高以语篇预测语境和从语境预测语篇的能力是实现阅读教学目标的有效方法。

有些论文讨论了衔接理论在阅读教学中的作用。例如，乐眉云（1993）把阅读看做交际的一种互动过程，讨论了衔接理论在理解和解释语篇中的重要意义，认为分析衔接链，把衔接标记作为线索能加快阅读和理解的速度。这篇文章还用实例分析了语篇中的指称链、省略和替代链、连词链和词汇链。刘宏伟（2003）通过具体实例分析了精读课文中衔接与连贯的体现方式，说明语篇衔接与连贯的分析有助于增强学生对文章内容的理解、提高其语言掌握和运用能力，从而全面完成精读课的教学目标。

还有些论文探索了主位理论的应用问题。例如，朗天万、廖巧云（1998）在大学英语学习者中进行了实验，建立了对照组和实验组，并根据实验数据进行统计分析。该项研究说明，主述位理论应用到语篇分析中有助于提高学生的阅读理解能力。李杰、钟永平（1998）把主述位理论应用于语篇的宏观分析，认为语篇中的主位序列有助于了解语篇的大致内容、归纳中心思想和划分语篇的段落，并说明了采用这种方法的成效。姚明发、彭江（2004）展示了如何从主位结构、信息结构和语篇衔接等方面对语篇进行教学分析，说明语篇教学中注重分析语篇功能特征有助于提高学生对语篇的理解能力。李杰、钟永平（2003）运用具体的实例说明在阅读中分析语篇的主位结构、信息结构等是提高阅读技巧的重要方式之一，提出良好的阅读习惯是先了解语篇的主题和结构，然后决定阅读目的，再根据不同的目的，决定是进行查找式的阅读还是仔细分析式的精读。

在具体的应用中，王勇（2003）对《新编英语教程》（第三册）进行了实例分析，进而说明运用功能语法对课文进行分析有助于深层次阅读，还可以提高学生感受、体验、鉴别和欣赏语言的能力，从而有助于表达能力的提高。李美霞、廖运全（2003）采用个案分析的方法，从及物性、语气和情态、主位和衔接等方面分析《新编英语教程》课文的主题及文体特点，认为系统功能语法能很好地阐释传统语法难以说清的语言问题，能帮助学生结合语境理解语言表达的意义，领会作者的意图，意识到语言学习的过程、意义选择和社会化的过程。此外，杨信彰（1998）讨论了英语作格系统的本质和结构，把作格系统看做一种语义选择，说明在语篇教学中认识作格系统的语义关系对于语篇的理解具有积极的作用。

10. 写作教学

写作教学的研究从功能语言学的角度，审视了我国学生在写作中存在的问题，并提出了各种建议，重在培养学生写出符合英语规范的作文。例如，程晓堂（2002）以系统功能语言学的主位结构理论为基础，分析了学生的英语作文在衔接和连贯方面存在的问题，认为其中一个主要原因是未能合理和有效地使用英语中的主位推进程序。刘世生、陈雅君（2002）梳理了介词短语的文体功能，说明介词短语以及介词短语复合体所具有的功能，从而论述了该理论对写作教学的促进作用。常晨光（2005b）根据写作教学的目标和特点，把写作看做同时涉及语言知识、社会文化语境知识和语言使用技能的活动。论文认为，在写作教学中，语篇体裁结构的分析能帮助学生掌握语篇的宏观结构，引导学生关注具体的语言体现形式。

程建山、陈明芳（2009）阐述了语篇写作教学模式，建议英语写作教学可以从构建语篇的文化语境着手，然后建立相关的语类模式，预测语篇的典型词汇语法特征。文章认为，英语写作除了要注意词汇语法等表面因素之外，更要分析作文所隐含的文化语境和情景语境，从语言的意义潜势网络中作出最佳选择，从而实现语篇的三大功能。陈香(2002) 考察了大学英语考试(CET) 作文题的评分原则及标准，从语域一致和语篇特征两个方面分析了大学英语短文写作的语类结构、主位结构和衔接手段，探索从连贯入手提高学生英语写作水平的途径。董宏乐（2002）分析了我国学生英语作文中存在的问题，指出一定量的概念语法隐喻是英语作文不可或缺的因素。

写作教学的研究还出现了一些实证和量化分析的论文。例如，赵秀凤、戴卫平（2003）对学生科技英语写作中的语体丰满程度进行了量化分析，发现学生在抽象名词、被动语态等语体成分的使用上出现不均衡态势、非专业词汇量小以及句式结构简单化等问题。文章认为，在英语写作教学中应该注重培养学生的语体意识，认识各语体成分的语篇构建功能，从而提高作文的文体适宜性和恰当性。朱诗花（2008）通过详细的统计分析，观察了35篇大学生写作语篇的主语与限定词、情态动词、情态副词及情态类型等人际意义的体现手段，从而找出大学生写作语篇在语气与情态系统上的特征，即小句中简单主语较多，大多数小句采用一般现在时态，高量值情态词较多，陈述句出现得较为频繁。

唐青叶、苏玉洁（2009）从功能语言学的角度运用实证考察和问卷调查对我国出版的26种英语专业写作教材展开了研究并调查了一线教师对于现行教材的看法，发现大多数写作教材遵循基于句子语法的语言教学模式，强调语篇的内在形式，体裁界定比较含糊，体裁范围较窄，忽视学生的学习阶段性和个体需要。该项研究还确定了"意识形态—语类—语域—语篇（同汇语法）"的写作教材编写理念，认为英语专业写作教材需以"语言即语篇"的语言观为指导思想，以语类结构潜势理论为导向，建立话语范围的相关知识，提高写作者思维的深度和广度。胡红云（2008）以高职学生英语书面自我介绍为样篇，研究了学生掌握语篇衔接的情况，用量化的方法具体分析了小句连接、主位结构和语篇逻辑连词，归纳出中国学生和美国学生在衔接连贯手段上的异同以及存在的问题，认为在语篇教学中应注重训练学生恰当地运用表现衔接和连贯的各种语言手段。

11. 听说教学

系统功能语言学长期关注口语和书面语在形式和功能上的差异，强调口语在外语教学中的重要性。常晨光（2005a）认为，功能语言学的口语语篇分析有助于学生提高口头交际中的语篇技能和策略，语篇体裁理论有助于教师在口语教学中围绕口语语篇体裁的纲要式结构开展教学活动，帮助学生提高语篇体裁意识和语言使用得体性的意识。论文建议，教学语料应尽量多地为学生提供接触真实口语语篇的机会，教师需引导学生关注不同的英语口语语篇的目的性和所涉及的接触、情感和权势等因素，具体分析交际双方的社会角色关系，从而全面提高学生建构口语语篇的能力。

吕文静、王建梅(2008)把Hasan的“体裁结构潜势”理论应用到英语口语教学，以教学实例出发，探索进行英语口语教学的有效方法，认为英语教师掌握和了解口语语篇的语境配置对英语口语教学能起到显著的指导作用。刘会英(1999)认为，掌握语言的概念功能、人际功能和语篇功能对于口头交际能力的培养很重要。这篇论文提倡教师应尽可能地创造语言环境，将各种虚构的社会情景与课堂教学结合起来，在教学中以学生为中心，布置具体的交际任务，传授必要的文化背景知识和会话规则与策略知识。

在听力教学方面，张茜(2007)建议把语境概念引入听力课堂。文章讨论了语言语境、情景语境和文化语境的重要意义，认为教师在听力课教学中需要帮助学生建构语境模式，促进其听力水平的提高。

12. 翻译教学

一些学者把系统功能语言学的语篇、语境、语域、语类和主述位等概念运用到翻译教学，进行了广泛的研究和实践。例如，杨雪燕(2003)讨论了语篇概念，结合翻译课教学的实际，认为译者在翻译活动中需积极根据语境分析语篇，作出语义转换决策，以便明确实际操作方向，选择恰当的词句。这篇论文从理论与实践的关系、理论的讲授以及理论指导实践的方法三个方面探讨“语篇”概念在翻译教学中的运用，并指出语篇翻译教学不只是以语篇为单位的翻译教学，而是要把语篇作为一个理论概念引入翻译教学。陈葵阳(2009)结合语境和语域理论，根据专门用途英语教学的特点讨论了实用文体的专门用途特点和翻译要求，分析了实用文体翻译课程的教学目标和教学内容，强调对学生在相关领域的语用能力的培养。刘燕、韩文进(2008)讨论了信息结构、主述位理论和尾重原则的关系，建议在英汉翻译教学过程中适当增添尾重原则、信息结构等知识，有助于非英语专业的学生掌握翻译技巧，更准确地把握源文信息，提高译文质量。

韦兰芝(2009)认为，由于语境因素制约着从源语到译语语篇生成的过程、翻译策略的选择和语篇对等的实现，从分析语篇的语境因素入手选择翻译策略比传统的翻译方法更具灵活性，有助于译者构建符合目的语语境的语篇，从而实现语篇对等，保证语篇的交际功能的实现。文章建议，教师在翻译教学中引导学生先分析源语语篇的语境因素，然后在翻译的过程中通过体裁、词汇和句子结构等选择重构与源语语篇相应又符合目的语交际情景的语篇，从而提高翻译质量。

此外，在口译教学方面，纪康丽（1997）在讨论口译教学时指出，语域知识有助于更好地将源语信息译成目的语，使译文的风格更趋向于源语，还说明口译教学法是由口译的性质及口译的标准所决定的。根据语篇、语场的不同，我们可以从"语义翻译法"和"交际翻译法"中选择恰当的一个来进行实践，以最大限度地达到从语义信息到文体风格方面的对等。王泽霞、李晓东（2005）讨论了主述位理论在口译教学中的应用，认为口译教师要鼓励和启发学生从语言结构的角度，根据不同的主位，通过主位选择和主位结构构建的分析和操练，体会口译的动态思维过程和语言的灵活性和选择性，从而提高学生创造性地运用语言的能力。张楠（2008）讨论了口译教材编写中融入语域和语类意识的重要性，认为口译教材中不同类型的篇章在不同程度上展示了所属语类的语类结构潜势，学生应善于发现并挖掘教材中的语域和语类信息，通过掌握语域和语类知识来帮助自己提高口译水平。

13. 结语

纵观国内外语教学的发展，我国外语工作者做了许多很有建设性的工作，把系统功能语言学的理论和外语教学结合起来，应用到外语教学的实际中，就提高外语教学的效率和水平展开探讨，研究不断深入，质量不断提高。从研究范围看，这些研究涵盖了系统功能语言学的主要概念，如元功能、语篇、语境、语域、语类、主述位、评价理论、语法隐喻、衔接和作格等，涉及外语教学的整个过程，包括大纲设计、教学法、课堂组织、阅读教学、听说教学、写作教学以及翻译教学等。有的论文还涉及专门用途外语教学中的学术英语教学或商务英语教学。从研究方法看，从理论评述、归纳、个案研究扩展到实证量化研究，如朗天万、廖巧云（1998）、赵秀凤、戴卫平（2003）、金娜娜、陈自力（2004）、熊学亮、刘东虹（2005）、孙承荣、宋德生（2008）、朱诗花（2008）、胡红云（2008）、唐青叶、苏玉洁（2009）和陈静（2010）等。

但是，目前基于语料库、教学实验或实地调查的实证和量化研究较少。今后还需要加强这方面的工作。可以预见，今后系统功能语言学运用于外语教学的研究成果将会更多，涉及的范围更广，对外语教学水平的促进作用会更加明显。

参考文献

Christie, F. & L. Unsworth. 2005. Developing dimensions of an educational linguistics. In R. Hasan, C. M. I. M. Matthiessen & J. Webster (eds.). *Continuing Discourse on Language: A Functional Perspective* Vol. 1. London: Equinox.

Halliday, M. A. K. 1978. Is learning a second language like learning a first language all over again?. In D. E. Ingram & T. J. Quinne (eds.). *Language Learning in Australian Society: Proceedings of the 1976 Congress of Applied Linguistics Association of Australia*. Melbourne: International Press and Publications. Reprinted in M. A. K. Halliday. 2007/2009. *Language and Education. The Collected Works of M. A. K. Halliday* Vol. 9 (ed. J. Webster). London: Continuum/Beijing: Peking University Press. 174-193.

Halliday, M. A. K. 1986. Learning Asian languages in language and education. Sydney: University of Sydney Centre for Asian Studies. Reprinted in M. A. K. Halliday. 2007/2009. *Language and Education. The Collected Works of M. A. K. Halliday* Vol. 9 (ed. J. Webster). London: Continuum/Beijing: Peking University Press. 194-213.

Halliday, M. A. K. 1994. *An Introduction to Functional Grammar* (2nd edition). London: Edward Arnold.

Halliday, M. A. K. 2006. Some factors affecting college-level English teaching in 21st century China. *Educational Research on Foreign Languages & Arts* (2): 11-27.

Halliday, M. A. K., A. McIntosh & P. Strevens. 1964. *The Linguistic Sciences and Language Teaching*. London: Longmans, Green and Co., Ltd.

Martin, J. R. 1985. Process and text: Two aspects of human semiosis. In J. D. Benson & W. S. Greaves (eds.). *Systemic Perspectives on Discourse Vol.1: Selected*

Theoretical Papers from the 9th International Systemic Workshop. Norwood, NJ: Ablex. 248-274.

Martin, J. R. 2000. Beyond exchange: APPRAISAL systems in English. In S. Hunston & G. Thompson (eds.). *Evaluation in Text: Authorial Stance and the Construction of Discourse*. Oxford: Oxford University Press. 142-175.

Martin, J. R. & D. Rose. 2007. Interacting with text: The role of dialogue in learning to read and write. *Foreign Languages in China* (5): 66-80.

蔡敏，2009，从语言人际功能角度看大学英语教师课堂话语的选择，《广西教育学院学报》（6）：142-145。

曹玲娟、周常明，2002，体裁分析在商务语篇教学中的作用，《苏州城市建设环境保护学院学报》（1）：70-74。

常晨光，2005a，功能语篇分析对英语口语教学的启示，《中国外语》（5）：54-58。

常晨光，2005b，语言系统与语言使用 —— 系统功能语言学对写作教学的启示。载黄国文、常晨光、丁建新（编），《功能语言学的理论与应用（第八届全国功能语言学研讨会论文集）》。北京：高等教育出版社。434-441。

陈欢，2007，关于语法隐喻的教学思考，《湖南医科大学学报（社会科学版）》（2）：214-216。

陈静，2010，大学英语课堂教学中应用功能语法的实证研究，《中国外语》（3）：59-64。

陈葵阳，2009，ESP 理论视角下的实用文体翻译教学，《阜阳师范学院学报（社会科学版）》（4）：43-46。

陈兰，2009，韩礼德系统功能语法在英语阅读教学中的应用，《高等教育与学术研究》（3）：76-81。

陈香，2002，语篇的连贯性与大学英语写作，《零陵学院学报》（4）：89-92。

陈晓勇，2001，语域理论与商务英语篇章翻译，《湖南商学院学报》（3）：101-103。

程建山、陈明芳，2009，基于系统功能语法理论的英语写作教学模式，《武汉工程大学学报》（11）：62-64。

程晓堂，2002，从主位结构看英语作文的衔接与连贯，《山东师大外国语学院学报》（2）：94-98。

董宏乐，2002，概念语法隐喻与英文写作能力的提高，《国外外语教学》(3)：30-34。

方琰，1993，Application of functional grammar to the teaching of the advanced reading course。载朱永生（编），《语言 · 语篇 · 语境》。北京：清华大学出版社。189-204。

方琰、方艳华，2002，以语类为基础的应用文英语写作教学模式，《外语与外语教学》(1)：33-36。

冯洁茹，2008，功能语言学在交际法外语教学中的应用，《高等教育与学术研究》(10)：100-105。

胡红云，2008，中国学生构建语篇连贯性研究，《浙江师范大学学报（社会科学版)》(3)：113-116。

胡壮麟，2005，外语教学理念的发展，《基础教育外语教学研究》(1)：21-25。

纪康丽，1997，论口译教学，《外语教学》(4)：44-47。

金娜娜、陈自力，2004，语法隐喻的认知效果，《外语教学与研究》(1)：25-30。

朗天万、廖巧云，1998，主位结构在英语教学中的应用。载余渭深、李红、彭宣维（编），《语言的功能 —— 系统、语用和认知》。重庆：重庆大学出版社。498-514。

李发元，1995，语言功能主义和功能教学法，《西北师大学报（社会科学版)》(5)：55-57。

李杰、钟永平，1998，主位序列与语篇预测及宏观分析。载余渭深、李红、彭宣维（编），《语言的功能 —— 系统、语用和认知》。重庆：重庆大学出版社。491-497。

李杰、钟永平，2003，主位序列与语篇阅读教学，《山东外语教学》(1)：48-52。

李美霞，2005，话语类型教学法探微，《外语研究》(4)：36-40。

李美霞、廖运全，2003，系统功能语法在《高级英语》教学中的应用，《北京第二外国语学院学报》(6)：28-32。

李战子，2001，学术话语中认知型情态的多重人际意义，《外语教学与研究》(5)：353-358。

梁文花，2010，“体裁教学法”在英语阅读教学中的应用与分析，《西安外国语大学学报》(1)：94-98。

廖传风，2000，语境与语境教学法，《外语界》(4)：33-37。

廖传风，2008，评价理论与外语阅读教学 —— 解读语篇主题思想的新方法，《外语教学》（4）：47-50。

廖益清，2000，系统功能语言学在特殊用途英语教学中的应用，《山东外语教学》（1）：85-88。

刘宏伟，2003，大学英语精读教学中语篇衔接与连贯的分析，《天津外国语学院学报》（4）：50-53。

刘桦，1998，系统功能语法与阅读教学。载余渭深、李红、彭宣维（编），《语言的功能 —— 系统、语用和认知》。重庆：重庆大学出版社。476-482。

刘会英，1999，语言功能与大学生口头实际能力的培养，《齐齐哈尔医学院学报》（1）：72-73。

刘世生、陈雅君，2002，系统功能语法理论与英语写作教学，《清华大学学报（哲学社会科学版）》（4）：87-94。

刘世铸、韩金龙，2004，新闻话语的评价系统，《外语电化教学》（4）：17-21。

刘燕、韩文进，2008，结构、功能与英汉翻译教学 —— 尾重原则在英汉句层翻译教学中的价值，《江南大学学报（教育科学版）》（4）：86-88。

吕文静、王建梅，2008，Hasan 的体裁结构潜势理论与英语口语教学，《重庆工学院学报（社会科学版）》（9）：185-187。

任绍曾，2003，词汇语境线索与语篇理解，《外语教学与研究》（4）：251-258。

孙承荣、宋德生，2008，概念语法隐喻与学生英语语篇建构水平关系的实证研究，《外语学刊》（5）：127-129。

孙毅、陈朗，2009，语法隐喻的理论建构及其对外语教学的反拨作用，《昆明理工大学学报（社会科学版）》（2）：96-100。

唐青叶、苏玉洁，2009，功能语言学视角下的英语专业写作教材研究，《外语界》（6）：70-76。

汪先锋，2008，基于语法隐喻理论指导下的大学英语教学，《外语教育》（00）：61-65。

王晋军，2002，语类理论及其应用，《昆明理工大学学报（社会科学版）》（4）：63-66。

王水莲，2001，体裁、体裁分析与体裁教学法，《外语教学》（4）：82-85。

王勇，2003，功能语法在基础英语教学中的运用 —— 以《新编英语教程》（第三册）为例。载杨忠、张绍杰（编），《语篇·功能·认知》。长春：吉林人民出版社。358-368。

王泽霞、李晓东，2005，主述位理论在口译教学中的应用，《吉林华桥外国语学院学报》(1)：21-23。

王振华，2004，试论系统思想与外语教学，《外语教学》(1)：80-83。

韦兰芝，2009，语篇情景制约与翻译教学 —— 一个系统功能语言学的视角，《教育与教学研究》(12)：94-98。

肖洪根，1996，对旅游专门用途英语教学若干理论问题的探讨，《华侨大学学报(社会科学版)》(1)：114-120。

熊学亮、刘东虹，2005，英语学习中语法隐喻的迁移，《外语教学与研究》(2)：100-105。

许超，2006，评价理论及其对英语阅读课教学的启示，《云南财贸学院学报（社会科学版)》(5)：133-135。

杨炳钧、尹明祥，2000，系统功能语法核心思想对语言教学的指导意义，《外语学刊》(3)：9-15。

杨潮光，1998，系统功能语言学理论指导下的外语教学。载余渭深、李红、彭宣维（编)，《语言的功能 —— 系统、语用和认知》。重庆：重庆大学出版社。439-449。

杨红波，2001，用体裁教学法改进英语写作教学，《暨南学报（哲学社会科学)》(增刊)：26-29。

杨晓英、何丽，2006，概念语法隐喻的教学思考，《昆明理工大学学报（社会科学版)》(1)：100-103。

杨信彰，1998，英语作格系统与语篇教学。载余渭深、李红、彭宣维（编)，《语言的功能 —— 系统、语用和认知》。重庆：重庆大学出版社。462-467。

杨雪燕，2003，“语篇”概念与翻译教学，《中国翻译》(5)：59-64。

姚明发、彭江，2004，语篇功能特征与英语阅读教学之探讨，《江西农业大学学报（社会科学版)》(2)：141-143。

于晖，2001，语篇体裁结构潜势及其应用，《解放军外国语学院学报》(1)：6-10。

于晖，2003，语篇体裁、语篇类型与外语教学，《解放军外国语学院学报》(5)：13-17。

乐眉云，1993，Cohesion and the teaching of EFL reading。载朱永生（编)，《语

言·语篇·语境》。北京：清华大学出版社。205-224。

乐眉云，1997，Context and the teaching of EFL reading。载胡壮麟、方琰（编），《功能语言学在中国的进展》。北京：清华大学出版社。267-287。

曾蕾，2005，学术语篇体裁网络的构建与学术英语教学，《外语与外语教学》（5）：20-23。

张德禄，2002，语类研究的范围及其对外语教学的启示，《外语电化教学》（4）：59-64。

张德禄，2005a，语境理论与外语教学方法。载黄国文、常晨光、丁建新（编），《功能语言学的理论与应用（第八届全国功能语言学研讨会论文集）》。北京：高等教育出版社。339-347。

张德禄，2005b，功能语言学研究成果概观，《外语与外语教学》（1）：19-22。

张德禄、苗兴伟、李学宁，2005，《功能语言学与外语教学》。北京：外语教学与研究出版社。

张楠，2008，口译教材篇章选择中的语域和语类意识，《重庆科技学院学报（社会科学版）》（1）：142-144。

张茜，2007，语境与大学英语听力教学，《高等教育与学术研究》（2）：73-77。

章远荣、雷霄，2000，体裁、语篇模式与语篇教学，《华南理工大学学报（社会科学版）》（1）：124-131。

赵晓临、卫乃兴，2010，中国大学生英语书面语中的态度立场表达，《外语研究》（1）：59-63。

赵秀凤、戴卫平，2003，大学生英语写作的语体意识研究，《大学教育科学》（3）：54-57。

钟兰凤，2007，评价理论、英语报刊教学与媒介素养教育，《山东外语教学》（2）：28-32。

朱诗花，2008，大学生写作语篇人际功能研究，《复旦外国语言文学论丛》（秋季号）：70-80。

朱艳敏，2007，名物化语法隐喻及其在学生作文的应用，《宁波广播电视大学学报》（1）：50-52。

作者简介

杨信彰 厦门大学外文学院教授、博士生导师，先后在厦门大学和悉尼大学学习，曾作为高级访问学者赴美国密执安大学研修，主要研究领域为功能语言学和语篇分析。兼任国务院学位委员会全国翻译硕士专业学位教育指导委员会委员、教育部高等学校英语专业教学指导分委员会委员、中国功能语言学研究会副会长、中国英汉语篇分析研究会副会长、福建省外国语文学会会长、全国英语教学研究会常务理事、全国语言与符号学研究会常务理事、全国文体学研究会常务理事等。

先后为本科生、硕士生和博士生开设英语精读、当代语言学、语言学概论、系统功能语法、语用学与话语分析、语言学专著选读、语言学专题研究、功能语言学、语篇分析研究等课程；主讲的"当代语言学"课程2008年被评为"国家精品课程"。1992年至今，先后主持、承担各类科研项目14项，其中国家社科基金项目2项、教育部人文社科研究博士点基金项目2项。至今已在*WORD*、*Language in Society*、《外语教学与研究》、《外国语》等国内外学术刊物上发表有关语言学、语篇分析、语言教学的文章69篇，出版各类著作、教材、辞书27部，科研成果先后11次获省、市社会科学优秀成果奖。

通讯地址：厦门市思明南路422号 厦门大学外文学院（361005）

电子邮箱：xzyang@xmu.edu.cn

第十五章

功能语言学与汉语研究

杨才英 / 暨南大学

1. 引言

Halliday 在 1948 年至 1950 年期间曾师从罗常培和王力，他在谈及自己的语言学思想形成过程时曾说:“在中国，罗常培赋予我对一个印欧语系以外的语系的历时观和见识，王力教授我许多东西，包括方言学的研究方法、语法的语义基础和中国语言学史”（Halliday 1983: 4）。可以说，Halliday 的功能思想是植根于重视历时考据、田野调查和语义表达的中国语言学传统这一沃土中，不断地吸收各种思想营养而发展壮大并成熟起来的。

20 世纪 80 年代初，刚刚开放的中国曾选送了一批优秀人才到国外深造，其中很多人曾师从 Halliday，把系统功能理论开创性地应用于汉语研究。如，胡壮麟（1981，1989，1990/2008，1994a，1994b）、龙日金（1981，1998）、张德禄（1990/2008，1991，1997，1998，2009a，2009b）、方琰（1989，1990/2008，2001）、朱永生（1985，1996）和欧阳小菁（1987），他们分别研究了汉语的衔接、及物结构、语气结构、主位结构、英汉情态对比以及复句等。

步入 21 世纪，诸多学者开始明确提出并系统论证系统功能语言学作为一门普通语言学的思想（如 Cafferel，Martin & Matthiessen 2004；黄国文 2007a）。Cafferel，Martin & Matthiessen（2004: xii）指出：“系统功能语言学之所以是普通语言学，是因为它不是建立在基于一种或少数几种语言的描述假设上，而是为我们提供识解一个符号系统的语言所需的资源。在普遍理论下发展的语言描述是对个别语言的描述，这种描述根植于自然话语”。

这段话阐述了普通语言学与具体语言描述间的理论方法与研究对象的关系，自然话语与语言描述间的普遍与具体关系。系统功能语言学理论把所有语言解释为具有三个层级（意义、词汇语法和语音 / 书写）和三个元功能（概念功能、人际功能和谋篇功能）的高级符号系统，以此把语言与其他非语言符号系统区别开来。然而，系统功能语言学理论并没有从研究对象和描述对象角度区分如英语、汉语、日语等可具体描述的语言个体；相反，这些个别语言都是作为普通语言学理论的系统功能语言学力求研究、描述和分析的对象。换句话说，如同把系统功能理论运用于语篇分析、翻译研究和语言教学一样，对个别语言的描述也是系统功能语言学理论的一种具体而实际的运用。

黄国文 (2007a) 认为，系统功能理论重点不仅“是从理论上探讨语言的本质，研究语言的共同特点和一般规律”，而且也是“以解释事实成因为最终理论目标的解释性理论”。这就从系统功能理论作为分析性理论和解释性理论角度为论证系统功能语言学当属普通语言学理论奠定了基石。也就是说，从理论上说，以普遍“适用性”为目的的系统功能语言学理论完全适用于描述并解释作为具体语言的汉语。

依据系统功能语言学理论的发展历史，我们把系统功能语言学理论与汉语研究之间的关系分为两个阶段：一是因研究汉语而形成系统功能语言学理论的孕育阶段；二是运用系统功能理论研究汉语的运用阶段。前一阶段主要体现在 Halliday 的早期汉语研究中；后一阶段则体现在 Halliday 以及诸多学者运用系统功能语言学理论对汉语各个方面进行全面、细致、深入的研究中。

本章将以这两个阶段为脉络，粗线条地勾勒功能语言学与汉语研究之间的理论与应用关系。一方面，挖掘 Halliday 早期汉语研究中所孕育的系统思想和功能思想；另一方面，探讨 Halliday 所创立的系统功能语言学理论对于汉语语法、语篇、教学、失语症和音韵学的应用研究。

2. Halliday 早期汉语研究中的系统功能思想

Halliday 对汉语的研究成果全部被收录在《Halliday 文集》第 8 卷《汉语语言研究》(*Studies in Chinese Language: The Collected Works of M. A. K Halliday Vol.8*)（Halliday 2006/2007）中，既有 Halliday 早期汉语研究中孕

育系统功能思想阶段的成果，包括:《< 元朝秘史 > 汉译本的语言》（简称《秘史》）（*The Language of the Chinese "Secret History of the Mongols"* 1959）、《现代汉语动词的时间范畴》（简称《时间范畴》）（Temporal categories in the modern Chinese verb 1951）、《现代汉语语法范畴》（简称《语法范畴》）（Grammatical categories in modern Chinese 1956）、《珠江三角洲方言的一些词汇语法特征》（简称《方言》）（Some lexicogrammatical features of the dialects of the Pearl River Delta 1950）；也有 Halliday 运用系统功能理论对汉语语音、语法和语篇的应用研究，包括:《汉语音韵学理论的起源和早期发展》（The origin and early development of Chinese phonological theory 1981）、《北京话音节的系统解释》（A systemic interpretation of Peking syllables 1992）、《英语和汉语中的语法隐喻》（Grammatical metaphor in English and Chinese 1984）、《英汉语的科学语篇分析》（Analysis of scientific texts in English and Chinese 1993）和《话语的语法基础》（On the grammatical foundations of discourse 2001）。

胡壮麟、朱永生、张德禄（1989）和胡壮麟、朱永生、张德禄、李战子（2005）曾从理论和研究方法上指出了《秘史》和《语法范畴》的新颖之处，包括语境分析、"共时"与"历时"的关系、语法范畴、全面性与效度以及欧洲结构主义的描写。

这里我们重点阐述 Halliday 早期汉语研究中的主要观点及其所体现出的系统思想和功能思想。

《秘史》主要采用结构主义的描写方法，以中古《元朝秘史》的语言为研究对象，构建了一个以单位（units）、类（classes）和功能（functions）三个语法范畴为框架的语法描写体系。而单位分为书写（graphic）和语言（linguistic）两类。其中，书写单位包括：章、段、片、字四级；语言单位包括：句子、小句、词、字四级。类分为句子类（复句 / 单句）、小句类、词类和字类（自由 / 粘着）。其中，小句类包括：自由小句 / 粘着小句、动词小句 / 名词小句、语态 / 时态 / 语气；词类包括：自由词 / 粘着词、动词 / 名词 / 副词；功能则分为自由小句功能和自由词功能。

《语法范畴》则以描写现代汉语为目的建立了一个以单位（units）、成分（elements）和类（classes）三个语法范畴为核心的框架。而单位包括句子、小句、词组（group）、词和字五级单位。成分分成实体成分和修饰成分，分别体现在句子结构、小句结构、词组结构和词结构中。类则分为小句类、词组类和词类。

《时间范畴》以现代汉语动词的时间范畴为研究对象，根据说话者说话时的当下时间为基准，提出了三个一级时制（primary tense）：现在、过去和将来；一级时制可以被修饰从而形成二级时态（secondary tense），二级时态相对于论及的时间来定位动作行为，如现在的过去、过去的过去、将来的过去、二级将来、二级现在或进行等。杨国文（2001a）在英汉对比的基础上，认为汉语的复合态不能像英语那样可无限递归，其组合形式被严格的句法语义条件所限制。基于此，在对汉语的态制（aspect）进行系统描述的基础上，杨国文用有限递归的方式尝试用计算机生成汉语的复合态。

《方言》则主要介绍了方言调查的起因、地点、设计、方式、背景和汉语方言的特点。尤其可贵的是，Halliday从方言对比的角度考察了北京话、广州话以及珠江三角洲次方言之间的差异，并提出应该根据等语线来描写方言分布的连续性，因为方言分布与地域分界之间并非严格对应。

总的来说，Halliday早期汉语研究中的系统思想和功能思想的萌芽主要体现在《秘史》和《语法范畴》中。以系统功能语言学理论的整体发展为历史背景，通过比较《秘史》和《语法范畴》的异同，我们可以较为清晰地看到其系统思想和功能思想的发展脉络。

Halliday的系统思想经历了一个从结构聚合意义向语境概念意义的转化过程。比如：《秘史》和《语法范畴》都提到了“类”这一语法范畴。不过，前者对“类”的附注解释是“系统的”（systemic），而后者却没有附注解释。之所以如此，是因为Halliday对“系统”（systems）的界定和使用发生了变化。《秘史》中的语法范畴“类”是基于结构主义的聚合概念而提出来的。当用“系统的”解释“类”时，Halliday对“系统的”这一词语的理解也是结构主义的。正如Halliday认可并转述的Robins的观点所言：“系统（system）是一个聚合结构”（Halliday 2006/2007: 41）。换句话说，此时的语法思想主要是借鉴来的结构主义，而其系统思想也属于借鉴来的基于结构和内部形式的聚合思想。而在《语法范畴》中，Halliday对系统（system）的理解却是基于语境和外部关联的概念思想，正如其所言："系统（systems）应该从语境上而非语法上作为两种语言比较的基础，系统允许对语境条件进行单一表述，而该语境条件可能在不同的语言系统中使用的是不同术语。因为语言间的差异表现在语境范畴的语法体现上，所以，不要期望语言间的语法术语有一对一的翻译对应物"（Halliday 2006/2007: 221）。语境使其将概念、意义以及外部关联注入到了系统思想中。彭宣维（2007）在《导读》中曾提出："'语法范畴'体现了明确的'系统'思想。"更准确地说，《语法范畴》已经萌发了系统功能语言学理论意义上的系统思想。

Halliday 的功能思想也经历了一个基于结构主义的组合分布向基于经验主义的认知意义的转化过程。《秘史》经常使用"结构的"（structural）来解释作为三大语法范畴之一的"功能"概念，《语法范畴》却取消了"功能"范畴而用术语"成分"（elements）取而代之，也不再使用"结构的"来解释"成分"；但从 Halliday 把"成分"分成实体成分和修饰成分来看，"成分"带有较强的逻辑概念意义。从功能思想的演变看，《秘史》中的功能思想仍然是结构主义的组合分布思想。Halliday 所引述的 Robins 的观点也证实了这一看法："结构属于基于关联成分分布的组合框架"（Halliday 2006/2007：41）。而到了撰写《语法范畴》时，他觉得"功能"已经很难恰当地作为具有较强形式特征的语法范畴了，所以他采用了"成分"。但即使这样，他还不认为"成分"能恰当地表达出"语法范畴"的结构性，因此在后来的《语法理论的范畴》（Halliday 1961）中，他直接采用"结构"来代替"成分"。从这些语法术语的更迭演变中不难看出，Halliday 已经把"功能"从基于组合和分布的结构主义语法范畴中抽取出来，而注入了认知经验和意义的内涵，这与 Halliday 所主张的意义中心说是一致的。

从语言单位的划分来看，《秘史》是四级：句子、小句、词和字；《语法范畴》是五级：句子、小句、词组、词和字，语言的描写应该在每个语言单位进行逐项穷尽描写。二者的划分都是基于书面语言，后者强调了词组在小句组合中的作用。而在后来的功能语法（Halliday 1985，1994；Halliday & Matthiessen 2004）建构中，Halliday 更多地强调口语的作用，区分了语音单位、语法单位和书写单位。除此之外，他还区分了五级英语语法单位，即小句复合体、小句、词组 / 短语、词、语素，并建议用小句来取代句子（因为句子是一个书写单位），并把小句作为语法研究的基本单位。

3. 功能理论对汉语音韵和语法的应用研究

如果说，Halliday 早期对汉语的描写研究是在普通语言学理论指导下对个别语言的描写，这种描写所采用的方法和理论描写本身就包含着 Halliday 本人对普通语言学的理解，而且他描写的目的是试图归纳能够指导普遍语言描写的一些普遍理论。从《现代汉语语法范畴》(Grammatical categories in modern Chinese 1956) 到《语法理论的范畴》(Categories of the theory of grammar 1961) 就是一个有力的佐证。从 20 世纪 60 年代开始，Halliday 构建了从意义入手、以英语为基本语料的系统功能语言学，经历句法理论、语法理论，现在已经发展成为一个逐渐成熟的普通语言学理论，被运用于语篇分析、文体学、翻译研究、语言教学和个别语言描写等各个方面，验证了其作为适用性语言学的强大生命力。

由于大多外语学者缺少有素的语音训练，对汉语语音的研究除了 Halliday (1981，1992) 本人的两篇文章，几乎无人涉及。前者是对汉语音韵学理论的起源和早期发展的综述，后者是对北京话音节的系统解释。作者将 Firth 的韵律音系学和系统描写法相结合，从语言材料入手来分析现代汉语的音节系统，值得汉语研究者借鉴和推广。

综合运用系统功能理论对汉语进行描述性研究的有胡壮麟等 (1989，2005)、McDonald (1992)、Halliday & McDonald (2004) 和 Li (2007)。胡壮麟等在引进系统功能语言学理论的同时，创新性地就汉语的概念功能、人际功能和语篇功能进行了简要的描述。McDonald 以教学为目的，勾勒了适用于汉语描写的功能语法，包括经验和信息的小句结构识别、信息结构的组织、三个主要过程 (行为、状态和关系) 及其环境成分的识别、一些复杂动词词组的识别、包含体 (aspect) 和相 (phase) 等语法特征的小句系统的建立。Halliday & McDonald (2004) 从语言类型学的视角，突出了汉语自身的特点，认为汉语语气词自成为评估系统 (the system of assessment)，并在各部分论述之后给出了相应的语篇例示进行分析。Li (2007) 的《汉语系统功能语法》(*A Systemic Functional Grammar of Chinese*) 是迄今唯一一部对汉语进行比较全面研究的著作，内容包括汉语级阶的划分、经验的识解、句际关系建构、人际关系调节、谋篇构成及语篇形成。但整体看来，综合性研究的不足之处是深入性不足。

下面我们从汉语语法单位和语序、及物性、语气和情态以及主位—述位四个专题来论述系统功能语言学是如何被运用于汉语语法研究的。

3.1 汉语语法单位和语序

胡壮麟（1990/2008）依据系统功能语法把汉语语法单位分为词素、词、词组／短语、小句和复句（即小句复合体）五级单位。他指出，小句应该取代句子作为一个基本语法单位，分别从语法单位、语法功能和语义功能三个方面阐述了小句的主要特征，并给出了汉语小句系统。胡壮麟建议运用“级转移”来解释传统的主谓短语，讨论了复句的相互关系和逻辑语义关系。在概念的使用上，胡壮麟（1990/2008）认为小句复合体（clause complex）等同于汉语传统的复句概念，因此对于二者不予区分。而王全智（2008）注意到2005版的《系统功能语言学概论》（胡壮麟等 2005）用复句取代了1989版的《系统功能语法概论》（胡壮麟等 1989）中的小句复合体，并提出了自己的观点，认为小句复合体有别于传统汉语语法的复句，二者不能互换。

McDonald（2004）针对汉语语言学家对汉语语法单位的争论，提出可以从话语组织的角度来看待语法结构。McDonald就现代汉语中话语中的动词性成分从语义逻辑性、主位—述位结构所体现的语篇性、语气结构所体现的人际性、及物结构所体现的经验性方面进行了多元功能的描述，认为只有这种多元功能的描述才能解决汉语语法结构的矛盾问题。

Halliday & McDonald（2004）认为汉语的语法级阶呈现出独有的特点。首先，对于小句语法而言，汉语的最低级阶应该是词组，而不是词。一方面，这是因为汉语词的内部结构是派生型而不是屈折型；另一方面，语法助词可以被分析为词组的结构（如主从、体）或小句的结构（如体、语气）；其次，各个级阶之间的界限不很明显，如汉语中连续使用动词的联动结构既可以被看做复杂动词词组，又可以被看做复杂小句。

黄国文（2007b，2007c）从普通语言学的视角详细论述了功能句法分析中的分级成分以及进行句法分析的目的和原则，区分了表达层和内容层的不同单位。黄国文指出，句法分析的目的是研究形式是怎样体现意义的，并提出了功能导向、多功能性和意义导向的三个分析原则。没有形态变化的汉语在词性变化以及词、词组和短语、小句的划分上存在着界线的模糊性，更需要借助语境的作用。也就是说，语境是进行汉语语法研究不可或缺的依赖环境。其次，汉语语法研究应以意义为中心。汉语小句是承载一个完整命题的独立意义单位，它可以上接复杂小句，下连词组和短语。所以说，小句是进行汉语语法研究的基本单位。同时，小句不同于传统语法的句子，句子是一个书写单位，其意义的模糊性不适合作为语法术语，而小句作为一个语法术语，具有界定上的严谨性。

汉语语序在意义的实现上起着很大的作用。胡壮麟（1989）从概念功能、人际功能和谋篇功能的角度基于语义功能讨论了汉语的语序和词序特点。张德禄（1997）则对汉语语序从文化和功能的角度给予了解释。张德禄指出，汉语语序模式通常会遵循前后时间顺序和层级空间顺序的原则，这和中国传统的整体性思维方式相关联。

3.2 及物系统

及物系统是对概念意义的实现。Halliday（1985，1994；Halliday & Matthiessen 2004）把及物系统归纳为六大过程，从而为以后学者从宏观理论角度，结合人的社会认知基础，探讨复杂现象背后的普遍原则提供了方法论的指导。周晓康（1990/2008）认为："汉语的及物系统，从微观的角度，研究甚多，但从宏观的角度，讨论较少。"因此，她宏观地讨论了汉语动词所表达的六种主要过程（物质过程、思维过程、关系过程、行为过程、言语过程和存在过程）及其句法—语义特征。龙日金（1998）探讨了汉语及物系统的范围，包括同源、度量、结果、位置、工具和过程，而在传统研究中这些一概被称为谓语宾语。

对汉语的物质过程进行描述的有周晓康（1999）和杨国文（2001b）。前者主要根据过程的参与者数目、性质及其构成，划分了物质过程小句及物性类别，建立了一个语义特征与句法结构相结合、集词汇语法为一体的系统网络，因而可以为这一类小句的计算机生成提供一个以语义为本、辅之以结构的计算语言学模型。后者考察了汉语物质过程中不同类型的宾语的"范围"属性和"目标"

属性，给出了它们各自在物质过程系统中的位置，说明了物质过程中"范围"成分与"目标"成分各自在语义上和语法上的特点。其结论能够为设计计算机汉语生成系统提供必要的规则依据。

在对关系过程的描述中，周晓康（1998）依据 Fawcett（1987）的观点，把"李四买了一辆自行车"这类小句归为属有句（possessive），并探讨了现代汉语中带双重语义角色的汉语属有句，为该句型构建了一个以功能为基础并包括体现规则的系统网络。

彭宣维（2004）对现代汉语及物性中的心理过程句做了系统描述。他首先区分了直接编码和隐喻编码两种。直接编码心理过程包括情感、感知和认知三个基本次类。文章指出，各次类之间并不是截然分开的，而是有着一定过渡特征的连续统。

此外，杨国文（2002）同样以为汉语计算机处理提供规则依据为目标，基于 150 万字的语料，全面考察并分析了汉语"被"字式在不同种类过程中的使用情况，给出了"被"字式在不同种类的过程中的语法特点，并以此揭示了不同的动词及其连带成分进入"被"字式的潜势和条件。

人工智能对问题的求解是以知识为基础的，而知识是以意义的形式来表述的。因此，系统功能语言学强调的是对自然语言的处理，关注的是语言的意义，尝试从语言的意义来解释语言的认知思维，同时把语言的功能与社会构建相联系。Halliday & Matthiessen（1999）从认知和计算视角，专辟一章比较了英汉语概念意义的异同。可以说，系统功能语言学为自然语言处理提供了一个很好的理论框架。从以上周晓康和杨国文的研究实践来看，系统功能语言学运用于汉语语言生成具有广阔的研究空间。

3.3 语气和情态系统

语气和情态用以实现人际意义，胡壮麟等（1989，2005）通过与英语对比，简略地描写了汉语的语气结构特点。他们指出，汉语没有英语动词的限定成分，因而不存在通过主语与限定成分的省略和配列来表达语气的情况，他们把语气词视为表达语气的主要手段；同时以例示的方式指出汉语也存在情态和意态，并用较多篇幅讨论了汉语的四种语调：升调、降调、降升调和升降调，认为汉语的升降调表达“已知”与“未知”的对立。降调表示“已知”；升调表示“未知”。限于篇幅，胡壮麟等（1989，2005）对汉语语气和情态的描述略显简单，而且在汉语语气的体现方式方面的观点仍存在有待商榷之处，但是为后来的研究者提供了较好的启示和引导作用。

张德禄（1990/2008，1991，1998）结合语境以汉语为例，讨论了角色关系所表现的社会交流中的合意性以及在汉语语法中的语气和情态体现。张德禄把合意的社会交流的总原则概括为：说话者力求突出使对方既受益又受尊重的角色关系。他认为，汉语小句的语气、词汇、语调和及物性模式主要用以体现组成社会过程的交际角色及其关系；词汇语法中的态度或情感性词汇和情态，以及音系系统中的音质、口音、耳语等则体现组成社会结构的社会角色及其关系。近年来，张德禄（2009a，2009b）研究了汉语语气系统的特点，并以此揭示了汉语的深层运作规律，即汉语更加注重过程和行为。

胡壮麟（1994a）、李淑静（1990）和李淑静、胡壮麟（1990/2008）通过对比英汉疑问语气系统，系统描述了汉语疑问语气的语义功能与体现方式。他们仍把语气词视为语气体现的一个重要体现形式。魏在江（2003）从句法表现形式、语篇标记、情态级别、语调和语境依赖几个方面对比了英汉语语气隐喻。文章提出，语气隐喻可以帮助解决汉语中过于繁琐的语气分类。在系统功能语法的框架下，感叹语气是陈述语气的一种特殊形式。杨才英（2009，2010）系统地描述了汉语中带有形式标记的感叹句系统，并给出了功能阐释：态度的赋予性、心理事实的主观性、经验的逆向性和程度的强烈性。

Halliday & McDonald（2004）认识到汉语语气词系统的独立性，认为汉语语气词的主要功能并不是区分语气类型，更大程度上是其评估功能（assessment），即说话者通过语气词对小句的命题或建议表明态度和揭示说话者的介入程度。杨才英（2009）系统地论述了“的、呢、吧、啊、吗、嘛”六个典型句末语气词的人际功能。文章指出，“吗”的完全疑使其成为是非疑问的标志手段之一；“的”因其表达客观判断的特殊结构而获得高度客观确信功能，并在层级上获得焦点强化功能；“吧”具有的半信半疑的中值情态意义使其游离于断定句与疑问句之间，其所表现的商量口吻为听话者提供更大的商讨空间；“呢”的低值主观情态意义使其功能化为非是非疑问的标志之一；“啊”具有情感突出功能；“嘛”在断定句中的主观确信功能表现在建议句中具有任性、撒娇等口气缓和功能。

汉语情态系统是一个相对封闭的系统，主要由情态助动词和情态副词来担当，但由于作为孤立语的汉语没有形态变化，情态副词和情态助动词之间的界限有时难以划定。另一方面，一个情态助动词往往表达多个意义，因此在系统的建立上存在操作上的困难。朱永生(1996)在系统功能语言学的框架下研究了汉语情态助动词，并与英语情态系统进行了比较。朱永生的研究对汉语情态研究具有一定的启示性，但缺乏系统性。魏在江(2008，2009)从情态隐喻句式的非一致式、英语情态动词与汉语能愿动词、名词化与及物过程的转换、情态隐喻与情态的主客观取向系统、情态的三级量值等几个方面进行英汉语情态隐喻对比研究。文章认为，同样功能的情态隐喻在英语中更多采用形合手段，因而更为清晰；而汉语更多采用词汇意合手段，因而颇为模糊。文章指出，情态隐喻概念的提出可以扩大情态所涵盖的范围，并丰富情态研究的内容。

Halliday (1985，1994；Halliday & Matthiessen 2004) 所构建的情态系统具有语言类型学上的普遍性，因而可以以此为框架来描述汉语情态系统。但是，由于汉语语气实现手段的多样性和不对称性，至今难以对陈述语气、疑问语气和祈使语气给出一个统一可信的入列条件。因此，由于汉语自身的意合性特点，对汉语情态系统的描述仍有待进一步深入。

3.4 主位—述位结构

主位—述位结构是实现谋篇意义的语法手段。方琰(1989，1990/2008，2001)对汉语主位—述位结构的论述最为全面和深入。她指出，主位—述位结构是汉语的一个固有特征，汉语句子也可按语义划分为主位和述位两个部分；在主谓宾(SVO)与主宾谓(SOV)句型中主位与主语重合，成为句子的非标记主位；在其他句型中，宾语或状语，甚至动词都可成为句的主位，成为标记主位。陆丹云(2009)重点讨论了Tp小句(“话题凸显”句)的语义潜势和语法构型，构建了汉语主位焦点化的语义网络，在精密度阶上推至三级入列条件，列举了汉语Tp小句的24类构型。

张伯江、方梅(1996)用主位—述位来描写汉语口语的信息结构，指出，

Halliday的话题（概念）主位、人际主位和篇章（谋篇）主位概念在汉语信息结构的分析中是可资借鉴的。他们比较了叙述体和对话体的主位结构特征。发现，前者一般是主位在前，述位在后；后者常常出现主位后置现象。此外，说话人为了突出所要表达的重要信息，往往采用延缓、停顿、加强语调以及附加语气词等手段。

对汉语主位—述位的论述可归纳为两点。一、应该把体现谋篇意义、表示小句起点的主位与体现人际意义、表示命题或建议的负责人所充当的主语和体现经验意义的施事等概念区别开来；二、主位概念与吕叔湘的“起语”说法有异曲同工之处（胡壮麟 1991），因此，我们认为，主位—述位结构适合于对汉语的描述。

4. 功能理论对汉语语篇、教学和失语症的研究

基于概念意义、人际意义和谋篇意义的功能语法的目的就是“为语篇分析构建一个语法体系”（Halliday 1994: xv）。而且，功能语法在语篇分析、文体分析和语言教学等领域的广泛应用也证明了它自身的生命力和多目的应用的“适用性”。下面我们将从汉语语篇研究、汉语教学和汉语失语症三个方面来考察功能理论对于汉语的应用性研究。

4.1 汉语语篇研究

在语篇的生成过程中，需要对主位作连续的选择，这种对主位的连续选择就是主位推进或主位进程（thematic progression）。方琰、艾晓霞（1995）分析了新闻报导、物理实验操作过程说明、前言、后记、图书馆简介、名山胜概、菜谱、政府要人发言、议论文及作者简介（类似人物传记）十种不同文体的主位进程模式。她认为，汉语语篇基本遵循主位1—述位1（主位2）—述位2……的主位链推进。彭望衡（1993）分析了朱自清的《背影》和《荷塘月色》中的主位结构推进，强调了主位结构对语篇连贯的作用。余渭深（2002）使用动态描述的方法，对比分析了汉英学术语类的标记性主位，特别是CF（Context Frame）标记性主位。文章指出，汉语学术论文中表示物质过程的CF标记性主位明显多于英语，而英语中多为表示语篇衔接的CF标记性主位。

文献同时显示，有时对主位理解的偏差会导致分析错误，使一些作者的分析结果令人质疑。如于建平、徐学萍（2005）对比分析了英汉科技文摘后发现，汉语多为无主位和无主语推进，把主位和主语混为一谈。琚长珍（2009）在进行汉语社论语篇的主位分析时，把表达时间的环境成分错误归为名词性短语，其结论当然令人怀疑。

汉语语篇分析的另一热点是衔接。胡壮麟（Hu 1981，1994b）较早把衔接理论运用于汉语研究，扩展了 Halliday 和 Hasan 偏重于语言内部的衔接模式，纳入了及物性结构、主位—述位结构和语篇结构等。朱永生、郑立信、苗兴伟（2001）、夏日光（1998）和冉永平、沈毅、黄萍（1998）进行了英汉衔接手段的对比研究，包括照应、替代、省略、连接、重复、同义词、反义词上下义关系和搭配等。辛斌（1998）分析讨论了“预警情报”中的词汇重复与语篇的组织结构和语篇连贯之间的紧密联系性。

从语篇分析涉及的语体来看，Halliday（1993）分析了英汉语的科学语篇，讨论了符合名词化、名词词组化、名物化和语法隐喻等语言手段对科学知识话语模式的编码，并从社会符号角度给出了合理的解释。

陈晓燕（2006，2007a）以语境理论和会话结构模式为框架，从社会符号的角度对汉语即时通讯语篇的会话结构进行了较为深入的研究。文章把话步（move）和交换（exchange）作为会话结构的基本单位，分析了协商和语气系统。陈晓燕认为，电子语篇是对包括较直接的情景语境和更深层的文化语境在内的社会语境总体网络的投射。

陈晓燕（2007b）还在评价系统的理论框架内分析了 10 个英汉社论语篇中态度资源的分布特征。研究发现，英汉语篇中评判资源和社会评价方面的鉴赏资源都较为丰富，但英语语篇态度意义的表达比汉语语篇更隐蔽、更富策略性和技巧性。

王振华（2006）运用元功能理论和评价系统，对比分析了法定“自首”和一个个案中的所谓的“自首”，说明了语言学对司法解释的意义。傅瑛（2007）分析了中国民事审判语篇的及物性系统，统计了审判中动词过程的整体分布以及审判不同阶段的动词过程分布，并从社会符号的角度给出了解释。李诗芳（2007）以 14 场公开的法庭刑事审判现场录音转写话语为语料，描写并解释了法庭话语的人际意义及实现形式。李祥云（2009）通过对离婚诉讼话语的会话结构分析和评价词汇分析，揭示了离婚官司中性别权利的不平等，呼吁实行调审分离制度。

此外，不少学者从英汉翻译的角度分析了汉语典籍的语篇特点及（汉英）翻译技巧（见陈旸 2010）。

可见，系统功能语言学理论已经被广泛运用于汉语语篇分析。无论是传统的主位推进和过程模式，还是新近发展的语类结构和评价系统，都已经被运用于不同的语体分析。一方面，它可以有助于我们更好地理解语篇、解读作品；另一方面，它可以从各个层次（上至文化语境和情景语境，下至词汇语法的选择）对我们的输出写作过程提供指导。

4.2 汉语教学研究

系统功能语言学作为一门适用语言学在英语二语习得（ESL）中的成功运用已经证明了其强大的生命力，基于其理论而创建的交际法也被广大二语习得教师运用于教学实践。随着对外汉语教学的发展，越来越多的教师开始尝试将系统功能语言学理论运用于对外汉语教学研究，如徐晶凝（1998）在区分语言功能和言语功能的基础上，讨论了基于功能语法的汉语交际语法。文章认为，汉语交际语法教材的编写要完全以功能为纲，打破传统语法结构的系统性与难易顺序，一切从实际交际需要出发。贺文丽（2004）讨论了系统功能语言学的文化语境、情景语境和社会符号观理念在对外汉语语篇分析教学中的作用。关执印（2010）讨论了系统理论、语域理论和元功能理论对对外汉语教学的启示。杨念文(2007)运用语篇功能中的主位结构、信息结构、衔接和语域几个方面尝试性地分析了汉语教学中系统功能语法的运用。

以上论文虽然在理论的运用上略显粗糙，但其在教学实践中的效果却非常明显。这一领域仍需要学者们开发和探索，更需要理论上的升华。

4.3 汉语失语症研究

吴克蓉（2008）和吴克蓉等（2008）以系统功能语言学理论为框架，从语篇角度就操粤语这一汉语方言的失语症患者的语言现象进行了开创性研究，其研究的关注点主要集中在及物和衔接两个方面。就及物系统而言，他们考察了名词词组的词组过简化、错语、新造语、物指的直白程度以及词组的复杂程度；统计了所有动词的异现率和平均词频，并对构成及物过程的核心动词按照类型予以分类。在衔接链的研究方面，他们比较了患者与常人使用的连接关系、相邻对、延续关系等有机关系衔接的异同。

吴克蓉等的研究填补了以系统功能语言学理论为指导、面向语篇的汉语失语症研究的空白。由于他们的研究更加关注患者仍然保留的语言表达技能，因而能为患者的语言评估和康复治疗带来一定的启示，从而为将来的语言评估和康复治疗提供依据。

5. 结语

本文从三个方面论述了系统功能语言学与汉语研究的关系脉络：Halliday早期汉语研究中的语法思想发展轨迹，系统功能语言学对汉语音韵和语法的应用性研究以及系统功能语言学在汉语语篇分析、汉语教学和汉语失语症中的运用。

作为普遍语言学的系统功能语言学不仅从中国传统语言学研究中获得了滋养，汉语自身的特点也对理论的建构有所影响，其理论必然会适用于汉语研究。马庆株多次参加系统功能语言学会议（如马庆株 1997），他构建的汉语语义功能语法就是在借鉴系统功能语言学的思想上吸纳了结构主义的形式分析特征而形成的（见龙涛、彭爽 2005）。

我们在这里想强调一点，中国的系统功能语言学学者从未放弃对汉语的应用研究。他们运用先进的语言学理论，结合自己的汉语母语优势，把及物系统、主位—述位、语气、情态以及衔接等概念应用于汉语研究，取得了丰硕的成果。特别需要提及的是，2009 年由清华大学承办的第 36 届国际系统功能语言学大会开设了一个专门的汉语专题，期间 Halliday 亲临聆听学者发言并给予中肯意见。我们期望，进入 21 世纪的中国会有更多的学者为实现系统功能语言学在中国的本土化研究而努力。

参考文献

Cafferel, A., J. R. Martin & C. M. I. M. Matthiessen (eds.). 2004. *Language Typology:*

A Functional Perspective. Amsterdam: Benjamins.

Fang, Y. (方琰) 2007. Constructing a harmonious world. *The Journal of English Studies* (4): 43-50.

Fang, Y. (方琰), E. McDonald & M. S. Cheng. 1995. Subject and theme in Chinese: From clause to discourse. In R. Hasan & P. Fries (eds.). *Subject and Theme: A Discourse Functional Perspective*. Amsterdam: Benjamins. 235-273.

Fawcett, R. P. 1987. The semantics of clause and verb for relational processes in English. In M. A. K. Halliday & R. P. Fawcett (eds.). *New Developments in Systemic Linguistics*. London: Pinter. 130-183.

Halliday, M. A. K. 1956. Grammatical categories in modern Chinese. *Transactions of the Philological Society*: 177-224.

Halliday, M. A. K. 1959. *The Language of the Chinese "Secret History of the Mongols"*. Oxford: Blackwell.

Halliday, M. A. K. 1961. Categories of the theory of grammar. *Word* 17 (3): 241-292.

Halliday, M. A. K. 1981. The origin and early development of Chinese phonological theory. In R. E. Asher & E. J. Henderson (eds.). *Towards a History of Phonetics*. Edinburgh: Edinburgh University Press.

Halliday, M. A. K. 1983. Systemic background. In W. S. Greeves & J. D. Benson (eds.). *Systemic Perspectives in Discourse* Vol. 1. Norwood, NJ: Ablex.

Halliday, M. A. K. 1984. Grammatical metaphor in English and Chinese. In B. Hong (ed.). *New Papers on Chinese Language Use* (Contemporary China Papers 18). Canberra: Contemporary China Centre, Australian National University. 9-18.

Halliday, M. A. K. 1985. *An Introduction to Functional Grammar*. London: Edward Arnold.

Halliday, M. A. K. 1992. A systemic interpretation of Peking syllables. In P. Butt (ed.). *Studies in Systemic Phonology*. London: Pinter. 98-121.

Halliday, M. A. K. 1993. The analysis of scientific texts in English and Chinese. In M. A. K. Halliday & J. R. Martin. *Writing Science: Literacy and Discursive Power*. Pittsburgh: University of Pittsburgh Press.

Halliday, M. A. K. 1994. *An Introduction to Functional Grammar* (2nd edition).

London: Edward Arnold.

Halliday, M. A. K. 2001. On the grammatical foundations of discourse. In S. Z. Ren (任绍曾), W. Guthric & I. W. R. Fong (eds.). *Grammar and Discourse*. Macau: Publishing Centre, University of Macau.

Halliday, M. A. K. 2006/2007. *Studies in Chinese Language: The Collected Works of M. A. K. Halliday* Vol. 8 (ed. J. Webster). London: Continuum/Beijing: Peking University Press.

Halliday, M. A. K. & C. M. I. M. Matthiessen. 1999. *Construing Experience through Meaning: A Language-Based Approach to Cognition*. London/New York: Continuum .

Halliday, M. A. K. & C. M. I. M. Matthiessen. 2004. *An Introduction to Functional Grammar* (3rd edition). London: Edward Arnold.

Halliday, M. A. K & E. McDonald. 2004. Metafunctional profile of the grammar of Chinese. In A. Cafferel, J. R. Martin & C. M. I. M. Matthiessen (eds.). *Language Typology: A Functional Perspective*. Amsterdam: Benjamins.

Hasan, R. 1995. The conception of context in text. In P. H. Fries & M. Gregory (eds.). *Discourse in Society: Systemic Functional Perspectives*. Norwood, NJ: Ablex. 183-283.

Hu, Z. L. (胡壮麟) 1981. *Textual Cohesion in Chinese*. M.A. Thesis. Sydney: University of Sydney.

Li，E. S. H. 2007. *A Systemic Functional Grammar of Chinese*. London: Continuum.

Long, R. J. (龙日金) 1981. *Transitivity in Chinese*. M.A. Thesis. Sydney: University of Sydney.

McDonald, E. 1992. Outline of functional grammar of Chinese for teaching purposes. *Language Sciences* 14 (4): 435-458.

McDonald, E. 1994. Completive verb compounds in modern Chinese: A new look at an old problem. *Journal of Chinese Linguistics* 22 (2): 317-362.

McDonald, E. 1996. The “complement” in Chinese grammar: A functional reinterpretation. In R. Hasan, C. Cloran & D. R. Butt (eds.). *Functional Descriptions: From Theory to Practice*. Amsterdam: Benjamins.

McDonald, E. 2004. Verb and clause in Chinese discourse: Issues of consistency and functionality. *Journal of Chinese Linguistics* 32 (2): 200-248.

McDonald, E. 2008. *Meaningful Arrangement: Exploring the Syntactic Description of Texts*. London: Equinox.

Ouyang, X. J. (欧阳小箐) 1986. *The Clause Complex in Chinese.* M.A. Thesis. Sydney: University of Sydney.

Zhang, D. L. (张德禄) 1991. Role relationships and their realization in Mood and Modality. *TEXT* (2): 289-318.

Zhou, X. K. (周晓康) 1997. *Material and Relational Transitivity in Mandarin Chinese*. Ph.D. Dissertation. Melbourne: University of Melbourne.

Zhu, Y. S. (朱永生) 1985. *Modality and Modulation in English and Chinese*. M.A. Honours Thesis. Sydney: University of Sydney.

Zhu Y. S. (朱 永 生) 1996. Modality and Modulation in Chinese. In M. Berry, C. S. Butler, R. P. Fawcett & G. W. Huang (黄国文) (eds.). *Meaning and Form: Systemic Functional Interpretations*. Norwood, NJ: Ablex. 183-210.

艾晓霞，1993，*A Tentative Thematic Network in Chinese*。硕士学位论文。北京：清华大学。

陈晓燕，2006，会话结构：对电子会话语篇的功能语言学解读，《英语研究》（4）：73-83。

陈晓燕，2007a，电子会话语篇的会话结构解析，《外语教学与研究》（5）：338-344。

陈晓燕，2007b，英汉社论语篇态度资源对比分析，《外国语》（3）：39-46。

陈旸，2010，汉语典籍英译研究的功能语言学模式述评。载黄国文、常晨光（编），《功能语言学年度评论（第 1 辑）》。北京：高等教育出版社。115-137。

范文芳，2007，语言的人际功能与命题形式，《外语研究》（4）：31-35。

方琰，1989，试论汉语的主位述位结构，《清华大学学报》（2）：66-72。

方琰，1990/2008，浅谈汉语的“主语”：“主语”、“施事”、“主位”。载胡壮麟（编），《语言系统与功能》。北京：北京大学出版社。48-56。

方琰，2001，论汉语小句复合体的主位，《外语研究》（2）：56-58。

方琰、E. McDonald，2001，论汉语小句的功能结构，《外国语》（1）：42-46。

方琰、艾晓霞，1995，汉语语篇主位进程结构分析，《外语研究》（2）：20-24。

方琰、沈明波，1997，A functional trend in the study of Chinese。载胡壮麟、方琰（编），《功能语言学在中国的进展》。北京：清华大学出版社。1-14。

傅瑛，2007，*A Study of Transitivity System in Chinese Civil Courtroom Discourse*。硕士学位论文。武汉：华中师范大学。

关执印，2010，功能语法影响下的交际法在对外汉语教学中的几点启示，《赤峰学院学报》（1）：203-204。

贺文丽，2004，功能语篇分析在对外汉语教学中的运用，《云南师范大学学报》（4）：28-30。

胡壮麟，1989，语义功能与汉语的语序和词序，《湖北大学学报》（4）：53-60。

胡壮麟，1990/2008，小句与复句。载胡壮麟（编），《语言系统与功能》。北京：北京大学出版社。124-135。

胡壮麟，1991，王力与韩礼德，《北京大学学报》（英语语言文学专刊）：49-57。

胡壮麟，1994a，英汉疑问语气系统的多层次和多功能解释，《外国语》（1）：1-7。

胡壮麟，1994b，《语篇的衔接与连贯》。上海：上海外语教育出版社。

胡壮麟，2000，《功能主义纵横谈》。北京：外语教学与研究出版社。

胡壮麟、朱永生、张德禄，1989，《系统功能语法概论》。长沙：湖南教育出版社。

胡壮麟、朱永生、张德禄、李战子，2005，《系统功能语言学概论》。北京：北京大学出版社。

黄国文，2007a，个别语言学研究与研究创新，《外语学刊》（1）：35-39。

黄国文，2007b，系统功能句法分析的目的和原则，《外语学刊》（3）：38-45。

黄国文，2007c，功能句法分析中的分级成分分析，《四川外语学院学报》（6）：7-11。

琚长珍，2009，汉语社论语篇的主位分析，《安徽文学》（2）：296-297。

李诗芳，2007，*Interpersonal Meaning in Courtroom Discourse*。博士学位论文。长春：东北师范大学。

李淑静，1990，英汉疑问语气初探，《北京大学学报（英语语言文学专刊）》：74-81。

李淑静、胡壮麟，1990/2008，语气和汉语疑问语气系统。载胡壮麟（编），《语言系统与功能》。北京：北京大学出版社。82-101。

李祥云，2009, *Power and Solidarity in Divorce Litigation Discourse: A Gender Perspective*。济南：山东大学出版社。

龙日金，1998，汉语及物性中的范围研究。载余渭深、李红、彭宣维（编），《语言的功能——系统、语用和认知》。重庆：重庆大学出版社。226-235。

龙涛、彭爽，2005，语义功能语法——功能主义在中国的新发展，《语文研究》（3）：10-16。

陆丹云，2009，汉语 Tp 小句的语义潜势和语法构型，《外国语文》（5）：18-27。

马庆株，1997，指人参与者角色关系趋向与汉语动词的一些小类。载胡壮麟、方琰（编），《功能语言学在中国的进展》。北京：清华大学出版社。135-143。

彭望衡，1993，A thematic analysis of two Chinese essays。载朱永生（编），《语言 · 语篇 · 语境》。北京：清华大学出版社。140-157。

彭宣维，2000，《英汉语篇综合对比》。上海：上海外语教育出版社。

彭宣维，2004，现代汉语及物性中的心理过程小句。载北京大学外国语学院语言学研究所（编），《语言学研究》。北京：高等教育出版社。119-130。

彭宣维，2007，导读。Halliday, M. A. K. 2006/2007. *Studies in Chinese Language*. *The Collected Works of M. A. K. Halliday* Vol. 8 (ed. J. Webster). London: Continuum / 北京：北京大学出版社。

冉永平、沈毅、黄萍，1998，英汉语的词汇衔接功能对比。载余渭深、李红、彭宣维（编），《语言的功能——系统、语用和认知》。重庆：重庆大学出版社。218-225。

王全智，2008，小句复合体与复句的比对研究，《外语与外语教学》（11）：9-12。

王振华，2006，“自首”的系统功能语言学视角，《现代外语》（1）：1-9。

魏在江，2003，英汉语气隐喻对比研究，《外国语》（4）：46-53。

魏在江，2008，基于功能的英汉语情态隐喻对比研究，《现代外语》（3）：263-272。

魏在江，2009，情态与语篇连贯类型研究，《外语电化教学》（5）：26-31。

翁玉莲，2007，报刊新闻评论话语的功能语法分析。博士学位论文。福州：福建师范大学。

吴克蓉，2008，动词模式对失语症患者语篇意义及叙事能力的影响，《深圳大学学报》(4)：120-123。
吴克蓉、王庭槐、邱卫红、陈少贞，2008，流利型失语症患者名词词组的使用特征与命名能力的关系，《中国实用神经疾病杂志》(8)：1-4。
夏日光，1998，英汉词汇的照应与替代功能对比。载余渭深、李红、彭宣维(编)，《语言的功能——系统、语用和认知》。重庆：重庆大学出版社。209-217。
辛斌，1998，词汇重复与语篇连贯。载余渭深、李红、彭宣维(编)，《语言的功能——系统、语用和认知》。重庆：重庆大学出版社。302-309。
徐晶凝，1998，关于语言功能和言语功能——兼谈汉语交际语法，《北京大学学报》(6)：135-139。
杨才英，2009，论汉语语气词的人际意义，《外国语文》(6)：26-32。
杨才英，2010，感叹特征的功能阐释，《外语与外语教学》(2)：45-49。
杨才英、赵春利，2003，王力与韩礼德汉语语气观比较研究，《解放军外国语学院学报》(3)：11-15。
杨国文，2001a，汉语态制中"复合态"的生成，《中国语文》(5)：418-427。
杨国文，2001b，汉语物质过程中"范围"成分和"目标"成分的区别，《语言研究》(4)：8-17。
杨国文，2002，汉语"被"字式在不同种类的过程中的使用情况考察，《当代语言学》(1)：13-24。
杨念文，2007，浅谈系统功能语法在汉语教学中的运用，《科技信息》(13)：369-370。
于建平、徐学萍，2005，科技文摘的信息展开模式的研究，《上海翻译》(4)：27-31。
余渭深，2002，汉英学术语类的标记性主位分析，《外语与外语教学》(1)：8-18。
张伯江、方梅，1996，《汉语功能语法研究》。南昌：江西教育出版社。
张德禄，1990/2008，社会交流中的合意性与语法中的语气和情态。载胡壮麟(编)，《语言系统与功能》。北京：北京大学出版社。57-68。
张德禄，1997，从文化与功能的角度解释汉语的语序。载胡壮麟、方琰(编)，《功能语言学在中国的进展》。北京：清华大学出版社。99-105。
张德禄，1998，人际意义在汉语小句中的组织形式。载余渭深、李红、彭宣维

（编），《语言的功能——系统、语用和认知》。重庆：重庆大学出版社。283-301。

张德禄，2009a，汉语语气系统的特点，《外国语文》（5）：1-7。

张德禄，2009b，Some characteristics of Chinese Mood system。载张敬源、彭漪、何伟（编），《系统功能语言学前沿动态——第八届中国系统功能语言学学术活动周报告文集》。北京：外语教学与研究出版社。91-116。

周晓康，1990/2008，从及物性系统看汉语动词的语法—语义结构。载胡壮麟（编），《语言系统与功能》。北京：北京大学出版社。102-118。

周晓康，1998，带双重语义角色的汉语所属句。载余渭深、李红、彭宣维（编），《语言的功能——系统、语用和认知》。重庆：重庆大学出版社。236-267。

周晓康，1999，现代汉语物质过程小句的及物性系统，《当代语言学》（3）：36-50。

朱永生、郑立信、苗兴伟，2001，《英汉语篇衔接手段对比研究》。上海：上海外语教育出版社。

作者简介

杨才英　博士、博士后，暨南大学外国语学院讲师，研究方向为功能语言学。出版专著一部，获得博士后科学基金资助一项，在《外语与外语教学》、《汉语学习》、《外语研究》、《解放军外语学院学报》、《四川外语学院学报》（《外国语文》）等核心期刊发表论文十余篇，研究范围涉及语篇分析、文体学、汉语研究等。

通讯地址：广州市黄埔大道西 601 号　暨南大学外国语学院英语一系（510632）

电子邮箱：　caiyingyang@gmail.com

第十六章

语言对比与语言类型学研究

辛志英　厦门大学　/　黄国文　中山大学

1. 引言

系统功能语言学自创建以来，Halliday 多次明确强调（如 Halliday 1966, 2009)，系统功能语言学的最终目标是建立用于描述和解释人类语言的普通语言学，而不是针对个别语言的个别语言学。同时，多语言的交际模式（如翻译、语码混用）的发展和多语言研究（multilingual studies）的兴起，以及系统功能语言学的“适用语言学”属性（Halliday 2008a)，也要求我们考察系统功能语言学在类型学研究领域的应用和贡献。但是文献显示，目前国内还没有关于系统功能类型学研究的报道。我们试图通过对系统功能类型学与传统的和其他新兴的类型学流派的比较，以及对系统功能类型学的理论支撑、研究方法和研究目标的分析和讨论，初步勾画出系统功能类型学研究的现状、特点和路径，从而为今后的相关研究提供理论和文献上的支持。

在讨论之前，需要特别说明类型学研究与比较研究（comparative studies）和对比研究（contrastive studies）之间的关系。关于这三者的区别，我们可以从两个方面来理解：研究语言的数量和发生学研究的侧重点。从研究语言的数量看，一般说来，如果研究的语言很少，则属于比较研究的范畴，历史语言学的研究通常通过比较研究来确定语言与语言的谱系关系。如果通过对比两种语言来揭示语言差异带给语言学习者的困难，则是对比研究的范畴，如果是对多种语言的比较，并且能够代表一类语言，则是类型学的研究范畴。从发生学的角度看（参见 Matthiessen，Teruya & Wu 2008)，对比语言学关注的是个体发生学（ontogenesis），侧重个体学习者的社会符号发展过程；而比较语言学和类型语言学则研究语言的发展和进化，侧重点是种系发生学（phylogenesis）。我们这里所说的类型学研究是个广义上的概念，对比较研究、对比研究和类型学研究不作严格的区分。

2. 系统功能类型学同其他类型学流派的比较

系统功能类型学研究完全不同于传统的形式类型学研究（如 Keenan & Bernard 1977；Abney 1987）。形式类型学与转换生成语法等形式语法关系密切，依赖于形式语法学家演绎得出的语言结构规则，因此语料来源往往是语法书，而不是直接的真实的语料。有关形式类型学的详细讨论可参见 Polinsky & Kluender（2007）。

系统功能语言学把语言看做社会意义符号，从功能的视角审视语言与社会的关系（Halliday 1978），对语言类型学的研究与传统的形式的类型学研究具有本质上的不同。从功能的角度出发，系统功能类型学是对真实语料的直接研究。同时，它与其他新兴的功能的语言类型学研究也不尽相同。Teruya *et al.*（2007）和 Matthiessen（2009a）对系统功能类型学与其他的功能类型学流派之间的联系已作过介绍。我们这里主要探讨系统功能类型学与布拉格派的类型学研究（Prague school typology）、美国西海岸功能类型学研究（West-coast functional typology）和系统类型学研究（systemic typology）的相似和不同之处。

系统功能类型学与布拉格派类型学（如 Sgall 1995）都承认在类型学研究中理论的重要性，强调从功能的角度解释语言的横组合结构，同时把语言看做多维度的。两者都强调类型学研究应该基于多种语言的大型研究。因此，系统功能类型学是经验的类型学研究。从这一点来看，它与欧洲的 Dik（1978）的功能语法相近，也同由 Greenberg（如 1966/2005）经验派发展而来的美国的功能派研究（如 Givón 1991；Croft 2003）相类似。二者都强调语法化在类型学研究中的重要性，强调类型学研究应基于对来自不同语言、不同语域的语篇的定性和定量的分析。更重要的一点是，这种基于大规模的语言系统的比较研究为系统功能类型学研究提供了研究传统和研究路径。

与系统功能语言学相类似的，还有新近发展起来的“系统类型学”（见 Gil

1986；Plank 1998；Fenk-Oczlon & Fenk 2004）；虽然所用的术语是"系统类型学"（Systemic typology），但这个学派与 Halliday 的系统功能语言学没有关系。系统类型学的学者认为，在语音结构、形态和句法之间存在着系统的互动关系。他们的研究主要围绕着语音、词、短语、小句和语篇结构之间的相互依赖关系、制约这种关系的参数（如音系参数、形态参数和句法参数等）之间的链接以及跨文化因素的制约作用等。同时，他们还强调语言和认知的共同发展。由此可见，他们的研究和系统功能研究有一定的相通之处。

但是，系统功能类型学有其独特的特点（具体讨论见第 4 节）。在系统功能语言学中，语言对比和语言类型学研究是多语言研究的一个组成部分；它以系统的、多功能的研究为中心；强调语境前提下的类型学研究；强调基于语篇的类型学研究；关注语法隐喻；强调类型学应基于对个别语言的比较的、整体功能的描写。

3. 系统功能类型学的理论支撑和技术支持

在系统功能语言学体系下，类型学研究是多语言研究的一个组成部分，因此系统功能类型学是在系统功能语言学的框架下进行的，这一点不同于其他的类型学研究观点（如 Bickel 2007 认为类型学研究是个独立的学科）。系统功能类型学的发展得益于外部和内部因素的影响。从外部因素看，受 20 世纪六七十年代 Greenberg 和 Croft 等人经验类型学的影响，近年来对多个语言的比较描写逐渐增多，从而推动了类型学研究的发展。从内部因素看，系统功能类型学研究的发展得益于系统功能语言学理论的发展，（多语言）系统网络的理论表征，语料库和计算工具的设计和开发等。

由于系统功能类型学研究是在系统功能语言学理论的框架下进行的，从根本上说，系统功能语言学的理论及其发展（参见 Matthiessen 2007a）的各个方面都对类型学的研究有所影响。其中对类型学研究的理论研究有重大影响的理论主要包括系统、元功能、语境、语法隐喻和语篇语义研究等。Halliday（1967/8）把元功能引入他的系统框架中，认为语言的意义组织本质上是功能的，由概念、人际和语篇三个系统组成。随后，自下而上地，Halliday（1979）把意义系统和表达系统建立起对应的体现与被体现的关系；自上而下地，

Halliday (1978) 把这三个元功能分别同语境的三要素(即语场、语旨和语式)建立起对应联系。这对于类型学的研究是至关重要的。实际上，目前系统功能语言学研究领域所公认的系统功能类型学研究模式(如 Caffarel，Martin & Matthiessen 2004a；Matthiessen 2004) 就是从三个元功能对个别语言进行描写入手。语法隐喻的研究(如 Halliday & Martin 1993；Halliday & Matthiessen 1999；Simon-Vandenbergen，Taverniers & Ravelli 2003) 是系统功能语言学对语言研究领域的独特贡献。这个概念对于类型学研究的意义在于，它把意义的语法体现资源中的级转移机制和语域要素(特别是不同的语篇类型，如科学语篇) 提高到了前所未有的重要位置(如 Steiner 2003)。而系统功能学者对于语篇语义的研究(如 Martin 1992) 使得系统功能类型学的探索从词汇层面扩展到了语篇语义层面(如 Martin 1983)。

对系统网络的元理论表征研究是为了"建立多语言语篇的生成系统"(Matthiessen 2007a)，这方面的研究是为了研发用于多语言语篇生成的计算工具。在这样的背景下，贝特曼(Bateman) 等人(如 Bateman *et al.* 1991；Bateman，Matthiessen & Zeng 1999) 致力于对多语言系统网络的理论建构，目的是增加系统网络的表征力，从而使对个别语言的系统描写统一在多语言的系统网络当中。具体而言，这样的系统网络要解决两个问题：一是能够同时表征两种以上语言的系统，二是保持对个别语言描写的独立性和完整性。从理论上讲，这种多系统网络的建构是由系统语法的特点所决定的。系统语法能够在一个模式中同时处理语言的句法的、语义的和语用的各个方面(见 Teich 1999b)，并能够整合几种语言的资源，因此不同的语言在多语言生成系统中便表征为不同系统的体现资源。需要说明的是，虽然多语言系统网络的理论研究最初是为了研发多语言语篇生成计算工具，但后来的相关研究证明，它也同样适用于其他环境下的语言比较和对多语言系统的描写(如 Teich 2003)。

在上述理论研究基础上，系统功能学者研发了多种用于多语言研究的计算工具(参见 Teich 2009)，包括对语码转换、语码混用、笔译和口译等方面的研究。由于系统功能类型学研究是多语言研究的一个组成部分，这些工具自然也适用于语言比较和语言类型学研究。大致说来，这些计算工具包括以下几个类别：一、对于自然语言生成的研究，如 PENMAN (Mann & Matthiessen

1983)、KOMET (Teich 1992)、TECHDOC (Rosner & Stede 1994) 和 ILEX (Oberlander *et al*. 1998) 等。二、以某一种语言为参照语的或对某个个别语言的系统网络研究，如 Dimitromanolaki，Androutsopoulos & Karkaletsis (2001) 研发的以希腊语为参照的、包括英语和意大利语在内的多语言系统；Bateman (1991) 对日语语篇生成系统的研究；Fawcett，Tucker & Lin (1993) 和 Lin，Fawcett & Davies (1993) 对英文句子生成系统 (GENESYS) 的研究；以及 Degand (1993) 对荷兰语生成系统的研究等。三、语言对比研究，如 Matthiessen & Bateman (1991)、Bateman (1997) 和 Teich (1999a) 等。这里着重介绍 Bateman (1997) 研发的 KPML 系统网络项目。KPML 是同时描写多个语言的语法的计算工具。KPML 系统主要有三个功能：一是对个别语言的语法的清晰描写。二是存入了相当数量的语言的语法的描写，包括英语、德语、荷兰语、俄语、保加利亚语、捷克语、法语、西班牙语、希腊语、汉语和日语等。三是 KPML 不仅是一种多语言生成工具，同时还提供多语言的语法体现资源和使用这些资源的引擎。因此，KPML 是进行语言对比和语言类型学研究的重要工具。

另外，与系统功能类型学研究密切相关的还有近年来多语言语篇的语料库建设和对语料库的计算机标注 (参见 Teich 2009；Wu 2009)，如 SysCorc 软件 (详细介绍见 Wu 2009)，以及 Baumann *et al*. (2004) 对语料库信息结构的标注等。

上述研究从理论上和技术上为系统功能类型学研究的发展提供了前提。系统功能类型学得以进行大规模的、科学的研究。从上述分析我们也不难看出，系统功能类型学是在系统功能语言学的理论框架中进行的，是多语言研究的一个组成部分。

4. 系统功能类型学的研究方法及目标

系统功能语言学是普通语言学的理论 (参见黄国文 2007)，是对语言“个别的、比较的、类型学的”描述 (Halliday 2009: 59)，它把语言看做表达意义的资源，把系统看做意义的潜势，最终“以某种方式展现意义潜势，使其摆脱结构的束缚” (Halliday 2009: 65)，从而建立一个意义的发生和生成系统。由于系统功能类型学是在系统功能语言学的理论框架下进行的，是系统功能语言学的应用研究部分（见 Matthiessen 2009a），因此，系统功能类型学在研究目标上是为系统功能语言学作为普通语言学理论的最终目标服务的。

因此，就类型学研究的取向和定位而言，它是在系统功能语言学框架内的应用研究，它只是系统功能语言学诸多应用研究之一。就普通语言学理论和对个别语言的描写之间的关系而言，两者是体现与被体现的关系（Caffarel, Martin & Matthiessen 2004a；Matthiessen 2004）。也就是说，对个别语言的描写和解释是普通语言学理论研究的具体体现。普通语言学是描述和解释人类语言的理论，把语言识解为符号系统。而个别语言学的研究则为普通语言学提供研究的基础和佐证，因此后者是建立在前者的研究基础上的抽象。

就研究方法而言，系统功能类型学主要有以下几个特点：

一、基于意义的描写。类型学的普通描写和对个别语言的描写都必须是基于意义的描写。在系统功能语言学理论中，语言被看做是意义表达的资源。当语言被看做表达意义的资源，系统展示的是整体的意义潜势。也就是说，意义被解释为“所有语言层面上关系总和的特征”（Halliday 2008a，2009）。这是因为系统功能语言学的最终目标是对从个别语言体现资源中“解放”出来的意义的类型描写。

二、多元功能的描写。系统功能类型学侧重对语言三个元功能的研究。这也是系统功能类型学对类型学研究领域的重大贡献之一（参见 Caffarel，Martin & Matthiessen 2004b）。系统功能语言学（如 Halliday & Matthiessen 2004: 31）认为，三个元功能是人类语言的本质属性。因此，类型的研究，无论是个别研究还是普通研究，都必须涵盖对三个元功能的研究。同时，在系统功能类型学研究中，三个元功能同等重要。在以往的类型学研究中，学者们往往只关注对概念意义的研究，而忽视对人际意义和语篇意义的研究。

三、对系统的描写。系统功能类型学首先是对语言的各个系统的研究，比如语义系统、词汇语法系统和语音系统等。从精密度上看，各个系统的普通描写应建立在对其子系统的个别描写之上。例如，对意义系统的描写应建立在对三个功能的描写之上；对人际功能的描写应建立在对语气系统和情态系统的描写之上，以此类推。因此，系统功能类型描写有别于传统的对语言的笼统描写。正如 Caffarel，Martin & Matthiessen (2004a) 所强调的，类型的描写是基于对个别语言的各个子系统的具体描写之上的对意义系统的普通描写。也就是说，系统功能类型学研究中，首先进行比较、对比和类型的描写的是语言的各个子系统，而不是整个的语言的对比。需要说明的是，这种系统的类型学研究是把对语言的各个子系统的研究置于整个系统环境之下，这一点有别于传统的对某种结构零散孤立的类型描写。

四、基于语篇（分析）的描写。为了避免把对某个个别语言的描写（如对英语和汉语的描写）强加于对其他语言的描写，就要确保描写基于自然语篇，并通过在语篇分析中的使用来检验描述的客观性和真实性。因此，系统功能类型学在绝大多数情况下使用自然的真实的语篇而不是捏造的句子。从另一方面看，在系统功能语言学中，语篇是基本的语言单位。系统就是语篇，语篇也是系统；只是看问题的角度不同而已。因此系统功能类型学把语篇而不是句子作为语言描写的出发点。同时，以语篇为出发点可以对语言有更全面的描写，有利于发现类型的模式和特征群。

五、基于语域（语篇类型）的描写。在功能类型学研究领域，除了系统功能类型学，其他流派也有学者（如 Givón 1991）注意到基于语篇的研究的重要性。但都没能很好解决在语料规模和精密程度等方面存在的问题。针对此类问题，Matthiessen，Teruya & Wu (2008) 等学者提出"基于语境的语篇类型学研究"，或者说是基于语域（语篇类型）的类型描写，由对某类语篇类型的描写取代单纯的语篇描写。这种类型学研究不但可以解决基于语篇的类型学研究带来的一系列复杂问题（如精密度不够），而且可以揭示和解释语言之间的一些细微差别。比如说，个别语言的某些类型特征有可能产生于某个特定语域之内，然后扩展到其他语域，乃至整个系统。举例来说，对英语语言中科学语篇的类型学研究（如 Halliday & Martin 1993）发现名词化是科学语篇较为显著的语篇类型特征。这个发现可以扩展到对其他语篇类型、其他语言中名词化现象的研究。

六、从词汇语法到语篇语义的描写。从层次化角度看，以往多数类型学研究者侧重对词汇语法层面的研究，如 Greenberg, Croft 等人；较少数学者对语义进行研究，如 Wierzbicka (1996)。而在系统功能语言学领域，类型学的研究是多层次的，既有常见的词汇语法特征的类型描写；也有语篇语义层面上的类型学研究，如 Martin (1983)；还有从文化行为层面上的研究，如 Rose (2006)。这说明，系统功能的类型描写已经超越了词和句子结构的樊篱，进入各个级阶的系统和结构。

七、从个别描写到普通描写的研究路径。在系统功能类型学研究中，类型的个别描写和类型的普通描写是互补的关系（见 Halliday 2008b）。就研究路径而言，Teruya *et al*. (2007: 860) 认为，系统功能的类型描写是从对语言的个别描写到普通描写的过程。更确切地说，这种类型描写遵循"系统—例示—系统"的路径。一方面，系统功能语言学理论从创建伊始就致力于对语言系统的普通描写，因此对个别语言的描写是以对语言的普通描写（如系统的，元功能的）为框架和依托的；另一方面，类型的普通描写必须基于并且涵括对个别语言的系统的描写。这种研究路径实际上是由系统功能语言学理论的"开放性"和"动态性"（见 Matthiessen 2009a: 12-15）决定的。实际上，自 20 世纪 60 年代创立以来，系统功能语言学理论描写的意义潜势一直在扩展。随着它向新的方向、新的领域扩展（如新的语言、新的语域、新的意义系统等），它的潜势也在不断扩充，增加新的资源，来迎合新的描写和解释的需要。就类型学研究而言，对个别语言的描写也是一种资源。个别描写越多，普通描写的体现潜势越多。而两者最终都作为资源，共同体现人类的社会符号系统。

上述分析说明，系统功能类型学是系统功能语言学理论的一个应用领域，它的发展是和系统功能语言学理论的发展分不开的。同时，无论从研究重点还是研究方法来说，它都体现和反映着系统功能语言学理论的特点。

5. 结语

在作为普通语言学理论的系统功能语言学的框架下，类型学的研究以系统的、功能的、意义的、社会意义系统的和语篇的分析为中心和重心，是多语言研究的一个分支，并与其他分支的研究互为补充。同时，系统功能类型学是开放的、发展的体系，它随着系统功能语言学理论的发展而发展，并适用于对包括语言在内的不同的社会意义系统的类型描写。因此，系统功能的类型学研究不局限于对语言系统本身的研究，而是对人类用以表达意义的各种意义系统的研究。从社会意义学的角度看，对语言系统的类型描写只是对社会意义系统的普通描写的一种体现资源，是对其他符号系统进行类型描写的参照。实际上，系统功能的多模态研究的发展（参见 Matthiessen 2007b，2009b）已经说明这个普通语言学理论正逐渐发展为普通意义学的理论，并涵盖多语言的研究和多模态的研究。

文献表明，在系统功能类型学研究领域，无论是对个别语言的描写，还是对某个系统的描写，无论是对单一意义系统（如语言）的描写，还是多意义系统的描写，无论从比较的角度、对比的角度，还是普通描写，都是系统语言学普通理论在不同方面的具体应用。因此，系统功能类型学研究的最终目标与系统功能语言学的最终目标是一致的：把意义从个别语言的语言体现中“解放”出来，建立功能语义学，从而实现对意义的普通描写。

注释

1 本文系在笔者发表的《系统功能类型学：理论、目标与方法》（《外语学刊》2010（5））基础上的完善和发展。

参考文献

Abney, S. 1987. *The English Noun Phrase in Its Sentential Aspect*. Ph.D. Dissertation. Cambridge: Massachusetts Institute of Technology.

Bateman, J. A. 1991. Uncovering textual meanings: A case study involving systemic-functional resources for the generation of Japanese texts. In C. L. Paris, W. R. Swartout & W. C. Mann (eds.). *Natural Language Generation in Artificial Intelligence and Computational Linguistics*. Norwell, Massachusetts: Kluwer. 125-154.

Bateman, J. A. 1997. Enabling technology for multilingual natural language generation: The KPML development environment. *Natural Language Engineering* (1): 15-55.

Bateman, J. A., C. M. I. M. Matthiessen, C. Nanri & L. Zeng. 1991. The re-use of linguistic resources across languages in multilingual generation components. In

Proceedings of IJCAI'91. Sydney, Australia.

Bateman, J. A., C. M. I. M. Matthiessen & L. Zeng. 1999. Multilingual natural language generation for multilingual software: A functional linguistic approach. *Applied Artificial Intelligence* (6): 607-639.

Baumann, S., C. Brinckmann, S. Hansen-Schirra, G. Kruijff, L. Kruijff-Korbayová, N. Neumann & E. Teich. 2004. Multi-dimensional annotation of linguistic corpora for investigating information structure. In Proceedings of Frontiers in Corpus Annotation Workshop. HLT-NAACL. Boston, Massachusetts.

Bickel, B. 2007. Typology in the 21st century: Major current developments. *Linguistic Typology* (1): 239-251.

Caffarel, A., J. R. Martin & C. M. I. M. Matthiessen (eds.). 2004a. *Language Typology: A Functional Perspective*. Amsterdam: Benjamins.

Caffarel, A., J. R. Martin & C. M. I. M. Matthiessen. 2004b. Systemic functional typology. In A. Caffarel, J. R. Martin & C. M. I. M. Matthiessen (eds.). *Language. Typology: A Functional Perspective*. Amsterdam: Benjamins. 1-75.

Croft, W. 2003. *Typology and Universals* (2nd edition). Cambridge: Cambridge University Press.

Degand, L. 1993. Towards a systemic functional grammar of Dutch for multilingual text generation. *Technical Report*, GMD. Darmstadt, Germany.

Dik, S. C. 1978. *Functional Grammar*. Amsterdam: North-Holland.

Dimitromanolaki, A., I. Androutsopoulos & V. Karkaletsis. 2001. A large-scale Systemic Functional Grammar of Greek. The 5th International Conference on Greek Linguistics. Sorbonne, France.

Fawcett, R. P., G. H. Tucker & Y. Q. Lin (林允清). 1993. How a systemic functional grammar works: The role of realization in realization. In H. Horacek & M. Zock (eds.). *New Concepts in Natural Language Generation*. London: Pinter. 114-186.

Fenk-Oczlon, G. & A. Fenk. 2004. Systemic typology and crosslinguistic regularities. In V. Solovyev & V. Polyakov (eds.). *Text Processing and Cognitive Technologies*. Moscow: MISA. 229-234.

Gil, D. 1986. A prosodic typology of language. *Folia Linguistica* (20): 165-231.

Givón, T. 1991. *Syntax: A Functional Typological Introduction* Vols 1 and 2. Amsterdam: Benjamins.

Greenberg, J. H. 1966/2005. *Language Universals: With Special Reference to Feature Hierarchies*. Berlin: de Gruyter.

Halliday, M. A. K. 1966. Typology and the exotic. In A. McIntosh & M. A. K. Halliday (eds.). *Patterns of Language: Papers in General, Descriptive and Applied Linguistics*. London: Longman. 165-182.

Halliday, M. A. K. 1967/1968. Notes on transitivity and theme in English 1-3. *Journal of Linguistics* 3 (1): 37-81, 3 (2): 199-244, 4 (2): 179-215.

Halliday, M. A. K. 1978. *Language as Social Semiotic: The Social Interpretation of Language and Meaning*. London: Arnold.

Halliday, M. A. K. 1979. Modes of meaning and modes of expression: Types of grammatical structure and their determination by different semantic functions. In G. J. Allerton, E. Carney & D. Holdcroft (eds.). *Functions and Context in Linguistic Analysis: Essays Offered to William Haas*. Cambridge: Cambridge University Press.

Halliday, M. A. K. 2008a. Opening address: Working with meaning: Towards an appliable linguistics. In J. Webster (ed.). *Meaning in Context: Implementing Intelligent Applications of Language Studies*. London: Continuum. 7-23.

Halliday, M. A. K. 2008b. *Complementarities in Language*. Beijing: The Commercial Press.

Halliday, M. A. K. 2009. Methods – techniques – problems. In M. A. K. Halliday & J. Webster (eds.). *The Continuum Companion to Systemic Functional Linguistics*. London: Continuum. 59-86.

Halliday, M. A. K. & J. R. Martin. 1993. *Writing Science: Literacy and Discursive Power*. London: Falmer.

Halliday, M. A. K. & C. M. I. M. Matthiessen. 1999. *Construing Experience through Meaning: A Language-Based Approach to Cognition*. London: Cassell.

Halliday, M. A. K. & C. M. I. M. Matthiessen. 2004. *An Introduction to Functional Grammar* (3rd edition). London: Arnold.

Keenan, E. L. & C. Bernard. 1977. Noun phrase accessibility and Universal Grammar. *Linguistic Inquiry* (8): 63–99.

Lin, Y. Q. (林允清), R. P. Fawcett & B. L. Davies. 1993. GENEDIS: The discourse generator in COMMUNAL. In A. Sloman, D. Hogg, G. Humphreys, A. Ramsay & D. Partridge (eds.). *Prospects for Artificial Intelligence*. Amsterdam: IOS Press. 148-157.

Mann, W. C. & C. M. I. M. Matthiessen. 1983. Nigel: A systemic grammar for text generation. *Technical Report*. USC/ISI/RR. 85-105.

Martin, J. R. 1983. Participant identification in English, Tagalog and Kate. *Australian Journal of Linguistics* (1): 45-74.

Martin, J. R. 1992. *English Text: System and Structure*. Amsterdam: Benjamins.

Matthiessen, C. M. I. M. 2004. Descriptive motifs and generalizations. In A. Caffarel, J. R. Martin & C. M. I. M. Matthiessen (eds.). *Language Typology: A Functional Perspective*. Amsterdam: Benjamins. 537-673.

Matthiessen, C. M. I. M. 2007a. The "architecture" of language according to systemic functional theory: Developments since the 1970s. In R. Hasan, C. M. I. M. Matthiessen & J. Webster (eds.). *Continuing Discourse on Language: A Functional Perspective* Vol. 2. London: Equinox. 505-561.

Matthiessen, C. M. I. M. 2007b. The multimodal page: A systemic functional exploration. In T. Royce & W. Bowcher (eds.). *New Directions in the Analysis of Multimodal Discourse*. Mahwah, NJ: Lawrence Erlbaum Associates. 1-62.

Matthiessen, C. M. I. M. 2009a. Ideas and new directions. In M. A. K. Halliday & J. Webster (eds.). *The Continuum Companion to Systemic Functional Linguistics*. London: Continuum. 12-58.

Matthiessen, C. M. I. M. 2009b. Multisemiotic and context-based register typology: Registerial variation in the complementarity of semiotic systems. In E. Ventola & A. J. M. Guijarro (eds.). *The World Shown and the World Told: Multisemiotic Issues*. Houndmills: Macmillan. 11-38.

Matthiessen, C. M. I. M. & J. A. Bateman. 1991. *Text Generation and Systemic Linguistics: Experiences from English and Japanese*. London: Pinter.

Matthiessen, C. M. I. M, K. Teruya & C. Z. Wu (吴灿中). 2008. Multilingual studies as a multi-dimensional space of interconnected language studies. In J. Webster (ed.). *Meaning in Context: Implementing Intelligent Applications of Language Studies*. London: Continuum. 146-220.

Oberlander, J., M. O'Donnell, A. Knott & C. Mellish. 1998. Conversation in the museum: Experiments in dynamic hypermedia with the intelligent labelling explorer. *New Review of Hypermedia and Multimedia* (4): 11-32.

Plank, F. 1998. The co-variation of phonology with morphology and syntax: A hopeful history. *Linguistic Typology* (2): 195-230.

Polinsky, M. & R. Kluender. 2007. Linguistic typology and theory construction: Common challenges ahead. *Linguistic Typology* (11): 273-283.

Rose, D. 2006. A Systemic Functional approach to language evolution. *Cambridge Archaeological Journal* (1): 73-96.

Rosner, D. & M. Stede. 1994. Generating multilingual documents from a knowledge base: The TECHDOC project. In *Proceedings of the 15th International Conference on Computational Linguistics (COLING-94)* Vol. I. Kyoto, Japan. 339-346.

Sgall, P. 1995. Prague School typology. In M. Sibatani & T. Bynon (eds.). *Approaches to Language Typology*. Oxford: Oxford University Press. 49-84.

Simon-Vandenbergen, A., M. Taverniers & L. J. Ravelli (eds.). 2003. *Grammatical Metaphor: Views from Systemic Functional Linguistics*. Amsterdam: Benjamins.

Steiner, E. 2003. Ideational grammatical metaphor: Exploring some implications for the overall model. *Languages in Contrast* (1): 137-164.

Teich, E. 1992. KOMET: grammar documentation. *Technical Report*, GMD. Darmstadt, Germany.

Teich, E. 1999a. System-oriented and text-oriented comparative linguistic research: Cross-linguistic variation in translation. *Languages in Contrast* (2): 187-210.

Teich, E. 1999b. *Systemic Functional Grammar in Natural Language Generation: Linguistic Description and Computational Representation*. London: Cassell.

Teich, E. 2003. *Cross-linguistic Variation in System and Text: A Methodology for the*

Investigation of Translations and Comparable Texts. Berlin: de Gruyter.

Teich, E. 2009. Linguistic computing. In M. A. K. Halliday & J. Webster (eds.). *The Continuum Companion to Systemic Functional Linguistics*. London: Continuum. 113-127.

Teruya, K., E. Akerejola, T. H. Andersen, A. Caffarel, J. Lavid, C. M. I. M. Matthiessen, U. H. Petersen, P. Patpong & F. Smedegaard. 2007. Typology of MOOD: A text-based and system-based functional view. In R. Hasan, C. M. I. M. Matthiessen & J. Webster (eds.). *Continuing Discourse on Language: A Functional Perspective* Vol. 2. London: Equinox. 859-920.

Wierzbicka, A. 1996. *Semantics: Primes and Universals*. Oxford: Oxford University Press.

Wu, C. Z. (吴灿中) 2009. Corpus-based research. In M. A. K. Halliday & J. Webster (eds.). *The Continuum Companion to Systemic Functional Linguistics*. London: Continuum. 128-142.

黄国文，2007，作为普通语言学的系统功能语言学，《中国外语》(5)：14-19。

第十七章

中国的研究情况

王红阳 / 周先成　宁波大学

1. 引言

作为一种普通语言学理论，Halliday 的系统功能语言学理论乃 20 世纪后半叶以来最有影响力的语言学理论之一。其理论的主要构成包括，由阶和范畴理论框架发展而成的系统语法（Halliday 1956，1961，1966）和以《作为社会符号的语言——对语言和意义的社会解释》（*Language as Social Semiotic: The Social Interpretation of Language and Meaning*）（Halliday 1978），以及以《功能语法导论》（*An Introduction to Functional Grammar*）（Halliday 1985）为标志的功能语法。有关系统功能语言学理论在各个时期的发展状况，国内学者多有关注，如方琰（1996）、束定芳（1997）、黄国文（2000a，2000b，2007，2009）、张德禄（2006）、田贵森、王冕（2008）、王红阳、陈瑜敏（2008）、王红阳（2009）和王红阳、黄国文（2010）等等。

中国大陆学者最早知道 Halliday 及其系统功能语言学理论是在 20 世纪 70 年代后期（方立、胡壮麟、徐克容 1977）。时至今日，系统功能语言学研究在中国已经历了三十多年的发展，我们也曾就中国系统功能语言学研究的三十年进行了详细的回顾和探讨（王红阳 2009；王红阳、黄国文 2010）。与我们先前的研究相比，本文主要借助数据统计的手段，考察系统功能语言学在中国三十余年来的发展历程和现状，以此简要分析并总结中国系统功能语言学研究所取得的成绩、研究热点和存在的问题，旨在更为客观和形象地揭示中国系统功能语言学研究三十年发展的总体概貌和趋势。

2. 中国系统功能语言学研究概述（1980-2009）

在归纳总结系统功能语言学研究在中国三十年的发展历程时，国内学者常将其分为三个主要阶段：(1) 20 世纪 70 年代后期至 80 年代末，为介绍引进时期。一些重要的概念和理论被引入国内，如纯理功能 (metafunction)、系统 (system)、功能 (function)、语境 (context)、信息结构 (information structure)、衔接与连贯 (cohesion and coherence)、主位结构 (thematic structure) 和语域 (register) 等等；(2) 20 世纪 80 年代末到 90 年代中期，为应用和评价时期。应用和评价主要集中在对不同类型的语篇进行的主位结构分析以及对功能句法的研究上，其中引进的一个重要内容是语法隐喻 (grammatical metaphor)；(3) 20 世纪 90 年代中期至 21 世纪初期，为引进、应用、评价和修正时期。引进的内容主要包括评价分析框架 (the appraisal framework)、多模态 (multimodality) 研究、加的夫语法 (the Cardiff Grammar) 等等 (田贵森、王冕 2008；黄国文 2009；王红阳 2009；王红阳、黄国文 2010)。本文为统计的方便，未完全遵守这三个阶段的分类，而是以 10 年为单位将其分为三个时期：1980-1989，1990-1999 和 2000-2009。另外期刊论文数据的来源主要来自中国知网 (CNKI) (http://dlib.cnki.net/kns50/)，而学术专著和论文集则主要引自我们前期的 (王红阳 2009；王红阳、黄国文 2010) 的研究成果。

2.1 期刊论文发表情况

期刊论文的数据主要采集了国内四大核心期刊在 1980 年至 2009 年期间的发表情况，它们分别是《外语教学与研究》、《外国语》、《现代外语》和《当代语言学》。统计结果显示,这四种期刊在 30 年间共发表了 318 篇系统功能语言学研究各方面的文章，具体数据参见图表 1。

	1980-1989	1990-1999	2000-2009	合计
外语教学与研究	13	20	46	79
外国语	12	69	54	135
现代外语	13	17	26	56
当代语言学	15	19	14	48
合计	53	125	140	318

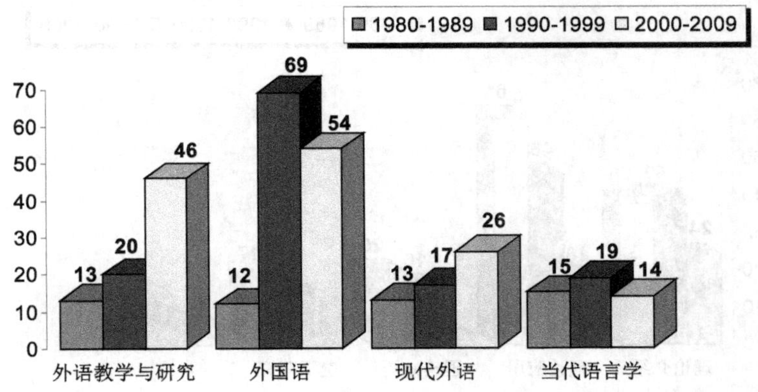

图表 1　四大期刊发表系统功能语言学研究论文汇总（1980-2009）

从图表 1 可知，四大期刊中以《外国语》和《外语教学与研究》发文最多，占据了三分之二的发文总量，其中 1980 年至 1990 年间四大期刊发文基本相当。但到 1990 年以后，发文情况有明显变化，《外国语》在 20 世纪 90 年代对系统功能语言学的推广和发展起到了重要的阵地作用。进入 21 世纪，各大期刊发文数保持相对稳定的增长。总的说来，从各期刊发文数量的变化可以反映出系统功能语言学研究在中国的推广速度和传播情况。而从发表论文的研究性质来看，表现出不同的侧重点，详细情况参见图表 2。

	1980-1989	1990-1999	2000-2009	合计
理论介绍	24	40	38	102
理论应用	18	46	61	125
理论修正	3	16	20	39
交叉研究	3	15	17	35
其他	5	8	4	17
合计	53	125	140	318

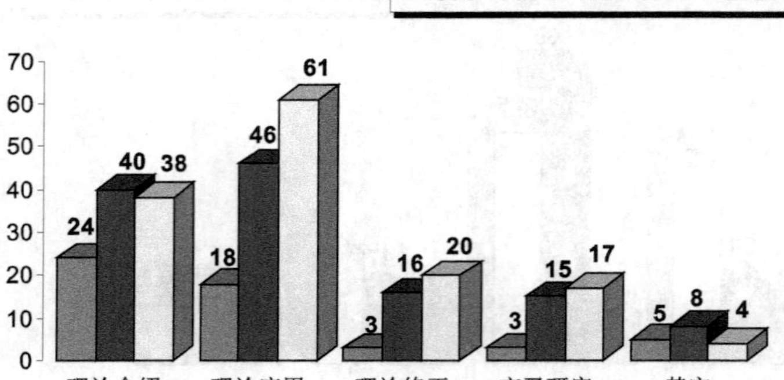

图表 2　四大期刊发表系统功能语言学研究论文性质汇总（1980-2009）

在研究性质的分类上，田贵森、王冕（2008）曾将其分为基础理论研究、应用研究和实用研究三大类。我们根据系统功能语言学研究在中国经过的三个发展阶段，即理论引介、理论验证和理论修正阶段，将所有论文分为五大类：理论介绍、理论应用、理论修正、交叉研究和其他。其中，理论介绍包括系统功能语言学的一些重要概念和理论的引进介绍，如纯理功能、衔接与连贯、主位结构、信息结构、语法隐喻和评价理论等等，另外还有一些如书刊评介、综述类的文章都归为这一类别；理论应用则基本类似于田贵森、王冕（2008）提到的应用研究和实用研究两类，既涉及运用某个理论成果分析某些语言现象的文章（如运用衔接与连贯理论分析各种语篇），也涉及理论研究与具体实践相结合的文章（如系统功能语言学与外语教学等）；理论修正主要指对系统功能语言学的某些思想或理论提出问题和反思；交叉研究指系统功能语言学与其他语言学理论（如语用学、认知语言学、生成语法等）的交叉结合研究，此类研究常属于理论探索，具有重要的学术价值；其他则主要指一些会议总结类的文章和少量无法归类的文章。

从图表 2 可以看出，理论介绍与理论应用研究方面的发文量最多。在理论介绍方面如徐盛桓（1982，1985）对主位结构的介绍、张德禄（1987）的《语域理论简介》、胡壮麟（1990）的《韩礼德语言学的六个核心思想》、胡壮麟（1996）的《语法隐喻》等都属这方面的文章。另外，从数据上观察，这方面的文章在 20 世纪 90 年代最多，随着国内语言学界对 Halliday 系统功能语言学理论的了解和熟悉，进入 21 世纪后呈逐渐下降趋势，可以预见此类文章在近期仍会保留这一走势。理论应用方面的研究则一直是国内外语学界的一个研究热点，保持着稳定的增长趋势。这方面的文章有侯维瑞（1983）的《英语的语域及其在文学作品中的运用》、任绍曾（1992）的《语境在叙事语篇中的语言体现》、黄国文（1997）的《广告语篇的会话含意分析》、方经民（2004）的《现代汉语第三人称代词指称及其语境制约》和杜金榜（2009）的《论语篇中的信息流动》等等。理论修正方面的文章各时期所占比例都不太大，但仍然呈现出上升趋势，这对完善系统功能语言学理论有着重要的作用。这些文章包括何勇（1986）的《谋篇布局——实现衔接的又一手段》、朱永生（1997）的《韩礼德的语篇连贯标准：外界的误解与自身的不足》、张德禄、赵静（2008）的《论语法概念隐喻中一致式与隐喻式的形似性原则》等等。交叉研究是近年来各学科的研究热点，系统功能语言学同样也不例外。作为当今最有影响力的语言理论之一，它与各学科的关联研究反映了不同时期的语言理论发展状况；涉及这方面问题的有：张德禄（1992）的《系统语法与语用学》和金娜娜、陈自力（2004）的《语法隐喻的认知效果》，等等。

通过进一步对所发论文的研究主题进行分类汇总，我们共归纳了 16 个子类，它们包括：衔接与连贯、纯理功能、主位结构、信息结构、语域与语类、语法隐喻、评价理论、英汉对比、外语教学、书刊评介、功能、语境、系统、综述、会议和其他 1。详细统计结果参照图表 3。

	1980-1989	1990-1999	2000-2009	合计
衔接与连贯	15	26	22	63
纯理功能	2	11	17	30
主位结构	5	9	6	20
信息结构	1	4	6	11
语域与语类	2	5	3	10
语法隐喻	1	1	12	14
评价理论	0	0	8	8
英汉对比	2	5	7	14
外语教学	0	0	4	4

书刊评介	6	10	14	30
功能	1	10	5	16
语境	0	10	6	16
系统	1	3	1	5
综述	6	14	6	26
会议	3	8	5	16
其他	4	11	20	35
合计	49	127	142	318

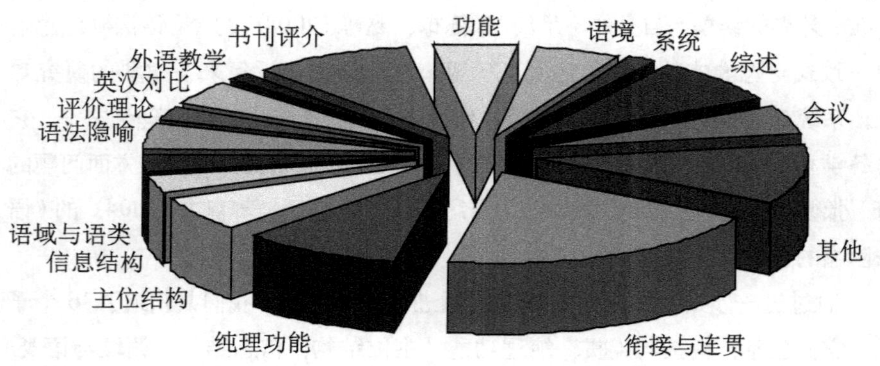

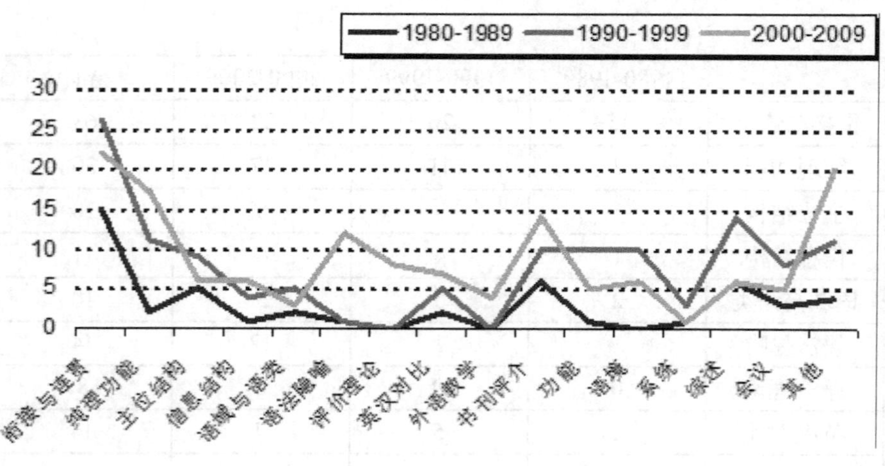

图表3 四大期刊发表系统功能语言学研究论文主题汇总(1980-2009)

上述图表 3 表明了近三十年来中国系统功能语言学研究的热点、薄弱环节和趋势变化，其主要热点集中在衔接与连贯、纯理功能、主位结构、功能、语境、综述和书刊评介方面，比如对衔接与连贯的研究（何兆熊 1983；苗兴伟 1998；张德禄 2005 等等），对纯理功能的研究（吴平 1995；李战子 2001；申丹 2006 等等）。但其薄弱环节也十分明显，从上面的饼图可以看出，我们对系统、外语教学、评价理论、语域与语类、英汉对比等的研究还需要加强，系统作为系统功能语法的一个核心组成部分，有关它的研究却少之又少（文献显示，仅有许连赞 1987；Halliday 1992；戴炜华 1997；黄国文 1998；何伟 2003）。这点值得我们广大的研究者重视。从不同时期的变化趋势来看，纯理功能、信息结构、语法隐喻、英汉对比、外语教学、书刊评介等类别呈上升趋势，当然，原因可能是多方面的，比如有研究队伍的壮大、研究水平的提高、研究主题的相对稳定等等。

2.2 学术专著出版情况

学术专著的统计数据主要包括两部分：一是有关系统功能语言学理论或应用方面的专著；二是根据博士论文或相关研究改编而成的专著 2（参见王红阳 2009；王红阳、黄国文 2010）。从研究性质来看，主要有这样四种类别的研究：综合教材、专项研究、英汉对比和其他，详细统计情况见图表 4。

	1980-1989	1990-1999	2000-2009	合计
综合教材	1	2	3	6
专项研究	1	2	49	52
英汉对比	0	0	4	4
其他	0	2	2	4
合计	2	6	58	66

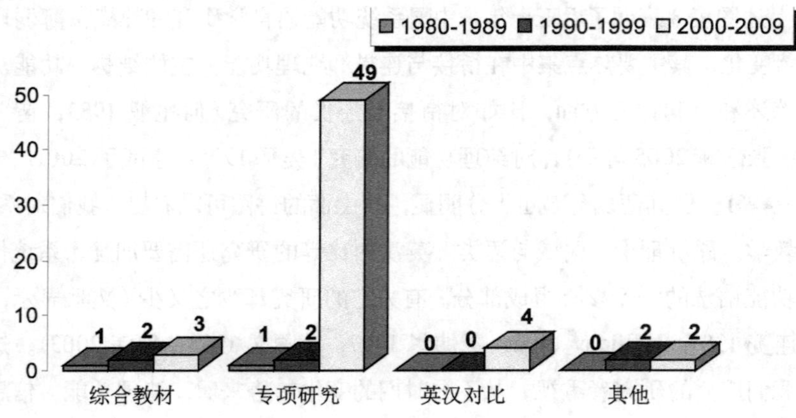

图表 4 系统功能语言学学术专著出版情况汇总（1980-2009）

从图表 4 可以看出，在 2000 年至 2009 年这十年间，系统功能语言学方面的专著大量涌现，呈异军突起之势，主要原因在于这十年间培养了大批系统功能语言学方面的博士研究生，他们的论文基本上都属于专项研究这个范畴。专项研究方面的成果丰硕，如黄国文（2001）的《语篇分析的理论与实践——广告语篇研究》、徐立新（2003）的《幽默语篇研究》、程晓堂（2005）的《基于功能语言学的语篇连贯研究》、杨才英（2007）的《新闻访谈中的人际连贯研究》和陈海叶（2009）的《系统功能语言学的范畴化研究》等。另外，比较可喜的是在 21 世纪也出版了几本有关英汉对比和翻译研究方面的专著，如彭宣维（2000）的《英汉语篇综合对比》、朱永生等（2001）编著的《英汉语篇衔接手段对比研究》、尚媛媛（2005）的《英汉政治语篇翻译研究》和王鹏（2007）的《< 哈利·波特 > 与其汉语翻译——以系统功能语言学分析情态系统》。在综合教材方面，由胡壮麟等（1989）编著的《系统功能语法概论》和胡壮麟等（2005）编著的《系统功能语言学概论》在引介系统功能语言学理论方面起了重要的作用，成为中国所有系统功能语言学专业学生的入门读物。

2.3 论文集出版情况

论文集的出版主要包括全国功能语言学研讨会会议论文集、全国语篇（话语）分析研讨会会议论文集和其他研究论文集三类（见王红阳 2009；王红阳、黄国文 2010)，详细统计数据见以下图表 5。

	1980-1989	1990-1999	2000-2009	合计
功能语言学研讨会	0	5	5	10
语篇分析研讨会	0	0	3	3
其他研究	0	0	3	3
合计	0	5	11	16

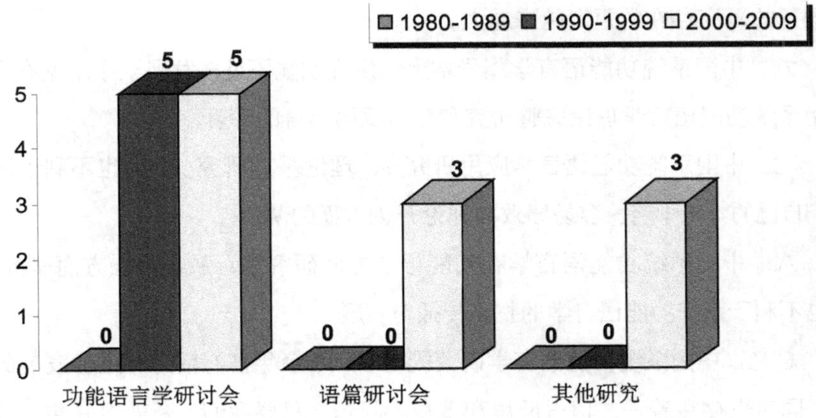

图表 5　系统功能语言学论文集出版情况汇总（1980-2009）

3. 中国系统功能语言学研究现状带来的反思

综上所述，系统功能语言学研究在中国三十余年来取得了丰硕的研究成果，我们相信，未来在中国的国外语言学研究界，在全体系统功能语言学者的共同努力下，中国系统功能语言学研究仍将持续地发挥着它巨大的作用。但目前研究存在的不足值得我们进行反思，以下是我们的一些思考。

一、功能语言学的研究发展仅局限于 Halliday 所建构的系统功能语言学，而对于荷兰、美国、俄罗斯等其他国家的功能语法研究和传播有限，这并不利于功能语法的吸收和完善。

二、系统功能语言学与认知、语用、生成语法、心理语言学等其他学科的交叉研究成果较少，这方面的研究还需努力推行。

三、中国系统功能语言学的研究范围比较狭窄，局限于某些有限的主题，如衔接与连贯、纯理功能等理论，这并不利于它的全面发展。

四、中国系统功能语言学在研究内容上有缺失，对语音和音系方面的研究很少。当然，这也是目前整个外语学界的通病，但作为一种普通语言学理论，应该有更多的学者投入这方面的研究。

五、中国系统功能语言学研究在理论介绍和理论应用方面成绩突出，但在理论修正方面还明显不足，这容易导致整个中国系统功能语言学界的研究与国际同行的研究存在的距离越来越大。

六、中国系统功能语言学指导本土化研究明显不足，发展至今未见有全面使用系统功能语言学理论完整研究和分析汉语语言的专著。

七、中国系统功能语言学应用研究多，理论基础研究少，这也不利于培养我们自己的本土学者，容易导致在理论开创方面的薄弱。

八、中国系统功能语言学在功能语法方面研究多，系统语法方面研究少，这也不利于系统功能语言学的整体传播与发展。

总之，中国系统功能语言学研究既有着三十余年富有活力和蓬勃发展的历史，同时也存在着一些值得反思和重视的问题。只要我们不断兼容并包，并以接受批判的眼光和踏实的工作态度对待，中国的系统功能语言学研究一定会走上一个新的台阶，得到进一步持续而稳定的发展。

4. 结语

在本研究中，我们选取了四种国内目前能够代表外语学界研究成果的学术期刊，即《外语教学与研究》、《外国语》、《现代外语》和《当代语言学》，统计了它们在 1980 年至 2009 年期间发表的系统功能语言学研究方面的文章情况。基于这些数据统计资料，我们揭示和讨论了中国系统功能语言学研究在过去三十余年中所呈现出的发展的总体概貌和趋势，简要分析和总结了中国系统功能语言学研究所取得的成绩、研究热点和存在的问题。我们认为，在全体中国系统功能研究学者的不懈努力下，了解历史，客观而公正地看待现状，中国的系统功能语言学研究将攀上更高的学术之峰，催生更丰硕的学术研究成果。

注释

1 此处分类仍然有待商榷，如主位结构与信息结构属于语篇功能，同时很多文章涉及运用不止一个理论，我们都简单地以其中的一个主要理论为统计依据，因此数据的真实性还需要进一步分析总结。另外，我们将英汉对比也单列出来，而文中所涉及的理论并未再作统计，主要考虑到运用系统功能语言学理论来分析汉语现象目前还是一个较为薄弱的环节，需要特别重视。

2 由于在中国知网（CNKI）上未收录所有相关的博士论文，故具体的博士论文情况暂时无从考证。

参考文献

Halliday, M. A. K. 1956. Grammatical categories in modern Chinese. *Transactions of the Philological Society*: 177-224.

Halliday, M. A. K. 1961. Categories of the theory of grammar. *Word* 17 (3): 241-292.

Halliday, M. A. K. 1966. Some notes on "deep" grammar. *Journal of Linguistics* 2 (1): 57-67.

Halliday, M. A. K. 1978. *Language as Social Semiotic: The Social Interpretation of Language and Meaning*. London: Arnold.

Halliday, M. A. K. 1985. *An Introduction to Functional Grammar*. London: Arnold.

Halliday, M. A. K. 1992. Systemic Grammar and the concept of a "science of language". *Journal of Foreign Languages* (2): 3-11.

陈海叶，2009，《系统功能语言学的范畴化研究》。上海：上海大学出版社。

程晓堂，2005，《基于功能语言学的语篇连贯研究》。北京：外语教学与研究出版社。

戴炜华，1997，语篇的系统制约，《外国语》（2）：9-14。

杜金榜，2009，论语篇中的信息流动，《外国语》（3）：38-45。

方经民，2004，现代汉语第三人称代词指称及其语境制约，《当代语言学》（3）：236-247。

方立、胡壮麟、徐克容，1977，谈谈现代英语语法的三大体系和交流语法学，《语言教学与研究》（6）：1-28。

方琰，1996，功能语言学在中国发展的近况，《国外语言学》（4）：22-26, 40。

何伟，2003，系统功能语法时态系统概观，《外语教学与研究》（6）：417-424。

何勇，1986，谋篇布局——实现衔接的又一手段，《现代外语》（1）：47-50。

何兆熊，1983，英语语句的衔接手段，《外国语》（1）：31-36。

侯维瑞，1983，英语的语域及其在文学作品中的运用，《外语教学与研究》（2）：4-13。

胡壮麟，1989，第16届国际系统语法大会介绍，《当代语言学》（4）：179-181, 168。

胡壮麟，1990，韩礼德语言学的六个核心思想，《外语教学与研究》（1）：2-8, 80。

胡壮麟，1996，语法隐喻，《外语教学与研究》（4）：1-7。

胡壮麟、朱永生、张德禄，1989，《系统功能语法概论》。长沙：湖南教育出版社。

胡壮麟、朱永生、张德禄、李战子，2005，《系统功能语言学概论》。北京：北京大学出版社。

黄国文，1995，功能主义者的大集会——记国际功能语法会议，《当代语言学》（4）：40-45。

黄国文，1997，广告语篇的会话含意分析，《外国语》（2）：22-25。

黄国文，1998，递归、级转移与功能句法分析，《外语教学与研究》（4）：47-51。

黄国文，2000a，韩礼德系统功能语言学40年发展述评，《外语教学与研究》（1）：15-21，79。

黄国文，2000b，系统功能语言学在中国20年回顾，《外语与外语教学》（5）：50-53。

黄国文，2001，《语篇分析的理论与实践——广告语篇研究》。上海：上海外语教育出版社。

黄国文，2007，作为普通语言学的系统功能语言学，《中国外语》（5）：14-19。

黄国文，2009，中国的系统功能语言学研究：发展与展望。载庄智象（编），《中国外语教育发展战略论坛》。上海：上海外语教育出版社。585-619。

金娜娜、陈自力，2004，语法隐喻的认知效果，《外语教学与研究》（1）：25-30。

李战子，2001，学术话语中认知型情态的多重人际意义，《外语教学与研究》（5）：353-358，399，400。

苗兴伟，1998，论衔接与连贯的关系，《外国语》（4）：44-49。

彭宣维，2000，《英汉语篇综合对比》。上海：上海外语教育出版社。

任绍曾，1992，语境在叙事语篇中的语言体现，《外国语》(2)：15-20。

尚媛媛，2005，《英汉政治语篇翻译研究》。成都：四川人民出版社。

申丹，2006，及物性系统与深层象征意义——休斯《在路上》的文体分析，《外语教学与研究》(1)：4-10，80。

束定芳，1997，90 年代以来我国外语界语言学研究：热点与走向，《外国语》(1)：10-16。

田贵森、王冕，2008，功能语言学在中国的应用研究与发展，《北京科技大学学报》(2)：98-103。

王红阳，2009，中国系统功能语言学研究综述。载束定芳等（编)，《中国国外语言学研究（1949-2009)》。上海：上海外语教育出版社。57-79。

王红阳、陈瑜敏，2008，韩礼德语言思想溯源，《宁波大学学报（人文社科版)》(1)：56-62。

王红阳、黄国文，2010，系统功能语言学在中国的三十年。载黄国文、常晨光（编)，《功能语言学年度评论（第 1 辑)》。北京：高等教育出版社。51-91。

王鹏，2007，《< 哈利 · 波特 > 与其汉语翻译——以系统功能语言学分析情态系统》。重庆：重庆大学出版社。

吴平，1995，试论情态表达在商业广告英语标题中的运用，《外国语》(4)：67-72。

徐立新，2003，《幽默语篇研究》。开封：河南大学出版社。

徐盛桓，1982，主位和述位，《外语教学与研究》(1)：1-9。

徐盛桓，1985，再论主位和述位，《外语教学与研究》(4)：19-25。

许连赞，1987，从系统语法的语法结构分析谈起，《现代外语》(4)：6-14。

杨才英，2007，《新闻访谈中的人际连贯研究》。青岛：中国海洋大学出版社。

张德禄，1987，语域理论简介，《现代外语》(4)：23-29。

张德禄，1992，系统语法与语用学，《外国语》(2)：10-14。

张德禄，2005，语篇衔接中的形式与意义，《外国语》(5)：32-38。

张德禄，2006，系统功能语言学在中国的发展，《中国外语》(2)：27-32。

张德禄、赵静，2008，论语法概念隐喻中一致式与隐喻式的形似性原则，《外国语》(6)：27-34。

朱永生，1997，韩礼德的语篇连贯标准：外界的误解与自身的不足，《外语教学与研究》(1)：20-24。

朱永生、郑立信、苗兴伟，2001，《英汉语篇衔接手段对比研究》。上海：上海外语教育出版社。

作者简介

王红阳 博士，宁波大学外语学院教授，先后毕业于四川外语学院（获文学学士学位），西南大学外国语学院英语语言文学专业（获文学硕士学位），中山大学外国语学院英语语言文学专业（获文学博士学位）；2004-2005 年在英国加的夫大学语言交流研究中心做访问学者。兼任中国功能语言学研究会常务理事，中国英汉语篇分析研究会常务理事。研究方向：功能语言学、语篇分析。在《中国翻译》、《外语教学》、《外语与外语教学》、《外国语文》等期刊发表论文 20 余篇，出版学术译著 1 部、学术专著 1 部。主持浙江省哲社规划、省教育厅及校学科等项目 5 项。

通讯地址：浙江省宁波市江北区风华路 818 号 宁波大学外语学院（315211）

电子邮箱：wanghongyang@nbu.edu.cn

周先成 宁波大学外语学院硕士研究生。主要研究方向：系统功能语言学、语篇分析。

通讯地址：浙江省宁波市江北区风华路 818 号 宁波大学外语学院（315211）

电子邮箱：fzsimonzhou@126.com

后记

在《系统功能语言学研究现状和发展趋势》付梓之前，我想有必要写个“后记”，对一些事情作些说明和交代。

首先，我们编辑完书稿后，便把书稿呈送给胡壮麟先生，一是请他批评指正，二是请他写个序。先生收到书稿后，放下手头的工作，一段一段地看，一篇一篇地读，然后对各篇文章中的优点和缺点都一一指出，加以评论。征得先生的同意，我们给这个洋洋万言的序安了一个标题:“我读《系统功能语言学研究现状和发展趋势》”。先生在评论中提的意见非常中肯，切中要害，读后令人深思。为了不影响出版日期，也为了给作者留下进一步思考和研究的空间，我们没有对已经编辑好的书稿进行大幅度修改。这点要请大家原谅。

胡先生在序言中谈到，论文集中没有一章专门介绍 Ruqaiya Hasan 的“语类结构潜势”的文章。这是因为我们认为有关她的研究应该可以在“语域和语类研究综述”中讨论，所以也就没有辟一章单独讨论。我们也曾想过请方琰教授来单独写一章，但因为方教授那段时间正忙于 2009 年 7月在清华大学召开的第 36 届国际系统功能语言学大会的两本论文集的编辑工作，所以未能如愿。胡先生提到的该书缺少一章专门讨论“系统”的内容（如 Matthiessen 的“绘图学”)，这个意见一针见血。我们知道，Halliday 的理论主要是由“系统”和“功能”两部分组成的。但多年来，我国的学者主要是在作“功能”方面的研究，“系统”方面的研究作得很少，这方面的专家也不多。考虑到这个状况，我们也就顺应这个趋势，没有选入一篇专门研究“系统”的文章；这是一个遗憾。

第二，正如我们在“前言”中所说的那样，本文集中各章的作者在系统功能语言学研究中都颇有建树，他们各有自己的学术视野和学术判断，对与我们的看法不同的地方我们没有去作修改或删除，这是因为我们认同孔子的观点：“君子和而不同，小人同而不和”。事实上，国际系统功能语言学界的主要人物在某些问题上也一直存在着不同的看法；按照胡壮麟等学者在《系统功能语言学概论》(2005：398）中的解释，这些不同观点或看法都是属于“内部的分歧”。

第三，过去的这些年，我国的系统功能语言学研究者学术思想活跃，积极参加国内国际的相关研究活动，发展形势喜人。国际学界也开始注意并越来越重视中国学者的研究。1989 年，第 1 次全国系统功能语言学研讨会在北京大学召开，从此以后每年都有一次全国的功能语言学者的聚会。1995 年，第 22 届国际系统功能语言学大会（International Systemic Functional Congress）在北京大学召开，2009 年第 36 届国际系统功能语言学大会在清华大学召开。在最近的申报承办 2013 年第 40 届大会的过程中，中山大学的申报得到国际系统功能语言学执行委员会和国际知名学者的鼎力支持，获得了第 40 届系统功能语言学国际大会的承办权；因此，第 40 届国际系统功能语言学大会将于 2013 年 7 月在广州召开。大会的协办单位是：北京科技大学、香港城市大学和香港理工大学。大会的主题是：拓宽领域：语言研究和语言学研究中的互补（Broadening the Path: Complementarities in Language and Linguistics)。已经确定的大会发言人包括：María Cecilia Colombi (University of California, Davis, USA)、Robin Fawcett (Cardiff University, UK) 、Ruqaiya Hasan (Macquarie University, Australia), Christian Matthiessen (The Hong Kong Polytechnic University, China) 、Erich Steiner (Saarland University, Germany) 和 Geoff Thompson (The University of Liverpool, UK)。届时，M. A. K. Halliday 将作为特邀嘉宾出席大会，并为中山大学的“韩礼德文献中心”（M. A. K. Halliday Library, Sun Yat-sen University）揭幕并发表演说。

第四，最近十年来，国际系统功能语言学界越来越关注和重视中国学者在国际系统功能语言学活动中所发挥的作用。2002 年至 2008 年，清华大学的方琰教授被大会选举为执行委员会副主席。在 2008 年的第 35 届年会（Macquarie University, Australia）上，黄国文教授被选为副主席。在 2011 年 7 月在葡萄牙里斯本（University of Lisbon）召开的第 38 届年会上，黄国文教授被选为主席。系统功能语言学学会的学术活动在世界各地开展了几十年，而执行委员会的主席一直由西方国家的学者担任。这次由亚洲学者担任，这说明了亚洲的崛起，也说明中国在国际上地位的提升。

国际系统功能语言学大会由“国际系统功能语言学学会”（International Systemic Functional Linguistics Association）主办（学会的官方网站是：http://www.isfla.org/），但该学会不设主席或其他领导职位，一切事务由国际系统功能语言学学会执行委员会（Executive Committee of the International Systemic Functional Linguistics Association）负责。在20世纪70年代初期到80年代中期，学会和会议的组织者（非正式主席）一直由Robin Fawcett担任。到了20世纪80年代中期起便正式成立了“国际系统功能语言学学会”（不设主席或其他领导职位）和“国际系统功能语言学学会执行委员会”；执行委员会原则上每三年选换一次。担任过执行委员会主席的学者分别是：Robin Fawcett（Cardiff University, UK）、Eija Ventola（University of Helsinki, Finland）、Frances Christie（University of Melbourne, Australia）、Bernie Mohan（University of British Columbia, Canada）、Kristin Davidse（University of Leuven, Belgium）、Geoff Williams（The University of Sydney, Australia）、Cecilia Colombi（University of California at Davis, USA）、Geoff Thompson（University of Liverpool, UK）。

第五，中国学者的系统功能语言学研究活动越来越活跃。中国境内的学者参加系统功能语言学研究活动始于20世纪80年代初期，由北京大学的胡壮麟教授等带头，至今已有30年的历史；从1989年起，每年有一次全国性的学术研讨会（“全国功能语言学研讨会”、“全国语篇分析研讨会”）；从2000年起，每年还举办一次旨在培养年轻学者的“系统功能语言学学术活动周”，每次都邀请国际知名学者（如M. A. K. Halliday, Ruqaiya Hasan, Robin Fawcett, Christian Matthiessen, James Martin）来作学术报告。

目前，关于系统功能语言学研究的论丛（连续出版物）一共有三个：《功能语言学与语篇分析研究》（主编：黄国文，副主编：朱永生、张德禄、杨信彰）、《功能语言学年度评论》（主编：黄国文、常晨光）和《系统功能语言学群言集》（主编：黄国文、常晨光、廖海青）。这些论丛都是由高等教育出版社出版。

最近，外语教学与研究出版社出版了由中山大学和北京科技大学学者（黄国文、张敬源、常晨光、何伟）任总主编的“功能语言学丛书”十卷：《功能语言学通论》（黄国文、辛志英主编）、《功能语境研究》（常晨光、陈瑜敏主编）、

《功能句法研究》（何伟、高生文主编）、《功能时态理论研究》（何伟著）、《批评语言学》（丁建新、廖益清主编）、《评价理论研究》（刘立华主编）、《功能文体理论研究》（戴凡、吕黛蓉主编）、《功能语言学与翻译研究》（张敬源主编）、《功能语篇分析研究》（彭漪、柴同文主编）、《功能语言学与语言教学研究》（曾蕾、廖海青主编）。除此之外，外研社还将出版这本《系统功能语言学研究现状和发展趋势》。我们要感谢外研社对中国功能语言学研究的鼎力支持。

最后，我要强调，尽管此书是我和志英教授一起编辑的，但对所存在错误或不当之处，我应该负主要责任。

作为后记，这里向大家汇报了功能语言学界最近的一些事情，目的是和各位互通信息，互相鼓励，共同进步。

黄国文

2011年8月4日